U0527457

国内首套系统研究强势股战法丛书

炒股就炒强势股①
强势分时盘口
操盘跟庄实战技法

明发 ◎ 著

中国经济出版社
CHINA ECONOMIC PUBLISHING HOUSE
北京

图书在版编目（CIP）数据

强势分时盘口操盘跟庄实战技法／明发著．--北京：中国经济出版社，2023.2

（炒股就炒强势股；①）

ISBN 978-7-5136-7226-9

Ⅰ．①强… Ⅱ．①明… Ⅲ．①股票交易-基本知识 Ⅳ．①F830.91

中国版本图书馆 CIP 数据核字（2023）第 023204 号

责任编辑　叶亲忠
责任印制　马小宾
封面设计　久品轩

出版发行	中国经济出版社
印刷者	北京富泰印刷有限责任公司
经销者	各地新华书店
开　本	710mm×1000mm　1/16
印　张	17.5
字　数	260 千字
版　次	2023 年 2 月第 1 版
印　次	2023 年 2 月第 1 次
定　价	68.00 元

广告经营许可证　京西工商广字第 8179 号

中国经济出版社　网址 www.economyph.com　社址 北京市东城区安定门外大街 58 号　邮编 100011
本版图书如有印装质量问题，请与本社销售中心调换（联系电话：010-57512564）

版权所有　盗版必究（举报电话：010-57512600）
国家版权局反盗版举报中心（举报电话：12390）　　服务热线：010-57512564

前 言
PREFACE

国内股市是从1990年12月19日,时任上海市市长朱镕基在浦江饭店敲响上证所开业的第一声锣,开始踏上历史征程的;1991年7月3日,深圳证券交易所也正式开业;当时上证所挂牌股票仅有8只,人称"老八股"(延中,电真空,大、小飞乐,爱使,申华,豫园,兴业)。时隔30年后的2021年11月15日,北京证券交易所揭牌开业,北京市委书记蔡奇与中国证监会党委书记、主席易会满共同为北交所揭牌并敲钟开市。从上证所开业至今的30多年来,股市虽风云变幻,但大盘指数整体上处于上涨态势,股票从当初的8只发展到如今的5000多只,市场机制正日趋走向成熟,市场监管越来越严格、力度也越来越大,股市投资越来越被广大民众所认识所接受所喜爱。

股市如人生,人生亦如股市,跌跌宕宕,起起伏伏;人生艰难,岁月知晓,股市艰辛,账户知道。股市作为一个证券投资交易市场,其实是一个零和博弈的市场,虽然所有投资者的机会都是平等的,但由于不同程度地受到诸如国内外经济形势不景气、上市公司信息造假、主力机构内幕交易、老鼠仓利益输送、投资者个人能力素质等因素的影响,能在股市中赚到钱的只是少数人,正所谓"七亏二平一赚",多数人都承担着不同程度的亏损。

股市不同情弱者,马太效应(Matthew Effect)——"强者愈强、弱者愈弱"的现象,是国内股市的真实写照,也是做股票就要做强势股的依据。就目前形势而言,国内股市并不完全存在如巴菲特所倡导的那种长期的价值投资机会,要想在股市上尽快赚到钱,寻找强势股进行短线操作,快进快出，是包括主力机构在内的广大投资者的最佳选择。

　　大道至简，顺势而为，做强势股、做上升趋势立竿见影。一般情况下，当天买入当天就能产生收益。市场上突起的许多大牛股、大黑马都是从强势股中走出来的。强势股中必定有主力机构在坐庄运作，主力机构操作一只股票，无论是有意还是无意，都会留下蛛丝马迹，这就为普通投资者操盘跟庄强势股提供了时机。

　　做强势股做上升趋势其实就是做强势节点，只做启动至拉升（拔高）这几节，就如竹笋破土见日成长最快的那几节，但在生长速度变慢之前应撤退离场，这样做既省时省力还省资金。要想发掘强势股抓住强势股，做强势节点，必须学好基础理论，练好基本功，在操盘实践中真实感悟市场，不断累积实战经验和独特见解，形成自己的操盘思路、操盘风格和操盘模式。

　　"炒股就炒强势股"系列丛书，以短线交易或短期行情操盘跟庄为主，运用大量实战案例，详细解析主力机构在操盘强势股过程中的思路、方法、技巧，举一反三，引导普通投资者准确分析理解机构操盘手的操盘细节、做盘手法和操纵目的，精准把握买卖点，做到与庄同行，实现短线快速赢利。实战操盘中，普通投资者一定要综合目标股票股价在K线走势中所处的位置、成交量、均线形态等各种因素，进行分析研判后，慎重决策。

　　股市有风险，跟庄需谨慎。笔者将20多年操盘跟庄强势股的经验和感悟诉诸笔端、融入书中，仅仅为普通投资者提供一些操盘跟庄的思路和技法，普通投资者千万不能照搬照抄，一定要根据手中目标股票的具体情况，通盘分析考虑后再作出是否买卖的决策。

　　路虽远，行将必至；事再难，做则必成。做股票如同盖房子一样，要从打基础开始，既要有丰富的理论知识，又要有足够的经验教训积累。本人虽然从事证券投资20多年，但在证券专业知识结构、投资理念风格、操盘风险控制等方面还有薄弱环节，必然导致本书会有一些缺失和不足。还请各路投资大家和读者批评雅正。

　　真心希望本书对读者有所启发和帮助。

目 录

第一章 强势盘口语言

第一节 与盘口语言关系密切的看盘要点 / 003
一、分时价格线和分时均价线 / 003

二、量比及其实战运用 / 005

三、换手率及其实战运用 / 010

四、其他盘口语言 / 016

第二节 集合竞价看主力机构操盘目的 / 021
一、集合竞价阶段划分 / 021

二、强势盘口集合竞价 / 022

三、集合竞价看主力机构操盘目的 / 026

第三节 内外盘数据识别主力机构做盘意图 / 029
一、正常且强势的外盘 / 030

二、主力机构对敲造假内外盘 / 031

三、主力机构耍小动作制造内外盘 / 032

第二章 强势盘口挂单

第一节 挂单动作与后市逻辑关系 / 037
一、压单 / 037

二、托单 / 040

三、夹单 / 043

第二节　强势盘口主力机构挂单手法 / 046

　　一、前收盘滞留大量买盘 / 047

　　二、隐性大买单 / 051

　　三、突然而至的扫单 / 054

第三节　识破主力机构盘口挂单陷阱 / 059

　　一、盘口买卖盘界面大单性质甄别 / 060

　　二、盘口小单进大单出的寓意 / 064

　　三、涨停板上的撤换单诡计 / 066

第三章　强势盘口主要特征

第一节　走势强于当天大盘 / 073

第二节　强势涨停 / 076

　　一、开盘即封停的一字涨停板 / 077

　　二、高开一波封涨停 / 082

　　三、多波次接力封涨停 / 088

　　四、窄幅横盘整理突破涨停 / 091

第三节　向上跳空高开 / 095

　　一、向上跳空高开2%~4% / 096

　　二、向上跳空高开4%~6% / 101

　　三、向上跳空高开6%以上 / 105

第四节　分时线向上运行 / 110

　　一、分时价格线稳健运行于分时均价线上方 / 110

　　二、分时线上行流畅坚挺 / 112

　　三、分时线多波快速上扬 / 114

　　四、分时线横盘震荡整理时突破上冲 / 116

　　五、分时线波段式震荡整理走高 / 118

第五节　成交量有效放大 / 120

　　一、外盘远大于内盘 / 120

　　二、稳步式放量 / 122

三、台阶式放量 / 124

四、大单成交频繁 / 126

五、突破前高时巨量 / 130

第四章　强势盘口选股

第一节　涨停个股的筛选 / 135

一、一字涨停板个股的甄选 / 136

二、T字涨停板个股的甄选 / 144

三、其他涨停个股的甄选 / 158

第二节　上行缺口未封闭个股的筛选 / 168

一、个股向上跳空高开且回调不破昨天收盘价 / 169

二、个股向上跳空高开且回调不破当天开盘价 / 173

三、个股向上跳空高开且回调不破当天均价线 / 177

第三节　强势分时走势个股的筛选 / 181

一、个股分时平开高走 / 182

二、个股分时平开横盘整理（震荡）/ 186

三、个股分时低开高走 / 190

第四节　放量个股的筛选 / 198

一、个股开盘放量 / 198

二、个股突破放量 / 202

三、个股尾盘放量 / 207

四、个股底部放量 / 211

第五章　强势盘口的跟进与转势撤出

第一节　强势盘口个股的跟进 / 219

一、上穿线跟进 / 220

二、支撑跟进 / 224

三、急速勾头向上跟进 / 227

四、突破前高跟进 / 229

五、向上突破平台跟进 / 232

六、小双底形态跟进 / 234

七、N 字形态跟进 / 237

八、V 字形态跟进 / 240

第二节　强势盘口个股的转势撤出 / 243

一、下破线撤出 / 244

二、压迫撤出 / 246

三、急速向下勾头撤出 / 247

四、跌破前高撤出 / 250

五、向下跌破平台撤出 / 253

六、小双顶形态撤出 / 255

七、倒 N 字形态撤出 / 258

八、倒 V 字形态撤出 / 260

参考文献 / 264

后记 / 271

第一章

强势盘口语言

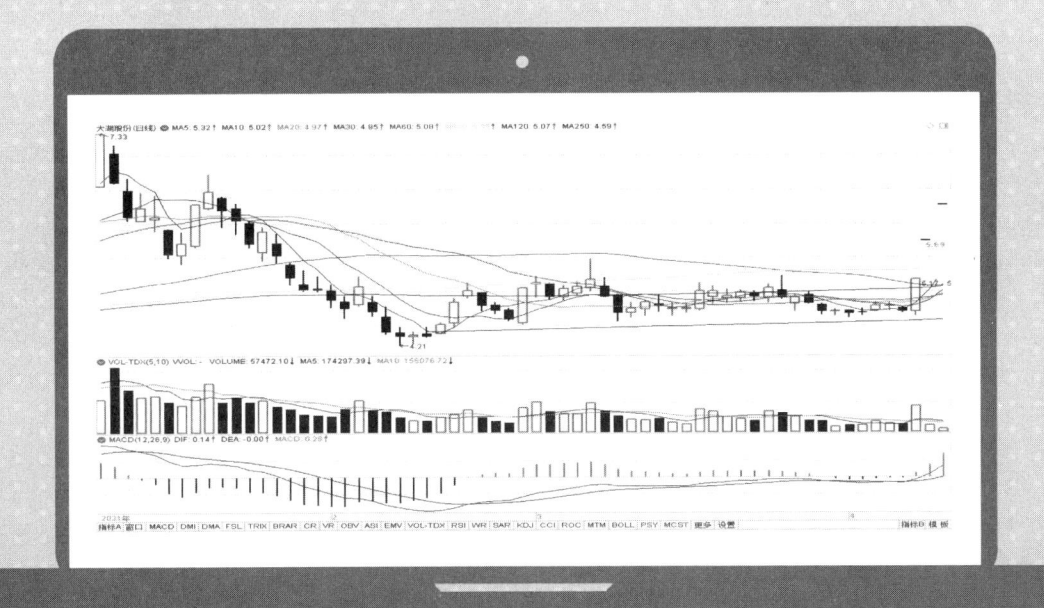

股票市场的行情按照其走势可以分为上升行情、下降行情和横盘震荡整理行情；按照个股股价涨跌包括横盘震荡整理的态势可分为强势股、弱势股和普通股。

强势股，是指在市场中稳健上涨并起领涨牵引作用的龙头板块个股。强势股既可以是一波行情中的龙头股，也可以是热点板块中排在前几名且具有代表性的强势个股。

强势盘口，即个股股价在分时走势上，表现出持续在分时均价线上方运行，分时走势流畅向上，大单特大单成交较密集且买盘活跃，成交量有效放大，外盘总量比内盘总量大且不是主力机构对敲做量所致，换手率较高且与该股流通股本之比匹配等强势盘口语言特征。涨停盘口是最具代表性的强势盘口，上升趋势中的强势股出现涨停板的概率最大。

第一节　与盘口语言关系密切的看盘要点

盘口语言主要是指个股股价由于买卖交易的进行，在即时分时走势上呈现出来的、由于买卖交易所产生的全部盘面信息，所以也称之为分时图语言或盘口信息。

盘口语言主要由分时走势（分时价格线和分时均价线同时运行）、量比、换手率、委比委差、振幅、分时成交、量峰价波、买卖挂单、内外盘和其他盘口技术数据等要素构成。

一、分时价格线和分时均价线

简单地说，在实时分时走势中，分时价格线就是当前的股票价格，由白色曲线体现；分时均价线就是当天开盘后的平均交易价格，由黄色曲线体现。

在分时价格线和分时均价线即白色和黄色曲线下方，排列着红绿柱线，代表的是分时成交量，一根柱线代表一分钟的成交量，其中红色柱线为买入的成交量，绿色柱线为卖出的成交量。

有的软件，在白黄色曲线代表的分时价格线和分时均价线，与红绿柱线代表的买卖成交量之间，还排列着一格长短不一的黄色柱线，代表的也是分时成交量，一根黄色柱线代表一分钟的成交量。

普通投资者通过对当天实时分时走势的分析，可以判断出当日多空力量的强弱对比以及后期股价发展趋势。比如，当天分时价格线（股价）始终在分时均价线（平均交易价格）的上方运行，就说明当天投资者愿意以更高的价格买入该股，则该股走势应该处于强势或较强势状态，普通投资者对该股可以跟踪关注。但如果当天分时价格线（股价）一直（或大部分时间）在分时均价线（平均交易价格）下方运行的话，则说明市场抛盘仍比较重，后市基本看跌。

另外，通过对当天实时分时走势的分析，可以识别主力机构的做盘意图或骗线行为。比如，个股跳空高开之后，分时价格线（股价）走低、全天基本在分时均价线（平均交易价格）的下方运行，分时形态不大好看，但分时价格线（股价）走低过程中成交量并没有放大甚至无量、买盘位置有大单托着、当日股价一直没有回落至昨日收盘价位置（当日向上跳空缺口没有被封闭），那么可以肯定，这是主力机构的技术骗线行为，操盘目的应该是强势调整洗盘吸筹。

对于主力机构的做盘骗线行为，普通投资者要特别关注分时走势尾盘的拉升与打压，其中一定隐藏着主力机构不可告人的操盘目的和意图。在分时走势尾盘的研判方面，普通投资者可以结合大盘走势、股价在个股K线走势中所处的位置以及成交量等因素进行综合分析判断。

图1-1是603507振江股份2021年8月31日星期二下午收盘时的分时走

势图。从该股分时走势可以看出，分时价格线全天几乎在分时均价线上方运行，分时均价线支撑住了分时价格线并起到了很好的助涨作用。从分时图底部分布的红绿柱状线也可以看出，红多绿少、红长绿短，表明当天买盘踊跃，多方力量占主导地位，后市可看多做多。

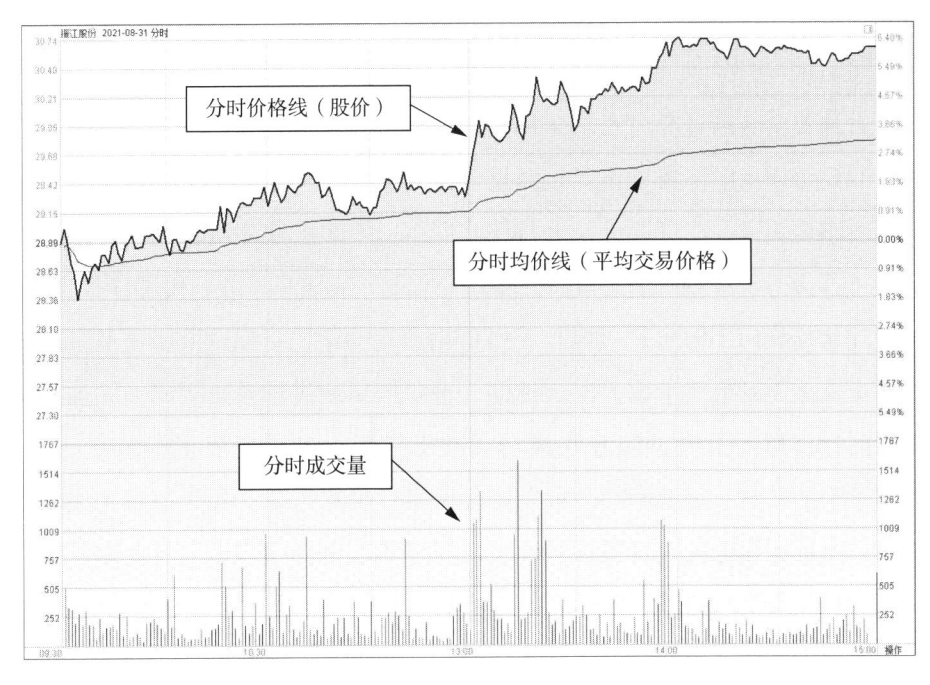

图 1-1

二、量比及其实战运用

量比是衡量相对成交量的指标。它是开市后平均每分钟的成交量与过去 5 个交易日平均每分钟成交量之比。量比计算公式为：量比=现成交总手/（过去 5 日平均每分钟成交量×当日累计开市时间）。

量是价的先导，量比的大小体现出股票的活跃程度。量比大，交易活跃；量比小，交易清淡。通过对量比的分析，普通投资者可以了解掌握主力机构的建仓、洗盘以及拉升行为。

量比的基本分类为：量比在 0.5 以下表示无量，0.5～0.8 表示缩量，

0.9~1.5表示成交量正常，1.6~2.5表示温和放量，2.6~5表示明显放量，6~10表示放大量，11~20表示放巨量；涨停板时量比在1以下的个股，上涨空间广阔，次日开盘继续封涨停的希望极大；如果是跌停板，量比越小则说明杀跌不到位，后市仍将持续下跌。普通投资者在关注量比的同时，还要重点关注股价在K线走势中所处的位置，低位放量值得乐观，高位放量就需要小心了。

普通投资者通过分时盘口运用量比指标，一般应遵守的原则为：①量比指标线趋势向上时不要卖出，直到量比指标线拐头向下；②量比指标线趋势向下时不要买入，不管股价是上行还是回落；③个股涨停后量比指标理应快速向下拐头，若涨停后量比指标仍然趋势向上，应该是主力利用涨停板出货；④量比指标线向上时可积极操作，股价创新高，量比指标也同步上涨，表明股价上涨是受到成交量放大的支撑的，可积极跟庄进场买进筹码；⑤若股价下跌时量比指标上升，应赶快离场，量比指标上升说明股价是放量下跌；⑥对于初次放量上涨的个股，可以将量比指标确定为2.6~5，也就是说个股温和放量或明显放量，普通投资者可以短线跟庄进场参与；⑦要注意量比数值相对成交量变化的滞后性。

量比的实战运用问题总结如下。

（一）放量上涨

在股价上涨的同时，量比指标同步上升，则表明成交量放大支撑股价上涨，普通投资者短线可跟庄进场或持股待涨。

图1-2是300833浩洋股份2022年4月26日星期二下午收盘时的分时走势图。从该股分时走势可以看出，开盘后随着成交量的温和放大，股价稳步上涨，量比指标同步上升，普通投资者短线可择机跟庄进场买入筹码。

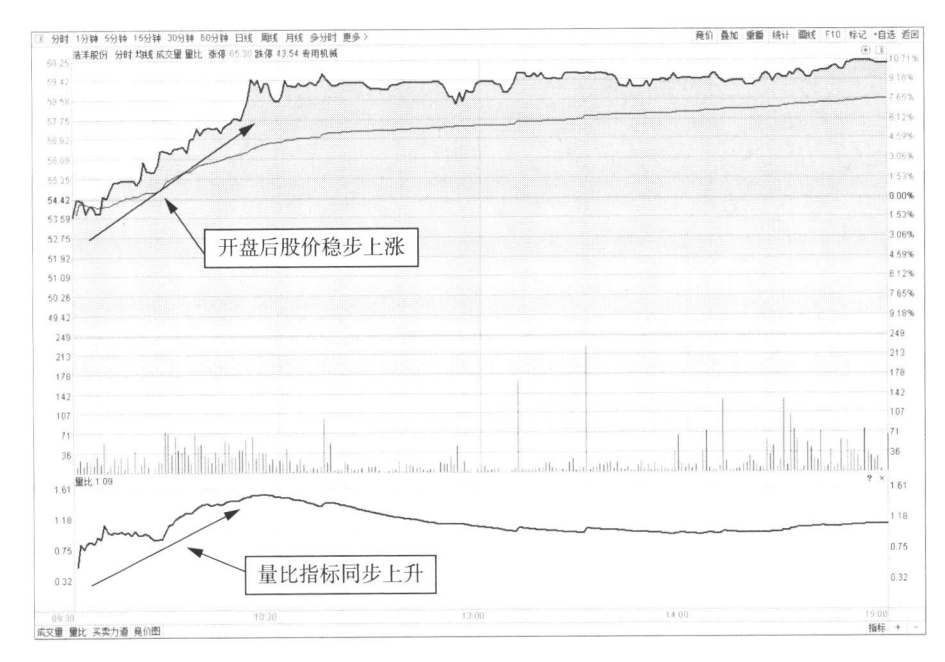

图 1-2

（二）缩量上涨

如果在股价上涨时，量比指标反而下降，则意味着股价短线可能回调，可继续跟踪观察。

图 1-3 是 603018 华设集团 2022 年 4 月 26 日星期二下午收盘时的分时走势图。从该股当日分时走势可以看出，开盘后股价急速上涨，但量比指标却下降，意味着股价要展开短线回调。

（三）放量下跌

如果量比指标上升，而股价却持续下跌，说明主力机构有派发筹码的嫌疑，个股短线回调压力较大，不能盲目进场。

图 1-4 是 688338 赛科希德 2022 年 4 月 25 日星期一下午收盘时的分时走势图。从该股分时走势可以看出，开盘后股价急速下跌，成交量放大，而量比指标却上升，主力机构有派发筹码的嫌疑，该股短线回调压力较大，普通投资者短线不能盲目跟庄进场。

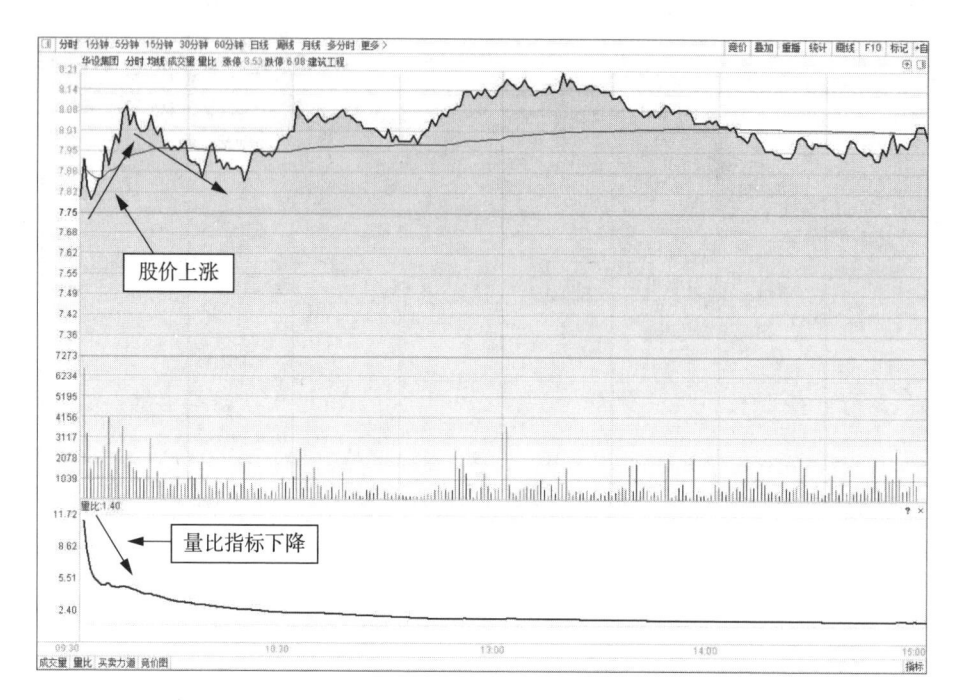

炒股就炒强势股①
强势分时盘口操盘跟庄实战技法

图 1-3

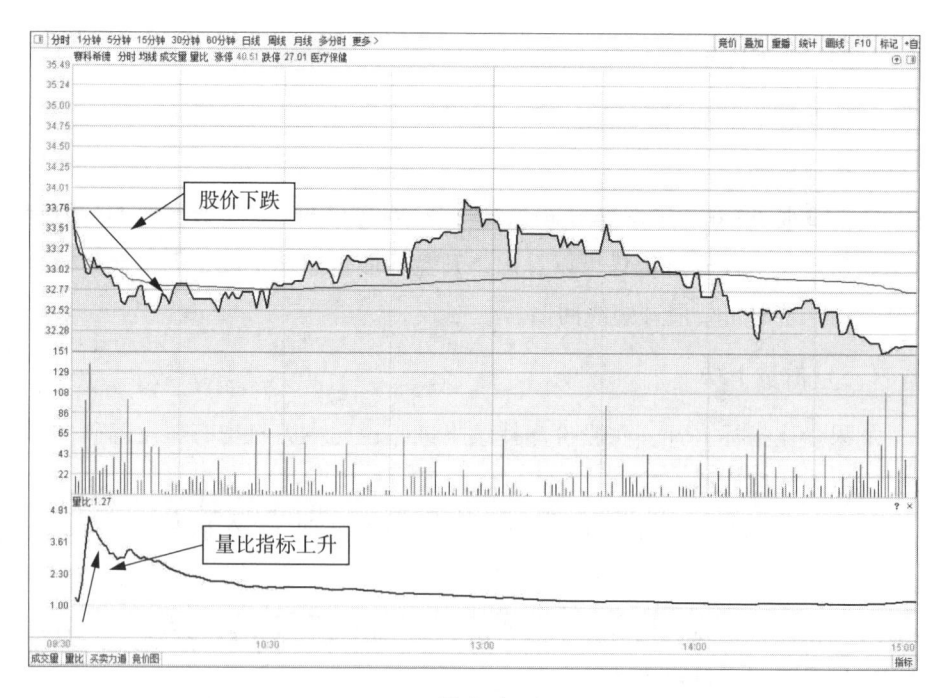

图 1-4

008

（四）缩量下跌

如果股价小幅下跌，量比指标同时下降，说明量能暂时不济，若量比指标再次上升，推动股价再次上涨，则可继续持股。

图 1-5 是 300633 开立医疗 2022 年 4 月 26 日星期二下午收盘时的分时走势图。从该股分时走势可以看出，当日高开后，股价缩量小幅下跌，量比指标同步下降；之后随着成交量的放大，股价急速上涨，量比指标跟随股价同步上升，跟庄进场的普通投资者可继续持股。

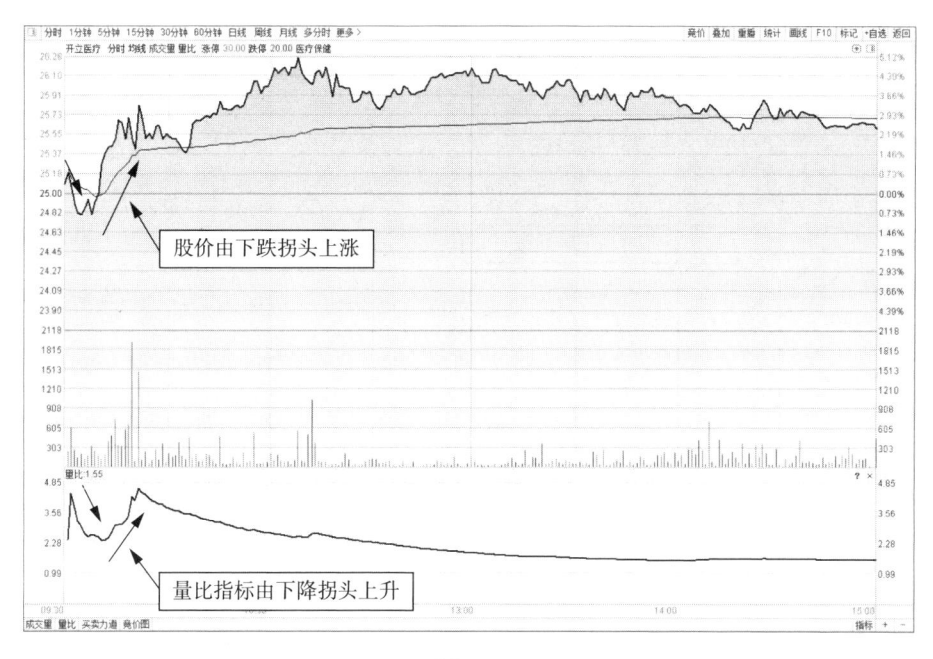

图 1-5

（五）缩量横盘

如果股价呈横盘整理状态，量比指标持续下降，只要股价没有有效跌破分时均价线，短线可继续持股。若量比指标再次上升，可继续持股，若量比指标继续下降，短线可先卖出。

图 1-6 是 688557 兰剑智能 2022 年 4 月 26 日星期二下午收盘时的分时走势图。从该股分时走势可以看出，当日低开后小幅急速上涨，即展开横盘震

荡整理行情，量比指标由上升拐头下降；股价结束横盘震荡整理状态拐头上涨，成交量放大，量比指标由下降翘头向上，跟进的普通投资者可继续持股。

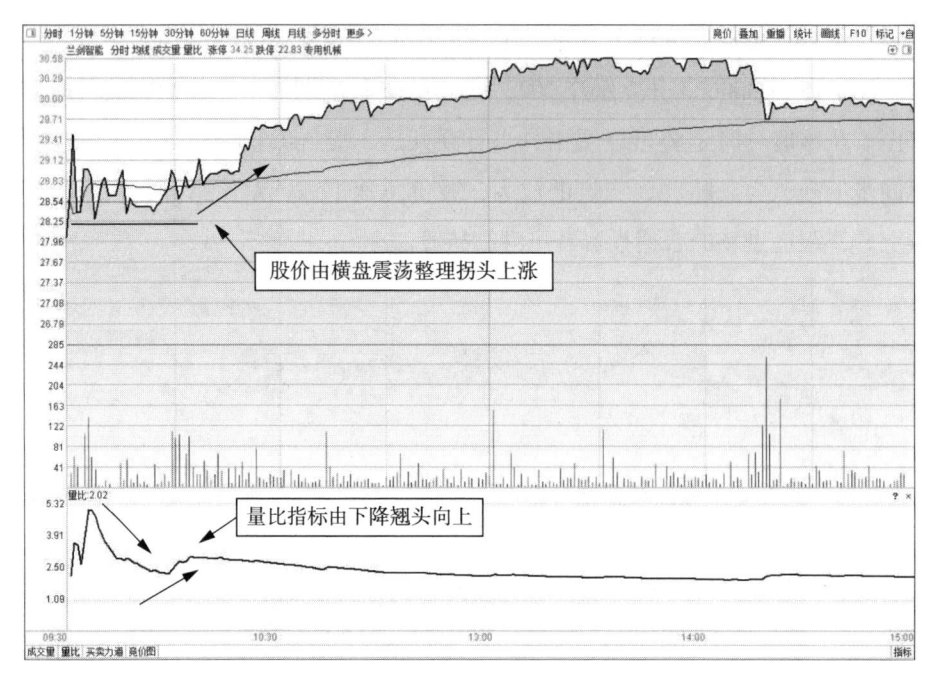

图 1-6

三、换手率及其实战运用

换手率是指单位时间内，某个股累计成交量与可交易量之间的比率。计算公式为：换手率＝成交总手数×100÷流通股本。

换手率的基本分类为：换手率在1%以下表示成交特别低迷（即相当于无量），1%~2%表示成交低迷（即地量），2%~3%表示成交温和（即微量），3%~5%表示成交相对活跃（即温和放量），5%~8%表示成交活跃（即带量），8%~15%表示成交高度活跃（即放量），15%~25%表示成交特别活跃（即放巨量），在25%以上表示成交量过大（即放量可能过头）。

实际操盘中，普通投资者判断换手率的高和低，要通过目标股票的流通盘和股价所处的位置来分析确定。当然，一般情况下，股票的换手率越高，意味着该股的成交越活跃，人气越旺，人们购买该股筹码的意愿也就越强烈；

反之，个股的换手率低，表明该股关注的人少，显得死气沉沉。但如果股价到了高位出现高换手率，同时成交量有效放大，就要注意安全了；若个股长时间成交低迷，换手率极低，量能出现地量，物极必反，机会可能就要来了。判断个股是否到达底部、是否启动拉升以及是否到达顶部等等，还要结合其他技术指标一起研判。

换手率的实战运用问题总结如下。

（一）关注高换手率个股

上面对换手率进行了基本分类，实际操盘中，普通投资者对市场中换手率在3%以下的个股，不用多关注，因为这些个股基本属于冷清股，一般主力机构的持仓量比较低，可等到该股放量时再认真分析研究。

市场中换手率为3%~7%的个股，属于主力机构正在操作的个股，可以结合个股前期走势和股价所处的位置以及其他技术指标，综合分析判断主力机构的意图和目的，再确定是否跟庄进场分批买入筹码。

市场中换手率大于7%甚至超过10%的个股，属于主力机构正在积极运作的个股，可高度关注，重点看股价所处的位置，是处于突破阶段还是处于出货阶段，如处于初期或中期突破环节，则可寻机跟庄进场，如处于高位出货阶段，就不能盲目跟庄进场了。

图1-7是603299苏盐井神2022年4月26日星期二下午收盘时的分时走势图。从该股分时走势可以看出，当日低开后小幅回调震荡整理，然后展开上涨行情，成交放大，至收盘股价基本在分时均价线上方运行，当日换手率达到15.40%，成交量较前一交易日有效放大。虽然当天大盘大跌，但该股仍上涨2.67%，跟进的普通投资者可继续持股。

（二）运用换手率判断个股趋势

运用换手率判断个股趋势，普通投资者要将换手率与个股股价所处的位置结合起来，才能大概预测和判断个股的后市走势，但要排除政策面、大盘和个股基本面等可能出现的突发因素。

股价在K线走势中处于底部或相对低位，换手率一直较低，突然连续两天以上出现高换手率，有可能是主力机构资金大幅进场，个股后期发展趋势

强势分时盘口操盘跟庄实战技法

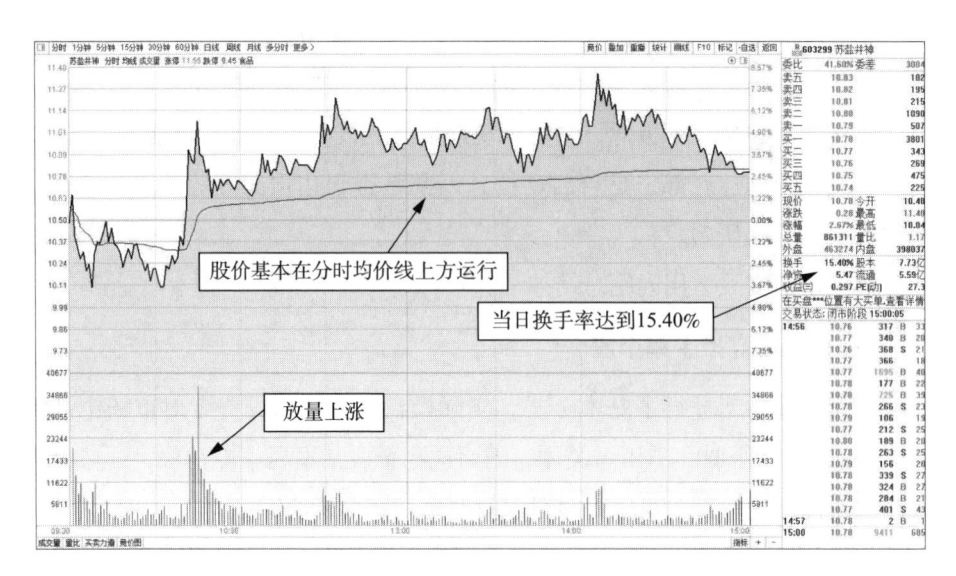

图 1-7

至少有一波较大幅度的反弹，普通投资者可择机跟庄进场逢低买入筹码。另外，如果政策面或消息面利空出来，股价处于底部或相对低位的个股出现高换手率，应该是主力机构利用利空消息趁机大量收集筹码，透露出利空过后个股上涨的可能性。

股价在K线走势中处于中期或相对高位横盘震荡整理状态，成交量萎缩、换手率较低，应该是主力机构正在震荡洗盘吸筹，洗盘吸筹行情结束后，很可能会有一波较大幅度的拉升，普通投资者要重点关注，在主力机构启动拉升之时，及时跟庄进场。

股价在K线走势中处于高位的个股，尤其是主力机构急速（或加速或快速）拉升后，股价处于高位的个股，出现高换手率，普通投资者要提高警惕，应逐步减仓或清仓，这很大可能是主力机构高位派发出货。另外，如果消息面或个股基本面出现利好，股价处于高位的个股出现高换手率，应该是主力机构利用利好消息高位出货，普通投资者要及时卖出手中筹码。

对于换手率过高或过低的个股，如果该股前期有过一波或多波幅度较大的涨幅，普通投资者要谨慎对待，不能盲目跟进。

在分析判断个股后期发展趋势或后期走势上，普通投资者不能光看换手率的高低，还要结合 K 线、成交量、均线等主要技术指标，综合分析判断后再作出决策。

图 1-8 是 300457 赢合科技 2021 年 11 月 15 日星期一下午收盘时的 K 线走势图。在软件上将该股整个 K 线走势缩小后可以看出，此时股价处于高位长期下跌企稳之后的反弹走势中。股价从相对高位，即 2020 年 3 月 10 日最高价 71.05 元，一路震荡下跌，至 2021 年 4 月 27 日最低价 15.99 元止跌企稳，下跌时间长、跌幅大。

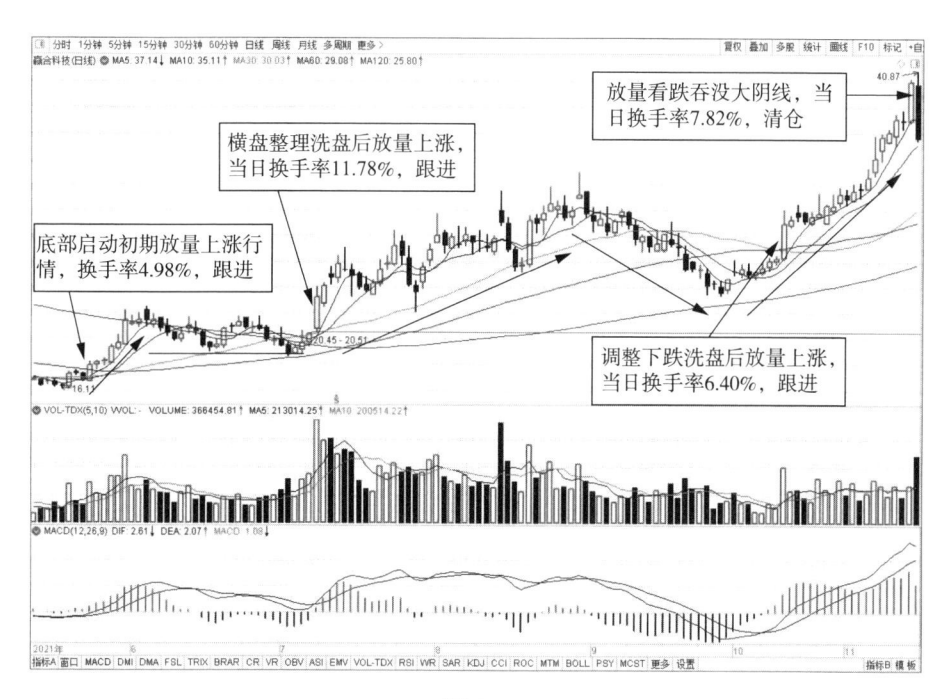

图 1-8

2021 年 4 月 27 日该股止跌企稳后，主力机构展开强势整理行情，收集筹码。

5 月 24 日该股低开，收出一根大阳线，突破前高，成交量较前一交易日放大 2 倍多，初期上涨行情启动，当日换手率达 4.98%。作为流通盘为 5.57 亿的个股，以 4.98% 的换手率启动底部（或者说低位）上涨行情，这属于高换手率的放量上涨行情。普通投资者可在当日或次日跟庄进场逢低买入筹码。

7 月 8 日，该股高开收出一根大阳线，突破前高，留下向上突破缺口，成交量较前一交易日放大2倍多，换手率达到11.78%，初期上涨后的回调洗盘行情结束，回抽确认支撑有效后，主力机构启动上涨行情。普通投资者可在当日或次日跟庄进场逢低买入筹码。

10月19日，该股高开收出一根大阳线，突破前高，成交量较前一交易日放大2倍多，换手率为6.40%，中期调整下跌洗盘行情结束，主力机构启动上涨行情。普通投资者可在当日或次日跟庄进场逢低买入筹码。

11月15日截图当日，该股低开回落，收出一根看跌吞没大阴线（高位看跌吞没阴线为见顶信号），成交量较前一交易日明显放大，当日换手率为7.82%，透露出主力机构毫无顾忌派发出货的坚决态度。此时，股价远离30日均线且涨幅较大，5日均线已拐头向下，KDJ等部分技术指标开始走弱，盘口的弱势特征已经显现。像这种情况，普通投资者当日没有及时卖出手中筹码的，次日一定要逢高清仓。

（三）运用换手率选股

个股换手率高，表明有主力机构资金在其中运作，这样的个股交投活跃、流动性好，是普通投资者短线追逐的对象，也是市场的热门股或强势股。所以，选股还是要选换手率高的个股。

（1）要选择下跌时间长、跌幅大、底部或相对低位放量、换手率高的个股。这种个股除有主力机构资金活动外，还有其他投资者在积极参与，后市有一定的上升空间。普通投资者可重点选择已经止跌企稳、短期均线拐头向上出现金叉或银山（金山）谷的换手率高的个股，择机跟庄进场逢低买进。

（2）要选择在初期上涨阶段连续两天以上出现高换手率的个股。这类个股止跌企稳后迅速展开初期上涨行情，成交量同步放大，连续两天以上换手率各在7%以上，这很可能是领涨板块中的龙头股，或者是强势股。普通投资者跟庄进场买进筹码后，至少能抢一波较大幅度的反弹。

（3）要选择中期横盘震荡整理洗盘行情结束后，换手率走高的个股。初期上涨行情之后，主力机构展开横盘震荡整理洗盘行情，清洗获利盘和前期套牢盘，拉高新进场投资者的筹码成本。缩量洗盘结束后，主力机构再次启动上涨行情，此时成交量放大，换手率走高，普通投资者可择机跟庄进场逢低买进筹码。

普通投资者运用换手率选股和运用换手率判断个股趋势一样，要结合其他技术指标，进行综合分析判断后再作出决策。

图 1-9 是 300339 润和软件 2021 年 6 月 28 日星期一下午收盘时的 K 线走势图。在软件上将该股整个 K 线走势缩小后可以看出，此时股价处于长期大幅下跌企稳之后的上涨（反弹）走势中。股价从相对高位，即 2019 年 9 月 9 日最高价 18.60 元，一路震荡下跌，至 2021 年 2 月 8 日最低价 7.89 元止跌企稳，下跌时间长、跌幅大。这期间有 3 次较大幅度的反弹行情出现。

2021 年 2 月 8 日该股止跌企稳后，主力机构展开大幅盘升行情，收集筹码。

5 月 12 日，该股跳空高开拉出一个大阳线涨停板，突破前高，留下向上突破缺口，形成大阳线涨停 K 线形态，成交量较前一交易日放大近 3 倍，换手率 12.25%，主力机构启动初期上涨行情。作为流通盘为 7.71 亿的个股，以 12.25% 的换手率启动上涨行情，这属于高换手率的巨量上涨走势。普通投资者运用换手率选股，应该选择这种相对低位高换手率向上突破的个股，作为跟庄进场买入筹码的目标股票。

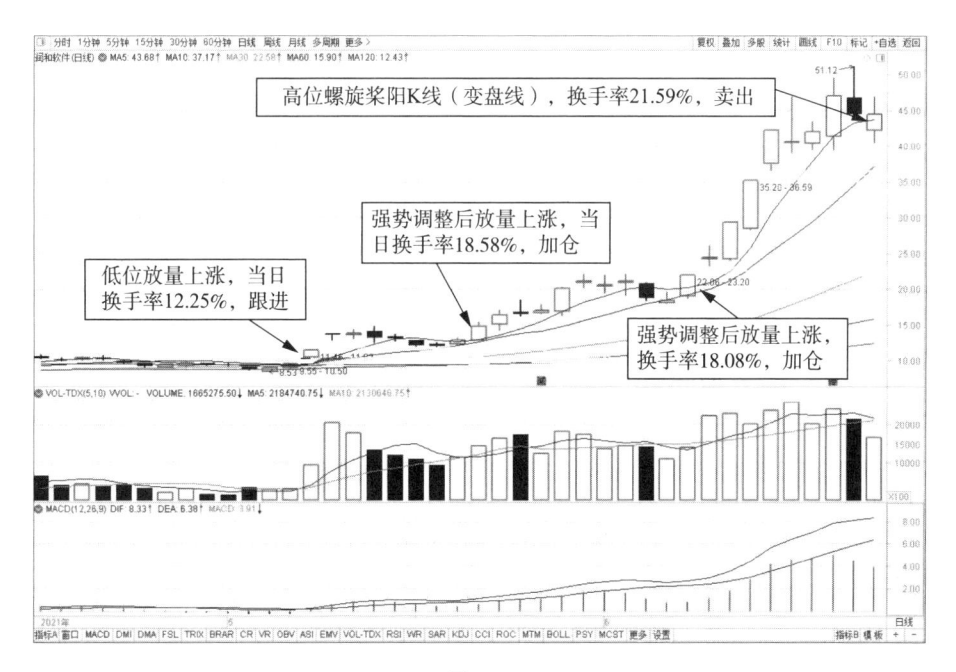

图 1-9

5月24日，该股平开收出一根大阳线（涨幅14.97%），突破前高，成交量较前一交易日明显放大，换手率达到18.58%，初期上涨行情之后的强势调整洗盘行情结束，回抽确认支撑有效后，主力机构启动上涨行情。普通投资者可以在当日或次日跟庄进场逢低加仓买进筹码。普通投资者在运用换手率选择初期上涨、强势调整洗盘结束、回抽确认启动上涨行情的个股时，应该选择这种高换手率启动的个股，作为跟庄进场加仓买进筹码的目标股票。

6月7日，该股高开收出一个大阳线涨停板（涨幅20%），突破前高，形成大阳线涨停K线形态，成交量较前一交易日明显放大，换手率达到18.08%，中期强势调整洗盘行情结束，回抽确认支撑有效后，主力机构启动快速拉升行情。普通投资者可以在当日或次日跟庄进场逢低加仓买进筹码。普通投资者运用换手率选择中期调整洗盘行情结束、启动快速拉升行情的个股时，应该选择这种高换手率启动的个股，作为跟庄进场加仓买进筹码的目标股票。

6月28日截图当日，该股大幅低开冲高回落，收出一根螺旋桨阳K线（高位螺旋桨K线又称为变盘线或转势线），虽然成交量较前一交易日有所萎缩，但当日换手率已达到21.59%，显露出主力机构利用盘中拉高手法吸引跟风盘而震荡出货的迹象。此时，股价远离30日均线且涨幅较大，股价跌破5日均线且5日均线走平，MACD、KDJ等部分技术指标开始走弱，盘口的弱势特征已经显现。像这种情况，普通投资者如果手中还有筹码当天没有出完的，次日应该逢高撤出。

四、其他盘口语言

委比委差是衡量一段时间内市场买卖盘强弱的技术指标。当委比值为正并且委比数大时说明市场买盘强劲；反之，若委比为负时，则说明卖盘力量强，下跌的可能性大。同理，委差值为正时买方力量较强，为负时则抛压较重。在使用委比和委差指标时最好与其他技术指标配合使用，这样效果才会更好。

振幅是指开盘后最高价、最低价之差的绝对值与股价的百分比。振幅可以从侧面反映出某只股票的强弱情况。个股在一定时间内的最低价与最高价之间的震荡幅度，一定程度上反映出该股的活跃程度。如果一只股票的振幅较小，说明该股不够活跃；反之则说明该股比较活跃。股票振幅分析有日振幅分析、周振幅分析、月振幅分析等。

分时成交一般显示的数据格式为，在几分几秒以多少价格成交了多少手。在盘面的右下方为成交明细显示，显示动态每笔成交的价格和手数。有的网上行情软件，点击其盘面左上方"分析"栏，再点击"分时成交明细"，则可以查看当天已经成交的全部分时手数。单独的成交数据是毫无意义的，但如果你观察的是一些连续的数据或者对全天的成交明细进行分析，你就会自然而然地发现主力机构的一些蛛丝马迹。一般来说，成交笔数越少，金额越大，说明有主力机构活动的迹象。尤其是成交笔数较大而又集中的时候，表示有大资金在活动，该股出现价格异动的概率就大，应该引起普通投资者的注意。

还有一些没有分析到的盘口语言要素，会在下面的章节中涉及，在这里就不一一叙述。

图 1-10 是 002639 雪人股份 2021 年 4 月 9 日星期五下午收盘时的分时走势图，就单个交易日而言，该图所示为强势盘口分时图。该股当日低开直线上冲，迅速封停，成交量同步放大，分时盘口强势特征明显。当然，从 K 线走势看，该股主力机构在 2019 年上半年已经展开过一波大幅拉升行情。截图之前的 4 月 6 日、7 日、8 日又拉出 3 个涨停板，整体涨幅偏大，普通投资者要注意后市调整风险。此时对该股分时走势截图分析，重点说明涨停分时盘口是最具代表性的强势分时盘口，且各种盘口语言要素也非常强势。而当天大盘走势却相对偏弱，不尽如人意。

图 1-11 是上证指数 2021 年 4 月 9 日星期五下午收盘时的分时走势图，大盘弱得让人有点难受。

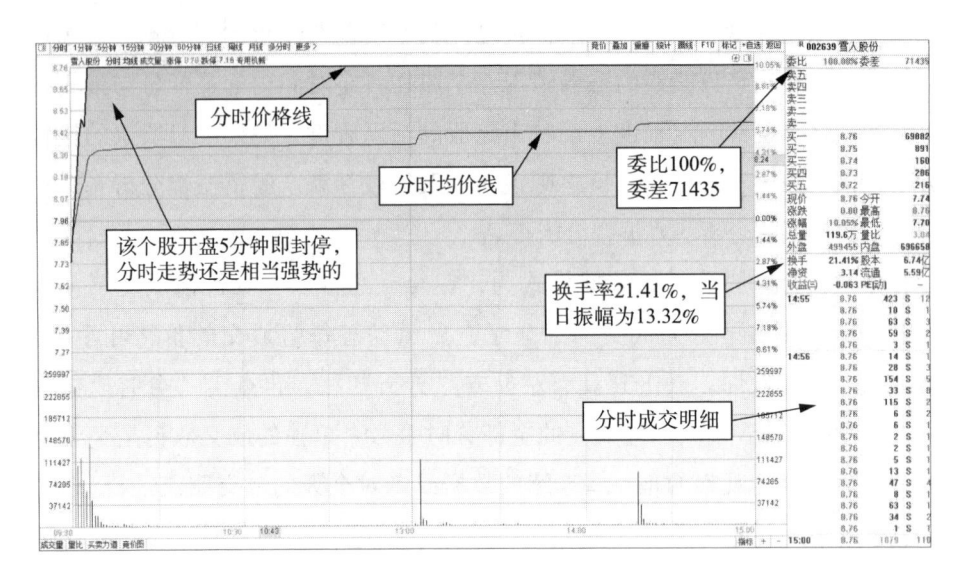

图 1-10

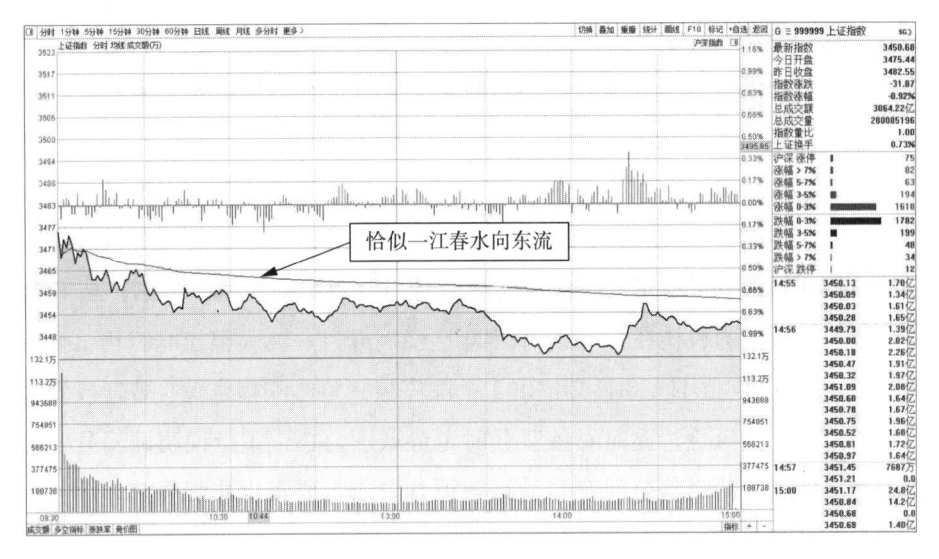

图 1-11

真正的强势盘口，首要条件是在分时走势上要强势，数日的强势分时走势，才能演变为强势的 K 线走势，并逐步形成强势的上升趋势。刚入市或入市不久的普通投资者，可以从盘口语言入手，从强势分时走势开始分析研究，多跟踪分析股价处于上升趋势的强势个股，多做上升波段，实现赢利可能要更快更稳当些。

图 1-12 是 000503 国新健康 2021 年 11 月 25 日星期四下午收盘时的分时走势图。从当天分时走势看，该股早盘高开后，成交量逐渐放大，股价依托分时均价线稳健上行，分时价格线上行所呈现的价波比较流畅，底部的分时成交量量峰呈间隔小堆状，全天股价一直在分时均价线上方运行，分时走势比较强劲，为强势分时盘口。

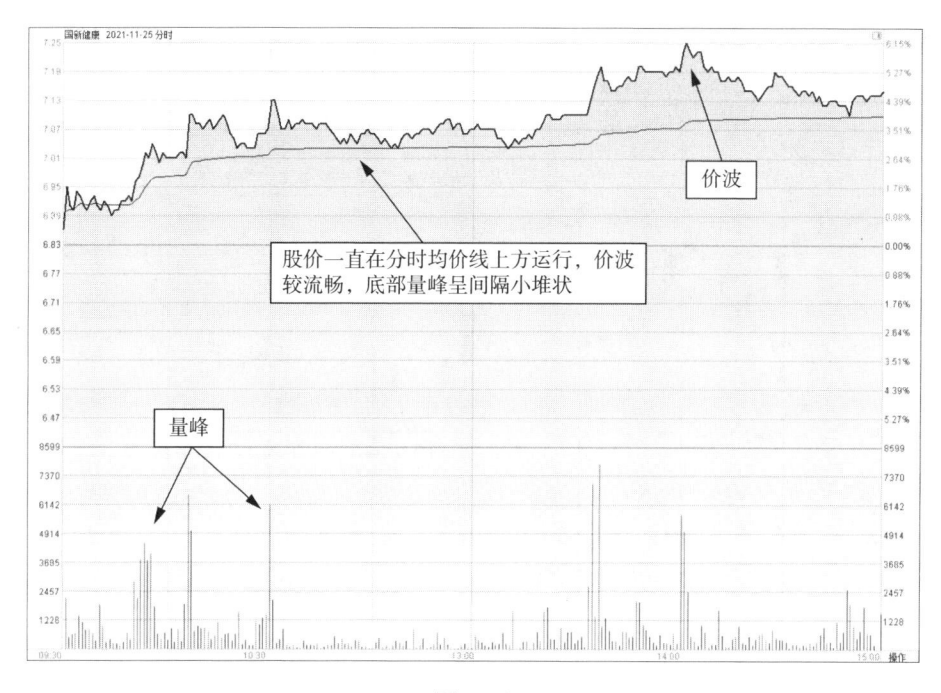

图 1-12

图 1-13 是 000503 国新健康 2021 年 11 月 25 日星期四下午收盘时的 K 线走势图。在软件上将该股整个 K 线走势缩小后可以看出，此时股价处于长期大幅下跌企稳之后的上涨（反弹）走势中。股价从相对高位，即 2019 年 4 月 9 日最高价 33.00 元，一路震荡下跌，至 2021 年 11 月 4 日最低价 5.90 元止跌企稳，下跌时间长、跌幅大。下跌期间有过多次反弹，且反弹幅度较大。

2021 年 11 月 4 日该股止跌企稳后，主力机构快速推升股价，收集筹码。11 月 11 日，5 日均线向上穿过 10 日均线形成金叉；11 月 16 日，5 日均线向上穿过20日均线形成金叉；11月18日，10日均线向上穿过20日均线形成金叉，此时均线银山谷形态形成，股价的强势特征已经显现，普通投资者可以在当日或次日跟庄进场分批买进筹码。

11月25日截图当日，该股跳空高开收出一根大阳线，突破平台和前高，成交量较前一交易日放大2倍多，换手率较前一交易日走高。此时，短中期均线呈多头排列形态，MACD、KDJ等技术指标走强，股价的强势特征相当明显。像这种情况，普通投资者可以在当日或次日跟庄进场加仓买进筹码。

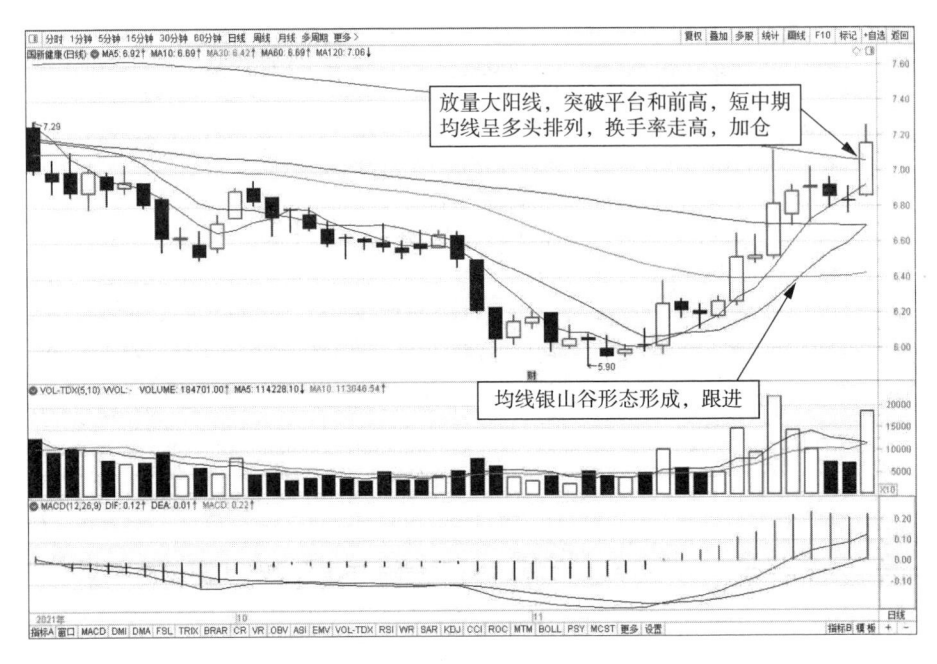

图 1-13

像以上这种分析研判，将涉及后面的所有章节。对于强势盘口尤其是强势分时盘口的分析，主要是给广大普通投资者提供一个分析研判的思路和一些操盘跟庄技巧，大家边学习边思考边实践，慢慢就会形成自己的一种分析判断思维、方法标准和模式，以后只要打开个股分时走势图和K线走势图，就基本能够一眼看出主力机构的大概做盘思路和意图。但普通投资者切忌生搬硬套和模仿，尤其是跟庄进场买进时一定要谨慎，必须结合各种指标因素和大盘趋势，综合分析判断后，再作出决策。

第二节　集合竞价看主力机构操盘目的

集合竞价是指对一段时间内所接受的买卖申报，一次性集中撮合的竞价方式。集合竞价是重要的盘口语言，是市场大盘和个股一天交易的开始，是市场对昨天收盘后至今日开盘前这一段时间内，所出现的有关政策、行业和上市公司的消息作出的第一反应，不管是利好还是利空，只要是对市场有影响的消息，都会在集合竞价开始时体现出来。

一、集合竞价阶段划分

集合竞价一般划分为两个阶段：

第一阶段：9:15至9:20，这5分钟开放式集合竞价可以委托买进和卖出，你看到的匹配成交量不一定是真实的，因为这5分钟既可以挂单也可以撤单，不但主力机构会经常频繁挂单撤单、调整价格和单量，其他大小庄家和普通投资者也会这样做。认真观察一些个股就会发现，当时间到达9:19后，不是真正为了买卖的竞价挂单会很快撤下。到9:19分55秒时，不是真正为了买卖目的的竞价挂单绝大部分都已经撤走。因为一过9:20之后，所有参与个股竞价的挂单都不能撤单，没撤的就可能成交。竞价第一阶段中时间到达9:19时，价格和挂单量才开始体现出一定的真实性，对普通投资者才有较大的参考价值。

普通投资者要特别注意的是，主力机构经常在集合竞价第一阶段9:19前，利用大挂单（大买单或大卖单），来扰乱普通投资者的操盘决策思路。所以，普通投资者在集合竞价第一阶段，以涨停价挂买单跟庄抢板前，一定要对目标股票的走势进行综合分析判断，慎重作出跟庄抢板决策。

第二阶段：9:20至9:25，这5分钟开放式集合竞价可以委托买进和卖出单子，但不能撤单，之前的挂单也不能撤，这5分钟你看到的委托是真实的，想抢涨停板的，一定要把握好这5分钟时间。这一阶段是真正为了买卖的筹码和资金在博弈。

二、强势盘口集合竞价

集合竞价阶段隐含着主力资金当日的操盘目的和意图，如果能认真分析集合竞价各类情况，熟悉了解最新的交易信息，就有可能发现并抓住集合竞价中出现的某些稍纵即逝的时机，提高捕获强势股的概率。

一般情况下，如果某只个股前一交易日是强势上涨且涨幅大，当天盘口集合竞价时跳空高开，挂单量大，那么这只个股涨停的概率就很大，普通投资者可快速浏览该股K线所处位置，结合均线等指标进行综合分析，在确认该股具备涨停的某些特征后，果断挂买单参与竞价买进。

普通投资者还可以根据当天集合竞价时的即时排行榜进行选择，以期捕获极具潜力的强势股，获得满意的投资收益。另外，在对自己重点关注的自选股（尤其是涨停板个股）进行集合竞价情况分析时，一定要结合该股在前一交易日收盘时所滞留的买单量，尤其要对买一位置所滞留的买单量进行分析，这对当天捕获强势股（涨停板）能起到积极的助推作用。

强势盘口集合竞价分两种情况：

一是涨停价挂单的个股盘口。处于上升趋势主力机构不得不拉升拔高，以及有重大利好消息刺激的个股，在当日集合竞价时是直奔涨停的。如果想追，就看谁的速度快了。普通投资者最好在当天集合竞价一开始，就提前以涨停价挂买单排队。

图1-14是600257大湖股份2021年4月13日星期二上午集合竞价开盘后至9:32的分时截图。该股是当时龙头板块的强势股，所属企业是国内水产养殖龙头，水产养殖面积位居全国第一。该股当日集合竞价涨停开盘。从开盘后2分多钟的分时截图看，该股开盘虽然是一字板封停，但从盘口右边的成交明细可以看到，成交量还是非常大的。如普通投资者在当日9:15集合竞价时，就直接以涨停价挂买单排队等候的话，还是有机会买进的。从全天的分时走势看，一直到下午收盘，涨停板没被打开，但成百上千手的买单还是成交了不少。这里就不再贴出该股当日全天的分时走势图了。

图 1-14

图 1-15 是 600257 大湖股份 2021 年 4 月 13 日星期二下午收盘时的 K 线走势图。从 K 线走势可以看出，该股当天集合竞价涨停开盘，是启动升势后的第二个一字涨停板。从 K 线走势看，该股止跌企稳后，在底部横盘震荡整理已近 2 个月，筑底工作做得比较扎实，当天一字板之前已收出了 2 个涨停板，第一个是大阳线涨停板、第二个是一字涨停板，盘口强势特征相当明显，后市可继续看多做多。普通投资者可继续在下一交易日集合竞价时以涨停价挂买单排队等候买进筹码。

二是集合竞价开始涨幅在 3% 左右（或挂单上推、竞价向上）一直持续到开盘的个股盘口。这类个股应该是已走出底部并启动升势或正处于上升趋势且比较强势的个股，挂单比较踊跃，尤其是买卖盘挂单都比较大，往往意味着该股当天和后市看好。

图 1-16 是 600960 渤海汽车 2021 年 4 月 14 日星期三上午 9:25 集合竞价开盘时的分时走势图，该股当天集合竞价以 4.48% 的涨幅跳空高开，说明主力机构还是有想法的。

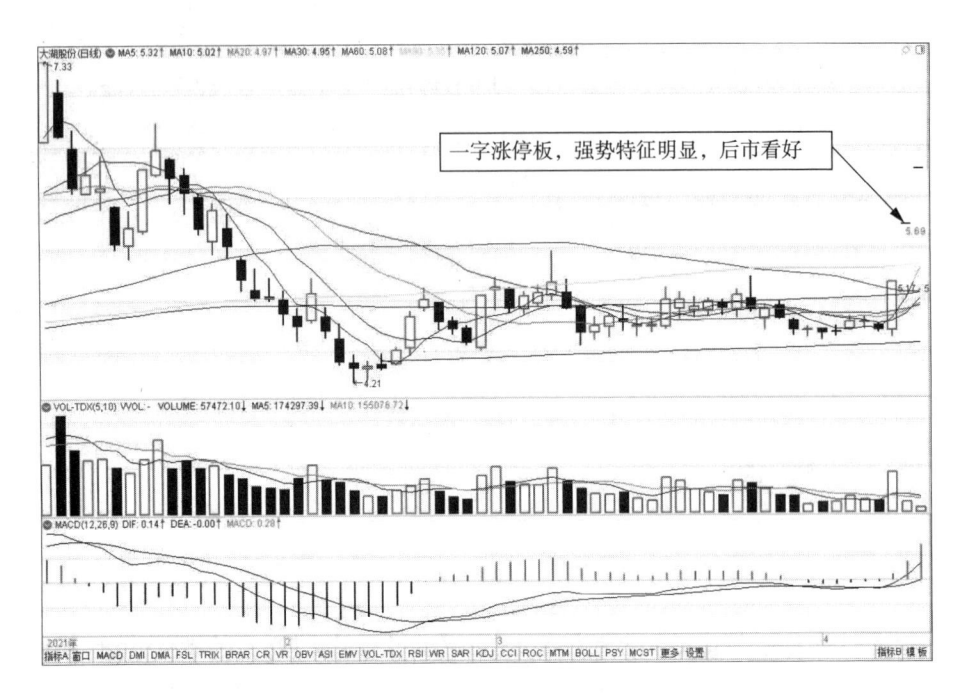

图 1-15

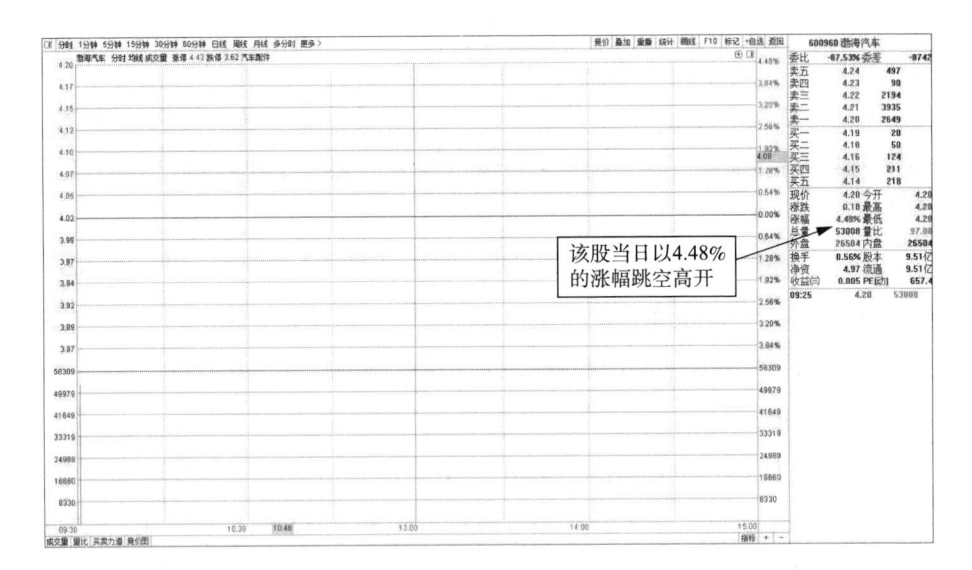

图 1-16

图1-17是600960渤海汽车2021年4月14日星期三上午9:25集合竞价结束时的K线走势图。从K线走势看，该股4月13日收出一个大阳线涨停板，成交量较前一交易日（12日）放大4倍多，股价突破短中长期均线，均线呈多头排列，MACD、KDJ等技术指标走强，股价的强势特征明显，值得普通投资者择机跟进。

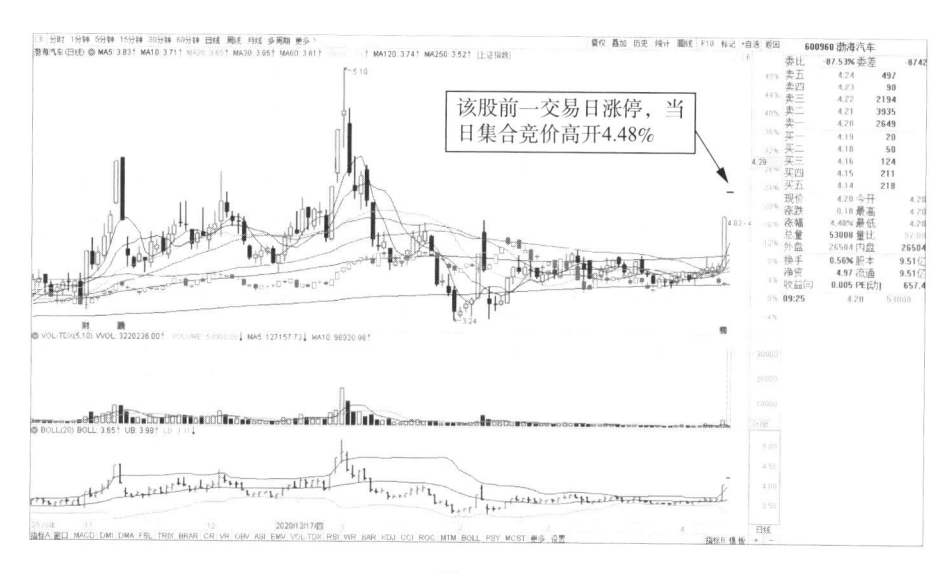

图1-17

图1-18是600960渤海汽车2021年4月14日星期三上午的分时走势图。该股当日高开后震荡回落洗盘，但股价回落没有跌破前一交易日收盘价，分时价格线形成小双底即W底形态后，一波快速拉升至涨停。至11:30收盘，仍以涨停报收，看盘口封单数量，预计当日收盘封停无悬念。

普通投资者一定要多关注强势个股的集合竞价，结合股价所处位置进行快速分析，特别是对于底部区域已经有1~2个涨停板的强势个股，主力机构持续拉升的可能性非常大，抓住涨停板的概率也很大。

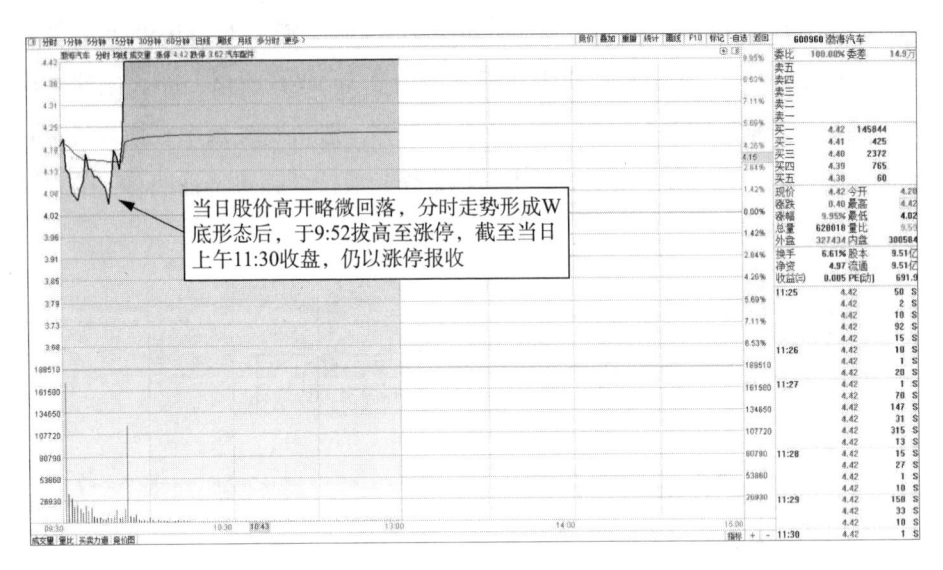

图 1-18

三、集合竞价看主力机构操盘目的

在 9:15 至 9:20 集合竞价第一阶段，主力机构会依据其操盘目的和意图，利用此阶段可随意撤换单的机会，经常在盘口频繁挂单撤单。通常是利用大单将某个股的股价拉至涨停或打压至跌停，以达到引诱普通投资者买进或卖出筹码的目的。

图 1-19、图 1-20 是 300415 伊之密 2021 年 4 月 12 日星期一集合竞价第一阶段（9:15 至 9:20）主力机构临近 9:20 时、快速挂单撤单的做盘图。

图 1-21、图 1-22 是 300415 伊之密 2021 年 4 月 12 日星期一集合竞价第二阶段 9:20 至 9:25 主力机构做盘图。

图 1-23 是 300415 伊之密 2021 年 4 月 12 日星期一下午收盘时的 K 线走势图。从 K 线走势可以看出，该股整体涨幅已经过大，主力机构已产生退意，虚假做盘参与竞价的目的，应该是为了引诱普通投资者买进其派发的筹码。当日该股收出一根螺旋桨阴 K 线（高位螺旋桨 K 线又称为变盘线或转势线），成交量较前一交易日放大近 3 倍，透露出主力机构已经展开高位出货的迹象。

第一章 强势盘口语言

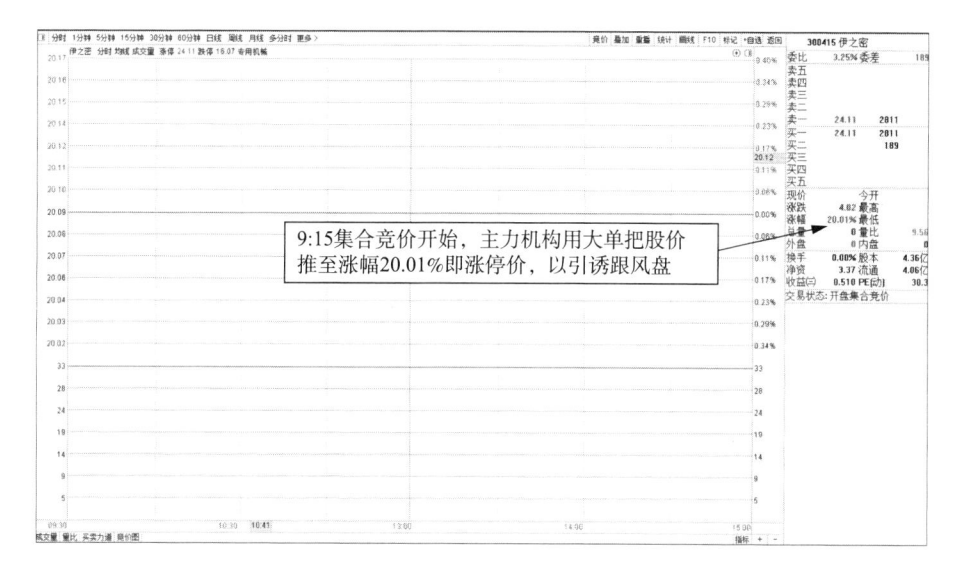

图 1-19

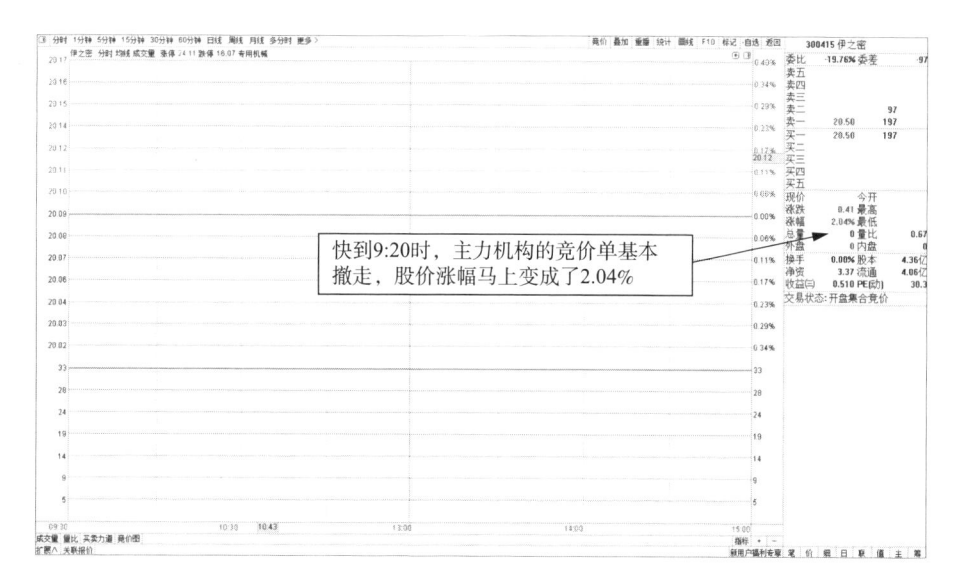

图 1-20

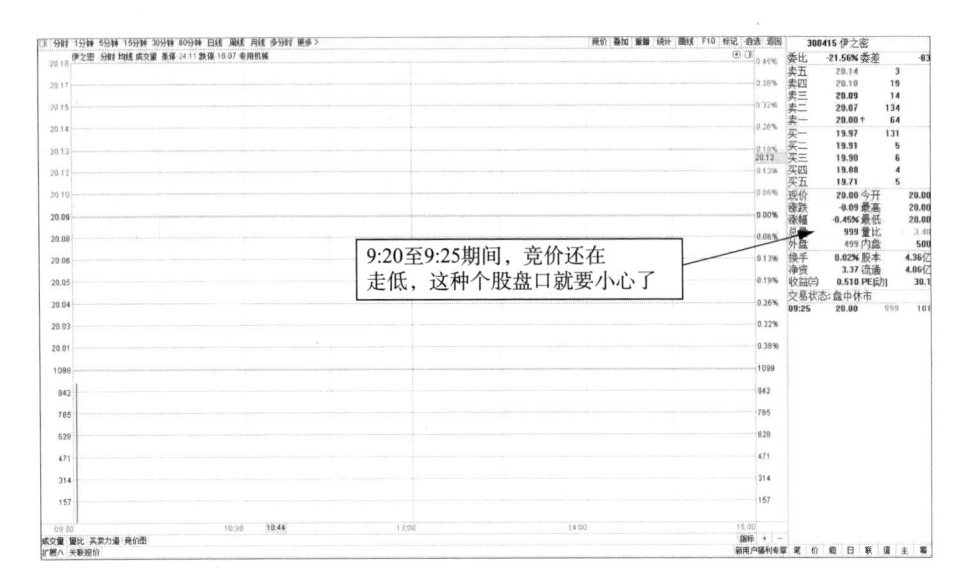

9:20至9:25期间，竞价还在走低，这种个股盘口就要小心了

图 1-21

9:25竞价结束，股价低开-0.45%，开盘价为绿色。主力机构在竞价第一阶段通过虚假做盘参与竞价，操纵并影响了开盘价

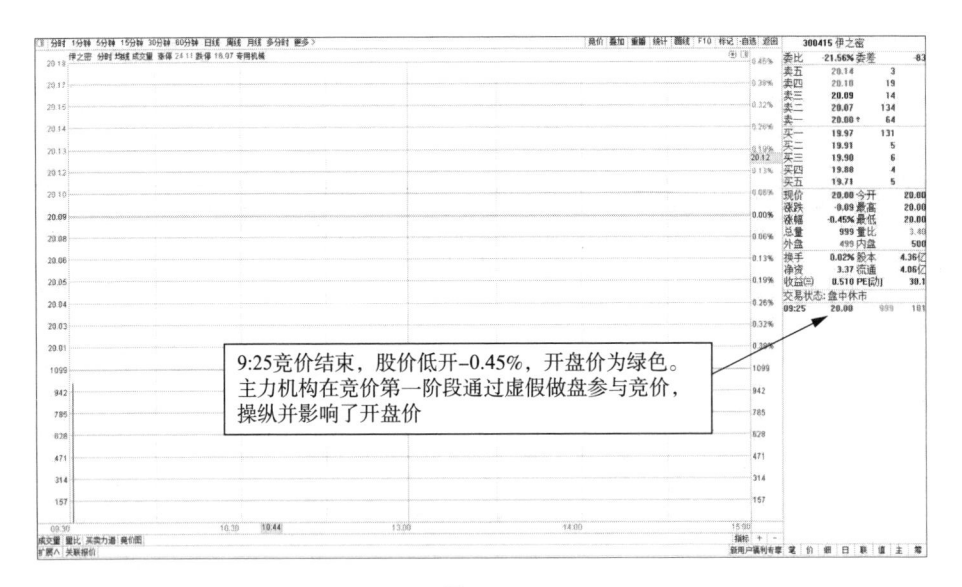

图 1-22

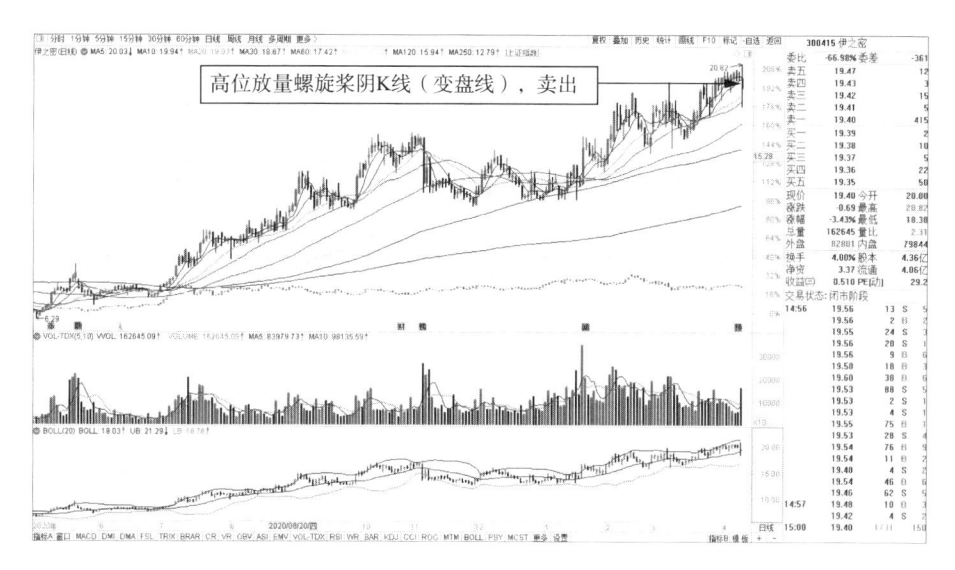

图 1-23

在集合竞价的第二阶段，投资者还要提防主力机构利用其资金和筹码量大的优势，在临近 9:25 时进行打压做盘造假。比如某主力机构可以在集合竞价时适量下单将股价封停或推升到一定涨幅，然后继续慢慢增单以吸引各路投资者眼球，引诱跟风盘。快到 9:25 时，一笔大卖单将股价大幅砸下来，集合竞价时原本涨停或大涨的股价被砸到平盘附近开盘。主力机构在集合竞价做盘交易中的这种自买自卖行为，是一种对敲交易。

但是，这种主力机构左手倒右手的对敲交易，却严重造成了普通投资者的损失。因为在集合竞价涨停或大涨的诱惑下，挂买单排队准备买入而没有及时撤走的普通投资者的买单，在 9:25 竞价结束时也被主力机构的大卖单全部砸掉了。

第三节　内外盘数据识别主力机构做盘意图

内盘是指主动卖出成交的数量，即卖方主动以低于或等于当前买一、买二、买三等价格、下单卖出股票时成交的数量，内盘的多少显示了空方急于卖出的数量大小。外盘是指主动买入成交的数量，即买方主动以高于或等于当前卖一、卖二、卖三等价格、下单买入股票时成交的数量，外盘的多少显示了多方急于买入的数量大小。一般而言，外盘大于内盘是盘口比较强势的表现，表明当天买盘比卖盘要强劲一些。

一、正常且强势的外盘

一般情况下，我们通过内盘外盘数量的大小和比例，可以发现主动性的买盘多还是主动性的抛盘多，并据此发现和追踪主力机构动向，是一个有效的操盘跟庄盘口短线指标。正常情况下，外盘数量大于内盘数量且不断持续，是主力机构和市场力量共同推升股价的强势外盘。

图 1-24 是 300631 久吾高科 2021 年 4 月 13 日星期二 14:00 的分时走势图，当时外盘总量为 53869 手，内盘总量为 37552 手，外盘数量大于内盘数量，后市股价有极大可能会继续延续上涨行情。

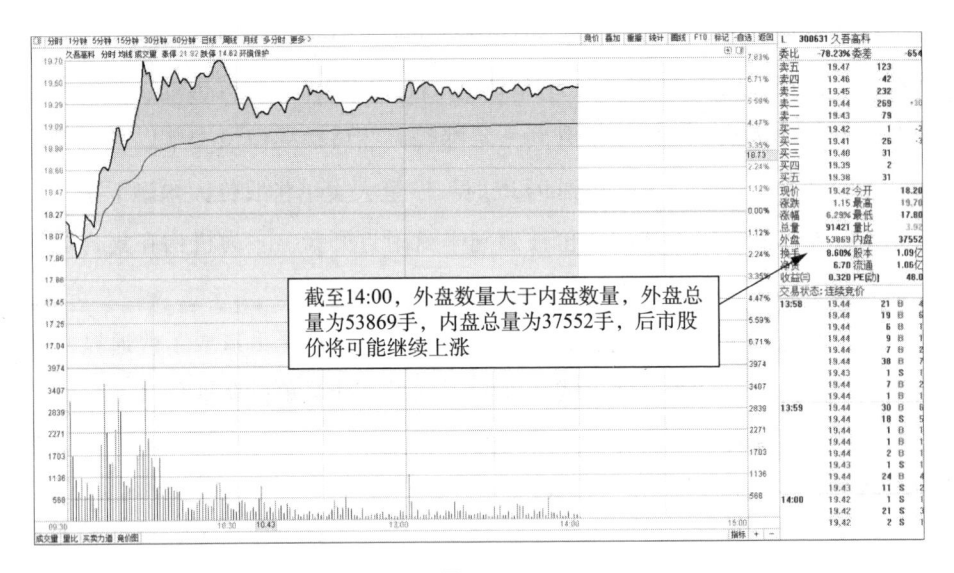

图 1-24

图 1-25 是 300631 久吾高科 2021 年 4 月 13 日星期二 13:44 的 K 线走势图。从该股 K 线整体走势可以看出，股价从高位下跌调整时间长，跌幅大，且展开过较长时间、较大幅度的震荡盘升（挖坑）洗盘行情，底部基础比较扎实，主力机构筹码集中度高，控盘比较到位，股价正处于缓慢上升走势之中。此时外

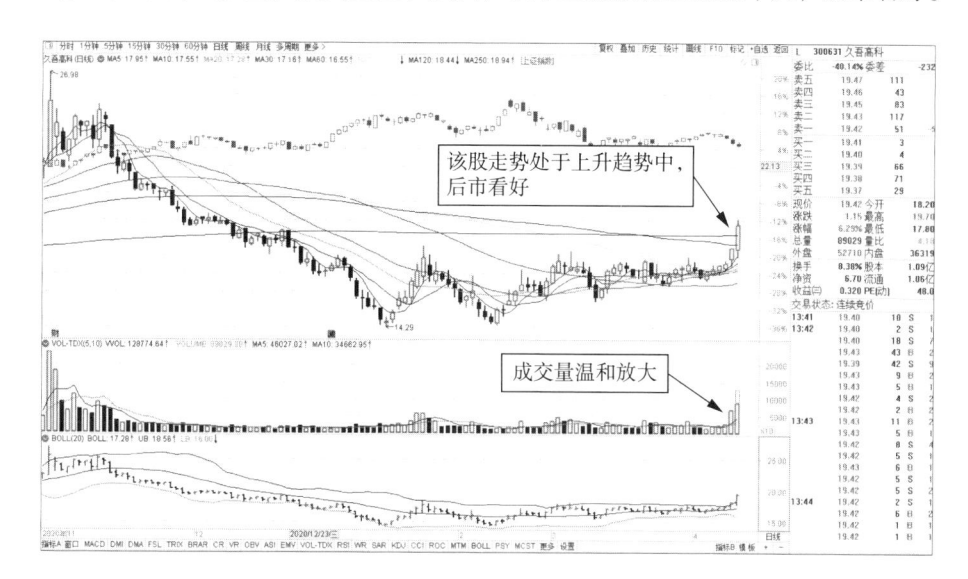

盘数量大于内盘数量，成交量温和放大，预示短期股价上涨概率大，后市看好。

图 1-25

二、主力机构对敲造假内外盘

股价运行到高位或相对高位，主力机构就开始动歪心思了，通过对敲造假内外盘数据即做大外盘数量，来吸引跟风盘，这是主力机构诱骗普通投资者高位接盘的手法之一。

图 1-26 是 600532 未来股份 2021 年 4 月 13 日星期二 14:32 的分时走势图，当时该股外盘总量为 17472 手，内盘总量为 8374 手，外盘总量比内盘总量大了一倍还多，但股价却只涨了 0.15 元。量放这么大（尤其是外盘总量比内盘总量大这么多），为什么股价却不见涨呢？因为主力机构在运用对敲手法做盘造假，意图引诱跟风盘，达到慢慢出货的目的。

图 1-27 是 600532 未来股份 2021 年 4 月 13 日星期二 14:30 的 K 线走势图。从该股整体走势可以看出，经过了一年多的数波上涨，股价由前期相对低位的 2.73 元涨到了 15 元以上，涨幅巨大。此时，主力机构在高位震荡调整出货有一段时间了，但高位出货并不是一件简单的事情，运用对敲手法造假做盘，引诱其他投资者接盘，是主力机构高位震荡慢慢出货的手法之一。

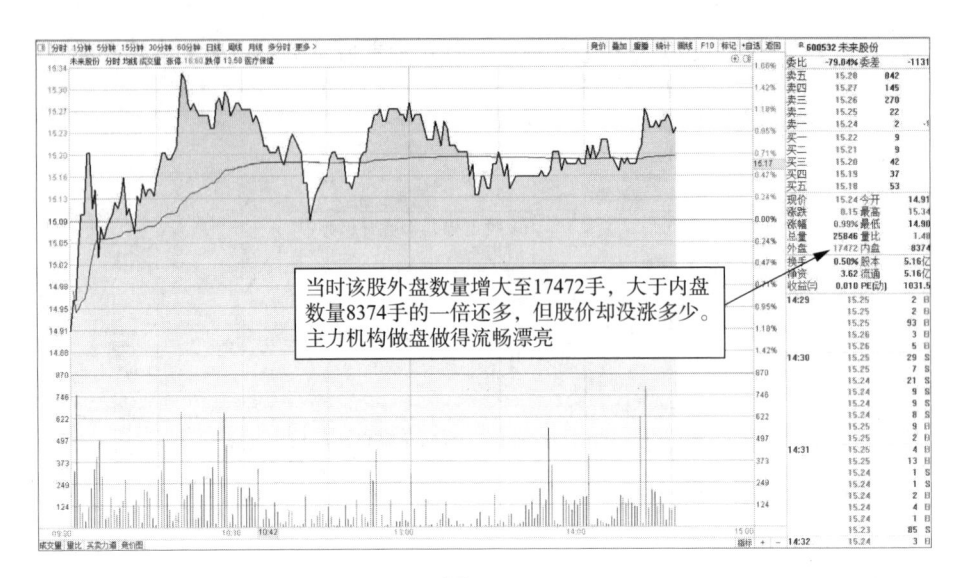

图 1-26 中标注:当时该股外盘数量增大至17472手,大于内盘数量8374手的一倍还多,但股价却没涨多少。主力机构做盘做得流畅漂亮

图 1-26

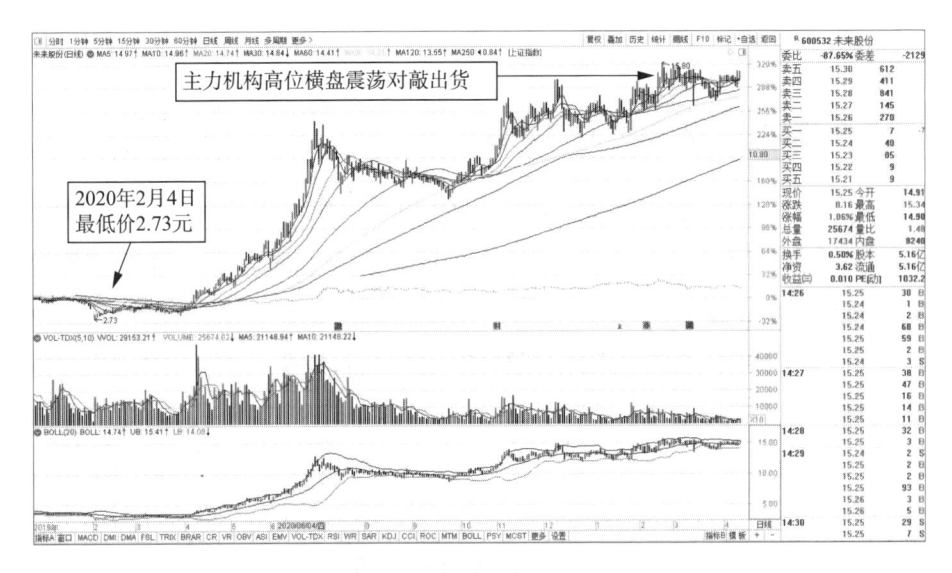

图 1-27 中标注:主力机构高位横盘震荡对敲出货;2020年2月4日最低价2.73元

图 1-27

三、主力机构耍小动作制造内外盘

市场大势向好,主力机构目标股票拿货不足,就会通过耍小动作制造内盘大外盘小的假象,意图诱骗普通投资者卖出手中筹码,达到自己补仓增仓

的目的。

比如在股价上涨过程中，经常会发现个股盘口的内盘大、外盘小，这种情况并不表示股价一定会下跌。因为有些时候主力机构用几笔大买单将股价拉至一个相对的高位，然后任由股价盘跌。主力机构则在买一、买二位置挂上买单，一些普通投资者以为股价会下跌，纷纷卖出手中筹码，这时主力机构分步挂单，将抛盘全部接下。主力机构这种先拉高后在低位挂买单的手法，就会使内盘大、外盘小，通常能起到引诱欺骗普通投资者卖出手中筹码的作用，主力机构筹码收集到位后将迅速推升股价。

图 1-28 是 603022 新通联 2021 年 4 月 13 日星期二下午收盘时的分时走势图。从盘口看，当天的分时走势还是比较强势的，主力机构先把股价拔高，然后任由股价回落，给人造成一种股价要下跌的感觉。但股价下行到一定幅度后就展开强势横盘震荡整理，股价全天基本在分时均价线上方运行。收盘后内盘数量比外盘数量大，但股价却上涨了 6.21%。

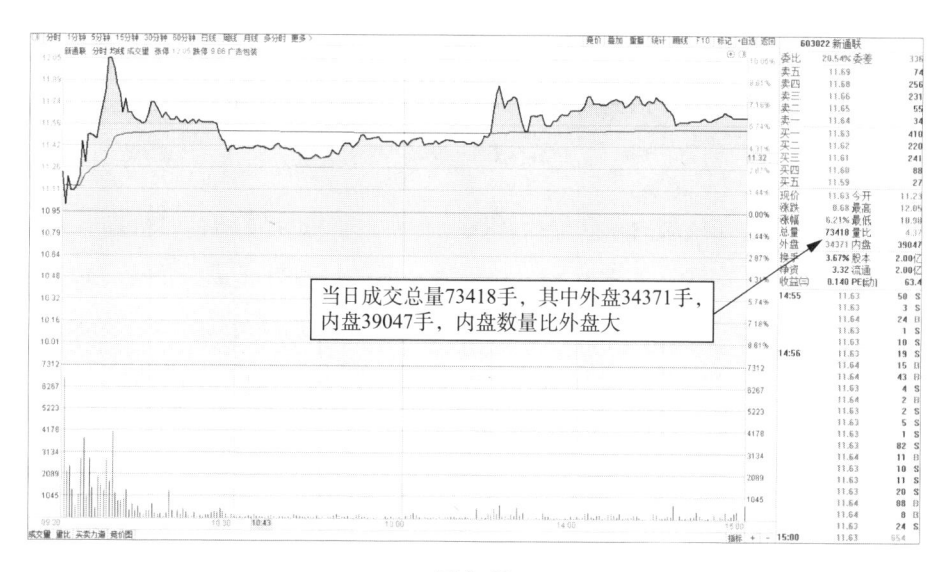

图 1-28

图 1-29 是 603022 新通联 2021 年 4 月 13 日星期二下午收盘时的 K 线走势图。从 K 线走势可以看出，该股从相对高位调整下跌，止跌回升展开横盘震荡整理。4 月 12 日涨停收盘，13 日当天跳空高开，收盘涨幅 6.21%，突破平台和前高，留下向上突破缺口。此时，短期均线呈多头排列，MACD、KDJ

等技术指标也开始走强，股价的强势特征还是比较明显的。但由于前期涨幅过大、下跌企稳后调整时间不长，当日收盘又收出一根螺旋桨阳K线（理论上讲，螺旋桨K线的出现，大多数情况下是一种转向标志），预示股价的短期走势可能出现反复。

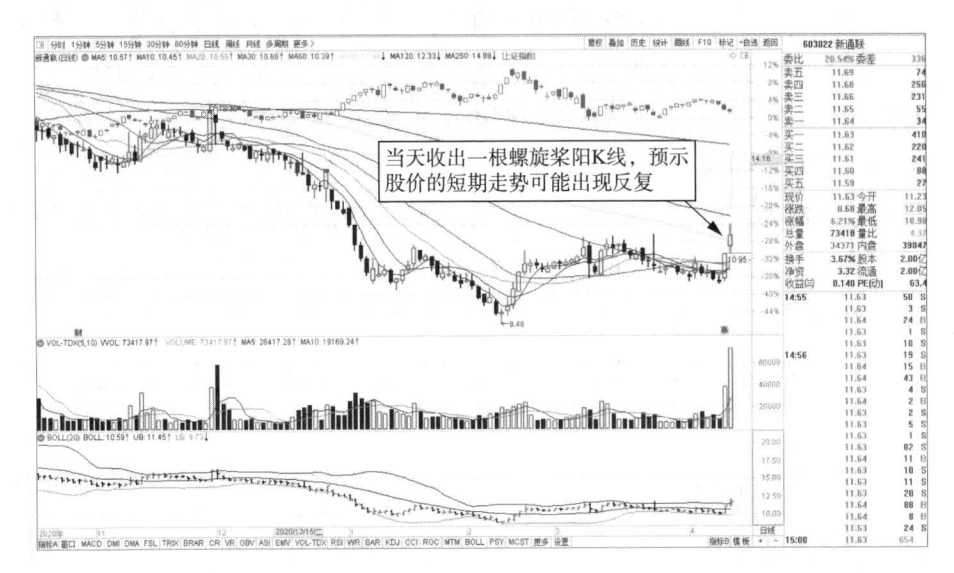

图1-29

普通投资者在运用内盘外盘指标跟庄操盘时，要注重结合股价在K线走势上所处不同位置（比如上升或下跌趋势）时的内盘外盘成交情况，以及对其他技术指标进行综合分析判断后，再作出是否买卖的决策。因为内盘外盘的数量并不是在任何时候都有意义，在许多时候外盘数量大而股价并不一定上涨，内盘数量大股价也并不一定下跌。

第二章

▼

强势盘口挂单

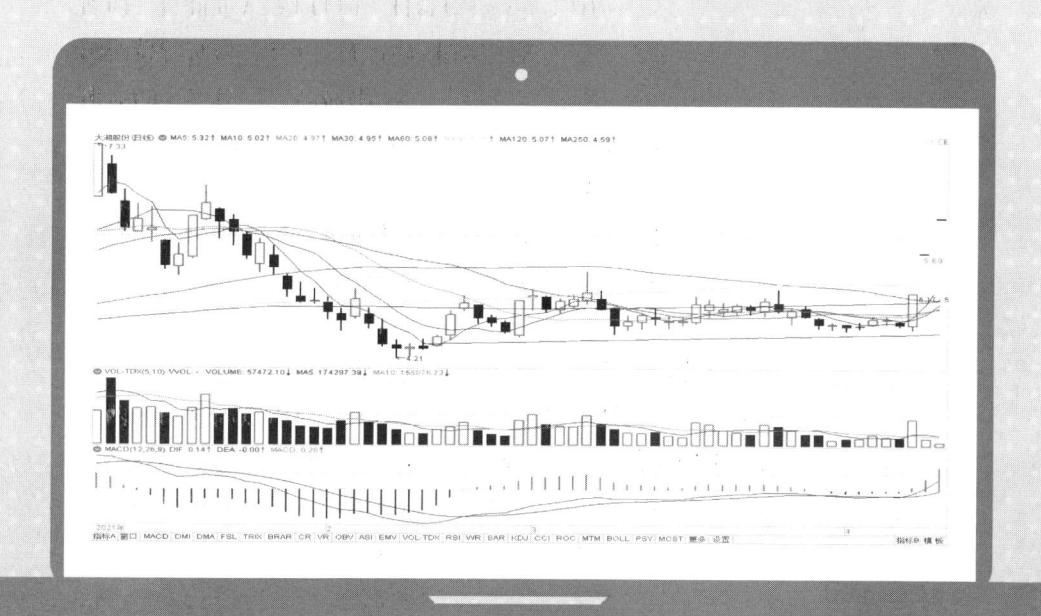

挂单就是在股票交易时把所要买进或卖出的股票名称、数量、价格填写完毕后提交给交易系统等待成交，这是一般意义上的挂单。实战意义上的挂单是指大资金（主流资金、游资等）的当日布局，即主力机构与其他投资者之间的博弈，通过大单或在某一价位的压单托单来实施，以达到操纵股价走势，获取赢利之目的。

挂单是一门学问，需要投资者不断学习研究、躬身实践、切身体会。市场主力机构经常利用其资金量大的优势和娴熟的盘口挂单技巧，采用不同的挂单手法，通过挂出巨量的买单或卖单，牵引股价方向，使委买委卖盘失真，以此迷惑、引诱普通投资者作出错误的买卖决定。

第一节　挂单动作与后市逻辑关系

挂单一般分为3类：一是卖单，也称为压单、卖盘、压板或上压板等；二是买单，也称为托单、买盘、托板或下托板等；三是夹单，也称为夹盘、夹板等。在此统一称为压单、托单和夹单。

实战操盘中，盘口主力机构的不同类型的挂单，其隐含的操盘意图和目的不同。普通投资者通过分析主力机构挂单动作，去预测判断个股后市走向和表现，可为是否跟庄进场买进、是否增减仓以及是否离场提供参考。

一、压单

压单是指在盘口挂单界面卖盘框中卖一至卖五的挂单。一般的压单没有实际意义，只有大压单即卖盘框中的挂单总量远远大于买盘框中的挂单总量才具有实战意义。当然，卖一至卖五挂单排列数量各异，同样隐含主力机构不可告人的目的，后面内容会涉及，这里就先不叙述。

图 2-1 是 601126 四方股份 2021 年 4 月 15 日星期四 14:04 的分时走势图。挂单上面的卖盘总量达到 10000 多手，而下面的买盘总量只有 2600 多手，说明该股短期内抛压较重，对股价上涨有较大的压制作用。

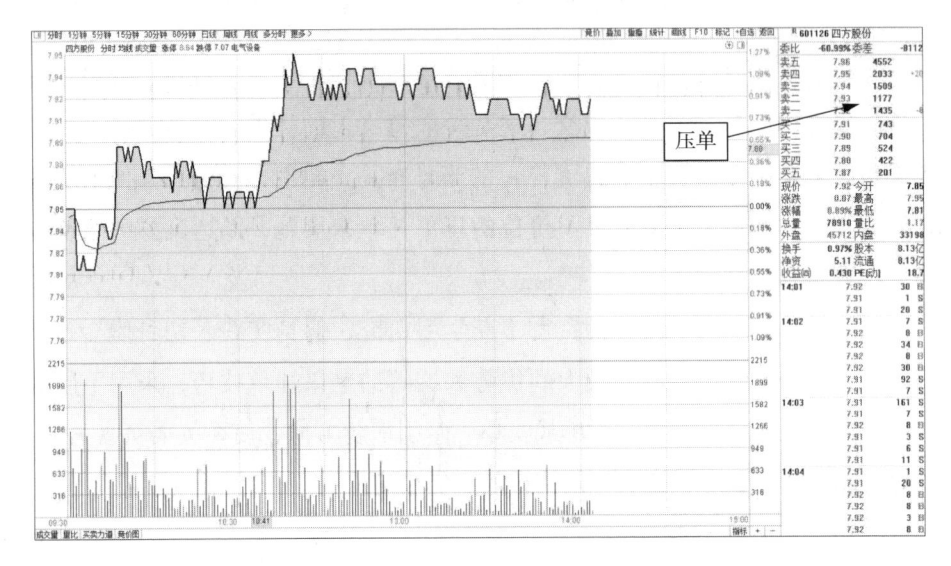

图 2-1

图 2-2 是 601126 四方股份 2021 年 4 月 15 日星期四 14:05 的 K 线走势图。在软件上将该股整个 K 线走势缩小后可以看出，此时股价整体处于上升趋势之中。从近期该股 K 线走势看，股价从阶段性高点下跌调整，正处于横盘整理缩量洗盘状态，短期均线下行，中长期均线呈多头排列状态，短期内整理洗盘行情将延续。由于该股从 2018 年 10 月 19 日最低价 4.44 元止跌企稳上涨以来，整体涨幅并不大，长期震荡上行的趋势短期内应该不会改变。

图 2-3 是 600117 西宁特钢 2021 年 4 月 15 日星期四下午收盘时的分时走势图。从分时走势可以看到，该股盘口挂单上面的卖盘总量达到 6800 多手，而下面的买盘总量却只有 1900 多手，压单沉重，当日股价一直在昨日收盘价下方运行，同时分时价格线也一直在分时均价线下方运行，至收盘涨幅为 -3.84%，盘口弱势特征比较明显。

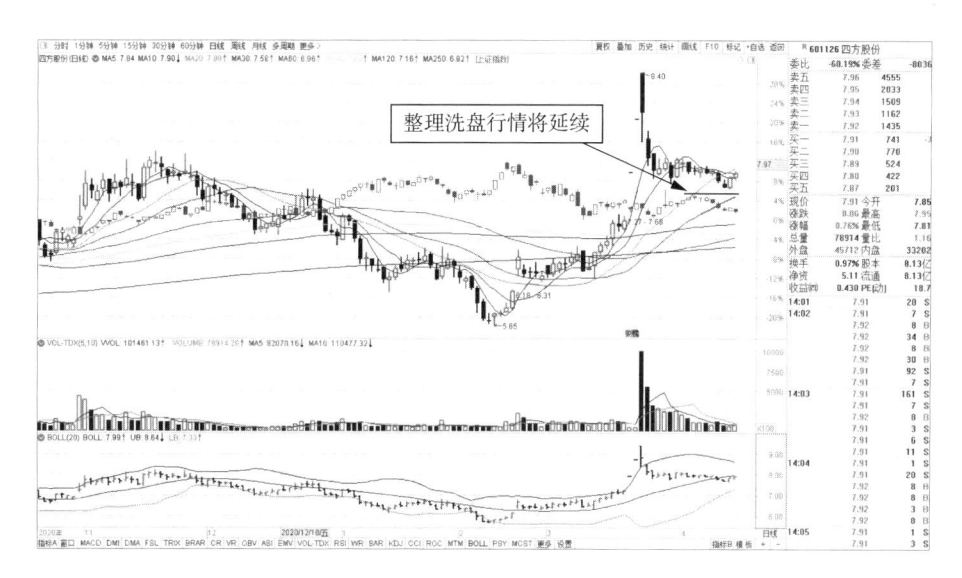

图 2-2

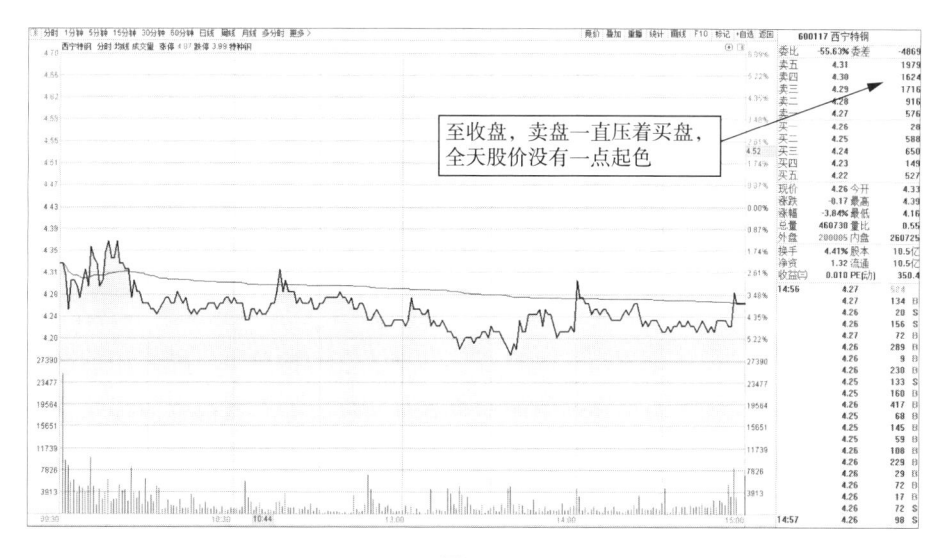

图 2-3

图 2-4 是 600117 西宁特钢 2021 年 4 月 15 日星期四下午收盘时的 K 线走势图。在软件上将该股整个 K 线走势缩小后可以看出，此时股价正处于高位长期下跌企稳之后的上涨（反弹）走势中。股价从前期相对低位，即 2020 年 2 月 4 日最低价 2.76 元震荡盘升至截图当日最高价 4.39 元，已有了一定涨

幅，但涨幅并不是很大。

截图当日该股跳空低开，收出一根小螺旋桨阴 K 线，成交量较前一交易日萎缩，5 日均线开始走平，MACD、KDJ 等技术指标开始走弱，预示回调洗盘行情短期内还将持续。从上涨趋势看，回调洗盘到位后股价将继续上涨，后市可看好。

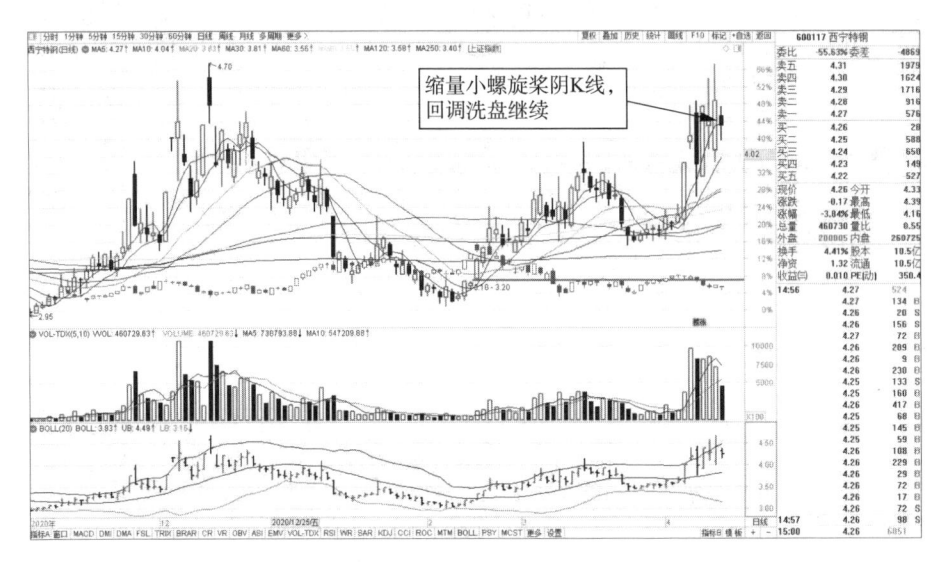

图 2-4

二、托单

托单是指在盘口挂单界面买盘框中买一至买五的挂单。一般的托单没有实际意义，只有大托单即买盘框中的挂单总量远远大于卖盘框中的挂单总量才有实战意义。买一至买五挂单排列数量各异，也隐含着主力机构不可告人的目的，后面会涉及，这里就先不叙述。

图 2-5 是 002411 延安必康 2021 年 4 月 15 日星期四 14:23 的分时截图。从分时走势可以看出，该股早盘低开，然后展开短暂横盘，接着连续两波拔高后再次横盘整理。截图时买盘位置的挂单总量达 7400 多手，而卖盘位置的挂单总量只有 2400 多手，托单稳重，盘口强势。

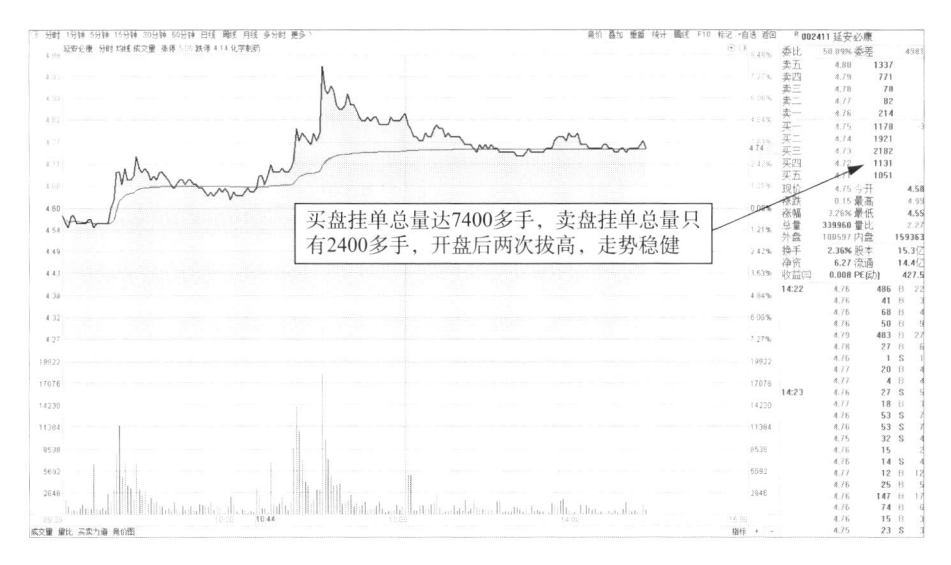

图 2-5

图 2-6 是 002411 延安必康 2021 年 4 月 15 日星期四 14:23 的 K 线走势图。在软件上将该股整个 K 线走势缩小后可以看出，此时股价正处于高位下跌企稳之后的上涨（反弹）走势中。股价从相对高位，即 2020 年 1 月 15 日最高价 24.80 元，一路震荡下跌，至 2021 年 2 月 4 日最低价 3.71 元止跌企稳，下跌时间较长、跌幅大。

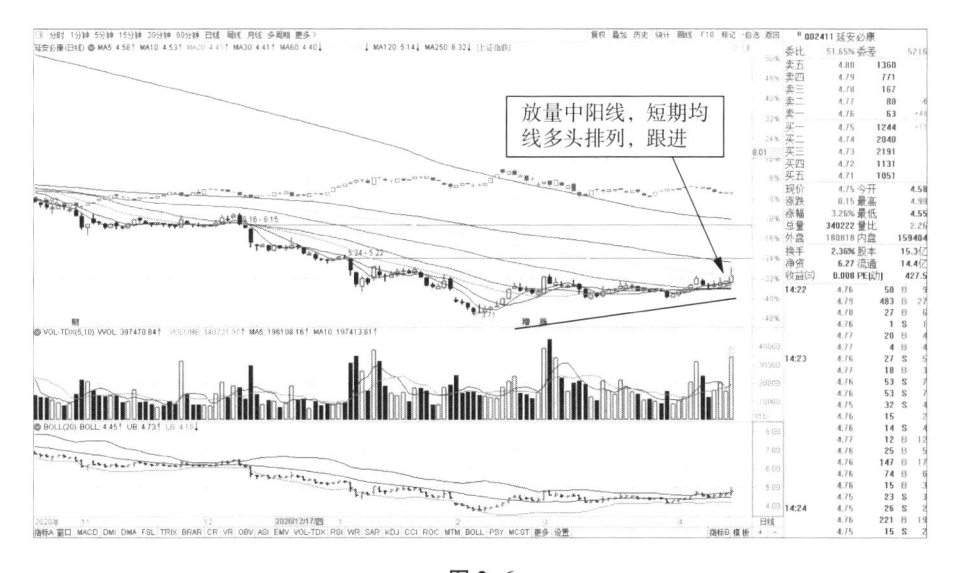

图 2-6

2021年2月4日该股止跌企稳后，主力机构展开震荡盘升行情，推升股价，收集筹码，K线走势红多绿少，红肥绿瘦。

4月15日截图当日，该股低开收出一根中阳线，突破前高，成交量较前一交易日放大2倍多，换手率较前一日走高。此时，5日、10日、20日和30日均线呈多头排列，MACD、KDJ等技术指标走强，股价的强势特征已经显现，震荡盘升走势短期内应该不会改变。像这种情况，普通投资者可以在当日或次日跟庄进场逢低分批买进筹码，持股待涨。

图2-7是600362江西铜业2021年4月15日星期四下午收盘时的分时走势图。从分时走势可以看出，该股早盘跳空高开略冲高后，展开横盘震荡整理行情，13:43左右股价突破平台上行，成交量同步放大，至收盘涨幅达6.71%。收盘时买盘位置的挂单总量达6900多手，而卖盘位置的挂单总量只有2400多手，托单稳重。当天分时走势流畅，尾盘走高，有主力资金动作迹象，盘口强势特征比较明显。

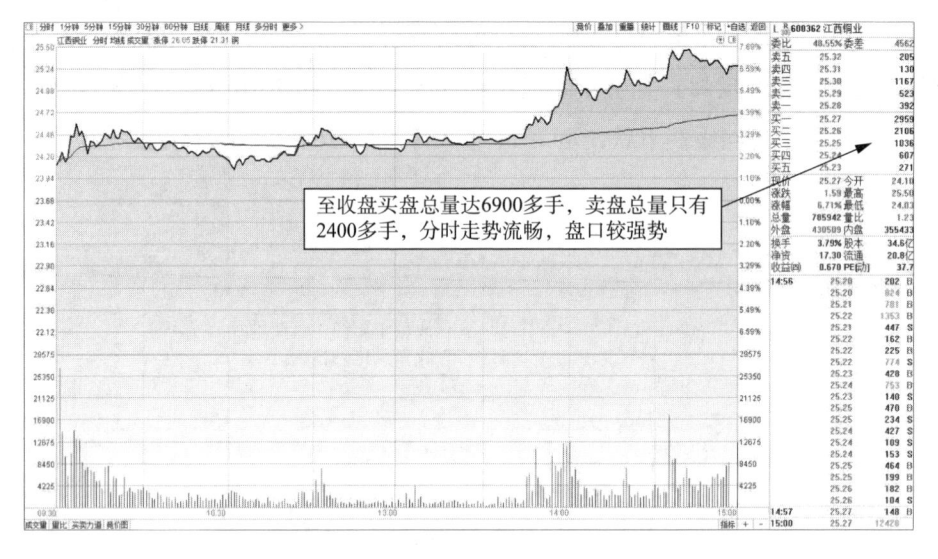

图2-7

图2-8是600362江西铜业2021年4月15日星期四下午收盘时的K线走势图。在软件上将该股整个K线走势缩小后可以看出，此时股价正处于上升趋势中。股价从前期相对低位，即2020年3月19日最低价12.10元，震荡盘升至截图当日最高价25.50元，整体涨幅较大。目前股价正处于短期回调洗

盘之后的上涨行情中，当日高开收出一根大阳线，涨幅为6.71%，突破前高，成交量较前一交易日放大2倍多。此时，均线呈多头排列，MACD、KDJ等技术指标走强，强势特征比较明显，短期仍可继续看好。

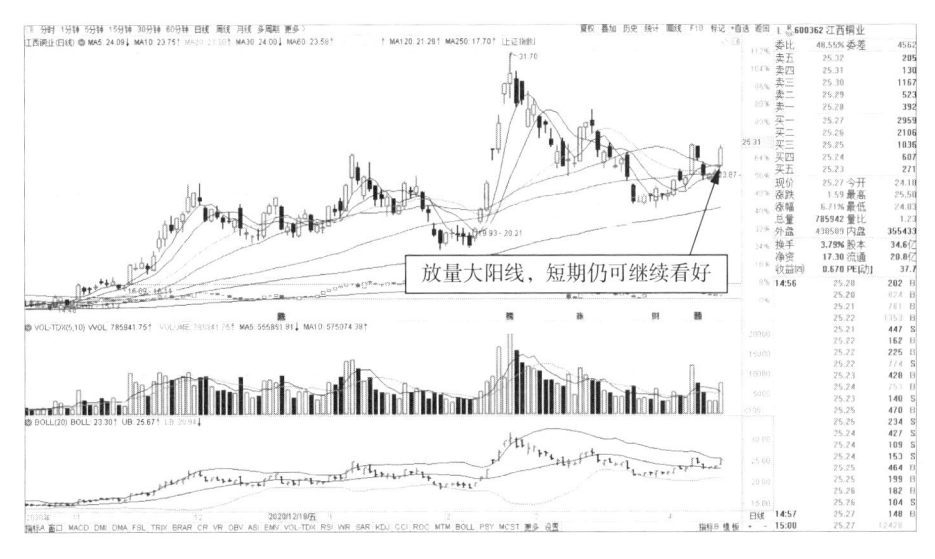

图 2-8

三、夹单

夹单是指在盘口挂单界面中，处于委买委卖之间的挂单。即上方卖盘委卖一至五档中挂有一张或多张大卖单压着，下方买盘委买一至五档中同样挂有一张或多张大买单托着。

夹单是一种特殊的盘口挂单，主力机构的操盘目的，应该是让股价在一个很小的范围内震荡整理，以清洗获利盘和短线投机客。分析研究夹单，对普通投资者操盘跟庄具有重要的实战意义。

图2-9是002615哈尔斯2021年4月16日星期五上午收盘前的分时走势图。该股当日高开2分钱后展开横盘整理，10:05股价直线上冲后再次展开震荡整理，随后回落至中午收盘，盘口还算强势。上午震荡期间以及中午临近收盘时多次出现夹单，从股价在K线走势中所处的位置以及该股整体走势来分析，主力机构挂出夹单的操盘目的，应该是将股价控制在较小的震荡幅度之内，以便洗盘吸筹。

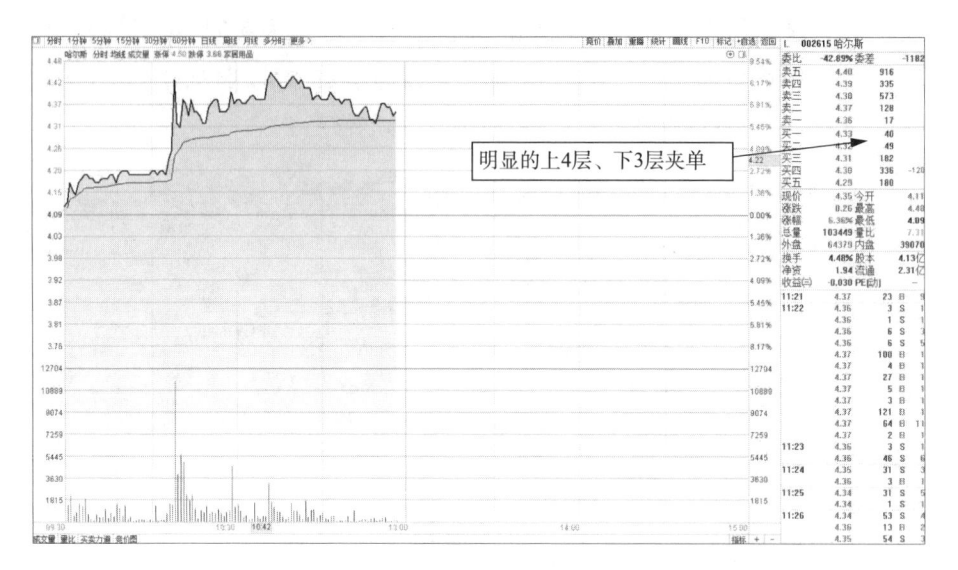

图 2-9

图 2-10 是 002615 哈尔斯 2021 年 4 月 16 日星期五下午收盘时的 K 线走势图。在软件上将该股整个 K 线走势缩小后可以看出，此时股价正处于高位下跌企稳之后的上升（反弹）走势中。股价从前期相对高位，即 2020 年 9 月 8 日最高价 6.83 元，一路震荡下跌，至 2021 年 2 月 8 日最低价 3.51 元止跌企稳。下跌时间虽然不是很长，但跌幅较大。

2021 年 2 月 8 日该股止跌企稳后，主力机构开始快速推升股价，收集筹码，然后展开横盘震荡整理洗盘吸筹行情。

4 月 16 日截图当日，该股高开收出一根大阳线，突破前高，成交量较前一交易日放大 2 倍多，换手率较前一日走高，短中期均线呈多头排列，MACD 等部分技术指标走强，股价的强势特征已经显现。像这种情况，普通投资者可以在当日或次日跟庄进场逢低分批买进筹码，持股待涨。

图 2-11 是 600792 云煤能源 2021 年 4 月 16 日星期五 13:30 左右的分时截图。当日该股平开一路走高，10:54 开始震荡回落。下午开盘后盘口多次出现夹单现象，从股价在 K 线走势中所处的位置以及该股整体走势来分析，主力机构挂出夹单的操盘目的，应该是将股价控制在较小的幅度内，以便洗盘吸筹。

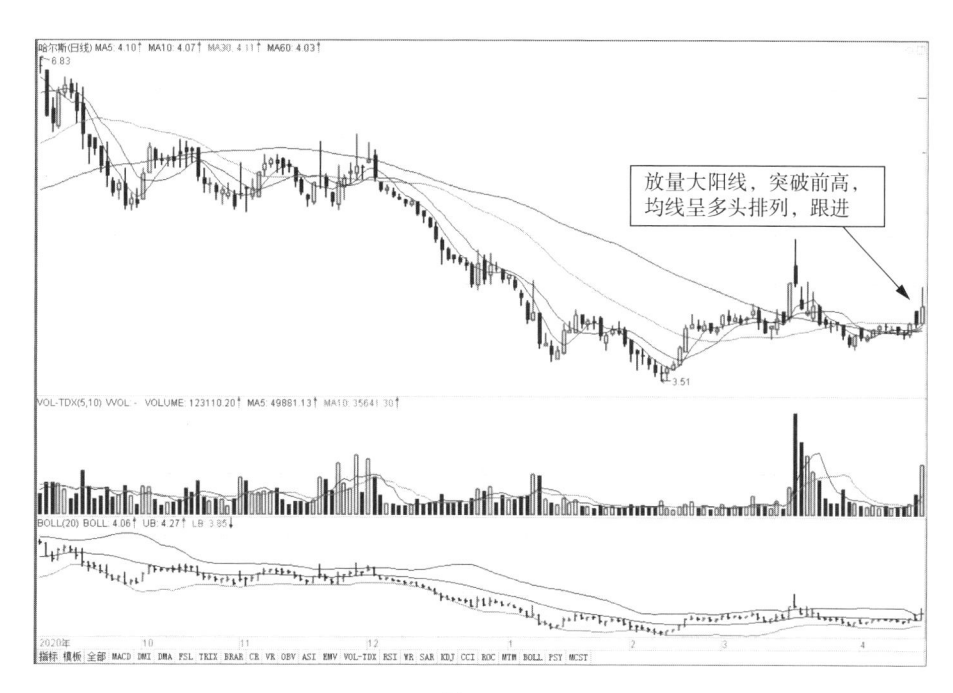

图 2-10

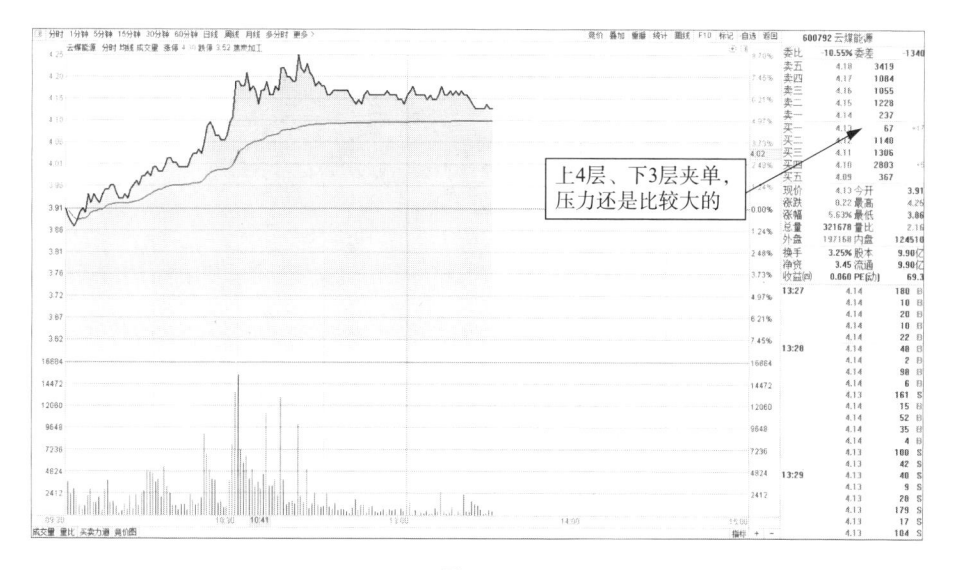

图 2-11

图2-12是600792云煤能源2021年4月16日星期五13:30左右的K线走势图。在软件上将该股整个K线走势缩小后可以看出，此时股价正处于高位下跌企稳之后的上升走势中。股价从前期相对高位，即2019年4月19日最高价5.30元，一路震荡下跌，至2020年5月22日最低价2.72元止跌企稳，下跌时间较长、跌幅较大。

2020年5月22日该股止跌企稳后，主力机构快速推升股价，收集筹码，然后展开大幅震荡盘升（挖坑洗盘）行情，高抛低吸赚取差价与洗盘吸筹并举。

2021年4月16日截图当日，该股平开收出一根大阳线，成交量较前一交易日明显放大，换手率较前一日走高，但短期均线仍下行，预示横盘震荡洗盘行情还将持续。从上涨趋势看，股价整体走势向上，加上涨幅不大，横盘震荡洗盘行情结束后，股价应该继续上涨，后市可看好。

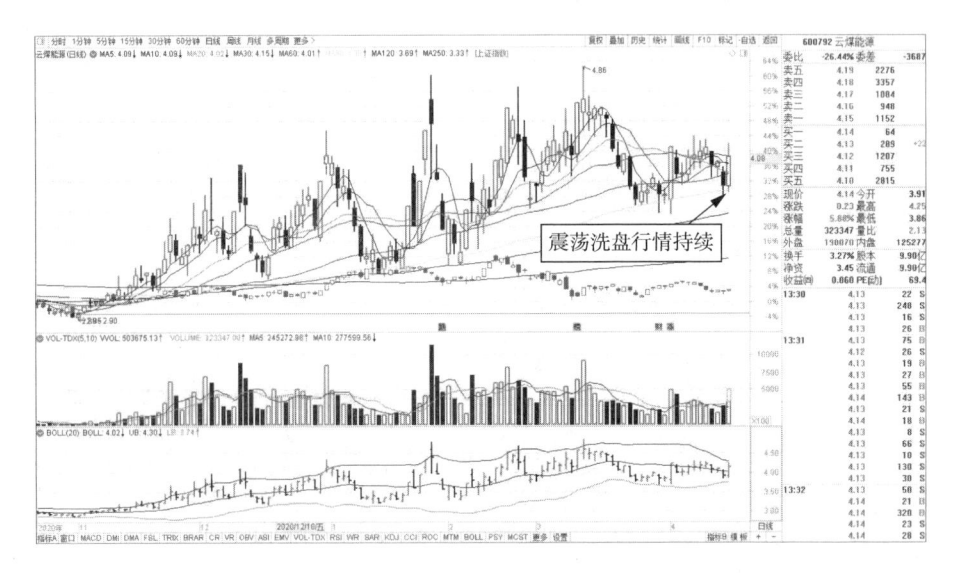

图2-12

第二节　强势盘口主力机构挂单手法

主力机构已经完成吸筹建仓、洗盘，甚至已经完成增仓补仓的目标股票，呈现出底部逐步抬高，K线走势基本处于上升趋势等强势特征，但如果主力机构不启动拉升，光靠普通投资者的力量，股价是涨不上去的。针对这种个股，普通投资者要重点关注主力机构盘口的挂单动作和手法，尤其盯住单量较大、股价上涨、成交量有大幅改变的个股，及时发现主力机构拉升的征兆，积极做好跟庄进场买入筹码的准备。

强势盘口主力机构挂单动作和手法变化多端、层出不穷，这里主要分析研究3种挂单手法。

一、前收盘滞留大量买盘

前收盘滞留大量买盘是指收盘后个股买盘还挂着大量的买单，普通投资者尤其要重点关注买一位置的买单量，这些买单占用着主力机构的大量资金，虽然是临时占用，但却从另一个侧面告诉你，主力机构很强大、有想法。普通投资者可根据当天收盘涨幅排行榜进行筛选，重点对买一位置滞留买单量大的强势个股进行研究，辅以其他技术指标加以分析，以捕获后市上涨空间较大的强势个股。

图2-13是603721中广天择2021年4月14日星期三下午收盘时的分时走势图。该股当天跳空高开，略回调后分两波快速封上涨停板，至收盘没有打开，买一位置滞留买盘量27100多手，该股流通盘为1.30亿，占用主力机构资金还是比较大的。

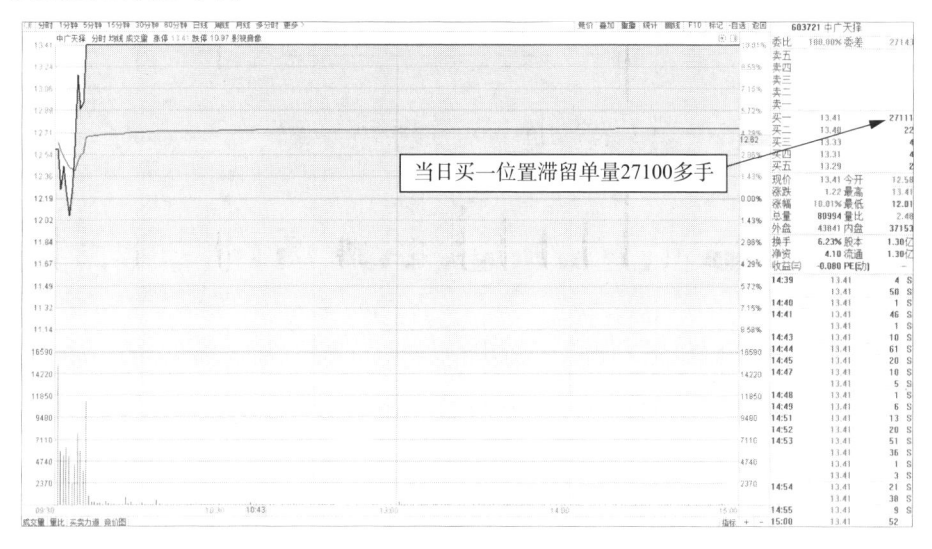

图2-13

图2-14是603721中广天择2021年4月14日星期三下午收盘时的K线走势图。在软件上将该股整个K线走势缩小后可以看出，此时股价正处于高位下跌企稳之后的上升走势中。股价从相对高位，即2020年3月6日最高价42.54元，一路震荡下跌，至2021年2月9日最低价9.39元止跌企稳。下跌时间较长、跌幅大；下跌期间有多次较大幅度的反弹。

2021年2月9日该股止跌企稳后，主力机构快速推升股价，收集筹码，然后展开震荡盘升行情，推升股价，继续收集筹码，K线走势红多绿少，红肥绿瘦。

4月14日截图当日，该股高开，收出一个大阳线涨停板（前一交易日该股已收出一个放量大阳线涨停板），突破前高，形成大阳线涨停K线形态，成交量较前一日放大2倍多，换手率较前一日走高。此时，短中期均线呈多头排列，MACD、KDJ等技术指标走强，股价的强势特征已经十分明显，普通投资者可以在当日或次日跟庄进场加仓买进筹码，持股待涨。

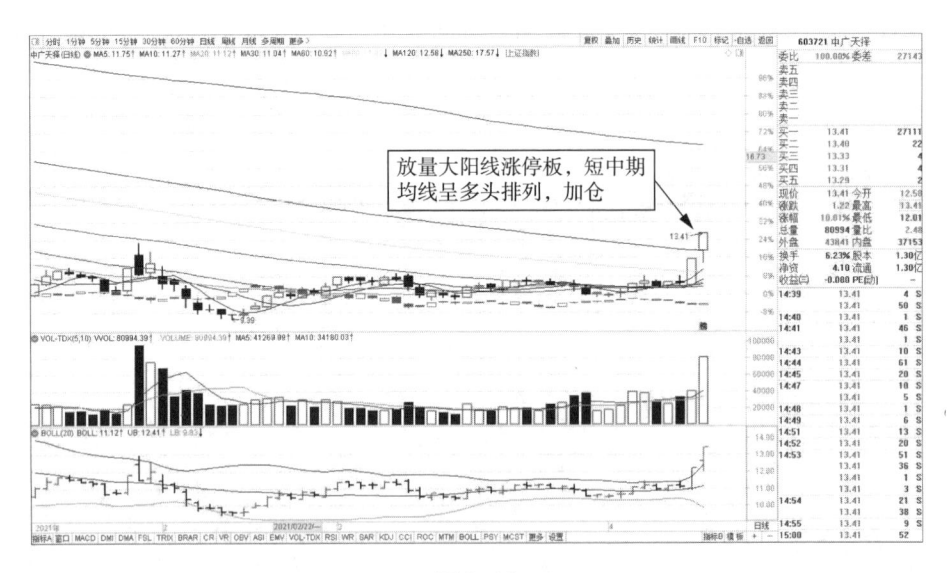

图2-14

图2-15是603721中广天择2021年4月15日星期四下午收盘时的分时走势图。当日继续涨停，收盘后买一位置滞留单量达34200多手，预示下一交

易日将继续走高。从分时走势可以看出,当日开盘后,股价展开大幅震荡洗盘行情,成交量放大,正是普通投资者跟庄进场的好时机。

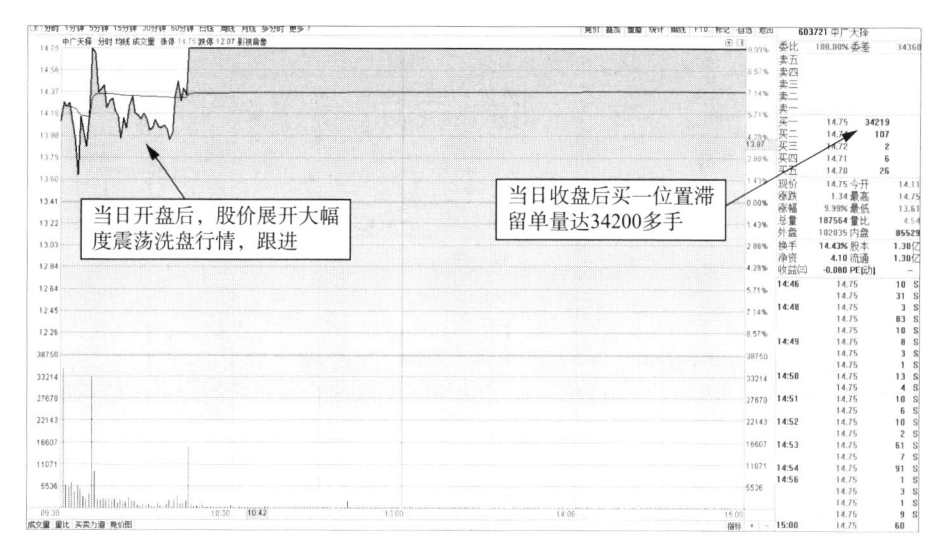

图 2-15

图 2-16 是 603721 中广天择 2021 年 4 月 15 日星期四下午收盘时的 K 线走势图。该股当日跳空高开,继续收出一个大阳线涨停板,留下向上跳空突破缺口,成交量较前一日放大 2 倍多,换手率较前一日走高。此时,均线(除 120 日和 250 日均线外)呈多头排列,MACD、KDJ 等技术指标持续强势,盘口强势特征十分明显。像这种情况,普通投资者可以在当日或次日跟庄进场加仓买进筹码,持股待涨。

图 2-17 是 603721 中广天择 2021 年 4 月 16 日星期五下午收盘时的分时走势图。该股当天继续放量涨停。但从分时走势看,开盘后回调幅度较深,拉涨停时震荡幅度也比较大,当日涨停板反复被打开封回,且打开时间长,前期进场的大量获利盘出逃。虽然收盘后买一位置滞留单量达 22200 多手,但由于短期涨幅过大,展开回调洗盘的可能性较大,谨慎看涨。

炒股就炒强势股①
强势分时盘口操盘跟庄实战技法

图中标注：放量大阳线涨停板，留下向上突破缺口，均线呈多头排列，跟进

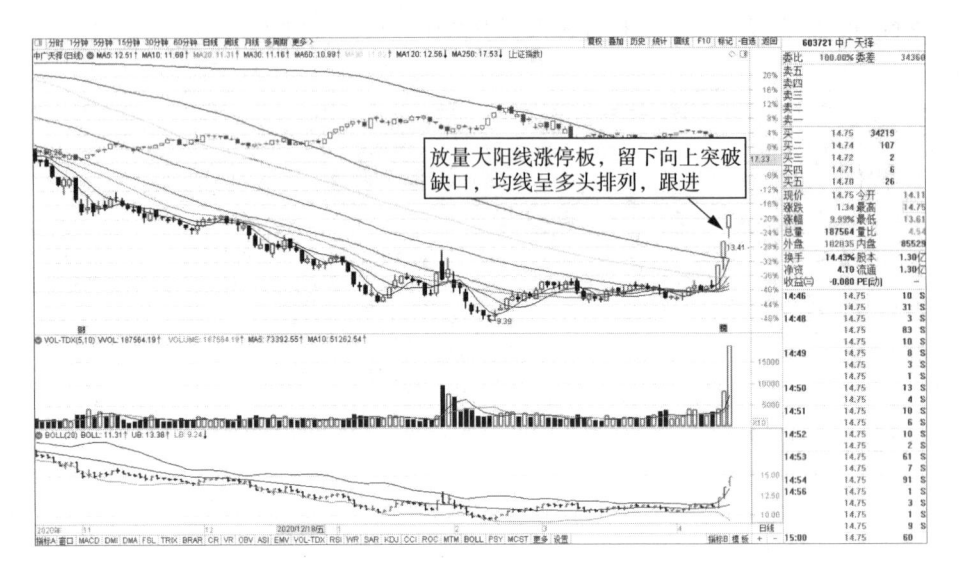

图 2-16

图中标注：当日继续放量涨停，收盘后买一位置滞留单量22200多手，换手率达20.05%，谨慎看涨

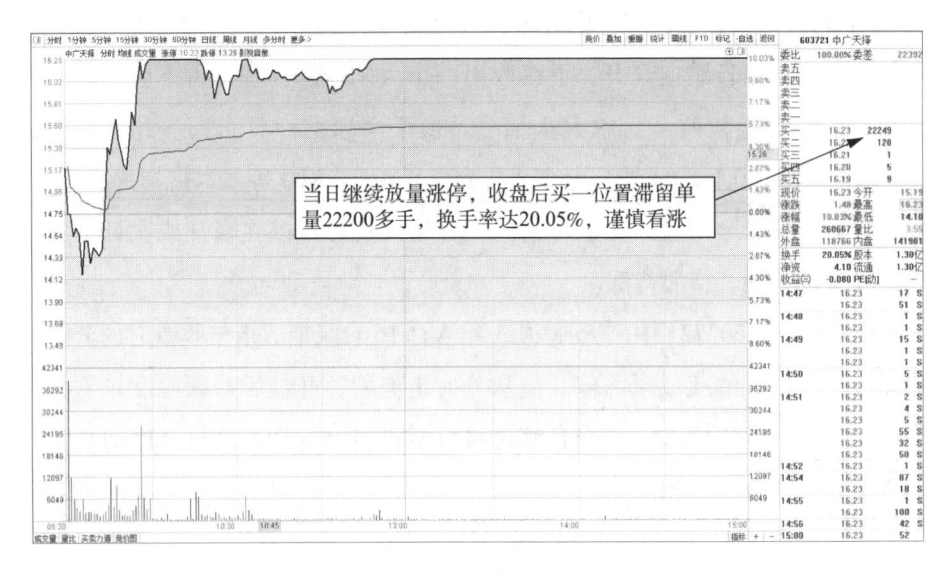

图 2-17

图 2-18 是 603721 中广天择 2021 年 4 月 16 日星期五下午收盘时的 K 线走势图。当日该股跳空高开，继续放量涨停，收出一根长下影线阳线涨停板，这已经是第四个涨停板了，且当日成交量放得过大、换手率达 20% 多。虽然收盘后买一位置滞留单量达 22200 多手，但结合当日分时走势涨停板反复打开封回的情况看，主力机构展开短期回调洗盘的可能性较大。像这种情况，普通投资者可以在当日或次日逢高先卖出手中筹码，待调整到位后再接回。

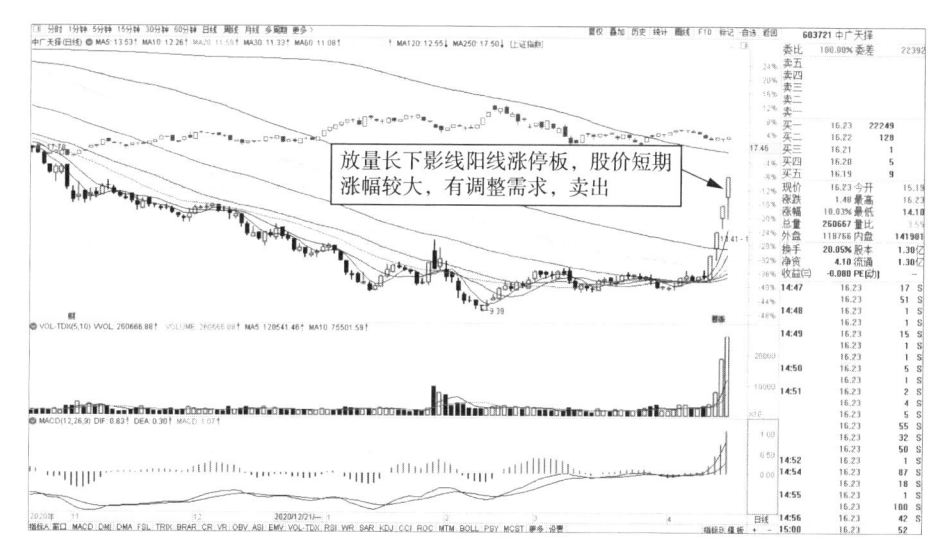

图 2-18

二、隐性大买单

隐性大买单是指那些没有出现在委买位置，却在实际交易过程中成交了的委买盘，也称为隐性买盘。这些隐性买盘一般都是即时成交买单，即申报后不出现在委买位置而出现在成交明细上的直接成交的单子，这是较为真实的买入力量。如果手数大，往往是主力机构急于成交的结果。

一般情况下，如果卖一至卖五栏中没有出现大卖单，却不断有大买单主动往上吃货，往往是主力机构大量拿货的表现。普通投资者要重点关注两种情况：一是隐性大买单若是出现在股价刚脱离底部区域的上涨初期，投资者可及时介入，中长线持股。二是隐性大买单若是出现在股价已经离开底部、主力机构正在拉升的阶段，普通投资者同样可以及时跟庄买进，短线操作，快进快出。

由于隐性大买单不会在盘口委买框中出现，所以普通投资者要注意盯盘，当发现分时图上出现红色长量柱或密集堆量时，表示有隐性大买单成交，普通投资者可及时查看分时成交明细以及股价在K线走势中所处的位置，综合分析判断后作出是否跟庄进场买入筹码的决定。

图2-19是000860顺鑫农业2021年4月16日星期五13:45左右的分时截图，此时委卖盘界面没有上3位数的挂单，基本上是1~2位数的小挂单，但在13:45的分时成交第四位上却出现了一笔278手的买单，将股价由49.07元拉升至49.11元，这就是隐性买单。相对于7.42亿流通盘的顺鑫农业来说，278手买盘不算太大的单子，但对于此时主力机构高度控盘的该股来说，却也算得上是比较大的买盘了。

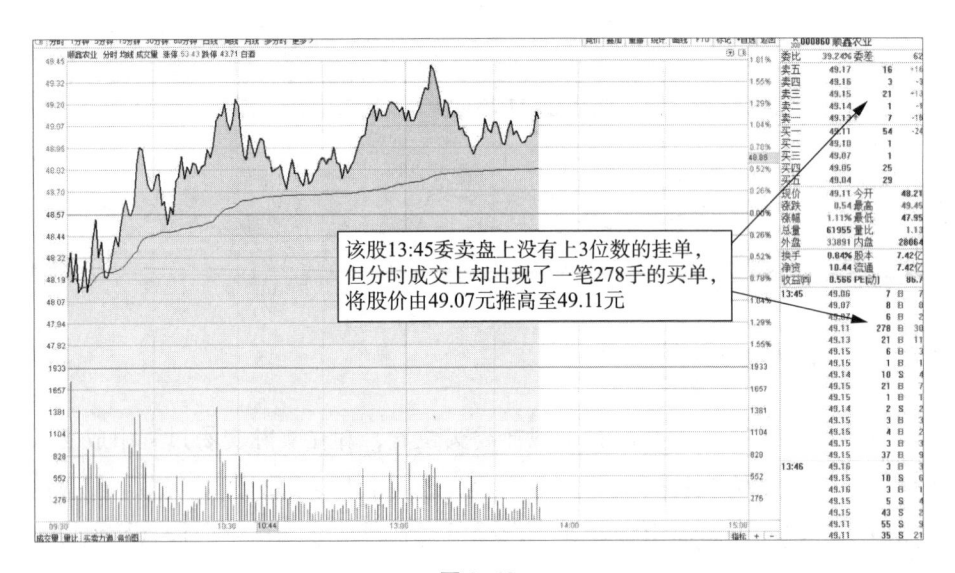

图2-19

图2-20是000860顺鑫农业2021年4月16日星期五13:45左右的分时成交明细，近5分钟的成交明细中，只有一笔278手的买单是上3位数的买盘。

× 000860 顺鑫农业　分时成交明细　　Up/PageUp/滚轮 前翻 Down/PageDown/滚轮

时间	价格	成交			时间	价格	成交		
13:44	49.01	3	S	3		49.11	7	B	5
	49.01	2	S	1		49.10	2	S	2
	49.01	1	S	1		49.12	6	B	3
	49.03	3	B	2	13:47	49.12	11	S	3
	49.02	20	S	3		49.12	30	S	3
	49.03	1	S	1		49.12	19	B	3
	49.03	1	S	1		49.12	8	B	5
	49.04	1		1		49.11	1	S	1
	49.04	1	B	1		49.11	3	S	1
	49.03	1	S	1		49.11	10	B	4
13:45	49.04	6	B	4		49.11	23	B	18
	49.05	1	B	1		49.10	20	S	3
	49.05	24	B	18		49.10	2	B	2
	49.06	7	B	7		49.10	13	B	3
	49.07	8	B	8		49.08	8	S	4
	49.07	6	B	2		49.08	4	S	1
	49.11	278	B	30		49.09	2	B	2
	49.13	21	B	11		49.08	5	S	5
	49.15	6	B	3		49.10	5	B	4
	49.15	1	B	1	13:48	49.10	21	B	16
	49.14	10	S	4		49.11	4	B	1
	49.15	21	B	7		49.11	11	B	6
	49.15	1	B	1		49.10	15	S	12
	49.14	2	S	2		49.10	5	S	2
	49.15	3	B	3		49.10	1	S	1
	49.15	4	B	2		49.10	14	S	3
	49.15	3	B	3		49.08	4	S	3
	49.15	37	B	9		49.11	9	B	4
13:46	49.16	3	B	3		49.09	28	B	6
	49.15	10	S	6		49.08	21	B	12
	49.16	3	B	1		49.08	6	S	3
	49.15	5	S	4		49.10	7	S	2
	49.15	43	S	2		49.11	5	B	2
	49.11	55	S	9		49.11	31	B	2
	49.11	35	S	21		49.11	5	S	2
	49.12	5		3		49.13	16	B	7

近5分钟成交明细，只有一笔278手的买单是上3位数的成交买单

图 2-20

图 2-21 是 000860 顺鑫农业 2021 年 4 月 16 日星期五 13:59 左右的分时截图，前后 10 多分钟有 10 多笔上 3 位数的隐性买单成交，成交量放大，股价也走出了一波反弹行情。

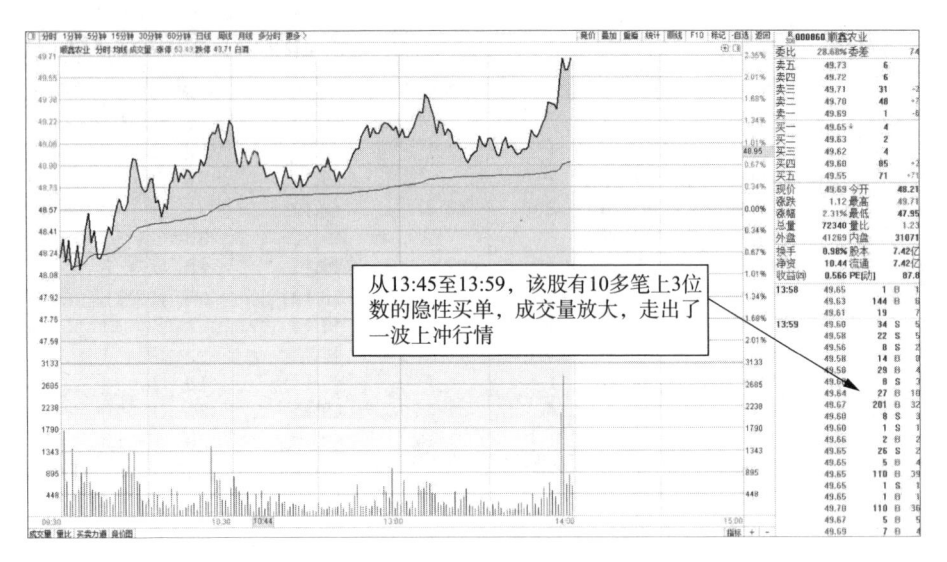

图 2-21

图 2-22 是 000860 顺鑫农业 2021 年 4 月 16 日星期五 13:58 左右的分时成交明细，当时成交量明显放大，还有两笔 500 手以上的隐性大买单。

但从该股 K 线走势看，股价正处于下跌调整过程中的短期反弹状态，因为前期涨幅过大，普通投资者不能盲目跟庄进场。

三、突然而至的扫单

扫单也称扫盘，指个股在涨势中，有大单从天而降将卖盘挂单连续扫买的现象。这时，有两种情况值得注意：

一种是个股在经过较长时间的下跌后出现早晨之星、岛型反转或 V 型反转等 K 线组合或 K 线形态时，此刻出现扫盘单，并且成交量巨大，则该股可能出现快速上涨。

另外一种是个股处于上升趋势，均线系统已形成多头排列，此刻出现有大单连续扫盘，应该是主力机构进场扫货与拉抬股价并举，意图使股价快速脱离主力成本区，拉高新进场普通投资者的入场成本。

× 000860 顺鑫农业　分时成交明细　　Up/PageUp/滚轮 前翻 Down/PageDown/滚轮

时间	价格	成交			时间	价格	成交		
13:54	49.32	12	S	5		49.67	294		15
	49.32	2	B	1		49.67	175	B	31
	49.32	5	B	4		49.66	23	S	8
	49.31	24	S	8		49.67	25	B	8
	49.34	41	B	13		49.69	114	B	26
	49.34	7	S	3	13:57	49.67	10	S	7
	49.34	7	S	3		49.65	24	S	10
	49.31	11	S	3		49.66	192	B	30
13:55	49.35	4	B	3		49.67	105	B	27
	49.36	7	B	3		49.66	24	B	9
	49.36	12	B	4		49.66	10	S	8
	49.36	3	B	3		49.59	7	S	3
	49.36	8	B	5		49.60	12	B	8
	49.36	1	B	1		49.58	2	S	2
	49.37	12	B	5		49.60	6	B	6
	49.38	2	B	2		49.56	41	S	20
	49.38	6	B	2		49.60	25	B	14
	49.40	86	B	27		49.60	1	S	1
	49.43	97	B	22		49.60	6	B	2
	49.42	54	S	9		49.60	6	B	2
	49.43	154	B	52		49.60	48	S	21
	49.48	537	B	94		49.70	87	B	27
	49.49	264	B	83		49.60	18	B	6
	49.51	805	B	245		49.60	8	B	3
	49.53	8	B	7		49.60	11	B	8
	49.53	23	B	6	13:58	49.59	58	B	12
	49.53	6	S	4		49.59	2	B	2
13:56	49.54	25	B	5		49.59	2	B	1
	49.56	112	B	27		49.59	31	B	12
	49.57	1	B	1		49.65	84	B	12
	49.55	233	S	34		49.59	4	S	1
	49.52	147	S	49		49.60	6	S	3
	49.62	425	B	110		49.64	6	B	2
	49.60	320	S	38		49.60	47	S	7
	49.63	478	B	48		49.65	79	B	14
	49.54	66	S	9		49.64	44	S	5
	49.60	30	B	16		49.64	50	S	7
	49.56	22	S	15		49.64	6	S	4
	49.69	269	B	56		49.65	106	B	11
	49.65	58	S	16		49.70	148	B	23
	49.68	10	B	6		49.65	3		2
	49.69	21	B	12		49.65	1	B	1

从成交明细可以看出，10多分钟里，上3位数的隐性买单多，还有两笔500手以上的大买单，成交量明显放大

上证 3424.93 25.94 0.76% 2714亿 创业 2783.49 -7.15 -0.26% 1174亿 科创 1274.51 10.35 0

图 2-22

针对上述情况，普通投资者应该快速分析判断，作出是否及时跟庄进场的决策。

图 2-23 是 002646 青青稞酒 2021 年 4 月 16 日星期五下午收盘时的分时走势图。当时证券市场白酒板块走强，当天的热点板块中，白酒板块排在涨幅榜第二位。从该股的分时走势可以看出，当天早盘高开回调，主力机构展开震荡洗盘吸筹行情，震荡幅度较大，扫盘速度较快。普通投资者完全可以在主力机构扫货时及时跟进，搭上一趟顺风车。

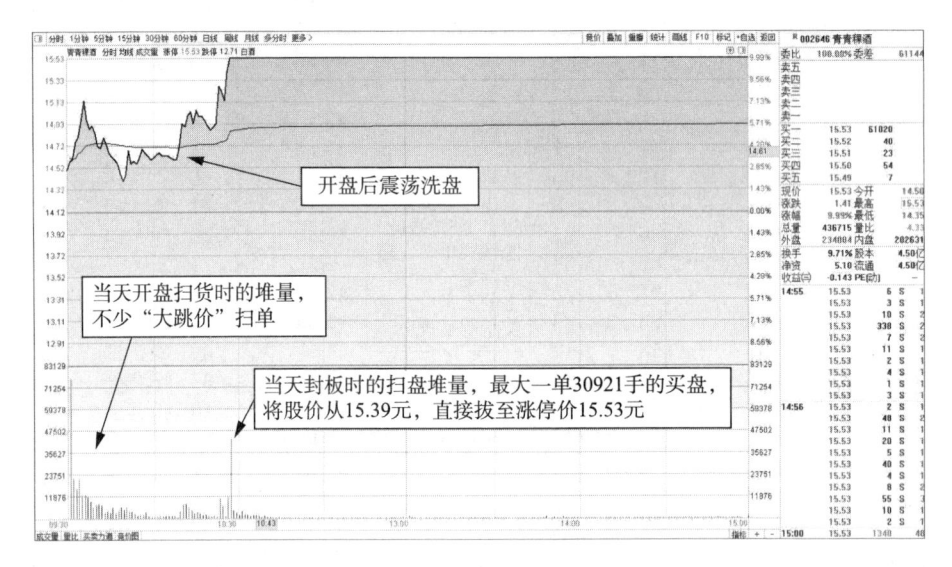

图 2-23

图 2-24 是 002646 青青稞酒 2021 年 4 月 16 日星期五开盘后主力机构扫货时的成交明细，大单特大单扫单快速成交，且有不少是大跳价单，场面相当壮观。

图 2-25 是 002646 青青稞酒 2021 年 4 月 16 日星期五上午封涨停板时，主力机构大买单扫盘封板的成交明细。

图 2-26 是 002646 青青稞酒 2021 年 4 月 16 日星期五收盘时的 K 线走势图。白酒板块一直是那几年的热门板块，当时又成为炒作的热点板块。该股是当时白酒板块中实际流通盘偏小，股价最低的个股。

第二章 强势盘口挂单

时间	价格	成交			时间	价格	成交		
09:25	14.50	13947		793		14.61	684	S	48
09:30	14.46	9609	S	306		14.60	1559	S	96
	14.54	10101	B	906		14.60	1253	B	71
	14.60	3145		269		14.60	568	B	39
	14.56	1875	S	104		14.60	722	B	54
	14.56	2605	S	127		14.60	509	B	70
	14.70	1187	B	63		14.60	367	S	48
	14.77	1329	B	101		14.61	443	B	60
	14.80	5941	B	116		14.64	296	B	42
	14.80	1747	B	151		14.64	205	B	30
	14.75	1309	S	144		14.65	2890	B	60
	14.77	1918	B	111		14.68	716	B	34
	14.75	3533	S	187		14.69	593	B	65
	14.75	2547	B	144		14.69	515	B	42
	14.76	2380	B	137		14.69	1004	B	81
	14.69	4085	S	139		14.70	1825	B	133
	14.70	2339	B	138		14.70	300	S	35
	14.69	1024	B	72		14.75	544	B	63
	14.69	1933	S	128		14.76	575	B	52
	14.65	1076		91	09:33	14.76	424	B	27
	14.58	1942	S	89		14.77	744	B	79
09:31	14.67	1923	B	89		14.80	978	B	80
	14.60	1429	S	66		14.80	741	B	90
	14.57	542	S	48		14.86	841	B	46
	14.57	723	B	52		14.84	666	S	61
	14.55	971	S	66		14.89	274	B	34
	14.56	947	B	83		14.90	533	B	56
	14.55	1988	S	121		14.91	345	B	40
	14.56	930	B	107		14.94	2234	B	161
	14.55	1732	S	164		14.91	1590	S	129
	14.55	782	B	66		14.95	1804	B	141
	14.55	814	B	75		14.90	2616	S	164
	14.51	499	S	68		14.91	1139	B	112
	14.69	3368	B	223		14.89	1378	S	143
	14.61	2225	S	92		14.88	1267	B	86
	14.58	226	S	29		14.79	1568	S	134
	14.68	434	B	41		14.88	475	B	58
	14.65	353	S	49		14.78	383	B	56
	14.65	843	B	47		14.80	1326	B	69
	14.60	472	B	59	09:34	14.83	698	B	52
	14.60	349	B	39		14.79	1504	S	131
09:32	14.61	384	S	35		14.86	456	B	51

大扫单密集成交，不少大跳价单

图 2-24

× 002646 青青稞酒 分时成交明细 Up/PageUp/滚轮 前翻 Down/PageDown/滚轮 后翻

时间	价格	成交		
10:21	14.85	42	B	6
	14.86	17	B	7
	14.85	11	S	1
	14.86	34	B	6
	14.86	253	B	13
	14.86	59	S	6
	14.88	158	B	17
	14.87	2		2
	14.88	58	B	5
	14.88	20	S	3
	14.89	56	B	8
	14.89	262	B	15
10:22	14.89	14	S	5
	14.89	34	S	6
	14.89	36	S	8
	14.90	30	B	4
	14.90	47	B	6
	14.90	38	B	8
	14.90	19	B	7
	14.90	73	B	14
	14.90	46	S	4
	14.90	71	S	4
	14.91	31	B	6
	14.91	168	B	13
	14.91	5	S	1
	14.92	35	B	6
	14.92	39	B	9
	14.91	97	S	6
	14.92	39	S	8
	14.93	5	S	2
10:23	14.93	17	S	4
	14.94	36	B	4
	14.94	13	S	3
	14.95	5	B	2
	14.95	6	B	1
	14.95	20	B	6
	14.95	209	B	14
	14.95	43	B	7
	14.96	16	B	4
	14.98	240	B	13
	14.98	2	S	1
	14.98	34	S	3

时间	价格	成交		
	15.00	173	B	26
	15.00	241	B	15
	15.00	213	B	29
	15.00	560	B	62
	15.01	1312	B	129
	15.20	5030	B	560
	15.22	846	B	105
	15.27	1729	B	160
10:24	15.28	1714	B	169
	15.28	234	B	47
	15.30	268	B	58
	15.29	369		41
	15.30	490	B	84
	15.27	236	S	42
	15.27	135	B	26
	15.29	123	B	16
	15.28	38	S	10
	15.27	138	S	24
	15.28	127	B	21
	15.28	156	B	28
	15.28	131	B	26
	15.28	254	B	41
	15.26	118	S	18
	15.25	37	S	8
	15.25	56	B	15
	15.24	79	B	21
	15.22	155	S	14
	15.23	1381	B	61
10:25	15.19	40	B	7
	15.14	71	B	13
	15.19	20	B	6
	15.20	18	B	7
	15.00	477	S	30
	15.19	88	S	9
	15.19	11	B	6
	15.19	14	B	4
	15.14	13	B	3
	15.19	35	B	8
	15.16	44	S	3
	15.18	10	B	6
	15.18	25	B	7
	15.14	78	S	16

时间	价格	成交		
	15.14	33	S	10
	15.17	89	B	11
	15.14	100	S	16
	15.15	12	S	5
	15.14	28	S	9
	15.14	86	B	12
10:26	15.15	103	B	10
	15.15	18	S	5
	15.15	313	S	24
	15.15	113	S	23
	15.10	190	S	19
	15.16	257	B	25
	15.16	11	S	3
	15.17	36		6
	15.17	71	B	12
	15.14	37	S	6
	15.13	9	S	4
	15.15	29	B	7
	15.13	150	S	27
	15.17	107	B	12
	15.18	279	B	29
	15.21	1017	B	72
	15.20	232	S	18
	15.22	658	B	34
	15.22	4714	S	313
	15.39	2771	B	246
10:27	15.53	30921	B	2127
	15.53	5121	B	235
	15.53	1801	S	8
	15.53	340	S	25
	15.53	235	S	28
	15.53	785	S	33
	15.53	381	S	37
	15.53	92	S	15
	15.53	468	S	27
	15.53	471	S	36
	15.53	339	S	26
	15.53	324	S	18
	15.53	147	S	17
	15.53	205	S	22
	15.53	130	S	18
	15.53	141	S	19

最大一单30921手，直接将股价拔涨停

上证 3426.62 27.63 0.81% 2960亿 创业 2783.37 -7.27 -0.26% 1290亿 科创 1274.70 10.54 0.83% 220.4亿 北京双线主站3

图 2-25

在软件上将该股整个 K 线走势缩小后可以看出，此时股价正处于前期高位下跌企稳之后的上升走势中。股价从前期相对高位，即 2020 年 12 月 23 日最高价 25.41 元，一路震荡下跌，至 2021 年 2 月 8 日最低价 12.25 元止跌企稳。下跌时间短但跌幅大（跌了一半多）。

2021 年 2 月 8 日该股止跌企稳后，主力机构展开了横盘震荡洗盘行情，清洗获利盘，收集筹码，K 线走势红多绿少，红肥绿瘦。横盘震荡洗盘期间，主力机构拉出了 2 个大阳线涨停板，均为吸筹建仓型涨停板。

4 月 15 日，横盘震荡洗盘 2 个多月后，当日该股涨停开盘，至收盘涨停板没被打开，收出一字涨停板，突破前高，留下向上跳空突破缺口，成交量较前一交易日明显放大，形成一字涨停和向上突破缺口K线形态，强势特征明显。

4月16日截图当日，该股跳空高开，收出一个大阳线涨停板，突破前高，再次留下向上跳空突破缺口，形成大阳线涨停和向上突破缺口K线形态，成交量较前一交易日放大2倍多。此时，短期均线呈多头排列，MACD、KDJ等技术指标走强，股价的强势特征比较明显，后市上涨的概率大。像这种情况，普通投资者可以在当日或次日跟庄进场加仓买进筹码，持股待涨，待出现明显见顶信号时再撤出。

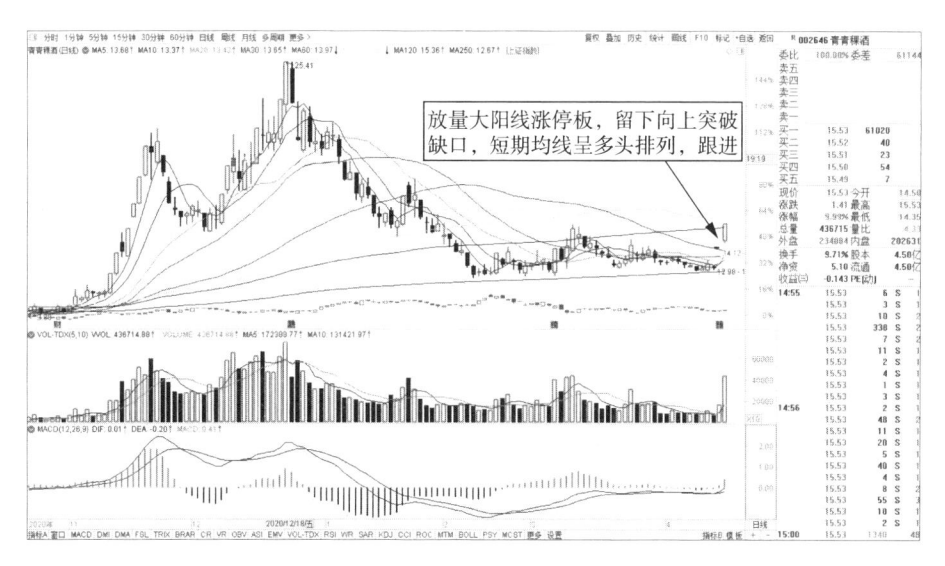

图 2-26

第三节　识破主力机构盘口挂单陷阱

主力机构操盘实战经验丰富，盘口挂单技术精到，经常是声东击西、假出真吸、假买真卖，明修栈道、暗度陈仓，采用不同的挂单手法来迷惑其他投资者，操纵股价。但主力机构在操作目标股票过程中，总会在盘口留下一些蛛丝马迹，顺着这些痕迹去分析研究主力机构的操盘意图，可以为我们判断该股后市走向以及是否及时买入或卖出筹码提供重要的参考。

实战操盘中,要认清主力机构盘口挂单的操盘意图,一定要及时分析研究大盘当天走势、股价在 K 线走势中所处位置、个股基本面消息面最新动态、当天开盘分时走势以及主力机构在盘口采用的挂单方式,综合分析判断后再作出操作决定,避免踏入主力机构设置的交易陷阱。

一、盘口买卖盘界面大单性质甄别

无论上压大单还是下托大单,主力机构挂单的目的就是为了引诱跟风盘,操纵股价。普通投资者在跟进时,最主要的是要清楚股价所处的位置,因为位置不同,挂单的意义也不尽相同。另外,要认真分析主力机构挂大单的操盘意图。正常情况下,对于急于成交的大单,无论是大买单还是大卖单,其挂单位置与主力机构操盘意图是一致的,基本上都是挂在买(卖)一至买(卖)二的位置;对于不急于成交的大单,无论是大买单还是大卖单,其挂单位置与主力机构操盘意图是不一致的,基本上都是挂在买(卖)三至买(卖)五的位置。

(一)买盘界面大买单

如果在买三、买四或者买五的位置上出现大买单时,可能有两种情况:

一是出现大买单的同时股价横盘震荡或者下跌。这很可能是主力机构在被动护盘。主力机构为什么要被动护盘,一种可能是不希望其他投资者有更低价位买入的机会,另一种可能是主力机构出货不大顺利。无论哪种可能,此刻主力机构并不想主动买入,普通投资者此时是不宜跟庄进场的。

二是盘口挂着大买单,大买单不断向上移位,且主动性买盘较多,量增价涨,说明主力机构在吸引买盘入场。此时股价如果处于 K 线较低位置,有可能是主力机构正在借力拉升,投资者可以及时跟庄进场。如果股价已经涨幅过大,盘中出现放量滞涨情况,就要警惕了,主力机构很可能正在边拉升边出货。

图 2-27 是 002004 华邦健康 2021 年 4 月 20 日星期二 10:30 左右的分时截图。该股早盘略低开后快速拔高,然后震荡下行横盘整理。横盘震荡整理期间,主力机构在盘口买三、买四和买五位置挂出较大的买单,其目的应该是

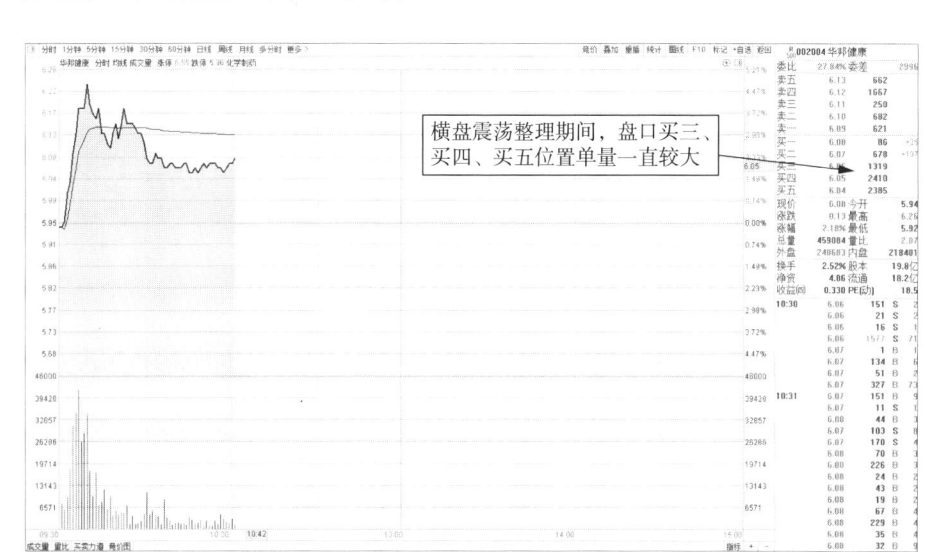

想通过盘中震荡整理来洗盘吸筹。

图 2-27

图 2-28 是 002004 华邦健康 2021 年 4 月 20 日星期二下午收盘时的 K 线走势图。在软件上将该股整个 K 线走势缩小后可以看出，此时该股走势正处于前期高位下跌企稳之后的上升（反弹）走势中，整体涨幅也不是很大。股价从前期相对高位，即 2015 年 12 月 17 日最高价 15.80 元，一路震荡下跌，至 2018 年 10 月 18 日最低价 4.00 元止跌企稳，下跌时间长、跌幅大。下跌期间有过 3 次分别为每 10 股派现金 2.000 元、1.500 元和 2.000 元的除息行为。

2018 年 10 月 18 日该股止跌企稳后，主力机构快速推升股价，收集筹码，然后展开了长期的大幅度的震荡盘升行情，高抛低吸，赢利与洗盘吸筹并举。

2021 年 4 月 20 日截图当日，该股低开收出一根带上影线的大阳线，突破前高，成交量较前一交易日明显放大。此时，均线呈多头排列，MACD、KDJ 等技术指标走强，盘口强势特征明显，后市继续上涨的概率大。像这种情况，普通投资者可以在当日或次日跟庄进场加仓买进筹码，持股待涨。

061

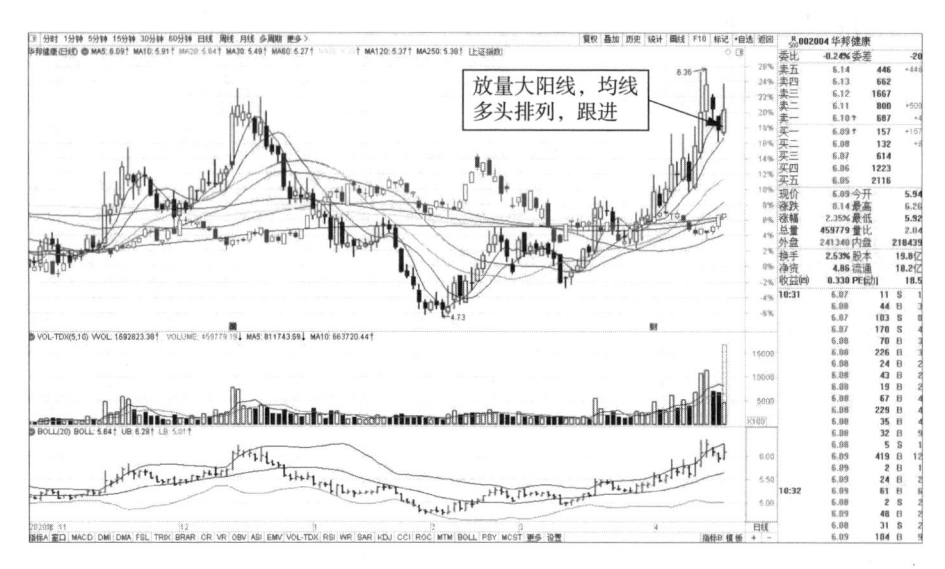

图 2-28

(二)卖盘界面大卖单

如果卖三、卖四或者卖五的位置出现大卖单,而买盘挂单相对较小,也有两种可能:

一是股价处于底部区域或相对低位,卖盘位置虽然有大卖单,买盘位置买单较小但却很活跃,意味着主力机构正在压盘吸筹建仓。为了不引起普通投资者的注意,主力机构主要通过在盘口挂小买单收集筹码。像这种情况,普通投资者可以大胆跟庄进场买进筹码。

二是股价已至高位,主力机构展开高位横盘震荡整理行情悄悄出货。一是想高位卖个好价钱,不想打压出货(或者主力机构手中筹码太多,暂时不宜打压出货);二是展开横盘震荡整理行情悄悄出货,可以引诱普通投资者跟进接盘,认为震荡整理后股价还将继续上涨。所以,在拉高股价引诱跟风盘时,顺手在卖盘位置挂上稍大的卖单,等待激进型买盘接货,这也是主力机构再正常不过的操盘伎俩。

图 2-29 是 603126 中材节能 2021 年 4 月 20 日星期二上午 10:42 左右的分时截图。该股当日低开后快速拔高,然后展开横盘震荡整理行情。横盘震荡整理期间,该股卖盘位置卖三、四、五挂单量较大,但分时成交量却呈萎缩

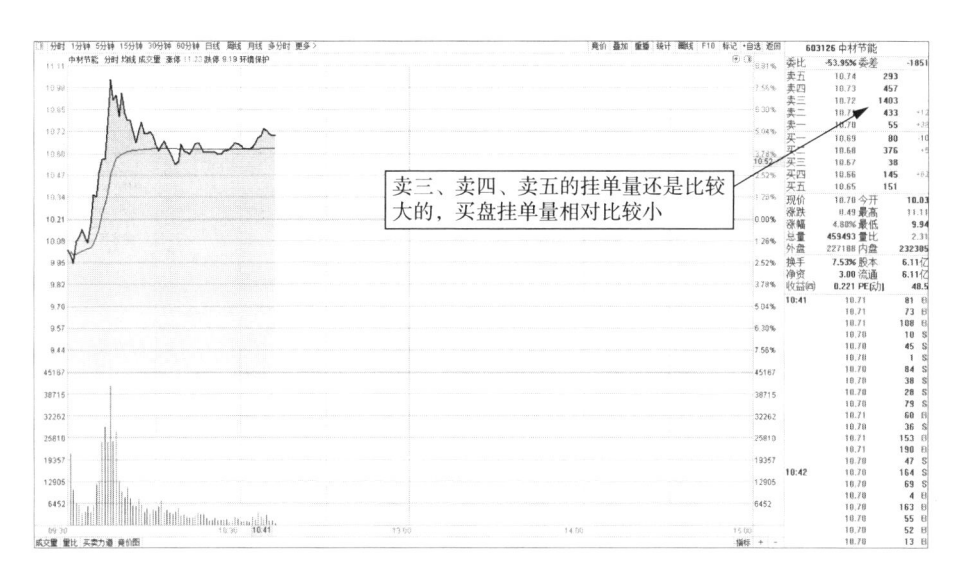

状态，应该是主力机构将股价拉高后展开震荡整理行情在悄悄出货。

图 2-29

图 2-30 是 603126 中材节能 2021 年 4 月 20 日星期二下午收盘时的 K 线走势图。在软件上将该股整个 K 线走势缩小后可以看出，此时股价正处于高位震荡盘整之中。该股从前期最低位，即 2020 年 2 月 4 日最低价 3.89 元止跌企稳并展开大幅震荡盘升行情以来，股价有了较大涨幅。

2021 年 3 月 24 日，该股低开冲高至 14.19 元回落，收出一根带长上下影线的螺旋桨阴 K 线，成交量较前一交易日明显放大，显露出主力机构已经开始高位调整出货。

4 月 20 日截图当日，虽然该股低开收出一根大阳线（涨幅 4.60%），成交量较前一日明显放大，但此时该股走势已呈高位震荡整理态势，仍是主力机构利用高位震荡盘整走势悄悄派发出货。此时均线系统已经走弱，5 日均线下穿 10 日、20 日、30 日均线形成死叉，短期均线已呈空头排列，MACD 等部分技术指标也已经走弱，该股整体走势已经处于下跌趋势，盘口的弱势特征比较明显。像这种情况，普通投资者手中如果还有筹码没有出完的，应该择机逢高卖出，不可盲目跟庄进场。

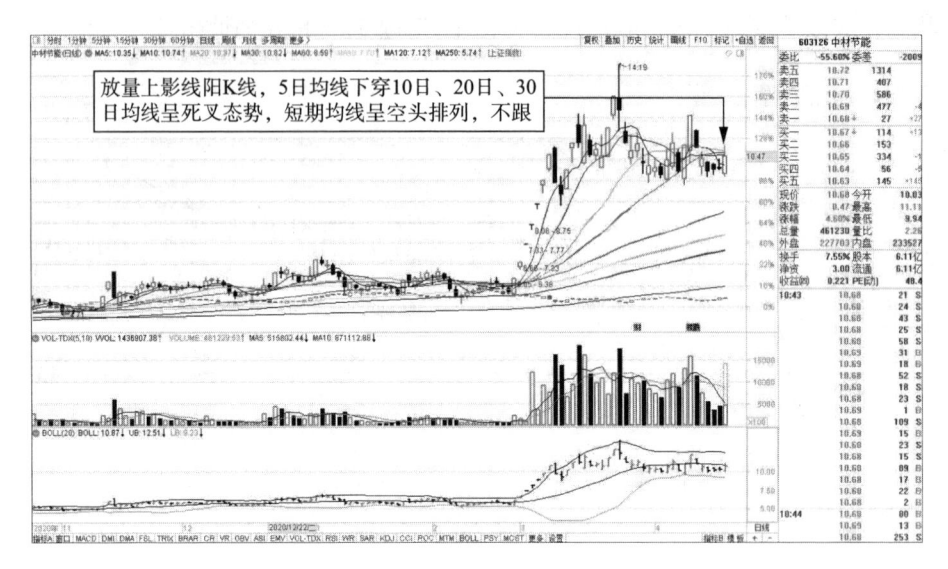

图 2-30

二、盘口小单进大单出的寓意

小单进大单出是指主力机构在操盘时，用大单卖出减仓，用小单买入护盘，维持股价平稳，给普通投资者造成一种跌不下去的盘感，同时给人形成一种一直有人进场买进的错觉，引诱更多的普通投资者进场接盘。

这种盘口比较复杂，通常情况是卖一价位被吃掉后又出现卖单，而买一价位的挂单减少后很快会出现小买单补上，此时买二价位挂的也是小单或中单，而在买三至买五价位挂有大托单，一旦买一或买二被打掉，小单又迅速补上，买三大托单撤走同时留下小买单。如果价位下移，买二变成买一，买三顶替买二，则买三至买五价位再度出现大托单。

在分析判断这种盘口时，还是要看股价在 K 线走势中所处的位置，如果股价处于上涨后的高位，可以肯定主力机构正在派发出货，小单买进，大单卖出，同时维持股价平稳和买气；如果股价处于上升初中期，则是主力机构在洗盘吸筹，恐吓诱骗普通投资者抛出手中筹码。

图 2-31 是 000659 珠海中富 2021 年 4 月 20 日星期二上午 10:13 左右的分时截图。从开盘后的分时走势看，该股当天略低开后，股价冲高回落震荡向

下，仅开盘 40 多分钟，内盘总量比外盘总量大了近 2/3，应该属主力机构减仓出货状态。盘口买卖框和成交明细框显示，该股当时属于小单进大单出，主力机构在维持股价平稳和买气。

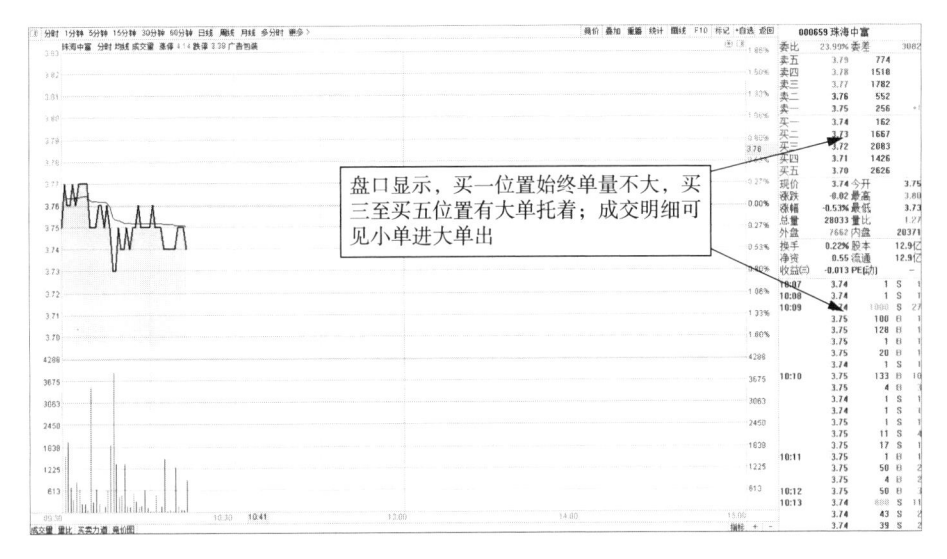

图 2-31

图 2-32 是 000659 珠海中富 2021 年 4 月 20 日星期二下午收盘时的 K 线走势图。在软件上将该股整个 K 线走势缩小后可以看出，该股整体走势处于上升趋势中。股价从前期相对高位，即 2018 年 12 月 27 日最高价 4.48 元，一路震荡下跌，至 2020 年 5 月 25 日最低价 1.86 元止跌企稳，下跌时间长、跌幅大。下跌期间有 3 次较大幅度的反弹。

2020 年 5 月 25 日该股止跌企稳后，主力机构快速推升股价，收集筹码，然后展开大幅震荡盘升行情，高抛低吸，赢利与洗盘吸筹并举。

2021 年 3 月 29 日，该股 4.36 元高开回落跌停，收出一根看跌吞没大阴线（高位或相对高位看跌吞没阴线为见顶信号），成交量较前一交易日放大 2 倍多，显露出主力机构已经展开高位调整出货的行情。

4 月 20 日截图当日，虽然该股低开收出一根大阳线（涨幅 3.99%），成交量较前一交易日明显放大，但此时该股走势已处于高位下跌调整后的震荡整理态势，加上此前收出的 6 颗十字星（其中有 5 颗阴十字星），仍是主力机构利用高位震荡盘整行情在悄悄派发出货。且此时短期均线走平，MACD等部分技术指标走弱，该股整体走势已经处于下跌调整状态，盘口的弱势特征比较明显，下跌调整还将持续。像这种情况，普通投资者手中如果还有筹码没有出完的，应该逢高先卖出，不可盲目跟庄进场。可继续跟踪观察。

图 2-32

三、涨停板上的撤换单诡计

涨停板上的撤换单是指股票涨停或打开涨停后，主力机构通过反复撤单挂单手法，来改变排队顺序，达到引诱普通投资者跟风进场买入筹码的目的。一般有两种情况：

一种情况是个股创出新高（或股价已到高位），主力机构封上涨停后，计算有一定量的追涨买单时，就迅速把自己的封单撤出一部分，视封单情况立马挂回买一或其他买盘位置，让其他投资者的买单排到前面去承接市场的抛盘。

另一种情况是个股拉升到一定高度后冲击涨停，主力机构用大买单在涨停价位及以下托着，就是不封停，卖盘有主力机构巨量挂单，主力机构通过快速撤换买盘挂单而后进行派发。主力机构通常是两种手法并用，目的就是出货（减仓）获利。对于已经连续拉出3个涨停板以上的目标股票，普通投资者要在综合分析股价在K线走势中所处的位置、均线排列、成交量和换手率等情况后，再作出是否跟庄追涨的决策。

图2-33是600157ST永泰2021年4月20日星期二上午9:57的分时截图。该股高开后，立即展开震荡横盘整理至9:54，然后快速拉升至涨停板附近（要停不停），此时其他卖盘挂单被吃完，只剩下卖一位置巨量挂单，买盘挂单量也是巨大，成交异常活跃，应该是主力机构乘机迅速来回撤换买单，进行高抛获利。

图 2-33

图2-34是600157ST永泰2021年4月20日星期二上午9:57的K线走势图。此时的K线图看起来还是相当强势的，跳空高开后留下向上跳空缺口，均线多头排列等强势特征十分明显。

图2-35是600157ST永泰2021年4月20日星期二下午收盘时的分时走势图。从分时走势看，当天该股涨停、打开、再封回涨停，反复多次，尤其是下午临收盘前，尾盘放量下跌，至收盘涨幅为-1.17%。

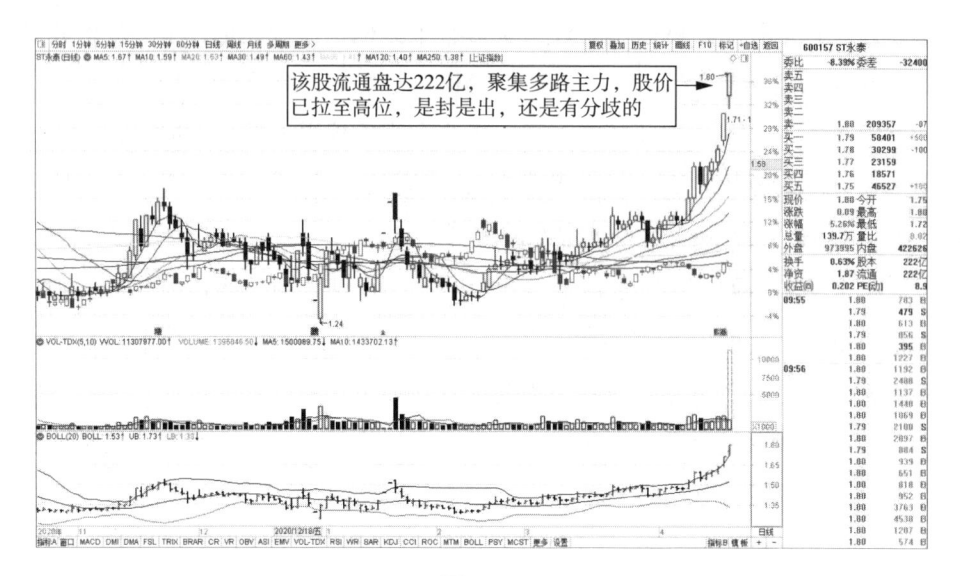

[图中标注:该股流通盘达222亿,聚集多路主力,股价已拉至高位,是封是出,还是有分歧的]

图 2-34

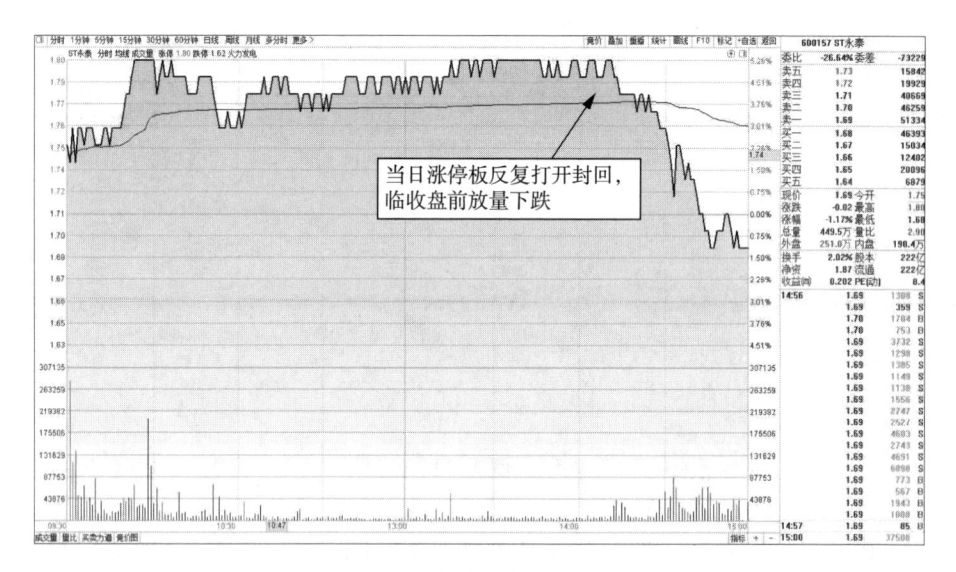

[图中标注:当日涨停板反复打开封回,临收盘前放量下跌]

图 2-35

图 2-36 是 600157ST 永泰 2021 年 4 月 20 日星期二下午收盘时的 K 线走势图。从 K 线走势看,该股从年初上涨以来,已经有了一定的涨幅。当日该股高开,股价冲高回落,收出一根长上影线阴线,应该是前期进场的获利盘出货,同时也伴有主力机构打压洗盘行为。由于该股处于上升趋势,均线多

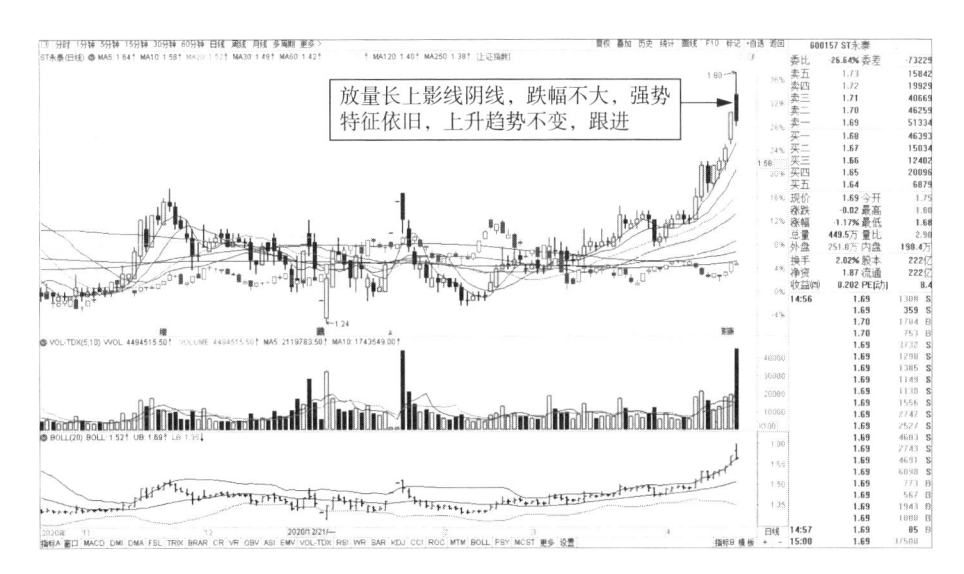

头排列,加上股价低且有利好预期,股价短期调整洗盘后将继续上行。

图 2-36

第三章

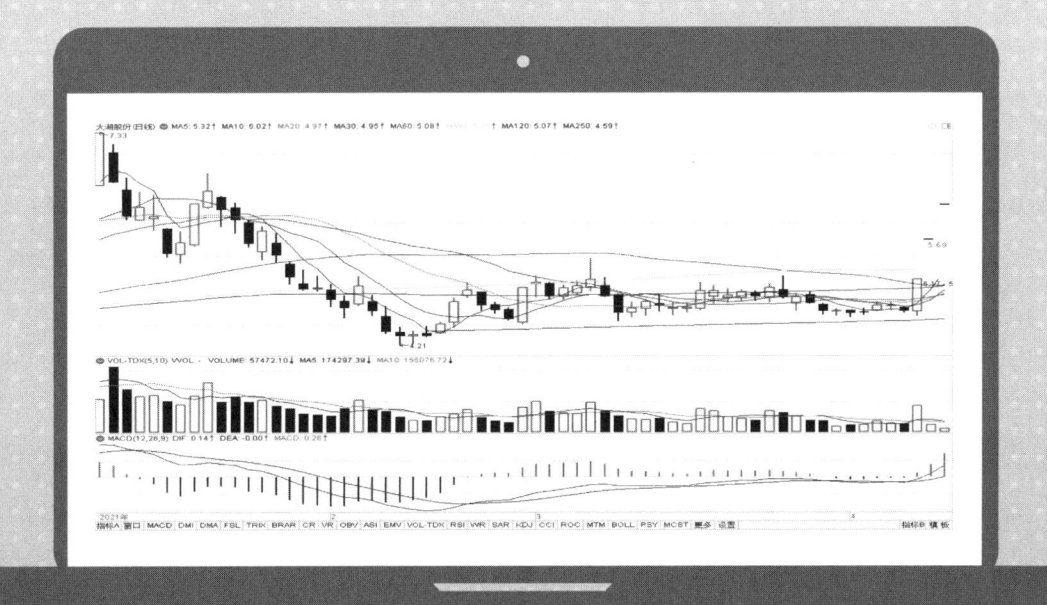

▼

强势盘口主要特征

强势盘口是主力机构已经控盘或基本控盘的盘口，由于主力机构的操纵，个股盘口会突显出与其他下跌、横盘个股盘口不一样的特征。如果细分，强势盘口特征太过繁杂，有些指标和参数来回反复变化太快，没有叙说的必要和意义，这里只对强势盘口突显的重要特征进行分析研究。

第一节 走势强于当天大盘

要科学地理解和看待把"走势强于当天大盘"作为强势盘口主要特征的问题。大盘在处于快速上升、缓慢上升、横盘或下跌阶段，我们跟踪或操作的目标股票应该是同期或当天强于大盘的，才能算得上"走势强于当天大盘"。

强势股也允许短期的或较小幅度的调整，总的要求是处于上升趋势，各项技术指标总体强势，这样的股票才能在主力机构拉升和资金的追捧下，盘口走势明显强于当天大盘。

如果是概念或热门热点板块强势股，其走势应该会持续（多日或一段时间）强于大盘，这样的强势个股和强势盘口最具操作价值。主要体现在：一是当天涨幅明显高于大盘，后市甚至脱离大势，走出自己的独立行情；二是上涨速度快，回调幅度小，盘口主动性卖盘和大抛单少。

图3-1是000516国际医学2021年4月21日星期三下午收盘时的分时走势图。该股当时属"医美概念"热门股，涨势一直领先于大盘，当天走势明显强于大盘，涨幅高于大盘，分时价格线始终在分时均价线上方运行，走势稳重，中午之后股价虽然有所回落，但不影响其整体强势盘口。

图3-2是上证指数2021年4月21日星期三下午收盘时的分时走势图，感觉其一整天要死不活的，平淡无奇。

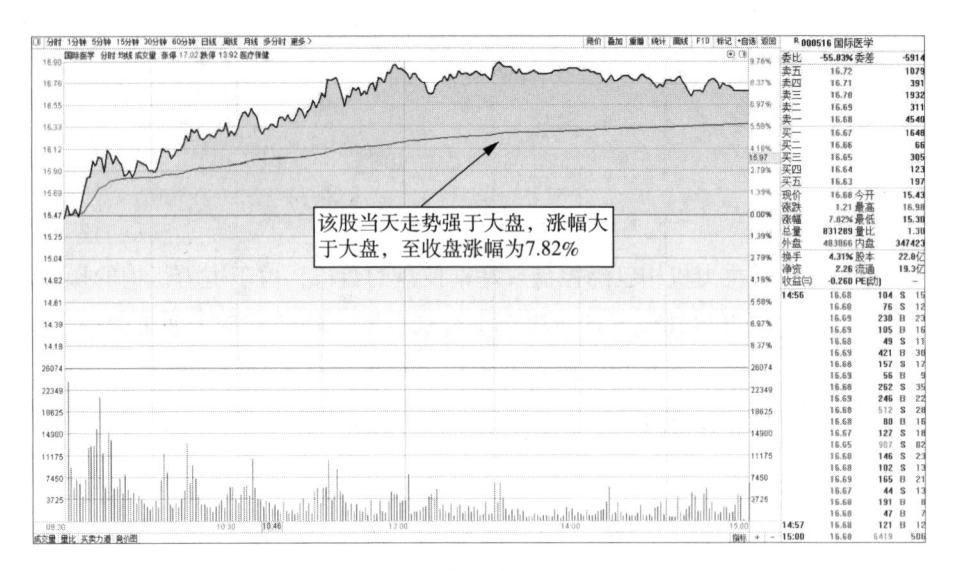

图 3-1

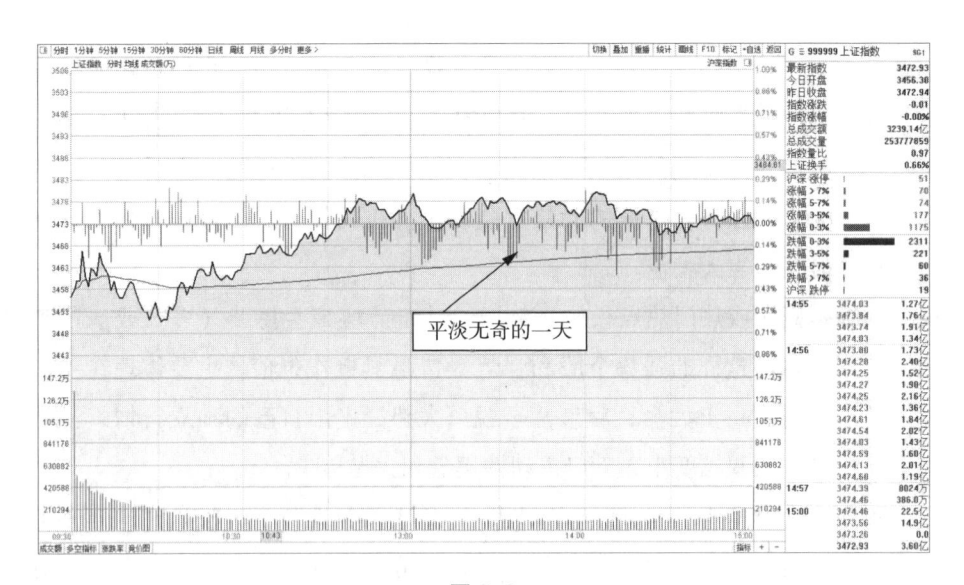

图 3-2

图 3-3 是 000516 国际医学 2021 年 4 月 21 日星期三下午收盘时的 K 线走势图。在软件上将该股整个 K 线走势缩小后可以看出，此时该股走势处于上升趋势中。股价从前期相对高位，即 2019 年 4 月 10 日最高价 7.59 元，一路震荡下跌，至 2020 年 4 月 28 日 3.92 元止跌企稳。下跌时间较长、跌幅较大；

这期间有过 1 次较大幅度的反弹；下跌期间有过 1 次每 10 股派现金 0.868 元的除息行为。

2020 年 4 月 28 日该股止跌企稳后，主力机构展开小幅横盘整理洗盘吸筹行情，K 线走势红多绿少，红肥绿瘦。

2020 年 7 月 3 日，该股高开收出一根大阳线，突破前高，成交量较前一交易日放大 2 倍多。此时，短期均线呈多头排列，MACD、KDJ 等技术指标已经走强，股价的强势特征相当明显。像这种情况，普通投资者可以在当日或次日跟庄进场逢低买进或加仓买进筹码，持股待涨。

2021 年 4 月 21 日截图当日，主力机构已经将股价从 2020 年 4 月 28 日的最低价 3.92 元拉升至当日的最高价 16.98 元。此时，股价涨幅虽然比较大，但该股强势特征依旧，均线呈多头排列，MACD、KDJ 等技术指标尽显强势，主力机构没有大量出货的迹象，该股走势明显强于大盘，后市继续看好。像这种情况，普通投资者可以继续持股待涨，待出现明显见顶信号后再撤出。

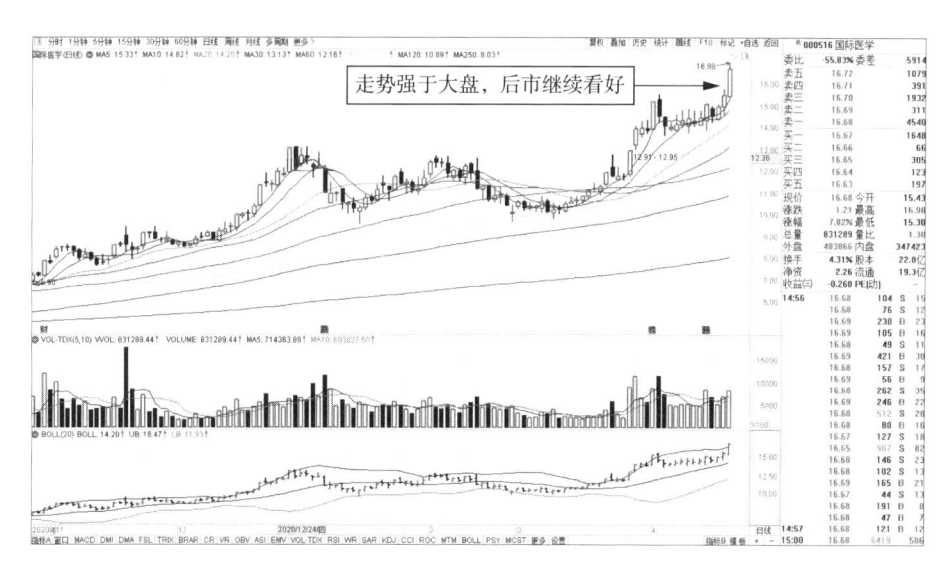

图 3-3

图 3-4 是上证指数 2021 年 4 月 21 日星期三下午收盘时的 K 线走势图，大盘处于下跌之后的震荡整理状态，走势确实较弱。

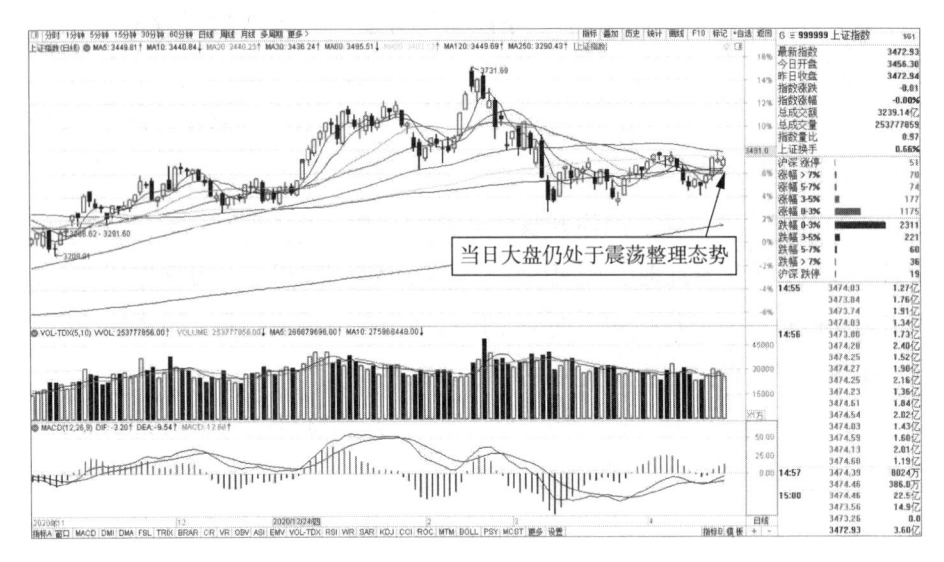

图 3-4

第二节　强势涨停

涨停盘口是强势盘口之一，也是最强势的盘口特征。一般情况下，涨停盘口分为4种：

第一种是主力机构开盘即封停的强势一字涨停板。这是最强势的涨停盘口，开盘价即涨停价，主要是受重大利好消息刺激等影响，个股在集合竞价时就直奔涨停。此后的交易日中，主力机构常常借势连续拉出一字涨停板。

第二种是主力机构在开盘后一波就封涨停的热门热点板块强势股，以主力机构瞬间封上涨停板为主要特征。

第三种是开盘后多波次接力封上涨停板的题材板块强势股，由主力机构领涨与众资金追捧推升个股涨停，以主力机构拉升为主要动力。

第四种是主力机构在开盘后窄幅横盘震荡洗盘吸筹，然后向上突破封上涨停板的利好强势股。

普通投资者想要追上第一、第二两种涨停强势股，就要充分利用"价格优先，时间优先"的交易规则，在早盘集合竞价时抢先挂单排队。第三、四种强势涨停个股，普通投资者在跟进之前要对股价所处位置以及各项指标进行综合分析判断后，再作出是否跟庄进场的决定。

一、开盘即封停的一字涨停板

开盘即涨停，就是在集合竞价时股价就已经封在涨停板上了。其中原因是多方面的，例如有重大利好消息的刺激、有特殊资金的关注炒作等。但我们细分析，大多数个股在一字涨停板前，基本上已经拉出过多个涨停板，股价已经走出底部且处于上升趋势或已经经过长时间横盘震荡整理，正蓄势待发，说明此时主力机构已经高度控盘。换句直白点的话说，大多数一字涨停板，都是主力机构谋划运作的结果。

图 3-5 是 002284 亚太股份 2021 年 4 月 19 日星期一下午收盘时的分时走势图。该股当日涨停开盘，至收盘涨停板都没被打开，收出一字涨停板，股价的强势特征十分明显。启动涨停的主要原因是受华为卖车、正式进入无人驾驶领域利好的影响。虽然当天成交量较前一交易日大幅萎缩（一字涨停的原因），但如果普通投资者在早盘集合竞价时就以涨停价挂买单排队的话，还是有机会买进的，因为刚开盘时的成交量还是很大的，形成了小堆量。

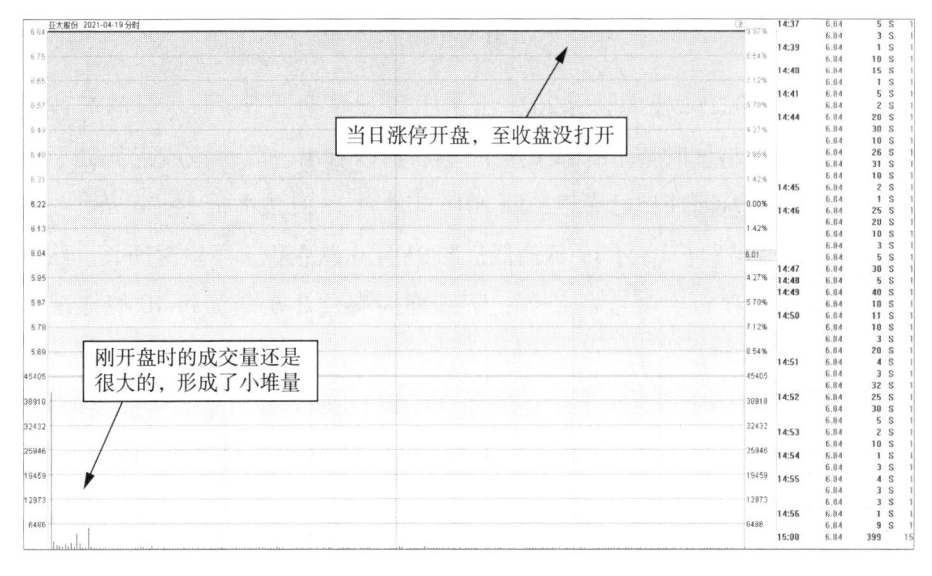

图 3-5

图 3-6 是 002284 亚太股份 2021 年 4 月 19 日星期一上午集合竞价开盘后至 9:32 的分时截图。从开盘后 2 分多钟分时截图右边的成交明细上看，成百上千手的成交量很多，普通投资者只要在集合竞价一开始，就直接以涨停价挂买单排队，买进机会还是很大的。一直到下午收盘成百上千手的买单还是成交了不少。

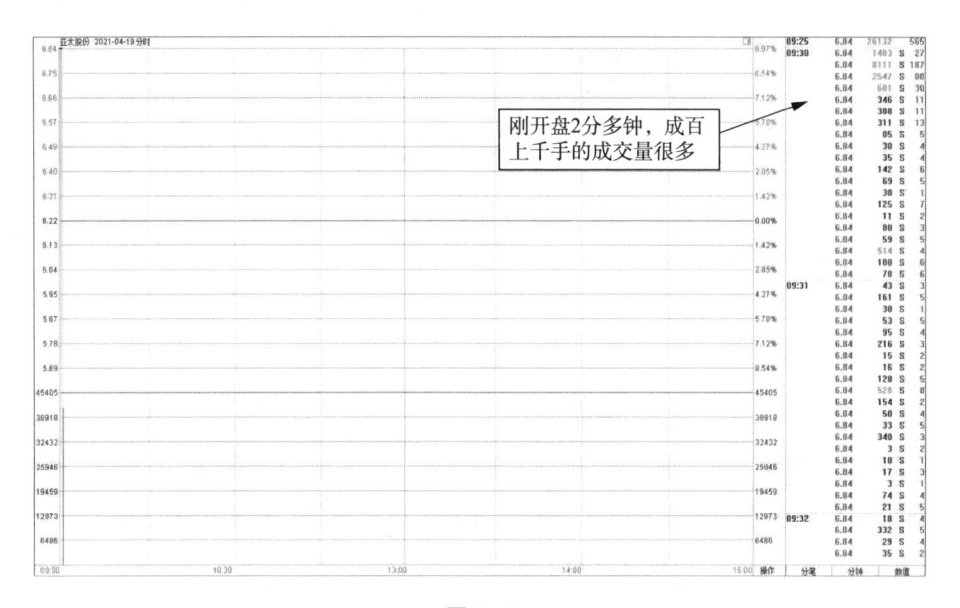

图 3-6

图 3-7 是 002284 亚太股份 2021 年 4 月 19 日星期一下午收盘时的 K 线走势图。在软件上将该股整个 K 线走势缩小后可以看出，此时该股走势处于上升趋势中。股价从前期相对高位，即 2016 年 4 月 18 日最高价 24.70 元，一路震荡下跌，至 2018 年 10 月 19 日最低价 3.91 元止跌企稳，下跌时间长、跌幅大；这期间有多次较大幅度的反弹；下跌期间有过 3 次均为每 10 股派现金 1.000 元的除息行为。

2018 年 10 月 19 日该股止跌企稳后，主力机构快速推升股价，收集筹码，然后展开大幅度横盘震荡整理（挖坑）洗盘行情。横盘震荡整理（挖坑）洗盘期间，主力机构高抛低吸，赢利与洗盘吸筹并举，折磨和考验普通投资者的信心和耐力。

2021 年 4 月 16 日，持续大幅震荡整理两年多时间后，主力机构配合利好消息拉出一个大阳线涨停板，突破前高，留下向上跳空突破缺口，形成大阳线涨停 K 线形态，成交量较前一交易日放大 2 倍多。此时，均线呈多头排列，MACD、KDJ 等技术指标走强，主力机构正式启动拉升行情。像这种情况，普通投资者可在当日或次日跟庄进场加仓买入筹码。

4 月 19 日截图当日，主力机构在前一交易日拉出大阳线涨停板的基础上，拉出一字涨停板（形成一字涨停 K 线形态），再次留下向上突破缺口，成交量较前一交易日萎缩，股价的强势特征特别明显，做多氛围浓厚，该股短期持续快速上升概率大。像这种情况，普通投资者可积极寻机跟庄进场买入筹码，待出现明显见顶信号后撤出。

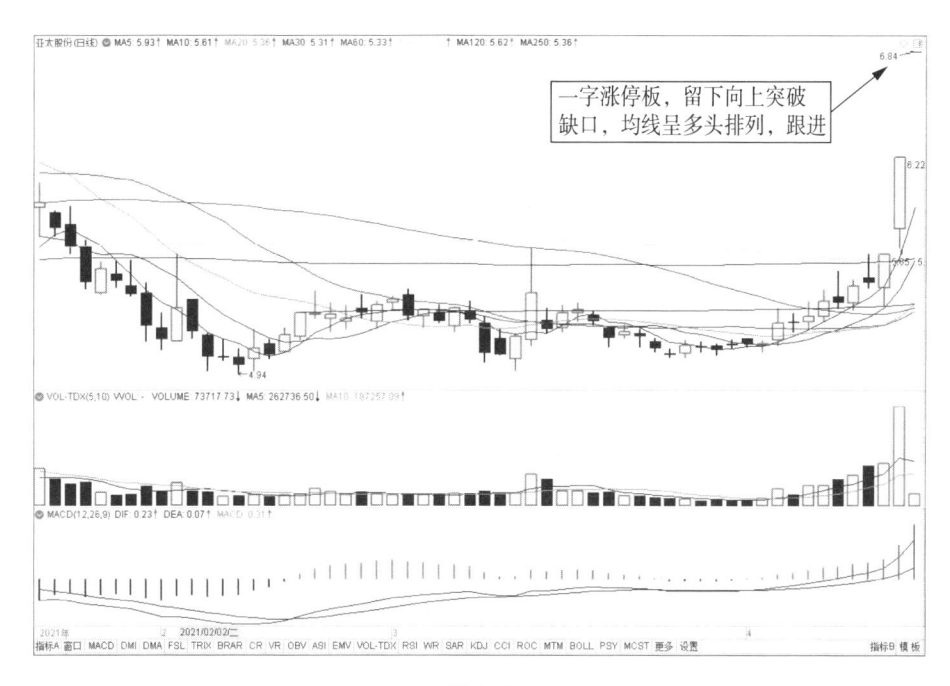

图 3-7

图 3-8 是 000151 中成股份 2022 年 5 月 19 日星期四下午收盘时的分时走势图。该股当日涨停开盘，至收盘涨停板没被打开，收出一字涨停板，股价的强势特征十分明显。诱发该股涨停的主要原因是"贸易+人民币贬值受益+央企国资改革"概念炒作。一是公司是以成套设备及技术进出口为核心业务的企业，承担我国对外经济技术援助项目和对外提供一般物资援助项目，承

包各类境外工程和境内外资工程，其业务受益于人民币贬值。二是国资委表示要继续加大优质资产注入上市公司力度，公司大股东或者控股股东或者实际控制人涉及央企。

虽然当天成交量较前一交易日大幅萎缩（一字涨停的原因），但如果普通投资者在早盘集合竞价时，就以涨停价挂买单排队的话，还是有机会买进的，因为刚开盘时的成交量还是比较大的。

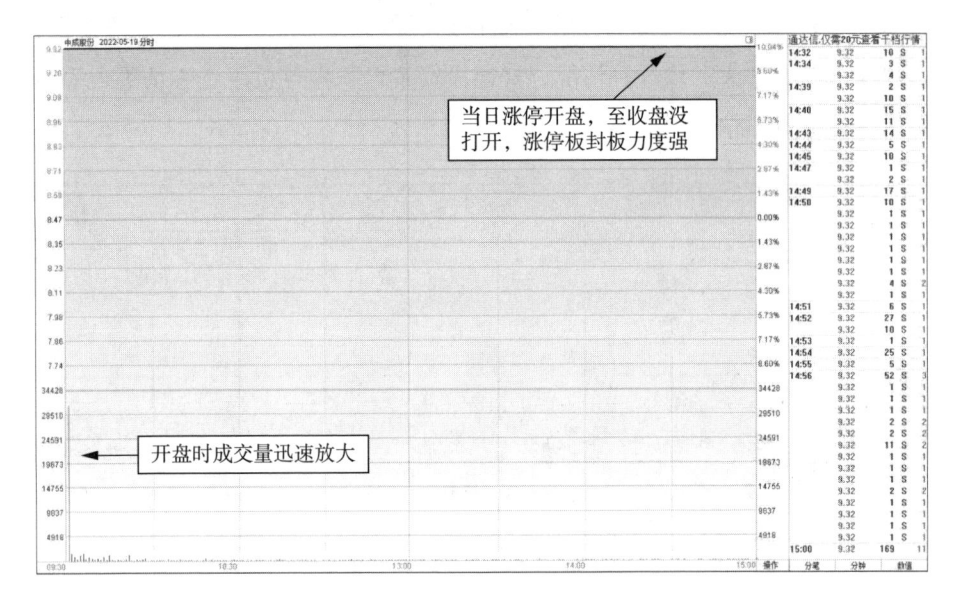

图 3-8

图 3-9 是 000151 中成股份 2022 年 5 月 19 日星期四上午集合竞价开盘后至 9:32 的分时截图。从开盘后 2 分多钟分时截图右边的成交明细上看，成百上千手的成交量很多，普通投资者只要在集合竞价一开始，就直接以涨停价挂买单排队等待的话，买进机会还是很大的。当然，即使当天买不上，也可以在次日跟庄进场买进。

图 3-10 是 000151 中成股份 2022 年 5 月 19 日星期四下午收盘时的 K 线走势图。在软件上将该股整个 K 线走势缩小后可以看出，此时该股走势正处于前期高位下跌企稳回升（反弹）之中。股价从前期相对高位，即 2015 年 10 月 23 日最高价 31.48 元，一路震荡下跌，至 2021 年 2 月 8 日最低价 6.08 元止跌企稳，下跌时间长、跌幅大；这期间多次出现较大幅度的反弹；下跌期

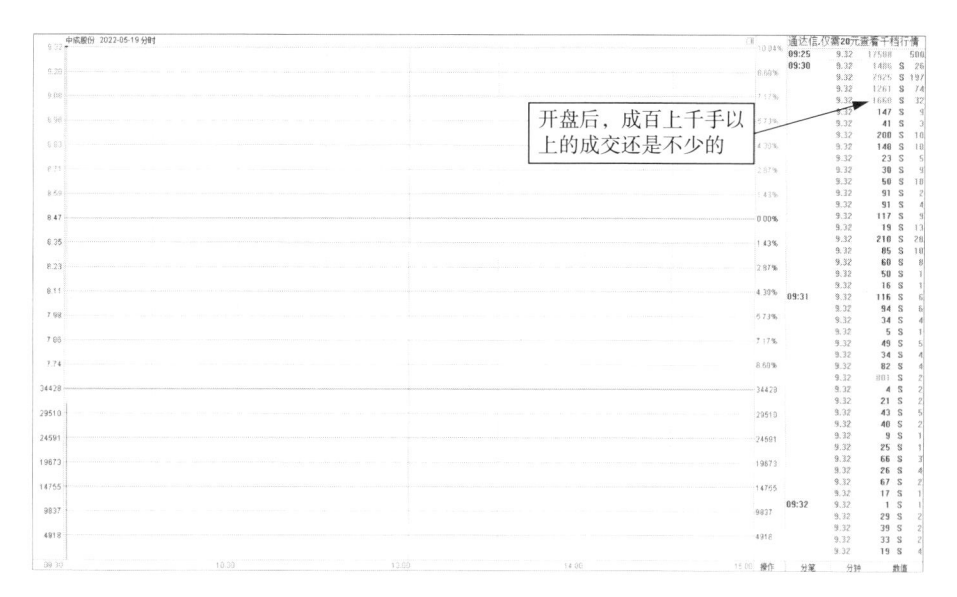

图 3-9

间有过 5 次分别为每 10 股派现金 4.000 元、3.000 元、2.500 元、2.000 元和 0.200 元的除息行为。

2021 年 2 月 8 日该股止跌企稳后，主力机构快速推升股价，收集筹码，然后展开大幅度横盘震荡整理（挖坑）洗盘行情。横盘震荡整理（挖坑）洗盘期间，主力机构高抛低吸，赢利与洗盘吸筹并举，折磨和考验普通投资者的信心和耐力。

2022 年 5 月 18 日，持续大幅震荡整理一年多时间后，主力机构配合利好消息拉出一个大阳线涨停板，突破前高，形成大阳线涨停 K 线形态，成交量较前一交易日明显放大；股价向上穿过 5 日、10 日、20 日和 250 日均线（一阳穿 4 线），30 日、60 日均线在股价上方向下运行，90 日、120 日均线在股价上方上行，均线蛟龙出海形态形成。此时，均线（除 20 日、30 日和 60 日均线外）呈多头排列，MACD、KDJ 等技术指标走强，主力机构正式启动拉升行情。像这种情况，普通投资者可以在当日或次日跟庄进场买入筹码。

5 月 19 日截图当日，主力机构在前一交易日拉出大阳线涨停板的基础上，拉出一字涨停板（形成一字涨停 K 线形态），留下向上突破缺口，成交量较前一交易日明显萎缩（因为是一字涨停板，所以成交稀少）。此时，短中长期均线呈多头排列，MACD、KDJ等技术指标持续走强，股价的强势特征特别明显，做多氛围浓厚，该股短期持续快速上涨的概率很大。像这种情况，普通投资者可在当日或次日积极寻机跟庄进场加仓买进筹码，待股价出现明显见顶信号后撤出。

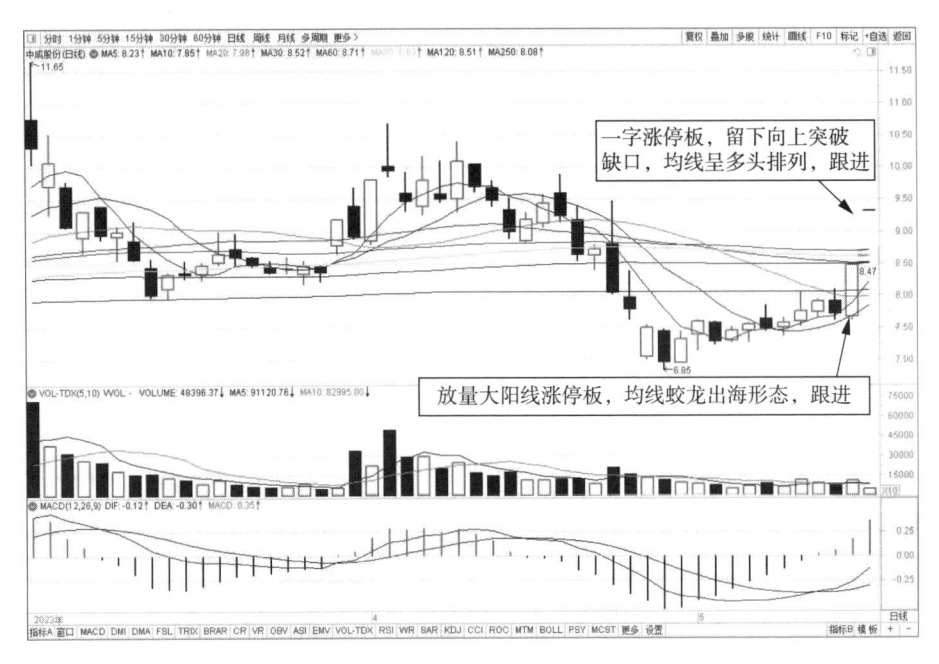

图 3-10

二、高开一波封涨停

高开一波封涨停，就是个股早盘跳空高开，然后主力机构急速拉升一个波次，将股价瞬间封上涨停板。这种涨停板，主要由重大利好驱动，普通投资者除非在早盘集合竞价时以涨停价挂买单排队，一般都很难打上板。

图 3-11 是 000615 奥园美谷 2021 年 4 月 22 日星期四下午收盘时的分时走势图。该股当天大幅跳空高开 6.45%，然后一个波次急速封上涨停板，涨停的主要原因为"医美概念+战略合作协议"概念炒作。奥园美谷 4 月 21 日晚间公告称，全资子公司广州奥美与 KD Medical 签署《战略合作协议》，就广州奥美与 KD Medical 美丽健康产业合作事宜达成初步意向。受利好冲击，该

股开盘后股价急速上冲，一波直接冲至涨停，至收盘涨停没打开，盘口强势特征明显。

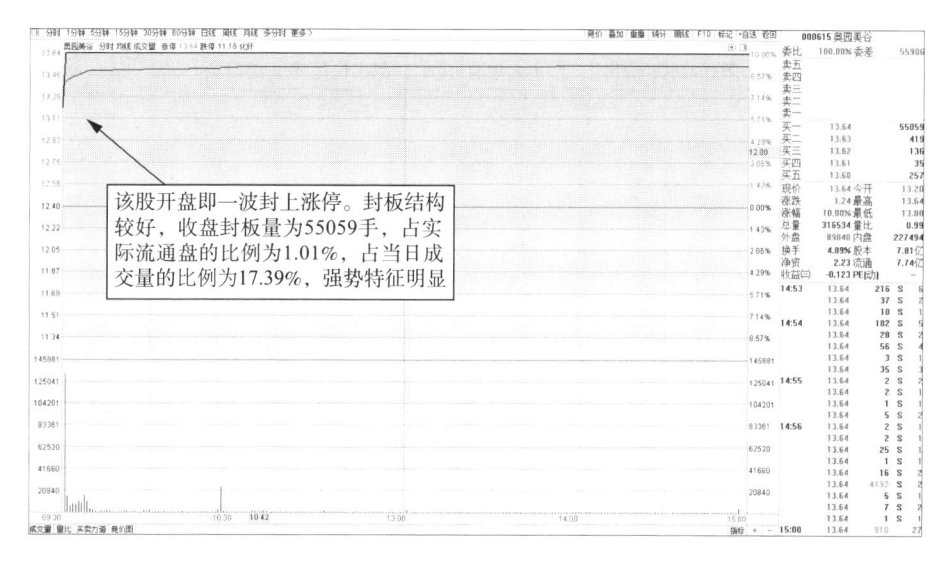

图 3-11

图 3-12 是 000615 奥园美谷 2021 年 4 月 22 日星期四上午开盘后至 9:32 的分时截图。从该股 2 分多钟的分时截图看，左上方为开市后的大幅跳空高开分时价格线，开盘后分时价格线快速上冲封上涨停板，在 K 线走势上形成小阳线涨停 K 线形态。左下方为开盘后成交量迅速放大的量柱。右边是 9:32 前的成交明细，从开盘后的成交明细可以看出，只有开盘时的成交大一些，之后成交量很快呈萎缩状态，普通投资者除非在集合竞价时直接以涨停价挂买单排队的，才有买进的希望外，当天其他时候想跟庄买进的，基本不可能成功。但也没关系，普通投资者可以在后面的交易日视情况跟庄进场逢低买入筹码。

图 3-13 是 000615 奥园美谷 2021 年 4 月 22 日星期四下午收盘时的 K 线走势图。在软件上将该股整个 K 线走势缩小后可以看出，此时该股处于上升趋势中。股价从前期相对高位，即 2017 年 4 月 17 日最高价 26.94 元，一路震荡下跌，至 2020 年 2 月 5 日最低价 3.19 元止跌企稳，调整下跌时间长、跌幅大；这期间多次出现较大幅度的反弹；调整下跌期间有过 2 次分别为每 10 股

派发现金 0.40 元、0.501 元的除息行为。

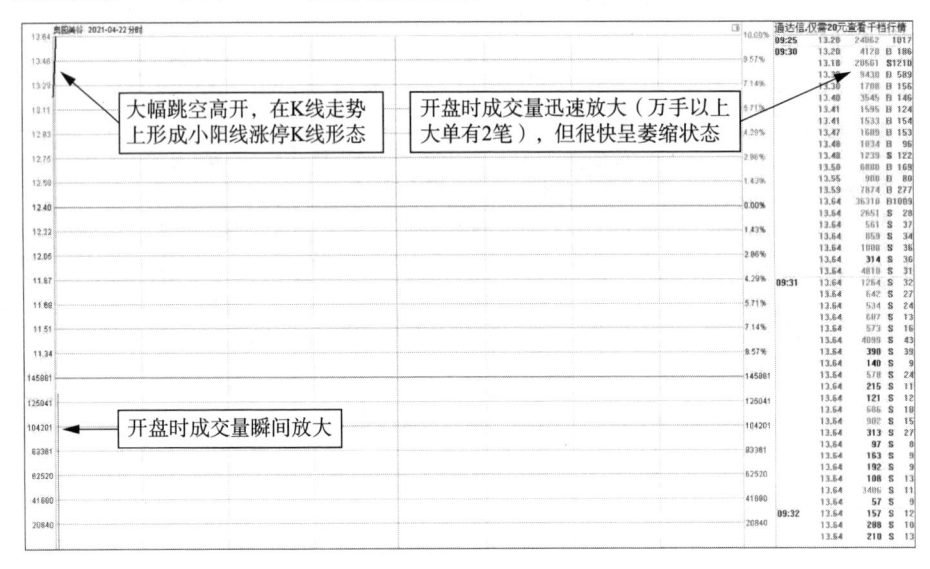

图 3-12

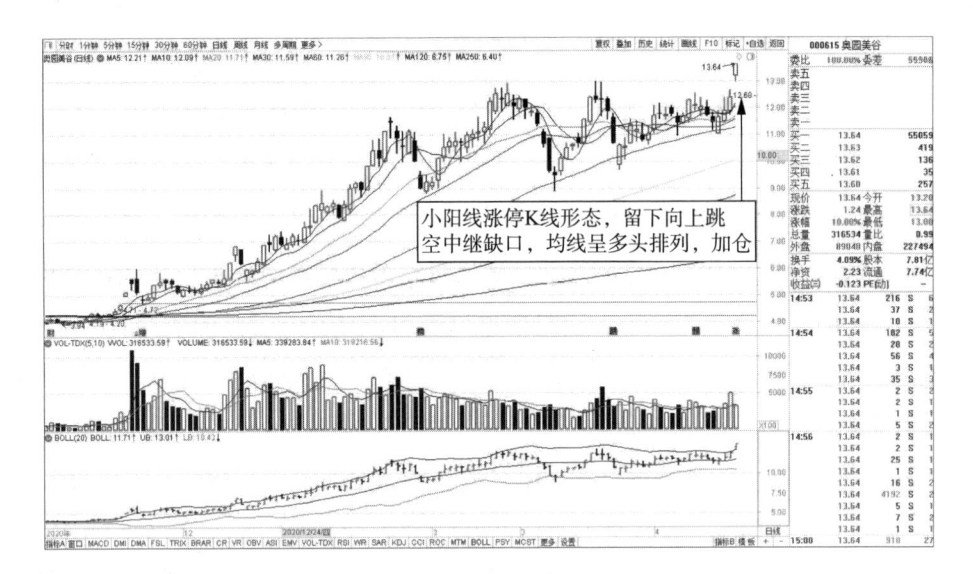

图 3-13

2020 年 2 月 5 日该股止跌企稳后，主力机构快速推升股价，收集筹码，然后展开大幅度震荡盘升洗盘（挖坑）行情。震荡盘升洗盘（挖坑）期间，主力机构高抛低吸，赢利与洗盘吸筹并举，折磨和考验普通投资者的信心和耐力。

2020年11月16日，在持续大幅震荡盘升洗盘（挖坑）行情9个多月后，该股高开收出一根大阳线，突破前高（坑沿），成交量较前一交易日明显放大。此时，均线呈多头排列，MACD、KDJ等技术指标走强，股价的强势特征非常明显，做多氛围浓厚，股价短期持续快速上涨的概率很大。像这种情况，普通投资者可在当日或次日积极跟庄进场加仓买进筹码，待股价出现明显见顶信号后撤出。

2021年4月22日截图当日，该股配合利好消息跳空高开，收出一个小阳线涨停板，突破前高，留下向上跳空中继缺口，形成小阳线涨停K线形态，成交量较前一交易日萎缩。此时，均线呈多头排列，MACD、KDJ等技术指标走强，股价的强势特征特别明显，做多氛围浓厚，主力机构快速拉升行情已经启动。像这种情况，普通投资者可积极跟庄进场加仓买入筹码，待出现明显见顶信号后撤出。

图3-14是000025特力A 2022年5月27日星期五下午收盘时的分时走势图。该股当天大幅跳空高开5.00%，然后一个波次急速封上涨停板，涨停的主要原因为"汽车服务+珠宝服务"概念炒作。一是财联社记者从业内权威人士处获悉，新一轮汽车下乡政策将于近期发布。二是公司实际控制人为深圳国资委旗下的特发集团，主营汽车销售、汽车检测维修及配件销售、物业租赁及服务。三是特力集团珠宝保税平台成立仅一年多，入驻企业超200家，服务企业近400家，实现进出境总额23亿元。受利好冲击，该股在前面拉出两个大阳线涨停板的基础上，当日大幅高开，一波直接封上涨停板，至收盘涨停没打开，涨停板封板结构好，盘口强势特征明显。

图3-15是000025特力A 2022年5月27日星期五上午开盘后至9:32的分时截图。从该股2分多钟的分时截图看，左上方为开市后的大幅跳空高开分时价格线，开盘后分时价格线快速上冲封上涨停板，在K线走势上形成小阳线涨停K线形态。左下方为开盘后成交量迅速放大的量柱。右边是9:32前的成交明细，从开盘后的成交明细可以看出，开盘后成交量迅速放大，成千上万手的成交很多，9:32左右股价封上涨停板后，成百上千手的卖盘在继续不断地成交。普通投资者在集合竞价时直接以涨停价挂买单排队的话，基本

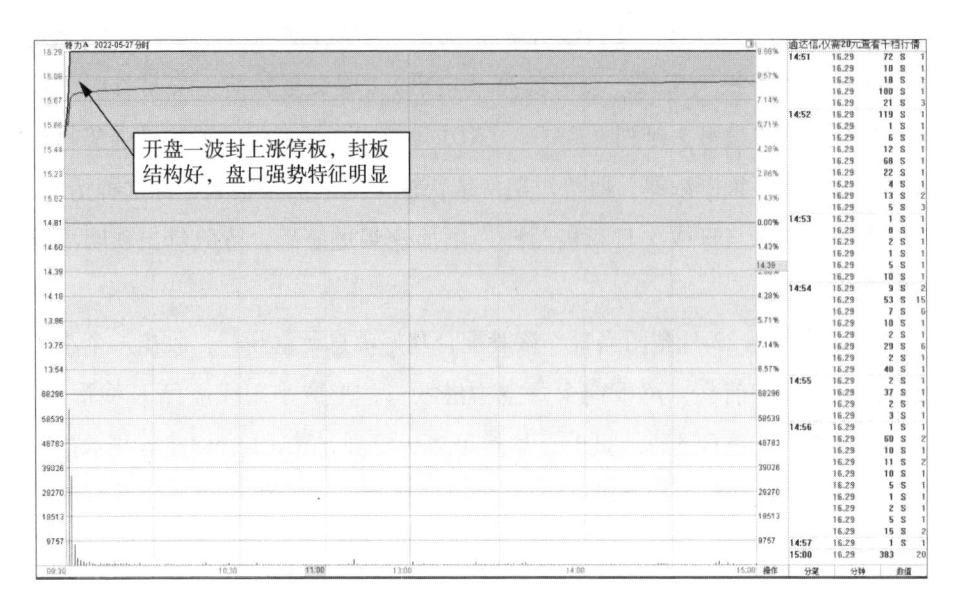

图 3-14

都能买上。早盘开盘后，马上跟庄进场买进的，买进的希望还是有的。如当日没买进也没关系，普通投资者可以在后面的交易日视情况跟庄进场逢低买入筹码。

图 3-15

图3-16是000025特力A 2022年5月27日星期五下午收盘时的K线走势图。在软件上将该股整个K线走势缩小后可以看出，此时该股走势正处于前期高位下跌企稳回升（反弹）之中。股价从前期最高位2015年12月10日最高价108.00元，一路震荡下跌，至2022年4月27日最低价10.06元止跌企稳，下跌时间长、跌幅大。这期间有过5次较大幅度的反弹。下跌期间有过1次每10股送转4.500股的除权行为，2次分别为每10股派现金0.420元和0.200元的除息行为。在下跌的后期，主力机构就开始提前谋划、通盘布局、打压股价、收集筹码。

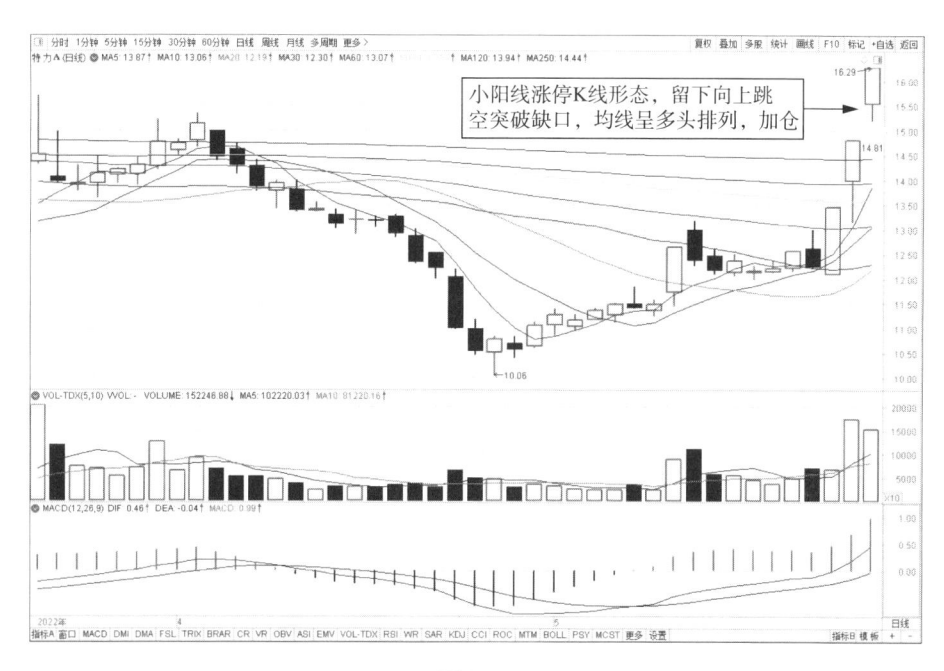

图3-16

2022年4月27日该股止跌企稳后，主力机构快速推升股价，收集筹码，K线走势呈红多绿少、红肥绿瘦状态。

5月13日，该股高开，拉出一个大阳线涨停板，突破前高，形成大阳线涨停K线形态，成交量较前一交易日放大3倍多。此时，均线系统较弱（只有5日、10日均线上行），但MACD、KDJ等技术指标走强。从5月16日开始，主力机构展开强势整理洗盘行情。像这种情况，普通投资者可以在当日或次日跟庄进场逢低分批买入筹码。5月25日、26日，主力机构连续拉出2个大阳线涨停板。

5月27日截图当日，主力机构配合利好消息，在前2个交易日拉出大阳线涨停板的基础上，大幅跳空高开5.00%，拉出一个小阳线涨停板，突破前高，留下向上跳空突破缺口，形成小阳线涨停K线形态。此时，均线呈多头排列，MACD、KDJ等技术指标持续走强，股价的强势特征特别明显，做多氛围浓厚，股价短期持续快速上涨的概率很大。像这种情况，普通投资者可在当日或次日积极寻机跟庄进场加仓买进筹码，待股价出现明显见顶信号后撤出。

三、多波次接力封涨停

多波次接力封涨停，就是个股开盘后，分时价格线向上运行多个波次，然后封上涨停板。理论上讲，越少波次上冲封涨停的个股表明其股性越强，越多波次上冲封涨停的个股表明其股性越弱。当然，普通投资者还是要对目标股票的其他技术指标进行综合分析判断后，再作出是否跟庄进场的决定。

图3-17是600185格力地产2021年4月21日星期三下午收盘时的分时走势图。该股受"公司有计划收购免税集团；子公司以8.8亿元竞得港珠澳大桥口岸免税商务地块"利好冲击。当天低开后，多波次震荡向上封上涨停板，至收盘涨停板没有被打开，分时盘口强势特征较为明显。

图3-18是600185格力地产2021年4月21日星期三下午收盘时的K线走势图。在软件上将该股整个K线走势缩小后可以看出，该股前期有过一波大涨，光涨停板就拉出了12个，其中一字板有8个。此时该股处于前期高位下跌之后的反弹趋势中。股价从前期相对高位，即2020年7月9日最高价18.10元，一路震荡下跌，至2021年1月8日最低价5.11元止跌企稳，展开反弹行情。

4月21日截图当日，该股低开收出一个大阳线涨停板，突破前高，形成大阳线涨停K线形态，成交量较前一交易日萎缩，短中期均线呈多头排列，其他技术指标也较强势，盘口强势特征比较明显。像这种情况，普通投资者可以视个股后期走势，择机跟庄进场抢一波反弹，待股价出现明显见顶信号后撤出。

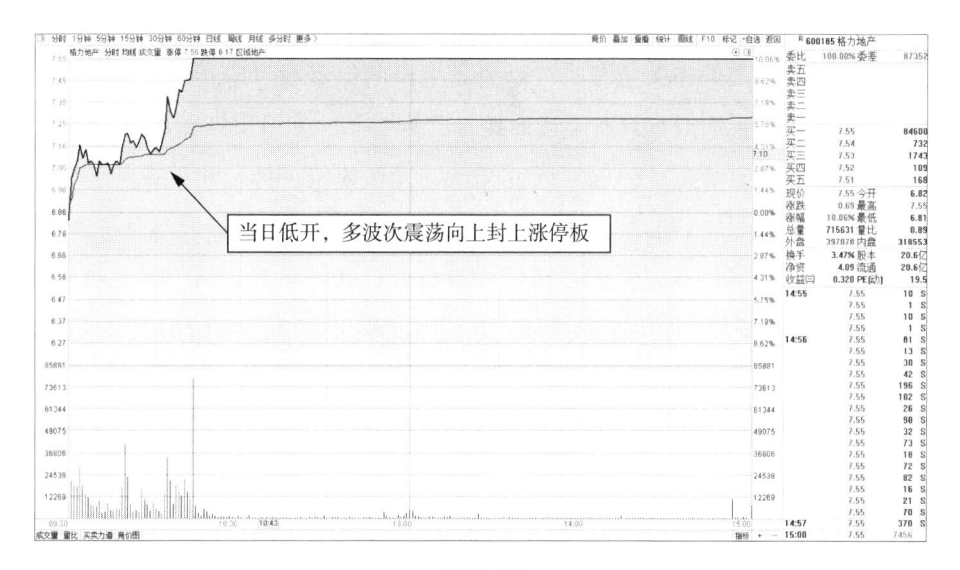

图 3-17

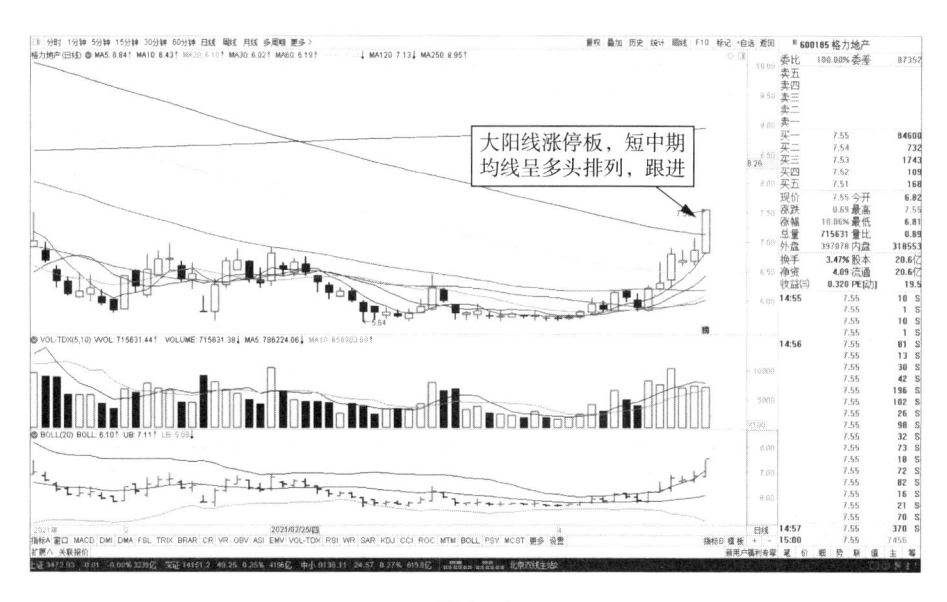

图 3-18

图 3-19 是 002333 罗普斯金 2022 年 7 月 7 日星期四下午收盘时的分时走

势图。该股当天平开，然后分3个波次快速上冲封上涨停板，涨停原因为"建筑材料+光伏"概念炒作。一是公司主要业务为新型铝合金铸棒材料、铝合金型材、铝合金系统门窗的研发、设计、生产和销售；围绕智慧城市开展的建筑智能化施工等相关业务。二是公司生产的铝型材可应用于光伏组件边框和支架，公司控股股东具有丰富的建筑产业资源，公司积极展开资源整合，从产业链中找准自身定位，探索研究光伏、光伏建筑一体化相关业务的发展深化，以提升公司盈利能力和整体竞争实力。受利好冲击，该股当日平开，3个波次直接封上涨停板，至收盘涨停板没打开，涨停板封板结构好，盘口强势特征明显。

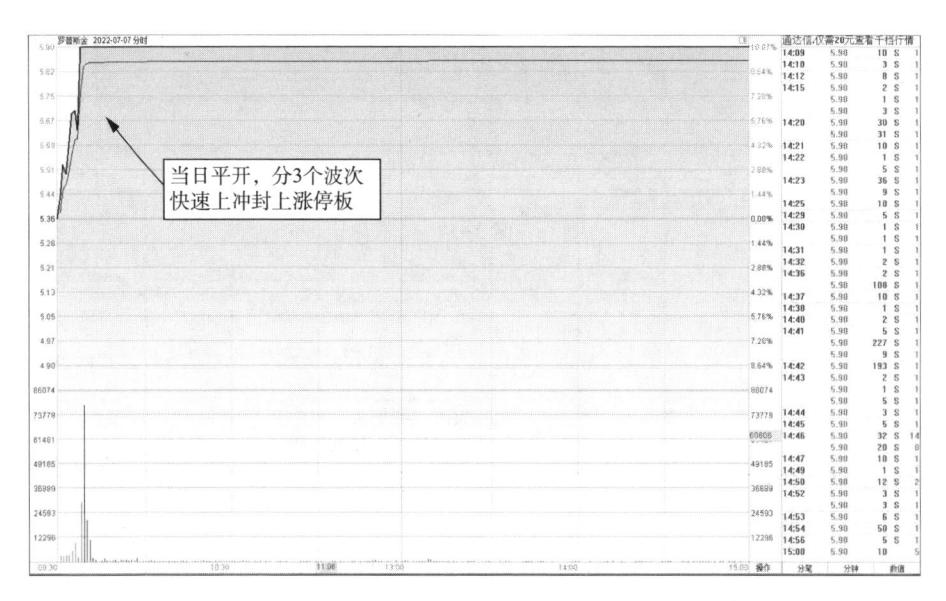

图 3-19

图 3-20 是 002333 罗普斯金 2022 年 7 月 7 日星期四下午收盘时的 K 线走势图。在软件上将该股整个 K 线走势缩小后可以看出，此时该股走势正处于前期高位下跌企稳后的上涨走势中。股价从前期相对高位，即 2018 年 7 月 24 日的最高价 18.99 元，一路震荡下跌，至 2019 年 8 月 12 日最低价 3.80 元止跌企稳，下跌时间长、跌幅大。这期间有过 1 次较大幅度的反弹。下跌期间有过 1 次每 10 股派现金 2.000 元的除息行为。

2019 年 8 月 12 日止跌企稳后，主力机构展开了大幅度震荡盘升洗盘（挖坑）行情。震荡盘升洗盘（挖坑）期间，主力机构高抛低吸，赢利与洗盘吸筹并举，折磨和考验普通投资者的信心和耐力。

2022年7月7日截图当日，在持续大幅震荡盘升洗盘（挖坑）行情近3年后，主力机构配合利好消息，拉出一个大阳线涨停板，突破前高，形成大阳线涨停K线形态，成交量较前一交易日放大3倍多。此时，均线呈多头排列，MACD、KDJ等技术指标走强，股价的强势特征非常明显，做多氛围浓厚，股价短期持续快速上涨的概率很大。像这种情况，普通投资者可在当日或次日积极寻机跟庄进场加仓买进筹码，待股价出现明显见顶信号后撤出。

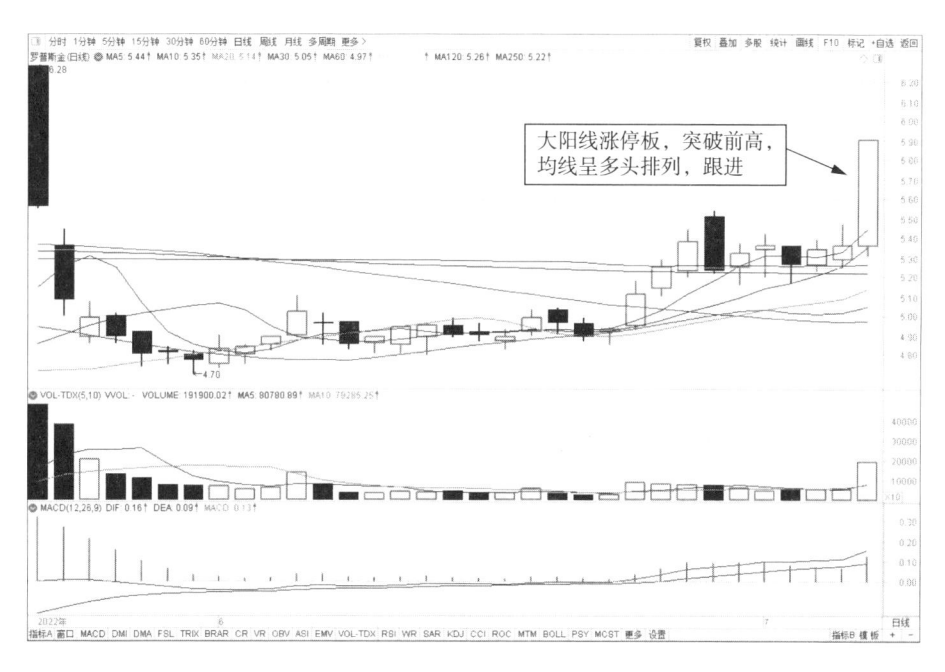

图 3-20

四、窄幅横盘整理突破涨停

窄幅横盘整理突破涨停，是指个股开盘后，股价被主力机构控制在较小的幅度内展开较长时间的横盘整理后，突然上冲封停，也即分时价格线比较平静地横向运行较长时间后，突然发力冲高封上涨停板。其中原因，有可能是当时大盘疲软或跳水，主力机构将股价控制在较小的幅度内横盘整理，以免引起恐慌；也可能是主力机构拉升前洗盘吸筹的需要等。普通投资者在操盘过程中要注意，一般情况下，这类涨停个股要比多波次上冲封上涨停板个股的股性弱些。

图 3-21 是 002587 奥拓电子 2021 年 4 月 22 日星期四下午收盘时的分时走势图。该股当日高开后，主力机构展开窄幅横盘整理，整理期间股价走势平稳，成交量呈萎缩状态。13:30，分时价格线突然直线上冲封上涨停板，成交量同步放大，至收盘涨停板未打开。涨停原因为，企业助力建设的菲律宾电信公司 DITO Telecommunity 首批 4 家智慧营业厅完工投入试营业，代表奥拓电子金融科技业务在东南亚已经正式落地。当日涨停板封板结构一般，如普通投资者想跟庄进场，开盘后横盘整理期间就是逢低买进筹码的好时机。

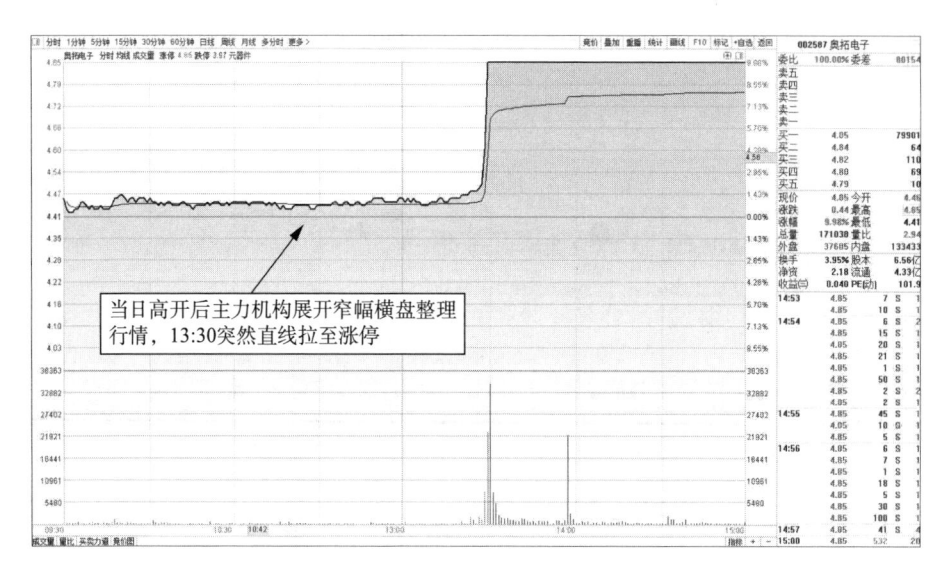

图 3-21

图 3-22 是 002587 奥拓电子 2021 年 4 月 22 日星期四下午收盘时的 K 线走势图。在软件上将该股整个 K 线走势缩小后可以看出，此时该股走势正处于前期高位下跌企稳之后的反弹走势中。当天的涨停是股价长期下跌及横盘整理之后、受利好消息驱动所展开的强烈反弹。当日该股高开收出一个大阳线涨停板，突破前高，形成大阳线涨停 K 线形态，成交量较前一交易日放大 4 倍多。此时，均线呈多头排列，MACD、KDJ 等技术指标开始走强，盘口的

强势特征较为明显，后续短期上涨的概率大。像这种情况，普通投资者可以择机跟庄进场买入筹码，但以短线操作为主，注意盯盘，关注成交量变化，待股价出现见顶信号后立马出局。

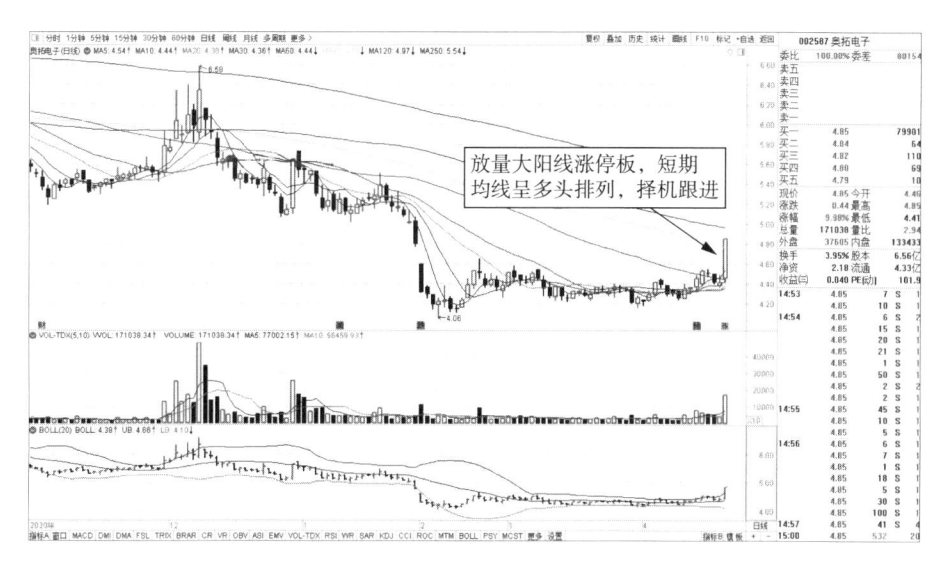

图 3-22

图 3-23 是 000759 中百集团 2022 年 9 月 8 日星期四下午收盘时的分时走势图。该股当日向上跳空高开后，主力机构展开窄幅横盘整理行情，整理期间股价走势平稳，成交量呈萎缩状态。11:18 左右，分时价格线突然直线上冲，急速封上涨停板，成交量同步放大。13:05 左右，涨停板被大卖单砸开，13:09 封回，瞬间又被大卖单砸开，13:12 封回至收盘。涨停原因为"零售+预制菜+免税店+'一带一路'"概念炒作。一是公司的主营业务是商业零售。公司的主要产品是大卖场、社区超市、便利店、电器卖场、百货以及小型购物中心。二是公司为湖北商超龙头，永辉超市是公司第二大股东，持股高达 20%，运营当地罗森便利店品牌。三是中百大厨房现有少量预制菜肴，中百大厨房产品类别涉及鲜食团膳类、中式面点类、西式面包类、豆制品类、沙拉净菜等五大类别，品种数近 400 种。四是公司积极探索"一带一路"特色商品的销售模式，与汉欧班列有限公司达成了商务合作，联手挖掘商品卖点，加大地域及商品特色知识营销，不断打造精品、爆款，不停营造销售契

机。当日涨停板封板力度较弱，涨停板2次被大卖单砸开，但也正好是普通投资者跟庄进场的好机会。

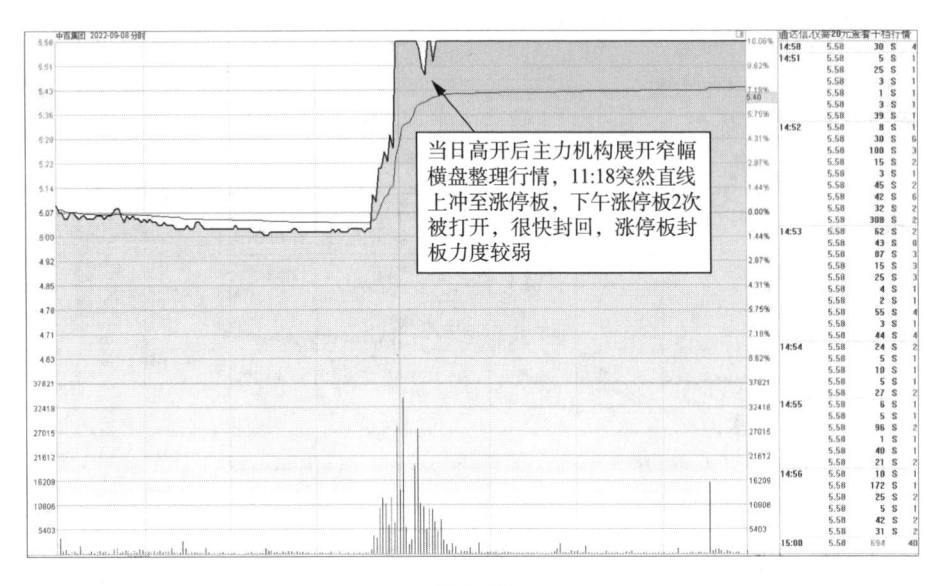

图 3-23

图 3-24 是 000759 中百集团 2022 年 9 月 8 日星期四下午收盘时的 K 线走势图。在软件上将该股整个 K 线走势缩小后可以看出，此时该股走势正处于前期高位下跌企稳后的上涨（反弹）走势中。股价从前期相对高位，即 2019 年 4 月 3 日的最高价 8.94 元，一路震荡下跌，至 2022 年 3 月 9 日最低价 4.42 元止跌企稳，下跌时间长、跌幅大。这期间有过多次较大幅度的反弹。下跌期间有过 3 次均为每 10 股派现金 0.500 元的除息行为。

2022 年 3 月 9 日该股止跌企稳后，主力机构快速推升股价，收集筹码，然后展开了横盘震荡整理（挖坑）洗盘行情，清洗获利盘和前期套牢盘，继续收集筹码。

2022 年 9 月 1 日，该股高开收出一个大阳线涨停板，突破前高，形成大阳线涨停 K 线形态，成交量较前一交易日放大 6 倍多。此时，均线呈多头排列，MACD、KDJ 等技术指标走强，股价的强势特征已经显现，做多氛围浓厚。像这种情况，普通投资者可以在当日或次日积极跟庄进场买进筹码。

9 月 2 日，该股低开冲高回落展开强势洗盘行情，连续调整 4 个交易日，成交量呈萎缩状态，正是普通投资者跟庄进场逢低买进的好时机。

9月8日截图当日，主力机构配合利好消息，跳空高开拉出一个大阳线涨停板，突破前高，形成大阳线涨停K线形态，成交量较前一交易日放大3倍多。此时，均线呈多头排列，MACD、KDJ等技术指标持续强势，股价的强势特征非常明显，做多氛围浓厚，股价短期持续快速上涨的概率很大。像这种情况，普通投资者可在当日或次日积极寻机跟庄进场加仓买进筹码，待股价出现明显见顶信号后撤出。

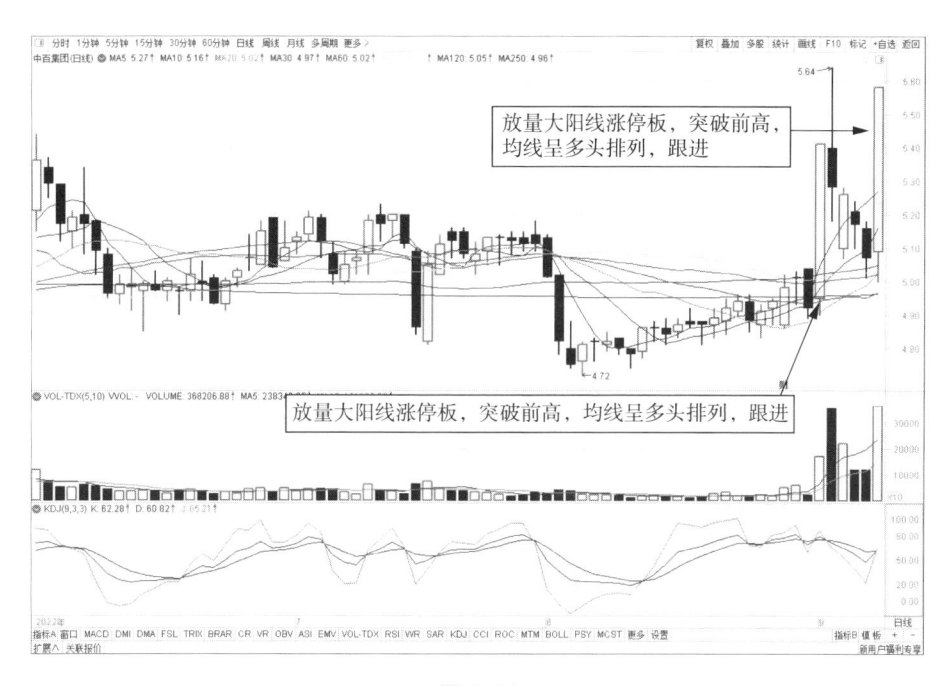

图 3-24

第三节　向上跳空高开

向上跳空高开是强势盘口的重要特征，高开后的缺口位置往往成为个股股价的重要支撑位，是一种比较明显的上涨信号。对于向上跳空缺口，有高手形容为：跳空缺口（3日）不补，后市涨如猛虎。这种说法是有一定道理的，因为股价高开高走，表明主力机构操盘有很强的计划性，其操盘目的明确坚定，在拉升期间就是不想让太多的散户投资者跟进获利。同时，由于人们的追涨心理或者说买强不买弱的心态，对早盘股价高开的个股，投资者的买入欲望更加强烈，愿意用更高的价格买入筹码，这就会导致供求关系紧张。特别是那些开盘就一字涨停的股票，买一位置总是有很大数量的买盘挂单，等候买进，这往往预示着该股后市被投资者看好，上涨空间广阔。

但是，普通投资者也要注意和警惕，早盘股价高开的很多个股，后期走势也会出现下跌或横盘整理的情况，所以跟庄操盘过程中要特别谨慎，防止被套。还是老办法，及时分析判断目标股票股价所处位置和其他技术指标状况后，再谨慎作出是否跟庄进场的决定。

为便于分析研究，这里依据跳空高开的幅度（由于上证科创板、深证创业板股票涨跌幅限制为20%，北交所股票涨跌幅限制为30%，其跳空高开的幅度为主板〈含中小板〉股票的2倍及以上），把向上跳空高开个股强势盘口的缺口幅度分为3个类别：

一、向上跳空高开2%~4%

一般情况下，个股开盘向上跳空高开留下跳空缺口的盘口，才能称为强势盘口。为什么选择向上跳空高开2%以上作为强势盘口的起点？因为在平衡市中，主力机构（特别是游资）每天为了3%的赢利，都在提前筹划设计、引诱欺骗普通投资者入局。何况国内市场熊长牛短，5年也盼不来一轮牛市。所以，正常情况下，一只股票当天能跳空高开达到2%以上，且集合竞价挂单数量与其实际流通盘的比例比较适当，该股的各项技术指标已经走强的话，就是比较强势的盘口了。如果分时量能放量配合，当天的上涨还是值得企盼的。

图3-25是002750龙津药业2021年12月23日星期四下午收盘时的分时走势图。该股当日向上跳空2.66%开盘，瞬间封停，至收盘涨停板没打开，分时盘口强势特征相当明显。涨停的主要原因为"中药+工业大麻"概念炒作。公司为从事现代中药及特色化学仿制药研发、生产与销售的制药公司。公司1500万元增资云南牧业农业科技有限公司（牧亚农业），并取得其51%

的股权;牧亚农业主要业务为规模化种植工业大麻。可见,当天的跳空高开和涨停有主力机构利用利好顺势拔高封板的原因。

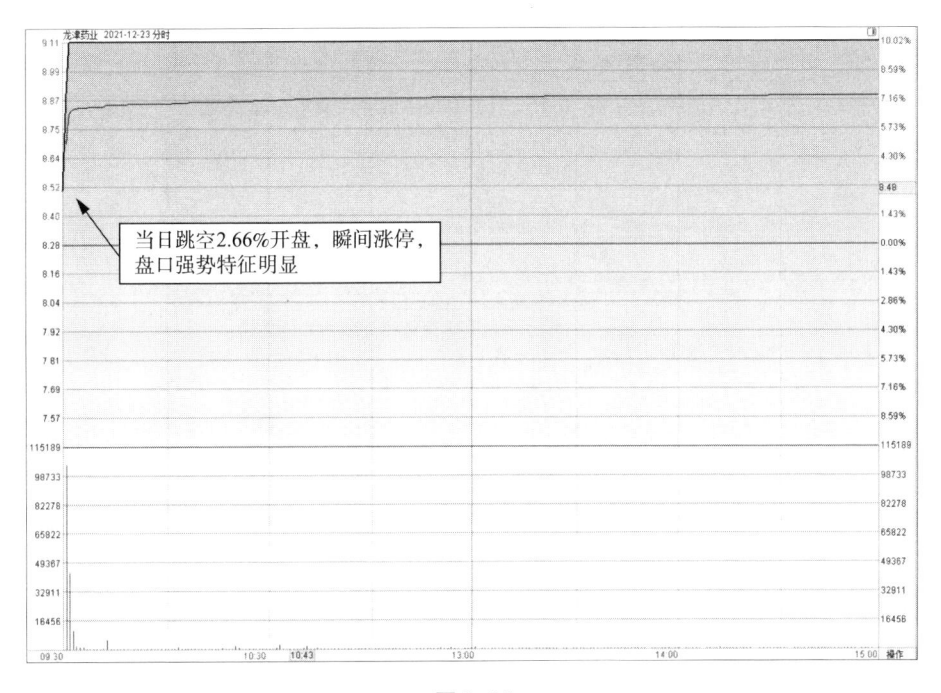

图 3-25

图 3-26 是 002750 龙津药业 2021 年 12 月 23 日星期四上午开盘后至 9:32 的分时截图。从该股 2 分多钟的分时截图看,虽然当日该股只向上跳空高开 2.66% 开盘,但从左上方开市后的高开分时价格线看,开盘后分时价格线急速上冲封上涨停板,在 K 线走势上形成大阳线涨停 K 线形态。左下方为开盘后成交量迅速放大的量柱。右边是 9:32 前的成交明细,从开盘后的成交明细可以看出,开盘后成交量迅速放大,9:31 封上涨停板之后成交量呈萎缩状态,9:32 左右 4 笔千手以上大卖单砸出之后,成交量呈持续萎缩状态。普通投资者只要在当天集合竞价时直接以涨停价挂买单排队,或开盘后立即以涨停价挂买单跟进,应该有买进的希望,当天其他时候想跟庄买进的,可能性比较小。但也没关系,普通投资者可以在后面的交易日内视情况跟庄进场逢低买入筹码。

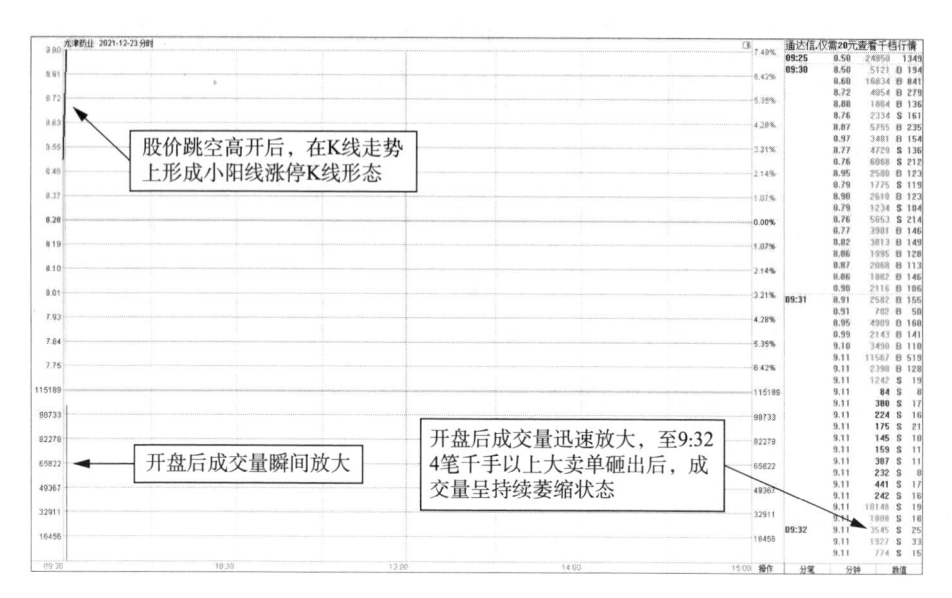

图 3-26

图 3-27 是 002750 龙津药业 2021 年 12 月 23 日星期四下午收盘时的 K 线走势图。在软件上将该股整个 K 线走势缩小后可以看出，此时该股走势处于上升趋势中。股价从前期相对高位，即 2019 年 4 月 12 日最高价 23.52 元，一路震荡下跌，至 2021 年 10 月 28 日最低价 6.79 元止跌企稳，下跌调整时间长、跌幅大。下跌期间有过 2 次较大幅度的反弹。

2021 年 10 月 28 日该股止跌企稳后，主力机构展开横盘震荡整理（试盘）行情，洗盘吸筹。K 线走势红多绿少，红肥绿瘦。

12 月 22 日，该股低开收出一个大阳线涨停板，突破前高，形成大阳线涨停 K 线形态，成交量较前一交易日放大 4 倍多，均线（除 250 日均线外）呈多头排列，MACD、KDJ 等技术指标走强，股价的强势特征已经非常明显。像这种情况，普通投资者可以在当日或次日跟庄进场买进筹码。

12 月 23 日截图当日，该股向上跳空 2.66%开盘，再次收出一个大阳线涨停板，突破前高，留下向上跳空突破缺口，形成大阳线涨停 K 线形态，成交量较前一交易日萎缩。此时，均线呈多头排列，MACD、KDJ 等技术指标走强，股价的强势特征特别明显，做多氛围浓厚。像这种情况，普通投资者可择机积极跟庄进场逢低加仓买入筹码，待出现明显见顶信号后撤出。

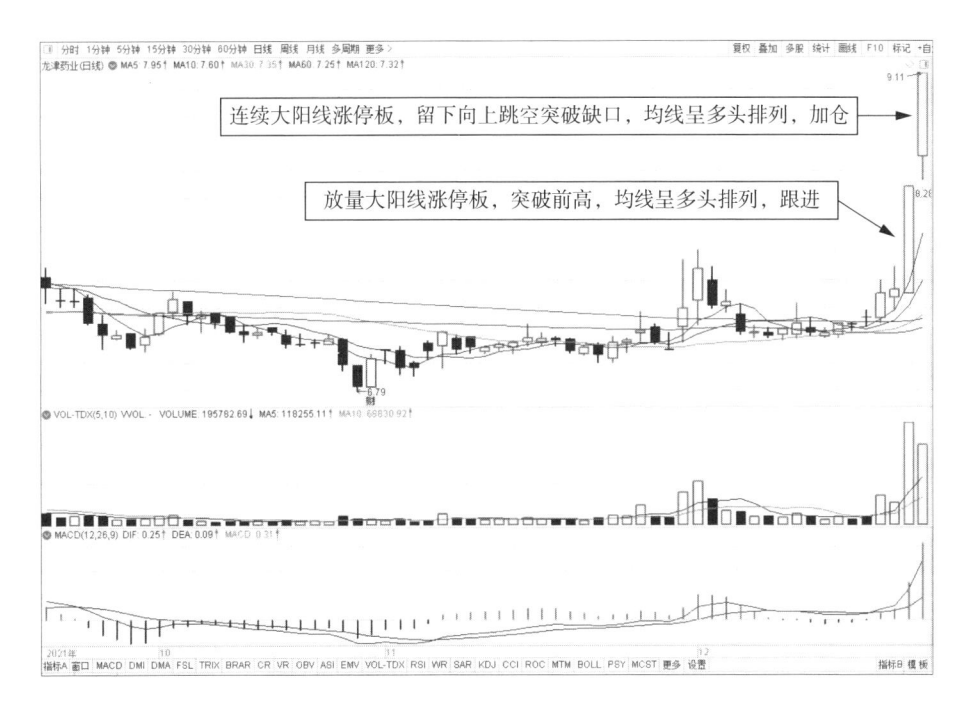

图 3-27

图 3-28 是 002120 韵达股份 2021 年 4 月 23 日星期五下午收盘时的分时走势图。该股当日向上跳空高开 3.94%，迅速震荡上行，于 10:00 封上涨停板，至下午收盘涨停板没被打开，分时盘口强势特征比较明显。涨停的主要原因是，公司作为战略投资者认购德邦股份非公开发行 A 股股票，已在中国证券登记结算有限责任公司完成股份登记。很明显，主力机构利用利好消息，早盘跳空高开并快速上行封上涨停板。

图 3-29 是 002120 韵达股份 2021 年 4 月 23 日星期五下午收盘时的 K 线走势图。在软件上将该股整个 K 线走势缩小后可以看出，此时该股处于高位下跌之后的筑底反弹中。股价从相对高位，即 2020 年 6 月 9 日最高价 39.37 元，一路震荡下跌，至 2021 年 4 月 19 日最低价 12.60 元止跌企稳，调整下跌时间较长、跌幅大。这期间多次出现较大幅度的反弹；下跌期间有过 1 次每 10 股派现金 2.390 元、每 10 股送转 3.000 股的除权除息行为。

2021 年 4 月 19 日该股止跌企稳后，主力机构展开整理行情，收集筹码。

4 月 23 日截图当日，该股向上跳空 3.94% 开盘，收出一个大阳线涨停板，突破前高，留下向上跳空突破缺口，形成大阳线涨停 K 线形态，成交量较前

099

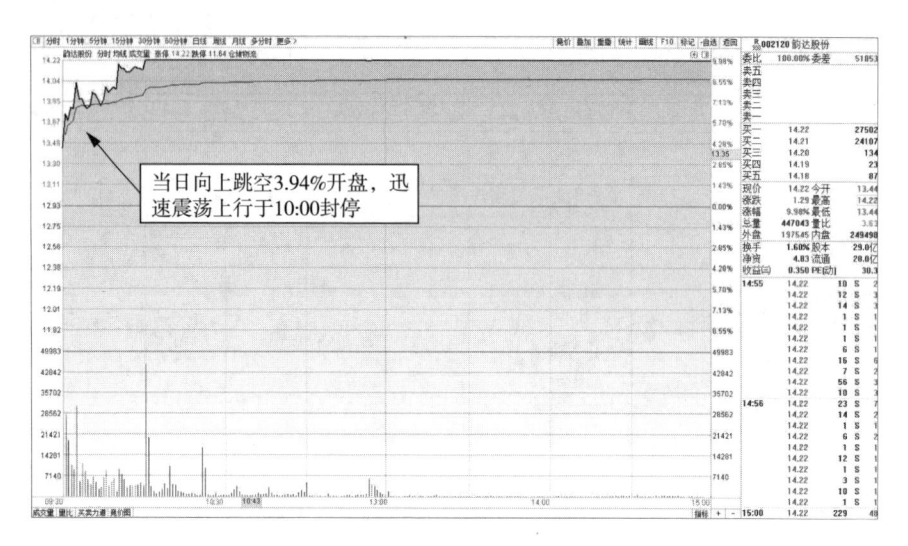

图 3-28

一交易日放大 4 倍多。此时，5 日、10 日均线上行（均线系统表现较弱），MACD、KDJ 等技术指标走强，股价的强势特征比较明显，短期上涨概率较大（由于股价从高位下跌后筑底时间过短、调整洗盘还不够到位、均线系统没有形成多头排列等因素，股价短期上涨后回调洗盘的概率大）。普通投资者可以在当日或次日择机跟庄进场买进筹码，短线持有，并注意盯盘跟踪，发现股价上涨乏力或出现明显调整信号后及时出局，待调整到位后再接回。

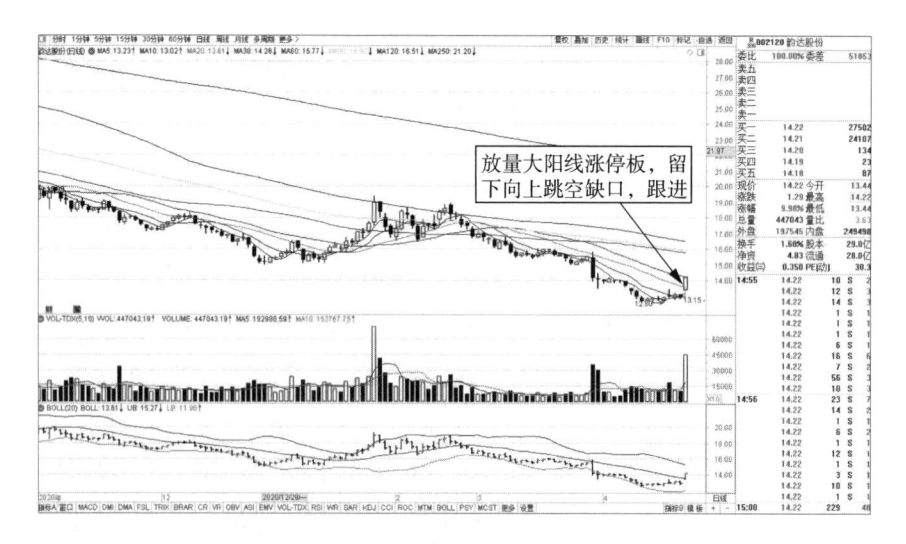

图 3-29

二、向上跳空高开 4%~6%

个股向上跳空高开 4%~6% 且集合竞价挂单数量较大，这种盘口是很强势的盘口，一般是热点板块的强势股，是值得参与且很有实战操盘价值的盘口。这种盘口在平衡市、弱市市场每个交易日出现的次数不是太多，是平衡市和弱市市场一道亮丽的风景线，而在牛市却是经常见到的盘口。

图 3-30 是 002763 汇洁股份 2021 年 4 月 23 日星期五下午收盘时的分时走势图。该股当日向上跳空 4.57% 开盘，小幅震荡盘整后于 10:22 封上涨停板，至收盘涨停板没打开，分时盘口还是比较强势的。涨停的主要原因是"业绩增长+纺织服装"概念炒作。公司 2021 年一季度实现营业收入 6.71 亿元，同比增长 60.35%；归属于上市公司股东的净利润为 1.10 亿元，同比增长 530.49%。公司以内衣行业为主要经营方向，采用多品牌发展战略，在品牌定位、设计风格、目标客户等方面创新发展，前景广阔。主力机构利用业绩增长利好，早盘跳空高开并快速上冲封停。

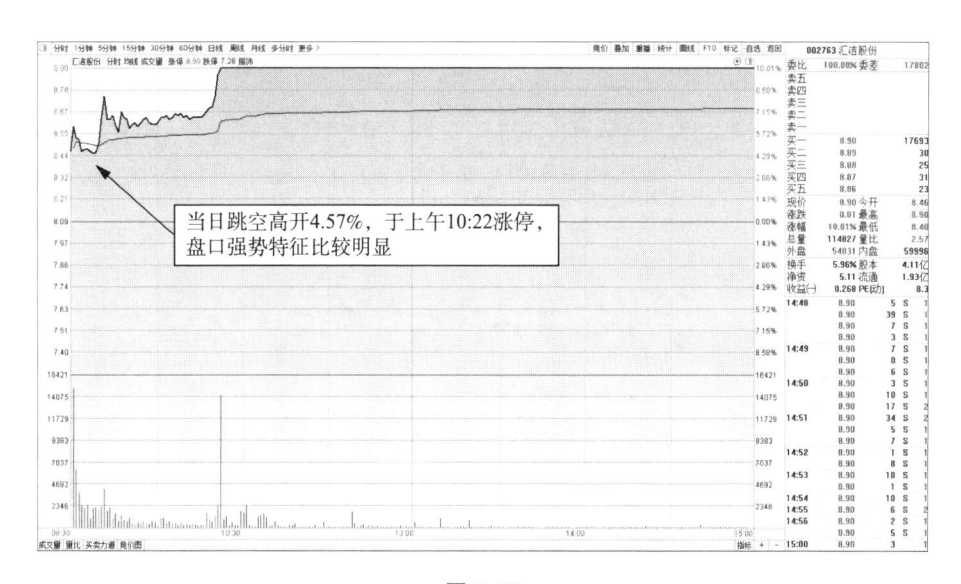

图 3-30

图 3-31 是 002763 汇洁股份 2021 年 4 月 23 日星期五下午收盘时的 K 线走势图。在软件上将该股整个 K 线走势缩小后可以看出，此时该股走势处于

上升趋势中。股价从前期相对高位，即2019年5月7日最高价11.43元，一路震荡下跌，至2021年2月5日最低价6.37元止跌企稳，调整下跌时间长、跌幅较大。这期间多次出现较大幅度的反弹；下跌期间有过2次分别为每10股派发现金4.500元和4.000元的除息行为。

2021年2月5日该股止跌企稳后，主力机构快速推升股价，收集筹码。

4月14日，该股向上跳空5.10%开盘，收出一根大阳线，突破前高，留下向上突破缺口，成交量较前一交易日放大6倍多。此时均线（除90日均线外）呈多头排列，MACD、KDJ等技术指标走强，股价的强势特征已经非常明显。像这种情况，普通投资者可以在当日或次日跟庄进场买进筹码。此后股价稳步上涨。

4月23日截图当日，该股向上跳空4.57%开盘，收出一个大阳线涨停板，突破前高，留下向上突破缺口，形成大阳线涨停K线形态，成交量较前一交易日放大4倍多。此时，均线呈多头排列，MACD、KDJ等技术指标走强，股价的强势特征已经非常明显，后市持续快速上涨概率大。像这种情况，普通投资者可以在当日或次日跟庄进场加仓买入筹码，待股价出现明显见顶信号后再撤出。

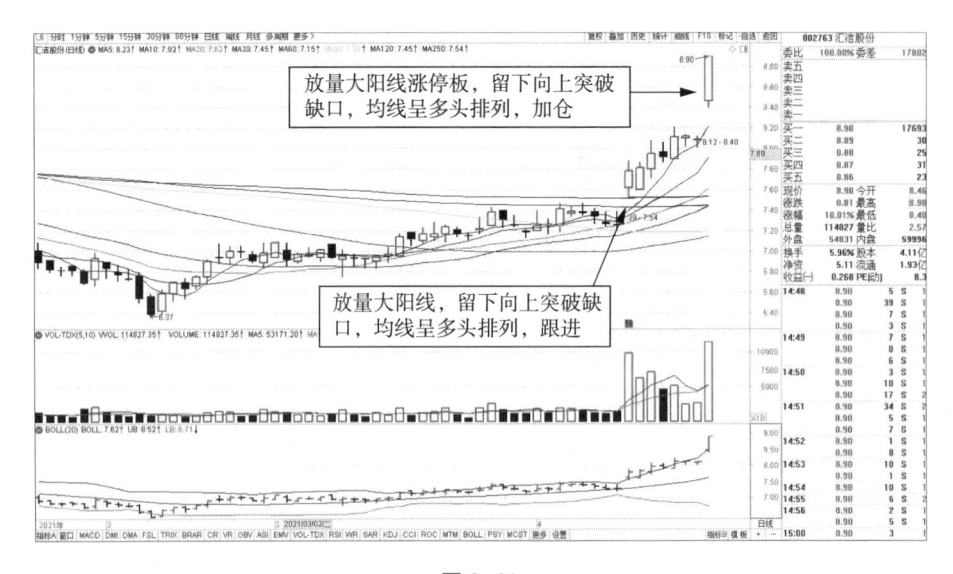

图 3-31

第三章 强势盘口主要特征

图 3-32 是 002951 金时科技 2021 年 12 月 31 日星期五下午收盘时的分时走势图。从分时走势可以看出，该股当日向上跳空 5.06% 开盘，瞬间涨停，至收盘没打开，涨停封板结构好，分时盘口强势特征相当明显。涨停的主要原因为"新型烟草+超级电容"概念炒作。公司主营烟标等包装印刷品的制造，实力处于行业中游水平，主要客户包括湖南中烟、云南中烟、四川中烟等。公司拟出资 2268 万元与自然人杨维清共同投资设立金时新能，标的公司拟组建专业团队开展超级电容器相关业务工作。很显然，主力机构利用利好消息，早盘跳空高开并快速封上涨停板。

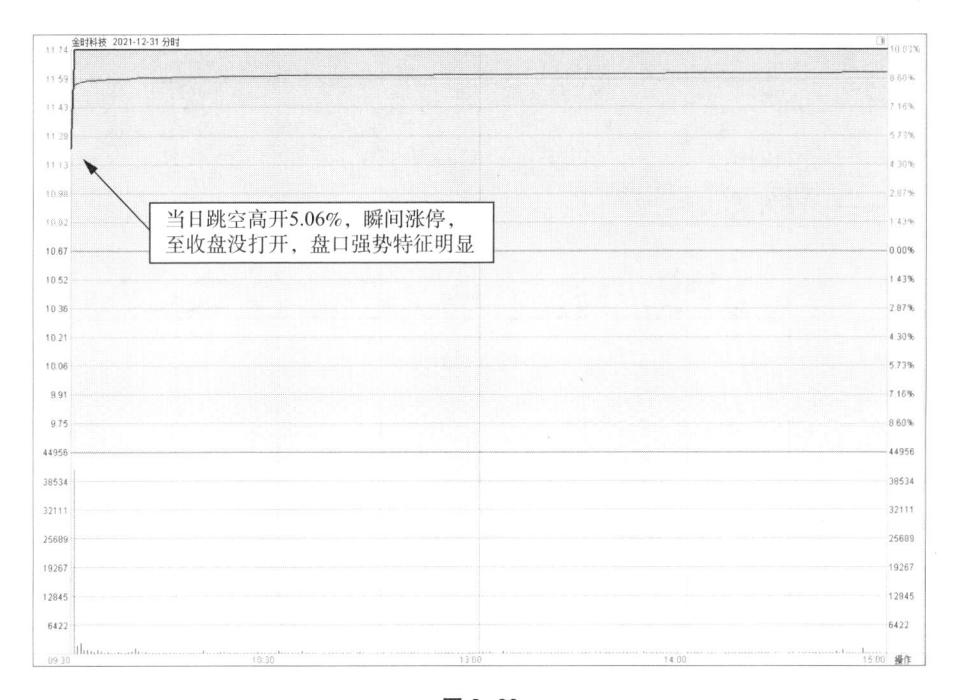

图 3-32

图 3-33 是 002951 金时科技 2021 年 12 月 31 日星期五上午开盘后至 9:32 的分时截图。从该股 2 分多钟的分时截图看，左上方为开市后的大幅跳空高开分时价格线，开盘后分时价格线快速上冲封上涨停板，在 K 线走势上形成小阳线涨停 K 线形态。左下方为开盘后成交量迅速放大的量柱。右边是 9:32 前的成交明细，从开盘后的成交明细可以看出，只有开盘时的成交量大一些，之后成交量很快呈萎缩状态，普通投资者除非在集合竞价时直接以涨停价挂

买单排队的，才有买进的希望外，当天其他时候想跟庄买进的，基本上没什么希望。但也没关系，普通投资者可以在后面的交易日视情况跟庄进场逢低买入筹码。

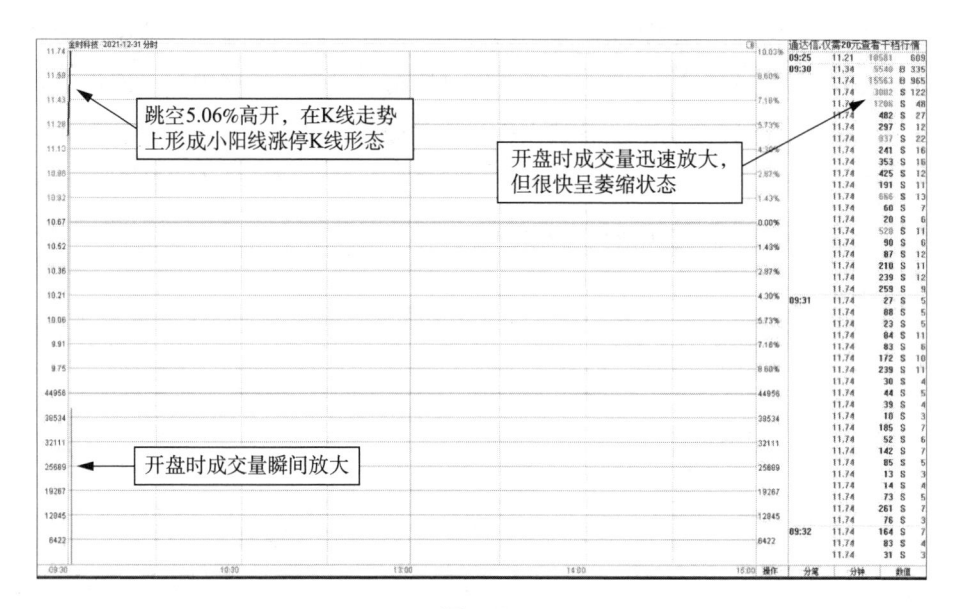

图 3-33

图 3-34 是 002951 金时科技 2021 年 12 月 31 日星期五下午收盘时的 K 线走势图。在软件上将该股整个 K 线走势缩小后可以看出，此时该股走势处于高位下跌之后的上涨（反弹）中。股价从相对高位，即 2020 年 7 月 6 日最高价 20.46 元，一路震荡下跌，至 2021 年 10 月 29 日最低价 8.89 元止跌企稳。调整下跌时间较长，跌幅较大；这期间多次出现较大幅度的反弹；调整下跌期间有过 1 次每 10 股派发现金 1.500 元的除息行为。

2021 年 10 月 29 日该股止跌企稳后，主力机构展开震荡盘升行情，收集筹码。K 线走势红多绿少，红肥绿瘦，该股走势呈上升趋势。

12 月 30 日，该股跳空高开，收出一个大阳线涨停板，突破前高，形成大阳线涨停 K 线形态，成交量较前一交易日放大 8 倍多，均线（除 250 日均线外）呈多头排列，MACD、KDJ 等技术指标走强，股价的强势特征已经非常明显。像这种情况，普通投资者可以在当日或次日跟庄进场买进筹码。

12 月 31 日截图当日，该股跳空 5.06%开盘，收出一个小阳线涨停板，突破前高，留下向上突破缺口，形成小阳线涨停 K 线形态，成交量较前一交易日缩小（小阳线涨停，所以成交少）。此时，均线（除 250 日均线外）呈多头排列，MACD、KDJ 等技术指标走强，股价的强势特征已经十分明显。像这种情况，普通投资者可以在当日或次日跟庄进场加仓买入筹码。待股价出现明显见顶信号后再撤出。

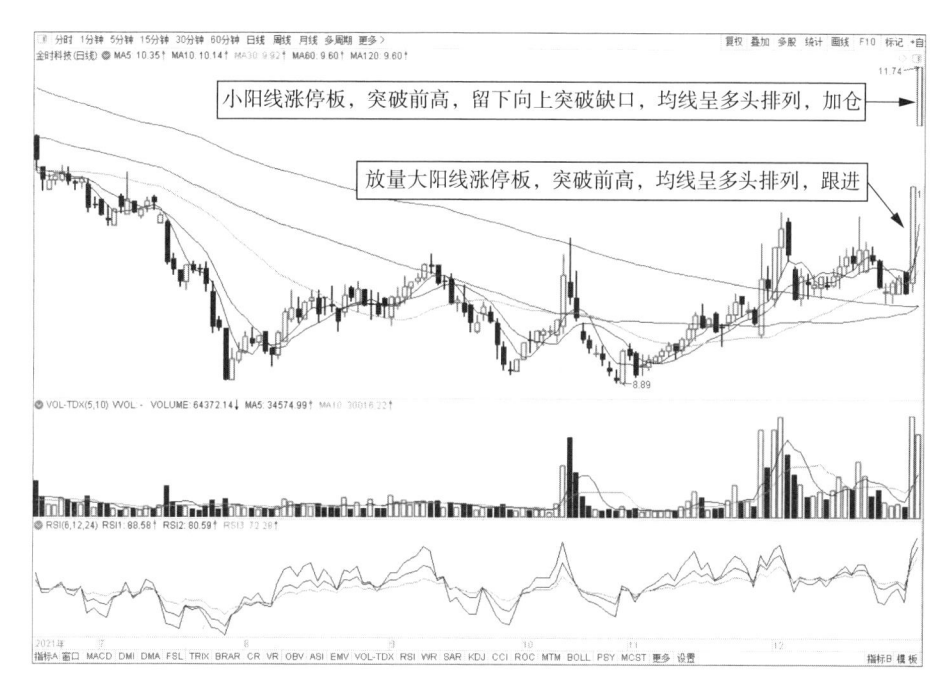

图 3-34

三、向上跳空高开 6% 以上

个股向上跳空高开 6% 以上且集合竞价挂单数量很大，这种盘口是非常强势的盘口。这种非常强势的盘口在平衡市场和疲软市场每个交易日出现的比较少，在牛市市场出现的比较多。一种情况是前一交易日个股强势涨停收盘，该股当日乘势跳空高开。另一种情况是受重大利好消息刺激，个股当日借机跳空高开。不管是何种情况，都是值得普通投资者积极参与分析研究，并择机跟庄进场买进的有实战价值的强势盘口。

图 3-35 是 603518 锦泓集团 2021 年 4 月 21 日星期三下午收盘时的分时走

势图。该股当日向上跳空6.50%开盘，瞬间涨停。9:37左右涨停板被大卖单砸开（此时正是普通投资者跟庄进场的好时机），后封回再打开反复多次，9:58左右封回涨停板至收盘。属于开盘后半小时内封板，股价强势特征十分明显的盘口。涨停的主要原因是"业绩增长+女装"概念炒作。公司的主要业务为服装设计、生产销售，现旗下有定位于中国文化元素奢侈品的南京云锦"元先"、定位于高端女装的"VGRASS"和定位于中高端休闲服饰的"TEENIE WEENIE"3个品牌，已完成女装品类金字塔结构品牌布局。显然，主力机构利用利好消息大幅高开拉板。

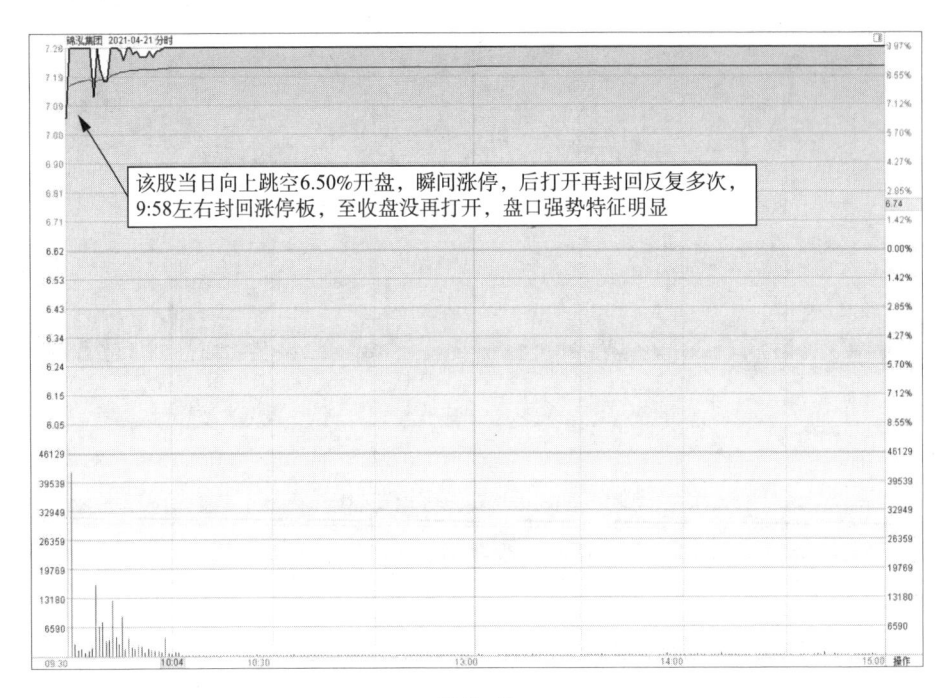

图 3-35

图 3-36 是 603518 锦泓集团 2021 年 4 月 21 日星期三下午收盘时的 K 线走势图。在软件上将该股整个 K 线走势缩小后可以看出，该股 2014 年 12 月 3 日上市时，正值大盘大涨的中期阶段，主力机构连续拉出 5 个涨停板后乘势出货，此后股价从最高价 46.43 元一路震荡下跌，至 2021 年 2 月 4 日的最低价 4.15 元止跌企稳。股价下跌时间之长、跌幅之大，令人难以忍受。这期间有过 5 次少得可怜的派现，1 次送转股为每 10 股送转 4 股的除权行为。

2021年2月4日止跌企稳后，主力机构展开震荡盘升行情，收集筹码；K线走势红多绿少，红肥绿瘦，该股走势呈上升态势。

4月20日，该股平开拉出一个大阳线涨停板，突破前高，形成大阳线涨停K线形态，成交量与前一交易日基本持平。此时，短中期均线呈多头排列，MACD、KDJ等技术指标走强，股价的强势特征已经显现。像这种情况，普通投资者可以在当日或次日跟庄进场买进筹码。

4月21日截图当日，该股向上跳空6.50%开盘，收出一个小阳线涨停板，突破前高，留下向上突破缺口，形成小阳线涨停K线形态，成交量较前一交易日放大3倍多。此时，短中长期均线呈多头排列，MACD、KDJ等技术指标持续走强，股价的强势特征已经非常明显，后市持续快速上涨概率大。像这种情况，普通投资者可以在当日或次日跟庄进场加仓买进筹码，待股价出现明显见顶信号后再撤出。

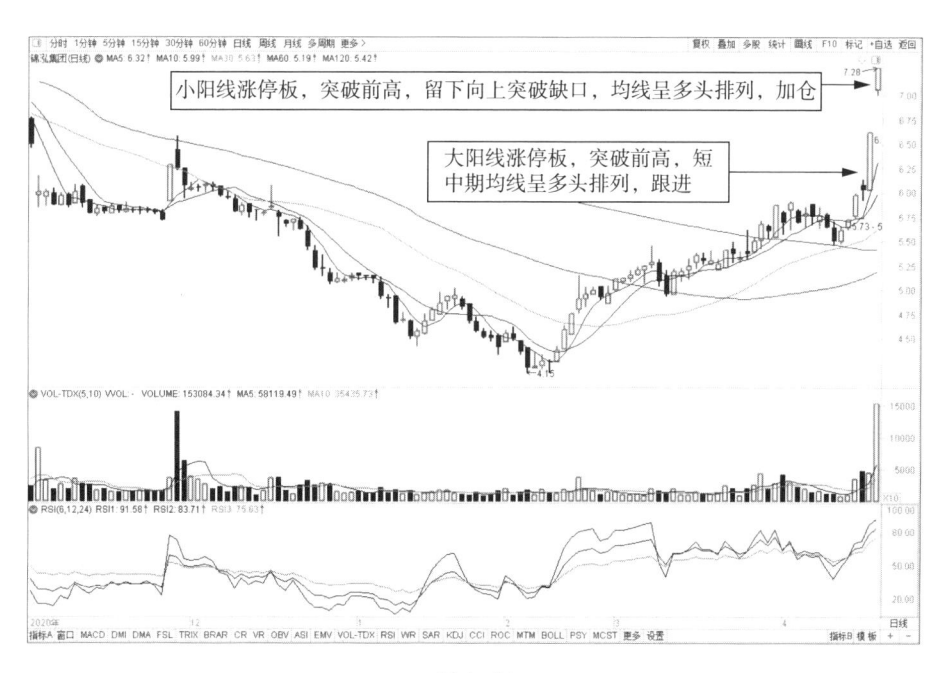

图 3-36

图3-37是603538美诺华2021年4月23日星期五下午收盘时的分时走势图。该股当日向上跳空6.89%开盘，9:32涨停后瞬间又被大卖单砸开，砸出

大小不一的3个坑，成交量急速放大，直至10:17才封回涨停板，至收盘没再打开，涨停封板结构一般。涨停的主要原因是"业绩增长+医药"概念炒作。公告称2021年一季度营收约为3.38亿元，同比增长18.55%；净利润约为5035万元，同比增长15.43%。公司长期专注于国际规范标准的特色原料药的研发、生产与销售，是中国出口欧洲特色原料药品种最多的企业之一。很显然，受利好消息刺激，该股早盘大幅跳空高开并快速封上涨停板。

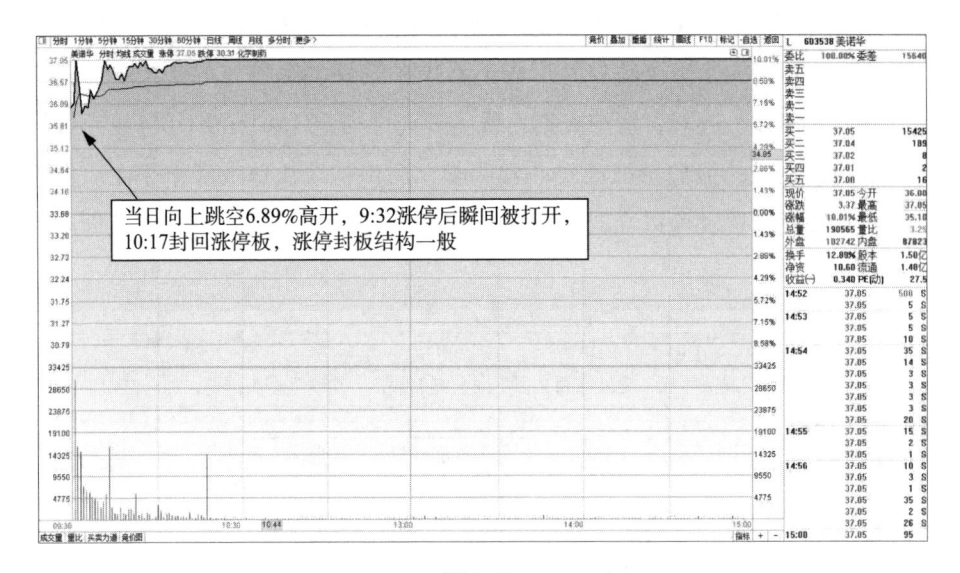

图 3-37

图3-38是603538美诺华2021年4月23日星期五下午收盘时的K线走势图。在软件上将该股整个K线走势缩小后可以看出，此时该股走势处于上升趋势中。股价从相对高位，即2020年6月17日最高价62.30元，一路震荡下跌，至2021年4月20日最低价28.60元止跌企稳。调整下跌时间虽然不长，但跌幅大；这期间多次出现较大幅度的反弹；下跌期间有过1次每10股派现金1.100元的除息行为。

2021年4月20日该股止跌企稳后，4月21日低开收出一根大阳线，股价企稳回升，预示上升行情即将展开。

4月22日，该股向上跳空高开，收出一个大阳线涨停板，突破前高，形成大阳线涨停K线形态，留下向上突破缺口，成交量较前一交易日放大2倍多。此时，短中期均线呈多头排列，MACD、KDJ等技术指标走强，股价的强势特征已经显现。像这种情况，普通投资者可以在当日或次日跟庄进场买进筹码。

4月23日截图当日，该股向上跳空6.89%开盘，收出一个小阳线涨停板，突破前高，留下向上突破缺口，形成小阳线涨停K线形态，成交量较前一交易日大幅放大。此时，均线呈多头排列，MACD、KDJ等技术指标持续强势，股价的强势特征已经非常明显，后市持续快速上涨概率大。像这种情况，普通投资者可以在当日或次日跟庄进场加仓买入筹码，待股价出现明显见顶信号后再撤出。

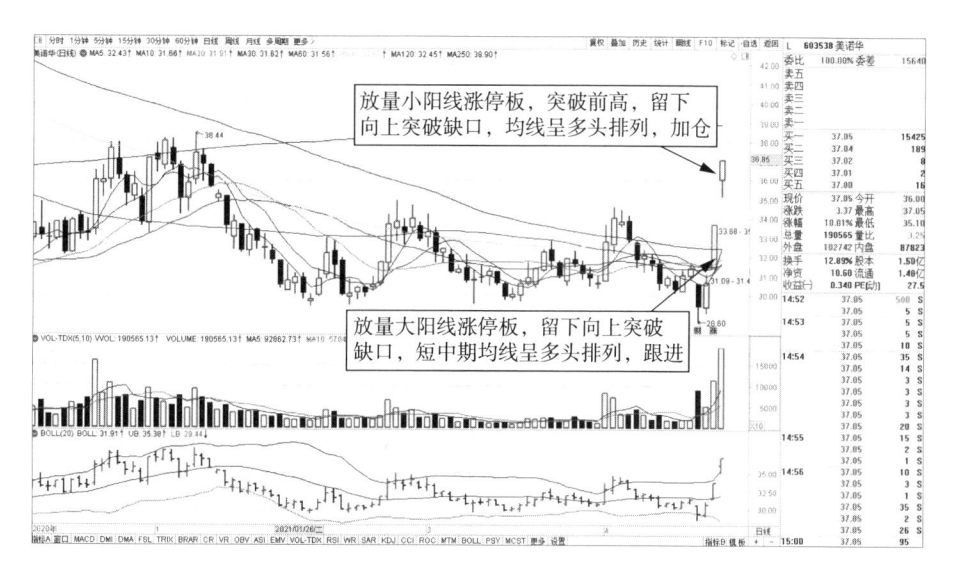

图 3-38

作为强势股的强势盘口，普通投资者最期望的分时盘口理想状态是跳空高开高走，但主力机构的心思，正常情况下普通投资者是不可能琢磨透彻的。最好的办法是，盯紧刚处于上升趋势的个股，即使是跳空高开后下探震荡，也很可能是主力机构震仓洗盘或者是挖陷阱，股价很快就会探底回升。当然，有些强势股的盘口，也会出现平开或者低开，若开盘后分时价格线能够快速上穿分时均价线，一路走高，至收盘有不错的涨幅，也是一种较理想的值得普通投资者跟庄进场的强势盘口。

第四节　分时线向上运行

分时走势上的强势是强势盘口典型的重要特征，只有分时走势强势了才能走出强势的K线形态。分时价格线是股价当天实时走势的体现，分时均价线体现的是当天市场平均持仓成本。当分时价格线运行于分时均价线上方时，分时均价线对股价稳步上行起到了有效的支撑和助涨作用，说明当天开盘之后的买盘力量非常强势，这也是个股盘口走势强劲的重要表现。

当然，普通投资者跟庄进场买入某只股票时，也不能光看当天分时走势强势这一点。比如有些高位持续下跌的个股在展开短期反弹时，单一交易日分时走势上也表现得相当强势，对这种处于下降通道而临时反弹的个股，就不能盲目跟庄进场了。

因此，普通投资者一定要对目标股票股价当前所处的位置，以及其他技术指标是否强势进行综合分析判断后再作决策，千万不能光凭盘口分时强势就盲目跟庄进场。这里主要分析研究交易时间内，普通投资者最常见的几种个股分时走势形态。

一、分时价格线稳健运行于分时均价线上方

这是比较稳当的强势盘口。当分时价格线稳健地运行于分时均价线上方时，说明当天个股盘口处于相对强势状态。如果分时均价线呈缓慢上升趋势、支撑分时价格线同步上行，股价逐步走高，表明主力机构在逐步拉抬股价。

图3-39是603115海星股份2021年7月21日星期三下午收盘时的分时走势图。从分时走势看，该股当日平开后持续走高，分时价格线较为稳健地运行于分时均价线上方，分时走势比较顺畅，收盘涨幅4.41%，盘口强势特征比较明显。从基本面看，公司成功研发的FT系列超高比容低压电极箔、HD系列强耐水性高压电极箔、HG系列长寿命电极箔等新产品，有望成为其参与全球竞争、提升市场占有率的重要抓手。2020—2025年，风电年均新增装机

容量需达到50GW；光伏年均新增装机容量需达到45GW；新能源汽车销量CAGR能达到34.42%左右。公司已经掌握了腐蚀工艺的核心技术，能满足下游新兴市场产品需求，有效承接产业转移。营业收入将稳步增长。公司利好助推上涨行情。

图中标注：分时价格线稳健运行于分时均价线上方，股价逐步上涨，盘口强势特征明显

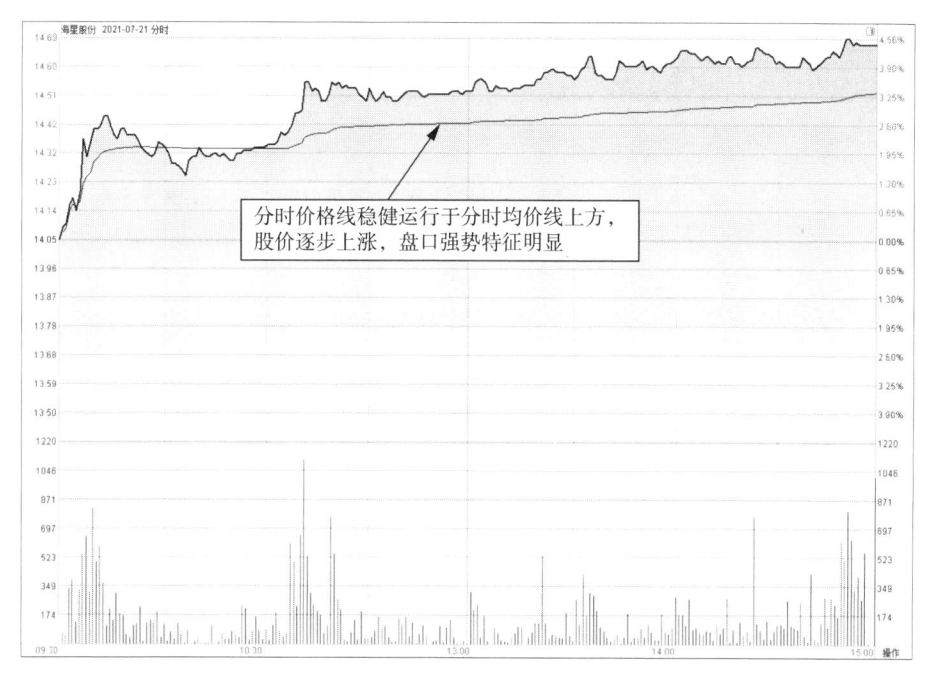

图 3-39

图3-40是603115海星股份2021年7月21日星期三下午收盘时的K线走势图。在软件上将该股整个K线走势缩小后可以看出，此时股价处于下跌企稳之后的震荡整理洗盘行情之中。股价从前期相对高位，即2020年2月25日最高价23.48元，一路震荡下跌，至2021年2月4日最低价12.95元止跌企稳。下跌时间较长、跌幅较大；这期间有3次较大幅度的反弹行情出现；下跌期间有过1次每10股派现金7.500元的除息行为。

2021年2月4日该股止跌企稳后，主力机构快速推升股价，收集筹码，然后展开震荡调整行情，洗盘吸筹。

7月21日截图当日，该股平开收出一根大阳线（涨幅4.41%），突破前高，成交量较前一交易日放大6倍多，股价向上突破5日、10日、60日、

90日和120日均线（一阳穿5线），20日、30日均线在股价下方向上运行，均线蛟龙出海形态形成，均线（除60日均线外）呈多头排列，MACD、KDJ等技术指标开始走强，股价的强势特征已经显现，后市持续快速上涨的概率大。像这种情况，普通投资者可以在当日或次日跟庄进场逢低买进筹码。待股价出现明显见顶信号后再撤出。

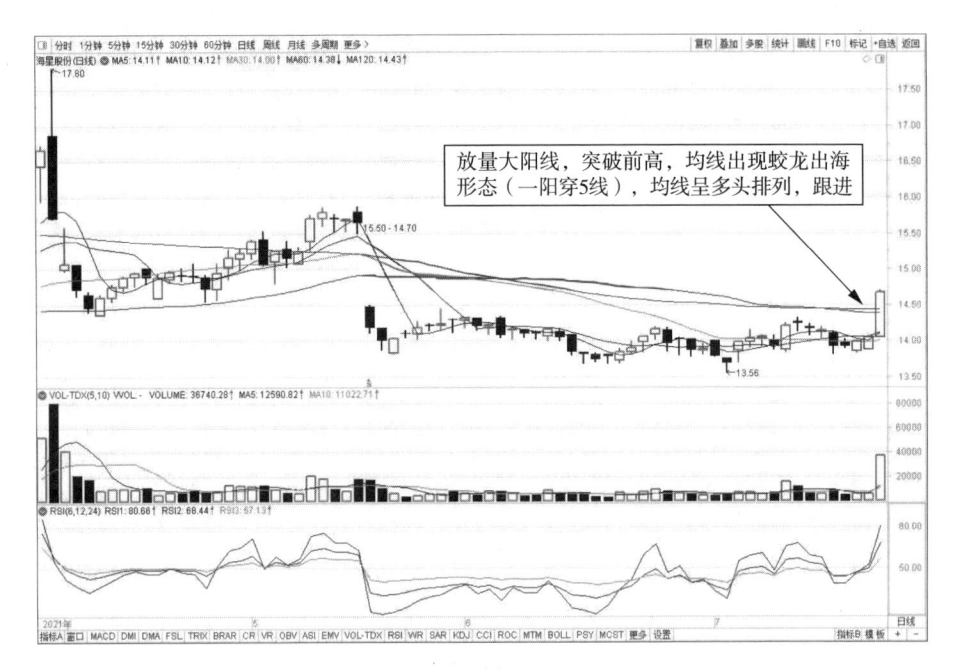

图 3-40

二、分时线上行流畅坚挺

这是一种强势的分时盘口。上午开盘后，股价快速上涨，此时分时价格线依托分时均价线快速向上运行，且上行流畅、坚挺有力，表明该股主力机构吸筹建仓洗盘等准备工作基本完成，筹码锁定较好，控盘比较到位，已展开试盘或正式启动上涨行情，短线看好，是值得普通投资者跟庄进场买入筹码的强势盘口。

图 3-41 是 000929 兰州黄河 2021 年 4 月 23 日星期五下午收盘时的分时走势图。从分时走势看，该股当日向上跳空高开，分时价格线直线上冲、坚挺

有力，于9:36一波封上涨停板，至收盘涨停板没打开，涨停封板结构好，分时盘口相当强势。涨停的主要原因是"啤酒+扭亏为盈"概念炒作。一季度实现营业收入为1.01亿元，同比增长66.87%。

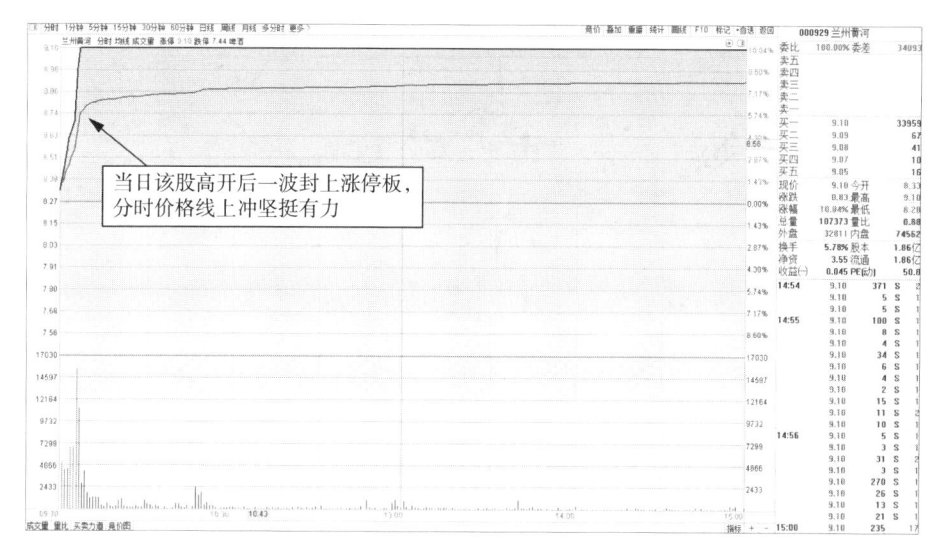

图3-41

图3-42是000929兰州黄河2021年4月23日星期五下午收盘时的K线走势图。在软件上将该股整个K线走势缩小后可以看出，此时该股处于上升趋势中。股价从前期相对高位，即2020年12月23日最高价13.68元，急速下跌，至2021年2月9日最低价6.21元止跌企稳，虽然调整下跌时间不长，但跌幅较大。

2021年2月9日该股止跌企稳后，主力机构快速推升股价，收集筹码，然后展开大幅震荡盘升行情，高抛低吸与洗盘吸筹并举，这期间多次收出涨停板。K线走势红多绿少，红肥绿瘦。

4月23日截图当日，该股跳空高开，拉出一个大阳线涨停板，突破前高，形成大阳线涨停K线形态，成交量较前一交易日萎缩。此时，K线走势形成一个上升W底K线形态，均线（除90日均线外）呈多头排列，MACD、KDJ等技术指标走强，股价的强势特征已经显现，后市持续快速上涨的概率大。像这种情况，普通投资者可以在当日或次日跟庄进场买进筹码。待股价出现明显见顶信号后再撤出。

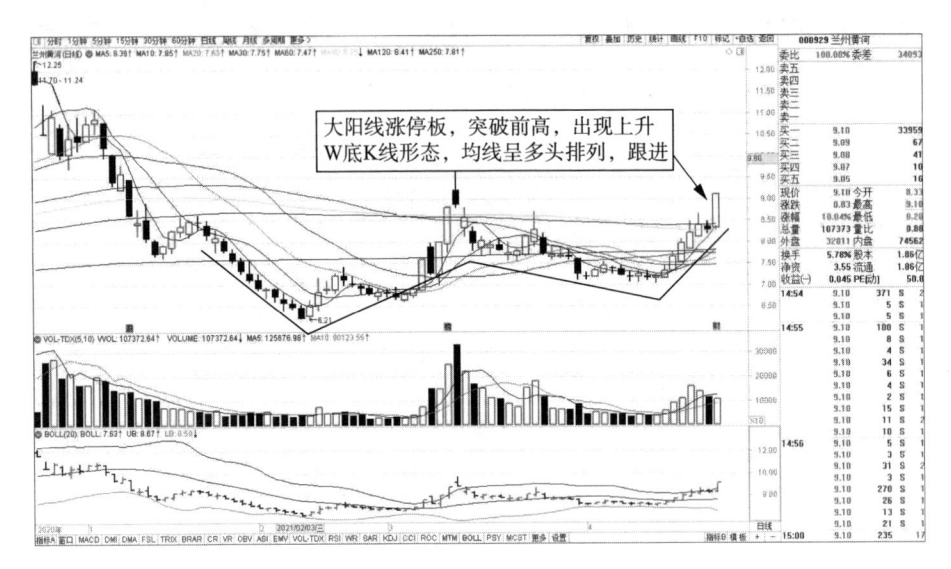

图 3-42

三、分时线多波快速上扬

一般情况下，前一天的收盘价是当天盘口多空力量争夺的主阵地（分水岭），如果开盘半小时内，个股分时线一直在昨天收盘价上方持续上扬，且分时价格线一直在分时均价线上方运行，那么该股分时走势基本属于强势。个股分时线之所以呈现强势上扬的走势，通常与主力机构的积极拉升是分不开的。所以，关注个股开盘后分时走势，基本可以揣摩出主力机构当天的操盘意图，以及预测个股当天的走向。

图 3-43 是 603698 航天工程 2021 年 1 月 11 日星期一下午收盘时的分时走势图。从分时走势可以看出，该股当日低开后，分时价格线上扬流畅，分 3 个波次快速上冲，于 9:56 封上涨停板，盘中回调没有跌破前一日收盘价，分时均价线支撑着分时价格线同步上行。当日涨停板被多次打开，开板后成交量急速放大，分时价格线上留下多处小坑，涨停收盘，涨停封板结构一般。当日涨停板被多次打开，正是普通投资者跟庄进场的好时机。

涨停的主要原因是"碳中和+中航系"概念炒作。公司是集研发、咨询、设计、设备供应、采购管理、施工管理、开车服务、计算机模拟仿真操作培训于一体的工程公司，是专业的煤化工工程研发设计企业、工程承包企业和设备供应企业；公司实际控制人为中国航天科技集团有限公司，航天科技集团是国务院国资委直属中央企业。

图3-43中标注："当日低开后，分时价格线流畅上扬，后分3个波次快速上冲封停"

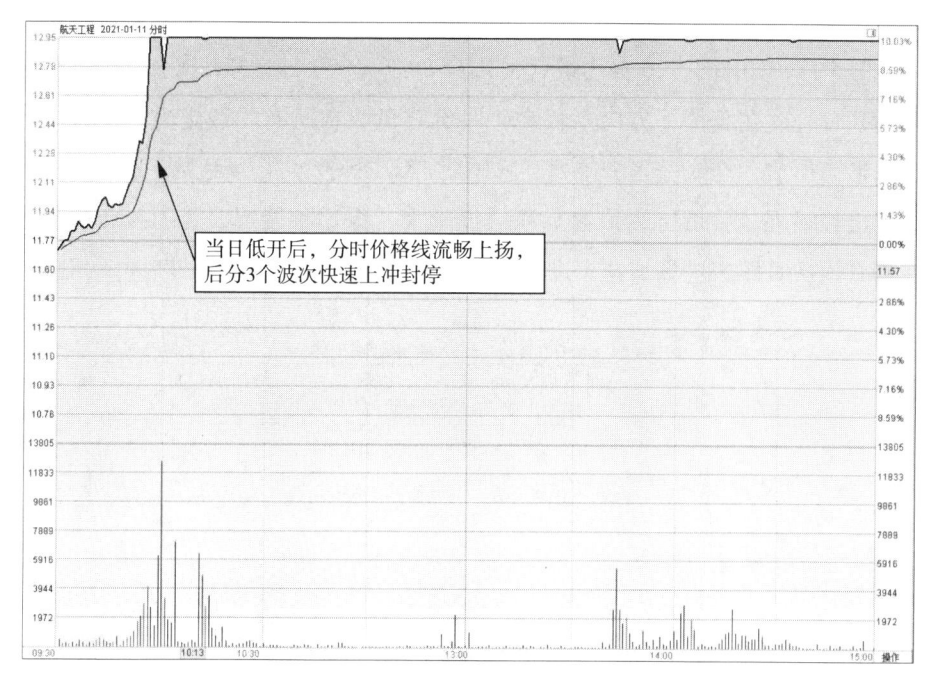

图 3-43

图 3-44 是 603698 航天工程 2021 年 1 月 11 日星期一下午收盘时的 K 线走势图。在软件上将该股整个 K 线走势缩小后可以看出，此时股价处于下跌企稳之后的震荡盘升（挖坑）洗盘行情之中。该股从前期相对高位，即 2019 年 4 月 17 日最高价 21.95 元，一路震荡下跌，至 2020 年 2 月 4 日最低价 10.05 元止跌企稳。下跌调整时间较长，跌幅大；这期间多次出现较大幅度的反弹；下跌期间有过 1 次每 10 股送转 3.000 股的除权行为。

2020 年 2 月 4 日该股止跌企稳后，主力机构快速推升股价，收集筹码，随后展开大幅震荡盘升（挖坑）洗盘行情，高抛低吸，赢利与洗盘吸筹并举，折磨和考验普通投资者的信心和耐力。

2021 年 1 月 4 日，该股跳空高开，收出一根大阳线，突破前高，成交量较前一交易日放大2倍多。此时,均线(除90日、250日均线外)呈多头排列,MACD、KDJ等技术指标开始走强,股价的强势特征已经显现,后市上涨概率较大。像这种情况,普通投资者可以在当日或次日跟庄进场买进筹码。

1月11日截图当日,该股低开,拉出一个大阳线涨停板,突破前高,形成大阳线涨停K线形态,成交量较前一交易日放大4倍多,股价突破(向上穿过)5日、10日、120日均线(一阳穿3线),20日、30日、60日、90日和250日均线在股价下方向上移动,股价收盘收在所有均线上方,均线蛟龙出海形态形成,均线呈多头排列,MACD、KDJ等技术指标走强,股价的强势特征已经显现,后市持续快速上涨的概率大。像这种情况,普通投资者可以在当日或次日跟庄进场加仓买进筹码。待股价出现明显见顶信号后再撤出。

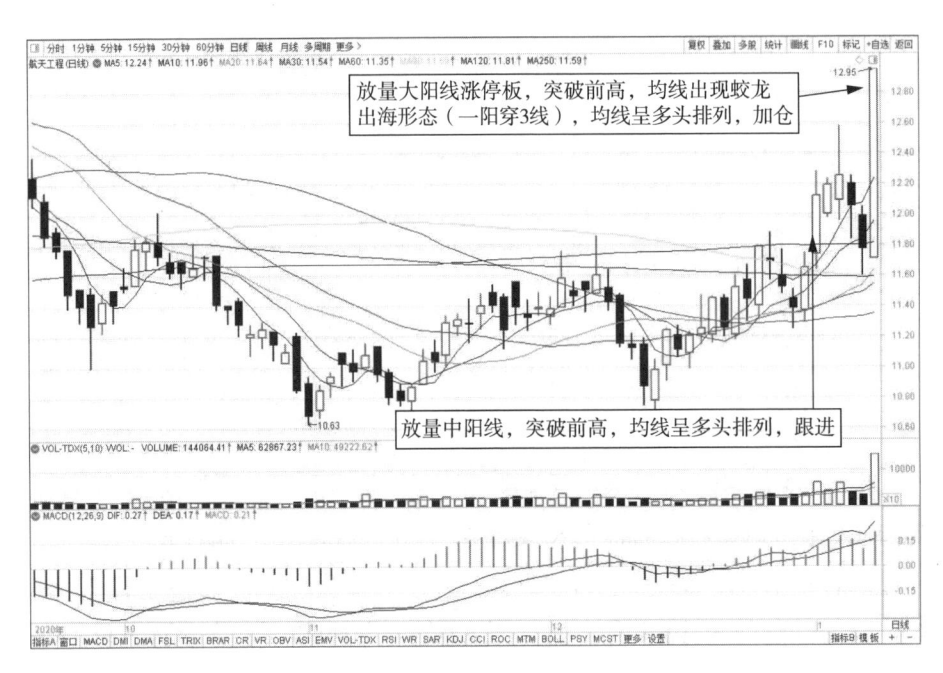

图 3-44

四、分时线横盘震荡整理时突破上冲

这是一种分时突破形态。是指个股开盘后,分时价格线展开持续横盘震荡整理行情,之后突然上冲突破左边的高点上行。横盘震荡整理过程中突然拉升，表明主力机构做多态度比较坚决，不想股价在拉升过程中出现明显的回落而让普通投资者有逢低买进的机会。开盘后展开横盘震荡整理行情，或许是大盘走势欠佳，亦或许是主力机构清洗浮筹、收集廉价筹码的需要，等等。

图3-45是600152维科技术2021年4月23日星期五下午收盘时的分时走势图。从分时走势可以看出，该股当日低开后，分时价格线一直缠绕分时均价线展开横盘震荡整理行情，至14:32，分时价格线突然直线上冲拔至涨停，后又被大卖单砸开留下一个小缺口后再封回，至收盘没打开，涨停封板结构一般。涨停的主要原因是"锂电池+扭亏为盈"概念炒作。公司2020年实现营业收入17.45亿元，同比增长6.08%。

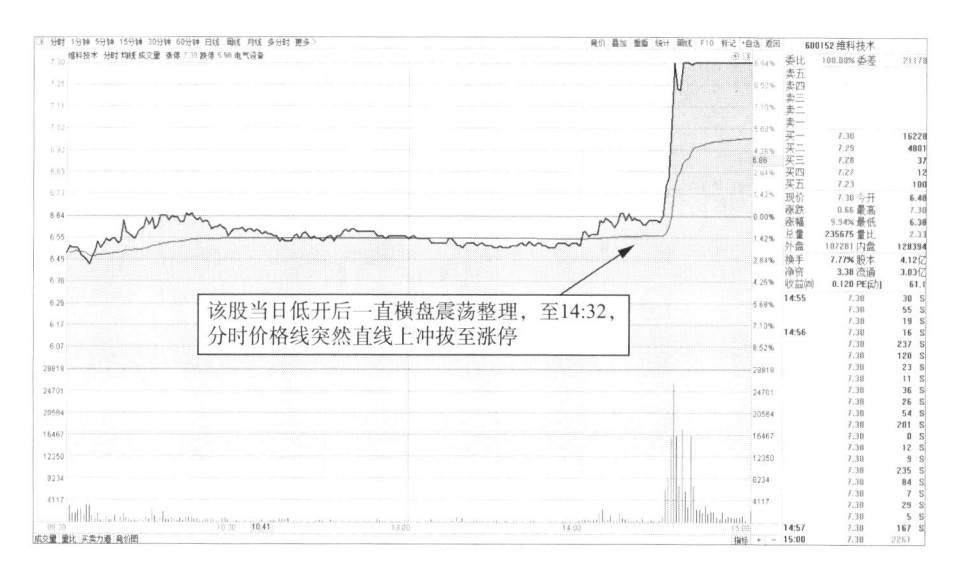

图3-45

图3-46是600152维科技术2021年4月23日星期五下午收盘时的K线走势图。在软件上将该股整个K线走势缩小后可以看出，此时该股处于上升趋势中。股价从相对高位，即2017年3月16日最高价15.13元，一路震荡下跌，至2018年9月11日最低价4.77元止跌企稳。下跌调整时间较长，跌幅大；这期间有过多次较大幅度的反弹行情出现。

2018年9月11日该股止跌企稳后，主力机构快速推升股价，收集筹码，然后展开大幅度横盘震荡整理行情，高抛低吸，赢利与洗盘吸筹并举，折磨和考验普通投资者的信心和耐力。

2021年4月23日截图当日（也即大幅横盘震荡整理2年7个多月后），该股低开收出一个大阳线涨停板，突破前高，形成大阳线涨停K线形态，成交量较前一交易日放大2倍多，股价突破（向上穿过）5日、10日、90日和120日均线（一阳穿4线），20日、30日、60日和250日均线在股价下方向上移动，股价收盘收在所有均线上方，均线蛟龙出海形态形成。此时，均线呈多头排列，MACD、KDJ等技术指标走强，股价的强势特征已经非常明显，后市上涨概率大。像这种情况，普通投资者可以在当日或次日跟庄进场加仓买进筹码，待股价出现明显见顶信号后再撤出。

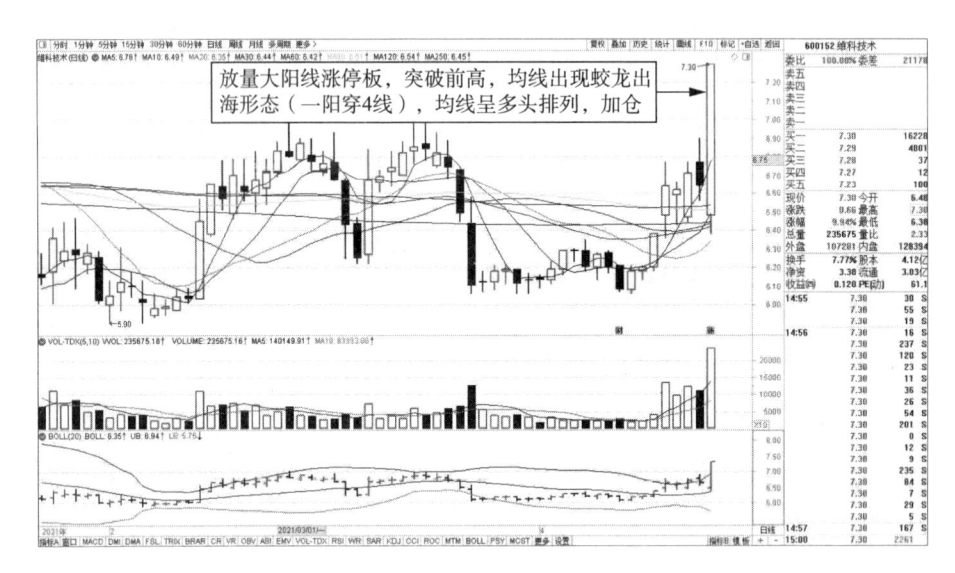

图 3-46

五、分时线波段式震荡整理走高

分时线波段式震荡整理走高，是指个股开盘后，分时价格线呈波段式震荡整理上升走势（类似于台阶式上升），分时走势一个波段接着一个波段逐步向上，上升走势稳健踏实。

图3-47是003020立方制药2021年4月26日星期一下午收盘时的分时走势图。从分时走势看，该股当日跳空2.32%高开，开盘后分时价格线小幅上

行，然后围绕分时均价线展开第一波段横盘震荡整理行情；下午开盘后分时价格线再次上行，然后在分时均价线上方展开第二波段横盘震荡整理行情，14:22左右放量走高直至涨停，至收盘涨停没打开，涨停封板结构较好。涨停的主要原因是"次新股+医药"概念炒作。

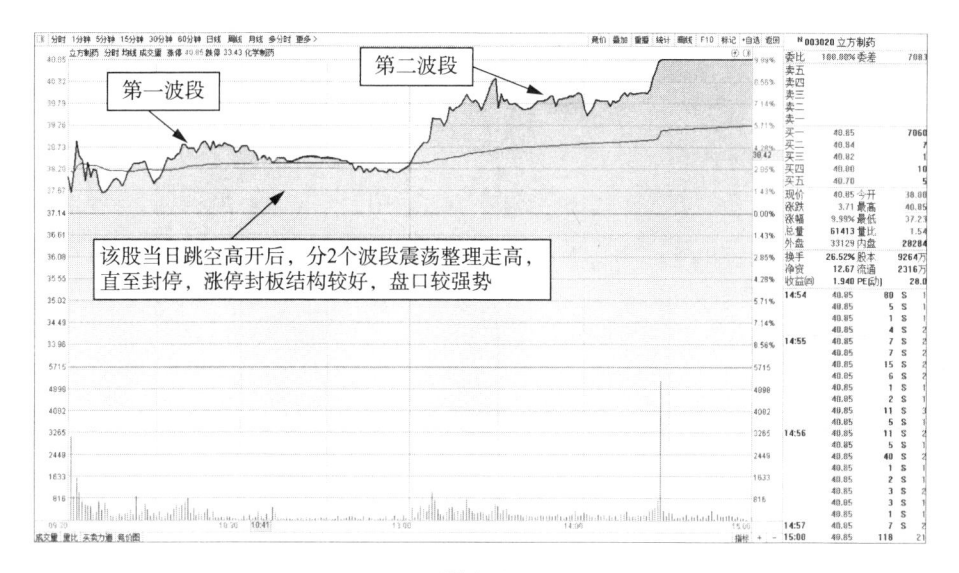

图 3-47

图3-48是003020立方制药2021年4月26日星期一下午收盘时的K线走势图。在软件上将该股整个K线走势缩小后可以看出，此时该股处于上升趋势中。该股2020年12月15日上市，上市后只拉了3个涨停板，最高价至44.33元，然后步入下跌调整行情，股价基本没有被爆炒过。下跌调整至2021年3月9日最低价29.67元止跌企稳。下跌调整时间虽然不长，但跌幅较大。

2021年3月9日该股止跌企稳后，主力机构快速推升股价，收集筹码。K线走势红多绿少，红肥绿瘦，该股走势呈上升趋势。

4月26日截图当日，该股跳空高开，收出一个大阳线涨停板，突破前高，形成大阳线涨停K线形态，成交量较前一交易日放大2倍多。此时，均线呈多头排列，MACD、KDJ等技术指标走强，股价的强势特征已经非常明显，后市上涨概率大。像这种情况，普通投资者可以在当日或次日跟庄进场加仓买进筹码，待股价出现明显见顶信号后再撤出。

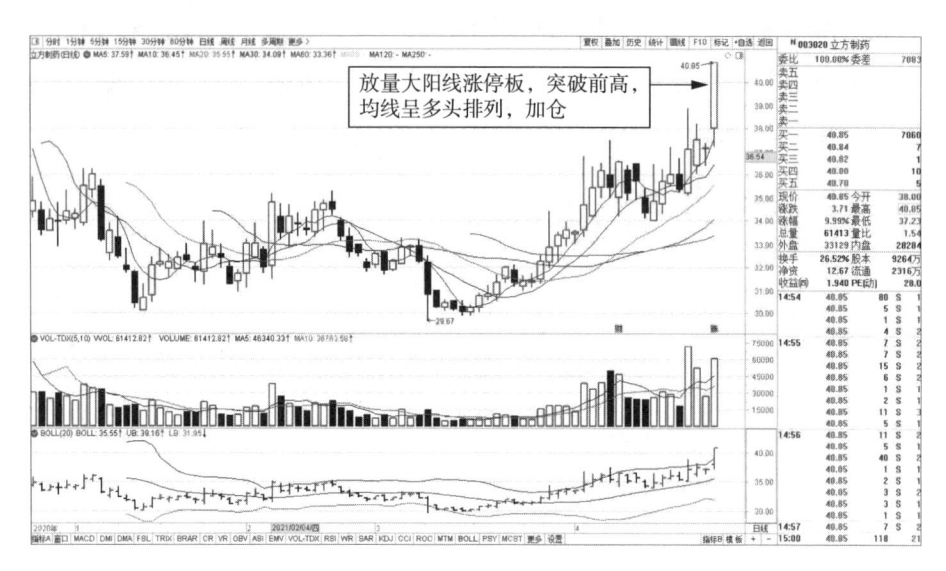

图 3-48

第五节　成交量有效放大

成交量放大，是指个股当日成交总金额比前一天或前几天增加。而成交量的有效放大，是指随着买盘力量的持续增加，股价同步上涨的一种量价配合或者量价齐升的状态，是强势盘口的重要特征之一。能推动股价上涨的放大的成交量，并不是普通投资者能够做到的，而是主力机构控盘操盘精心运作的体现。盘口成交量可以反映出主力机构介入的力度，如果某个股分时价格线在盘中快速上扬，成交量同步明显放大，就说明主力机构（买盘力量）介入的力度比较大，这种上涨是比较真实的。主要体现在以下几个方面。

一、外盘远大于内盘

正常情况下，外盘就是投资者主动买入的成交量，内盘就是一种被动成交的成交量。当外盘大于内盘时，说明买方的实力比较强，空方的力量相对比较弱。如外盘数量大于内盘数量并且不断持续,一般应认定其属于主力机构推升股价的强势外盘。

图3-49是300653正海生物2021年4月28日星期三下午收盘时的分时走势图。从分时走势可以看出,该股当日虽然低开,但在持续放大的成交量推动下,股价不断震荡走高,且分时价格线始终在分时均价线上方运行,至收盘股价涨幅达到7.88%,整个分时盘口比较强势。当日总成交量为32919手,其中外盘总量为19664手,内盘总量为13255手,外盘总量超出内盘总量较多。

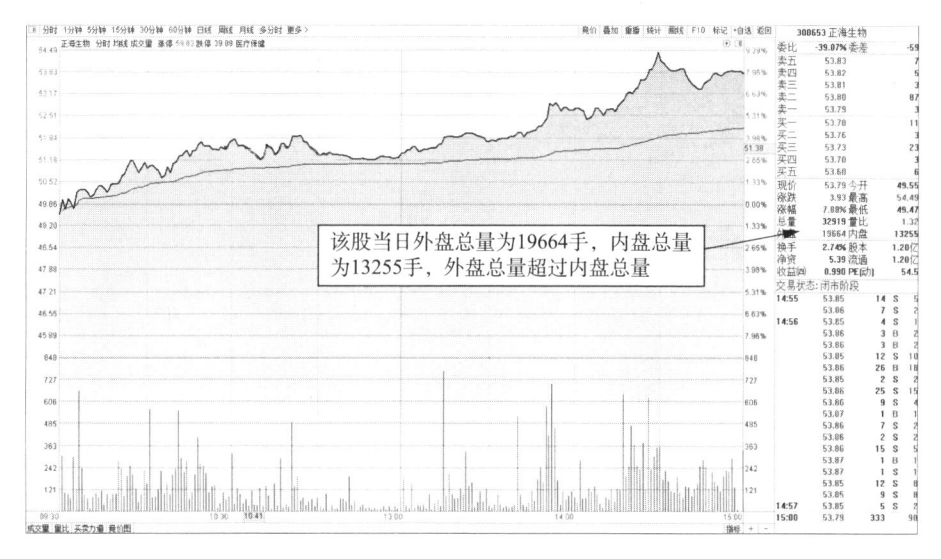

图 3-49

图3-50是300653正海生物2021年4月28日星期三下午收盘时的K线走势图。在软件上将该股整个K线走势缩小后可以看出,此时股价正处于高位下跌企稳之后的上升走势中。股价从前期相对高位,即2020年5月20日最高价94.91元,一路震荡下跌,至2021年3月15日最低价37.88元止跌企稳。下跌调整时间虽然不长,但跌幅较大。下跌期间有过1次每10股派现金7.500元、每10股送转5.000股的除权除息行为。

2021年3月15日该股止跌企稳后,主力机构快速推升股价,收集筹码。K线走势红多绿少,红肥绿瘦,该股走势呈上升趋势。

4月28日截图当日,该股低开收出一根大阳线(涨幅7.88%),突破前高,成交量较前一交易日放大近2倍。此时,短中期均线呈多头排列,MACD、KDJ等技术指标已经走强,股价的强势特征已经相当明显,后市上涨概率大。像这种情况,普通投资者可以在当日或次日跟庄进场加仓买进筹码,待股价出现明显见顶信号后再撤出。

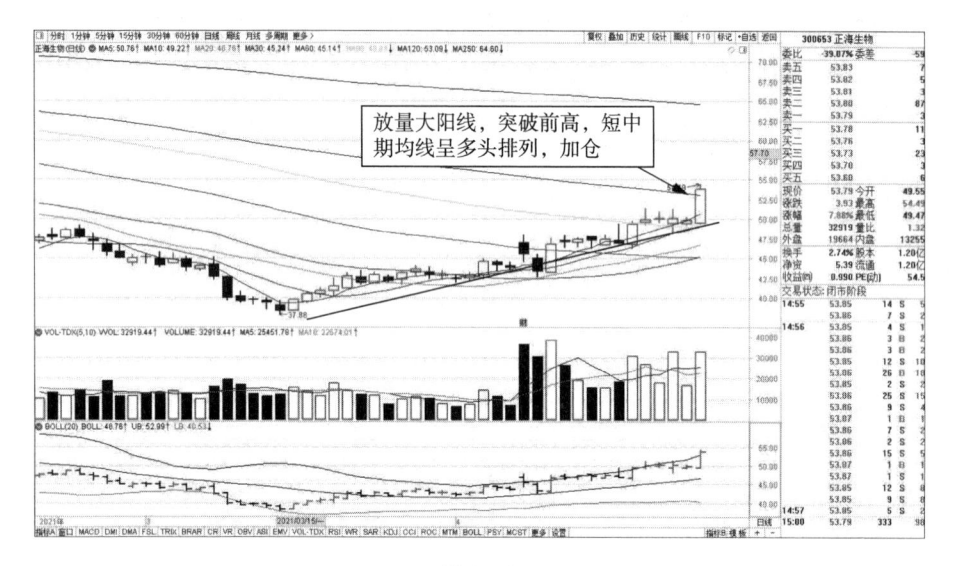

图 3-50

二、稳步式放量

稳步式放量,是指个股盘口买盘力量不断进场,股价同步上涨,随着成交量的逐步放大,盘中分时价格线稳步上扬,整个分时盘口呈现量价齐升之势。

图3-51是300709精研科技2021年10月8日星期五下午收盘时的分时走势图。从分时走势看,该股当日略低开后,在持续不断的成交量推动下,分时价格线逐步震荡上扬,分时均价线在分时价格线下方起着支撑和助涨作用。由于成交量持续稳步放大的推动,至收盘股价涨幅达9.59%,分时盘口强势特征明显。

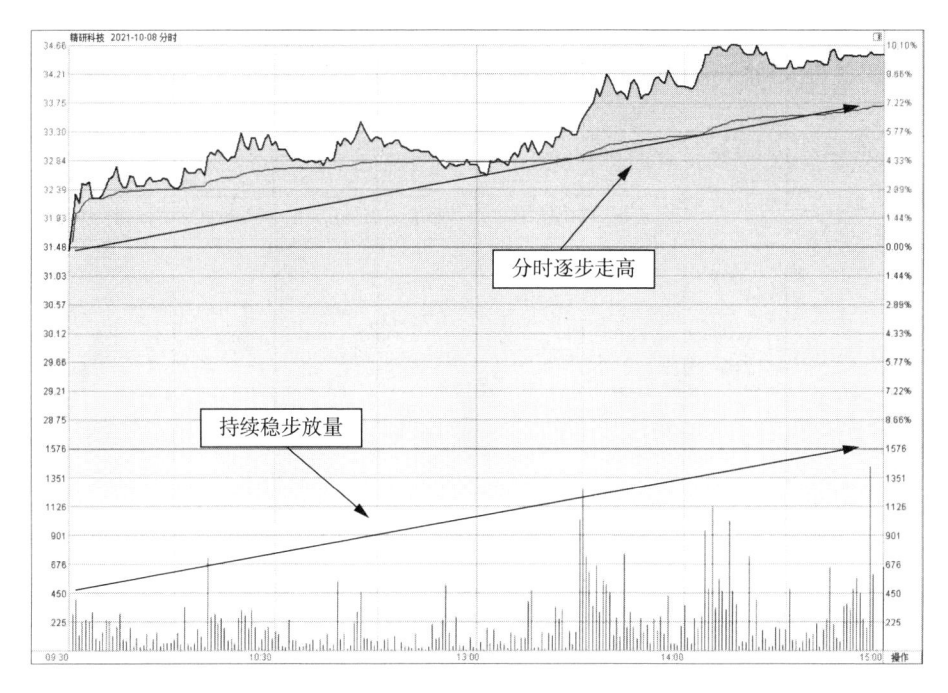

图 3-51

图 3-52 是 300709 精研科技 2021 年 10 月 8 日星期五下午收盘时的 K 线走势图。在软件上将该股整个 K 线走势缩小后可以看出，此时股价正处于高位下跌企稳之后的上升走势中。股价从前期高位 2020 年 2 月 25 日最高价 157.00 元，一路震荡下跌，至 2021 年 8 月 31 日最低价 27.01 元止跌企稳。下跌调整时间长、跌幅大；这期间多次出现较大幅度的反弹；下跌期间有过 1 次每 10 股派现金 2.000 元、每 10 股送转 2.000 股的除权除息行为。

2021 年 8 月 31 日该股止跌企稳后，主力机构快速推升股价，收集筹码。

9 月 7 日，该股低开冲高至 38.18 元回落，展开下跌调整洗盘行情。

10 月 8 日截图当日，该股低开收出一根大阳线（涨幅 9.59%），突破前高，成交量较前一交易日放大 2 倍多，股价向上突破（穿过）5 日、10 日、20 日、30 日和 60 日均线（一阳穿 5 线），90 日、120 日和 250 日均线在股价上方下行，均线蛟龙出海形态形成。此时，短期均线（除 5 日均线外）呈多头排列，MACD、KDJ 等技术指标开始走强，股价的强势特征已经显现，后市上涨概率较大。像这种情况，普通投资者可以在当日或次日跟庄进场逢低买进筹码，待股价出现明显见顶信号后再撤出。

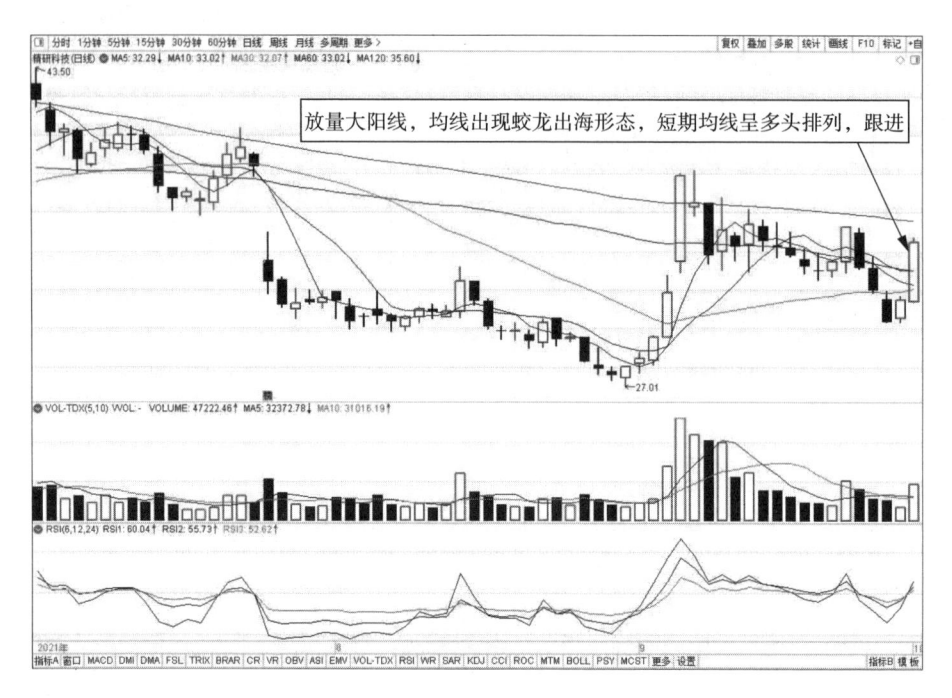

图 3-52

三、台阶式放量

台阶式放量，是指在分时盘口成交量每放大一次，股价就上一个台阶，股价呈台阶式上升态势，而盘口底部的成交量也呈台阶式（或量堆状）放大的状态。当股价在放大的成交量推动下，上升到新一级平台时，股价会在这一平台稍作整理，平台整理时成交量出现明显的萎缩状态。这种台阶式放量（或量堆状）推动股价台阶式上升状态，透露出主力机构稳扎稳打，一步一步推动股价上涨的做多心态。

图 3-53 是 300430 诚益通 2021 年 4 月 28 日星期三下午收盘时的分时走势图。从分时走势看，当日平开后，股价处于台阶式放量推升中；分时价格线在分时均价线上方运行，股价一个台阶一个台阶逐步走高；平台整理时成交量呈明显萎缩状态，平台整理结束后股价在成交量的推动下继续上行。收盘

涨幅 7.69%。当日该股外盘总量多于内盘总量，成交量呈明显放大状态，盘口强势特征比较明显。

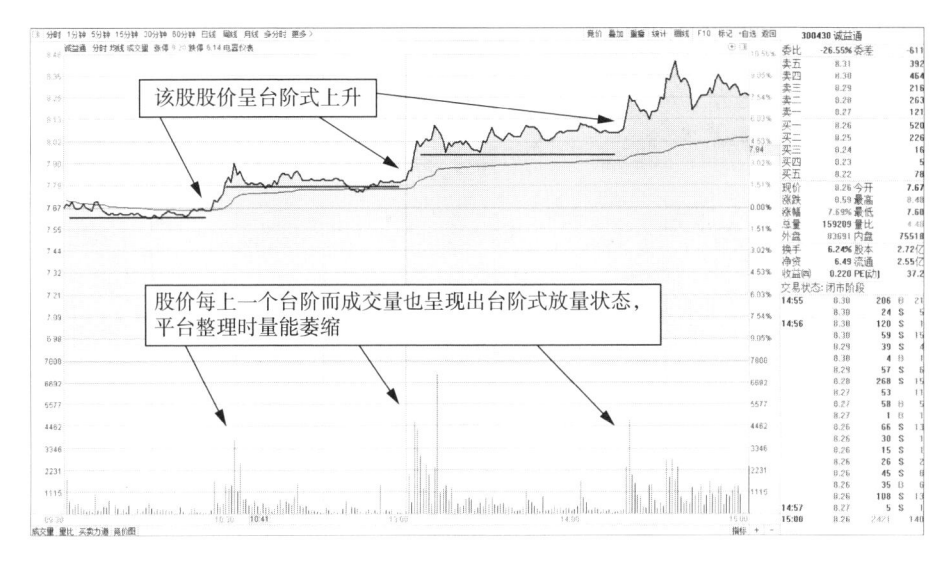

图 3-53

图 3-54 是 300430 诚益通 2021 年 4 月 28 日星期三下午收盘时的 K 线走势图。在软件上将该股整个 K 线走势缩小后可以看出，此时股价正处于高位下跌企稳之后的上涨走势中。股价从前期相对高位，即 2020 年 11 月 5 日最高价 13.91 元，震荡下跌，至 2021 年 2 月 9 日最低价 6.70 元止跌企稳。下跌时间虽然不长，但跌幅较大；下跌期间出现 2 次较大幅度的反弹。

2021 年 2 月 9 日该股止跌企稳后，主力机构展开小幅横盘震荡整理行情，洗盘吸筹，K 线走势红多绿少，红肥绿瘦。

4 月 28 日截图当日，该股平开，收出一根大阳线（涨幅 7.69%），突破前高和平台，成交量较前一交易日放大 3 倍多。此时，短中期均线呈多头排列，MACD、KDJ 等技术指标开始走强，股价的强势特征已经显现，后市上涨概率较大。像这种情况，普通投资者可以在当日或次日跟庄进场逢低买进筹码，待股价出现明显见顶信号后再撤出。

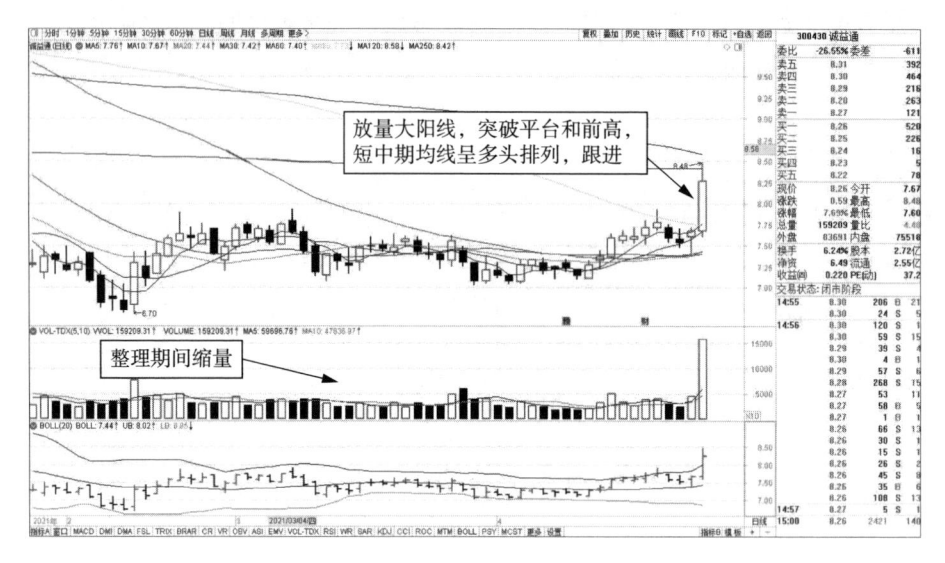

图 3-54

四、大单成交频繁

主力机构（或多家主力机构）坐庄的处于上升趋势中的强势个股盘口，尤其是实际流通盘较大的强势个股盘口，盘中大手笔主动性买盘的成交还是比较多的。盘口量能态势呈现出主力机构出手则成交量就快速有效放大，主力机构收手则成交量就马上萎缩的山峰状。这种盘口经常让人感觉到有一只无形的手在把控着盘口，关键位置和关键时间有护盘和压盘等迹象。

图 3-55 是 300588 熙菱信息 2021 年 4 月 29 日星期四下午收盘时的分时走势图。此时该股流通盘为 1.05 个亿。从分时走势看，当日低开后，在放大的成交量推动下，分时价格线依托分时均价线缓慢震荡上行；随着成交量（尤其是大单成交）的逐渐放大，股价逐步上涨，底部量柱排列呈山峰状（大单成交）。调出当天的分时成交明细可以看到，500 手以上的主动性大买单较多；当日外盘总量比内盘总量大很多，分时盘口强势特征比较明显。

第三章 强势盘口主要特征

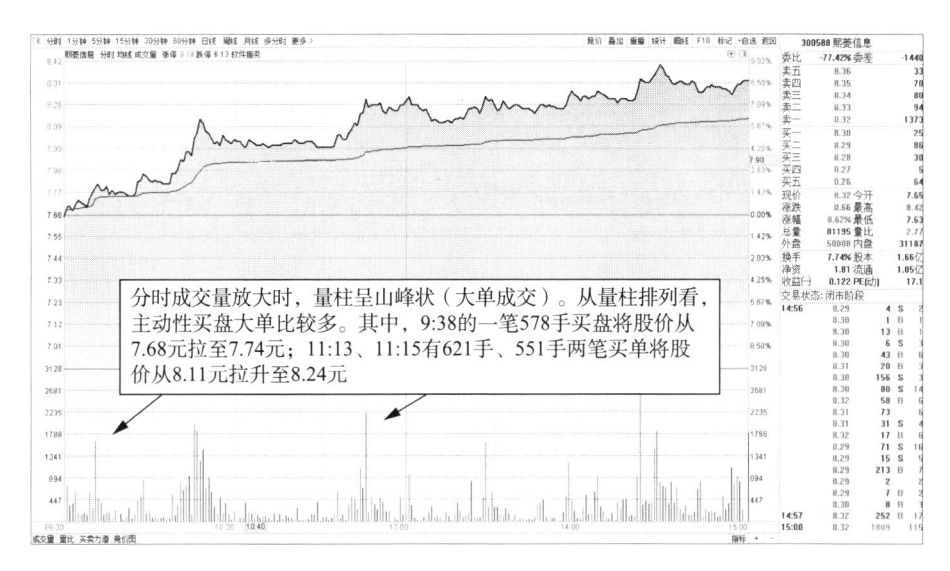

分时成交量放大时，量柱呈山峰状（大单成交）。从量柱排列看，主动性买盘大单比较多。其中，9:38的一笔578手买盘将股价从7.68元拉至7.74元；11:13、11:15有621手、551手两笔买单将股价从8.11元拉升至8.24元

图 3-55

图 3-56、图 3-57 是 300588 熙菱信息 2021 年 4 月 29 日星期四 10:10 至 10:15、14:18 至 14:26 的部分分时成交明细，明细中各有 2 笔主动性大买单，瞬间推动股价跳跃式上涨。由于篇幅受限，当日该股其他主动性大买单就不一一截图分析了。

图 3-58 是 300588 熙菱信息 2021 年 4 月 29 日星期四下午收盘时的 K 线走势图。在软件上将该股整个 K 线走势缩小后可以看出，此时股价正处于高位下跌企稳之后的上涨走势中。股价从前期相对高位，即 2020 年 9 月 24 日最高价 18.47 元，震荡下跌至 2021 年 2 月 9 日最低价 6.12 元止跌企稳。下跌时间不长、跌幅大。

2021 年 2 月 9 日该股止跌企稳后，主力机构快速推升股价，收集筹码，然后展开横盘震荡整理（试盘）行情，洗盘吸筹。

4 月 29 日截图当日，该股低开，收出一根大阳线（涨幅 8.62%），成交量较前一交易日放大 2 倍多，股价向上突破 5 日、10 日、20 日、30 日、60 日和 90 日均线（一阳穿 6 线），120 日和 250 日均线在股价上方下行，均线蛟龙出海形态形成。此时，短中期均线（除 30 日均线外）呈多头排列，MACD、KDJ 等技术指标开始走强，股价的强势特征已经显现，后市上涨概率较大。像这种情况，普通投资者可以在当日或次日跟庄进场逢低买进筹码，待股价出现明显见顶信号后再撤出。

127

炒股就炒强势股①
强势分时盘口操盘跟庄实战技法

时间	价格	成交			时间	价格	成交		
10:10	7.90	41	B	9		7.96	3	B	3
	7.90	1	B	1		7.96	24	B	5
	7.90	140	B	12		7.97	34	B	13
	7.90	8	S	1	10:13	7.98	304	B	124
	7.90	6	S	2		7.98	182	B	38
	7.95	504	B	19		7.99	2	B	1
	7.95	3	S	1		7.99	15	B	5
	7.95	12	S	5		7.99	3	B	3
	7.93	1	S	1		7.99	4	B	1
	7.93	1	S	1		7.98	22	S	4
	7.92	11	S	8		7.97	50	S	5
	7.93	2	S	2		7.98	128	B	8
10:11	7.94	5	B	4		7.97	2	B	2
	7.93	27	B	6		7.97	12	B	9
	7.92	14	S	5		7.97	5	S	5
	7.92	128	B	1		7.96	5	S	2
	7.93	81	B	9		7.98	126	B	10
	7.93	9	B	2		7.96	54	S	8
	7.92	50	S	1		7.96	8	B	2
	7.92	72	S	9		7.97	5	B	1
	7.92	111	B	9	10:14	7.97	7	B	1
	7.93	100	B	2		7.96	9	S	4
	7.93	4	B	2		7.96	27	S	3
	7.92	25	S	3		7.96	26	B	3
	7.91	1	S	1		7.95	37	S	3
	7.91	1	S	1		7.96	2	B	1
	7.92	22	B	3		7.95	1	S	1
10:12	7.91	15	B	3		7.95	2	B	1
	7.92	17	B	16		7.95	20	B	3
	7.93	169	B	16	10:15	7.95	44	S	12
	7.94	45	B	12		7.95	1	B	1
	7.95	80	B	12		8.03	1367	B	115
	7.95	26	B	5		8.04	91	B	9
	7.96	112	B	12		8.03	62	B	4
	7.97	111	B	12		8.01	50	S	2
	7.97	8	S	2		8.03	9	B	2
	7.97	39	S	2		8.04	40	B	4
	7.96	9	S	4		8.03	5	S	1
	7.96	3	S	3		8.03	36	S	8
	7.96	1	S	1		8.04	38	B	7
	7.96	27	S	7		8.03	81	B	10
	7.95	8	S	3		8.03	5	B	1

从7.90元拉至7.95元

从7.95元拉至8.03元

上证 3474.90 17.83 0.52% 3716亿 深证 14464.1 65.70 0.46% 4506亿 中小 9291.21 46.20 0

图 3-56

图 3-57

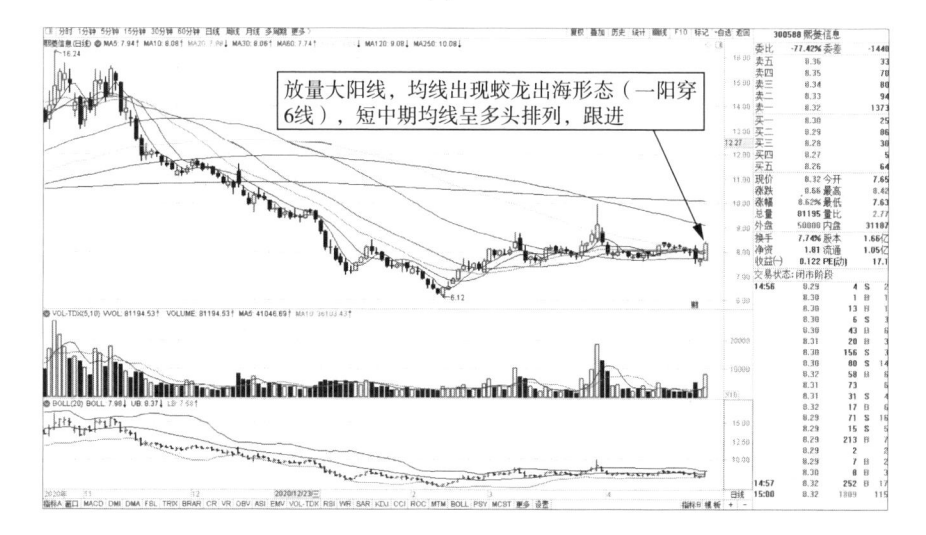

图 3-58

五、突破前高时巨量

这里所说的突破前高，是指个股某个交易日放量突破 K 线走势上的前期高点（或平台），表现在分时走势上同样是成交量的迅速放大。不管是突破前期高点还是突破前期平台，都必须有成交量的有效放大配合才可能是真突破，没有成交量有效放大配合的突破必然是假突破。这种突破所需的能量是巨大的，普通投资者是无能为力的，只有主力机构才能做到。股价在盘整或上涨的过程中，某日成交量突然有效放大，股价快速上涨，收盘价超过前面（左边）的高点（或突破前期的整理平台），这一突破形态应该是比较可信的做多信号。但要特别注意的是，在 K 线走势上，有的突破后还需要回抽确认。

图 3-59 是 000683 远兴能源 2021 年 4 月 29 日星期四下午收盘时的分时走势图。从分时走势看，该股当日略高开后，股价展开缓慢震荡盘升走势，从 11:19 开始主力机构慢慢推升股价。由于该股流通盘较大，万手以上的大买单密集进场，13:23 迅速封上涨停板，至收盘涨停板没被打开；外盘总量比内盘总量大很多，分时盘口强势特征比较明显。

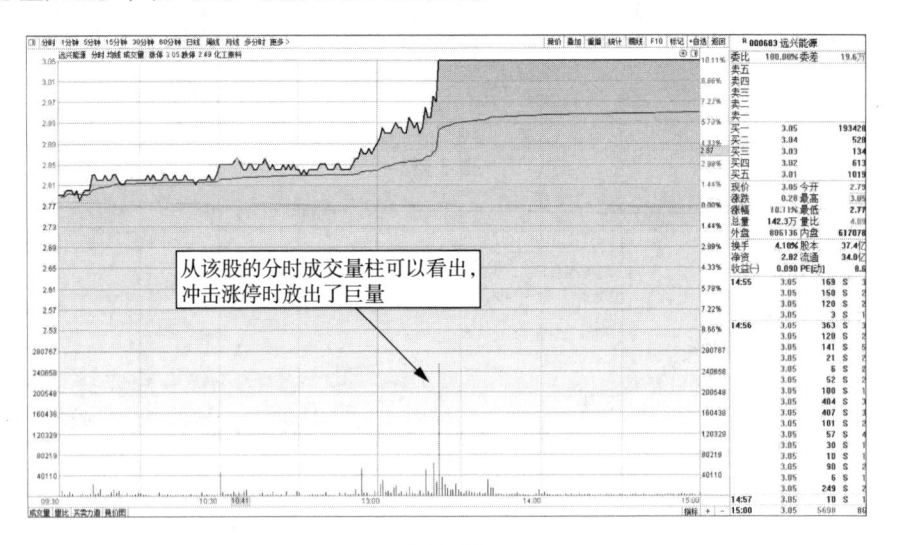

图 3-59

图 3-60 是 000683 远兴能源 2021 年 4 月 29 日星期四的部分分时成交明细，明细中标出的主要是即将冲击涨停、突破前高和平台阶段的成交明细，主动性大买单较多。由于篇幅受限，当日该股其他主动性大买单就不一一截图分析了。

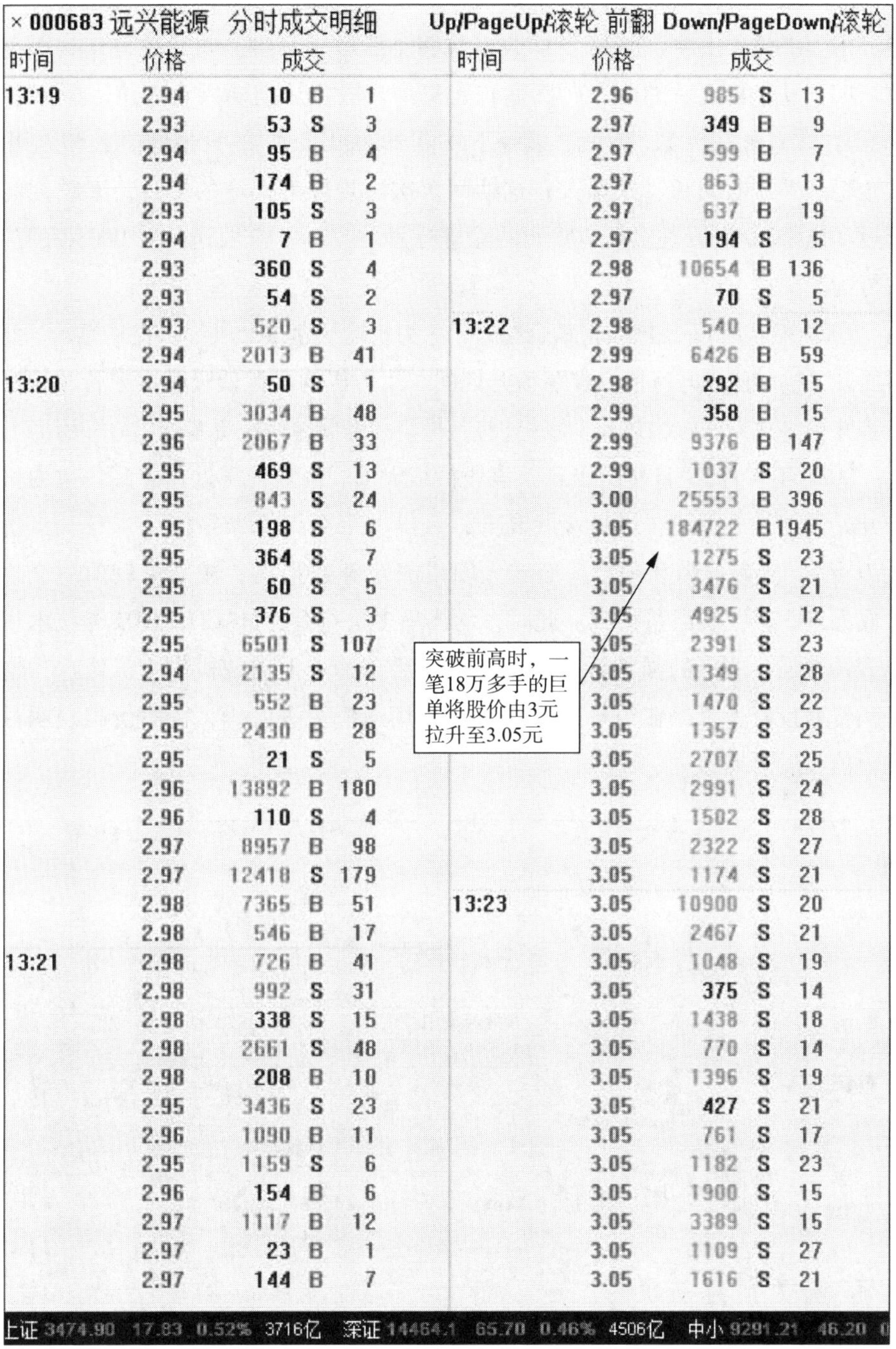

第三章 强势盘口主要特征

时间	价格	成交			时间	价格	成交		
13:19	2.94	10	B	1		2.96	985	S	13
	2.93	53	S	3		2.97	349	B	9
	2.94	95	B	4		2.97	599	B	7
	2.94	174	B	2		2.97	863	B	13
	2.93	105	S	3		2.97	637	B	19
	2.94	7	B	1		2.97	194	S	5
	2.93	360	S	4		2.98	10654	B	136
	2.93	54	S	2		2.97	70	S	5
	2.93	520	S	3	13:22	2.98	540	B	12
	2.94	2013	B	41		2.99	6426	B	59
13:20	2.94	50	S	1		2.98	292	B	15
	2.95	3034	B	48		2.99	358	B	15
	2.96	2067	B	33		2.99	9376	B	147
	2.95	469	S	13		2.99	1037	S	20
	2.95	843	S	24		3.00	25553	B	396
	2.95	198	S	6		3.05	184722	B	1945
	2.95	364	S	7		3.05	1275	S	23
	2.95	60	S	5		3.05	3476	S	21
	2.95	376	S	3		3.05	4925	S	12
	2.95	6501	S	107		3.05	2391	S	23
	2.94	2135	S	12		3.05	1349	S	28
	2.95	552	B	23		3.05	1470	S	22
	2.95	2430	B	28		3.05	1357	S	23
	2.95	21	S	5		3.05	2707	S	25
	2.96	13892	B	180		3.05	2991	S	24
	2.96	110	S	4		3.05	1502	S	28
	2.97	8957	B	98		3.05	2322	S	27
	2.97	12418	S	179		3.05	1174	S	21
	2.98	7365	B	51	13:23	3.05	10900	S	20
	2.98	546	B	17		3.05	2467	S	21
13:21	2.98	726	B	41		3.05	1048	S	19
	2.98	992	S	31		3.05	375	S	14
	2.98	338	S	15		3.05	1438	S	18
	2.98	2661	S	48		3.05	770	S	14
	2.98	208	B	10		3.05	1396	S	19
	2.95	3436	S	23		3.05	427	S	21
	2.96	1090	B	11		3.05	761	S	17
	2.95	1159	S	6		3.05	1182	S	23
	2.96	154	B	6		3.05	1900	S	15
	2.97	1117	B	12		3.05	3389	S	15
	2.97	23	B	1		3.05	1109	S	27
	2.97	144	B	7		3.05	1616	S	21

突破前高时，一笔18万多手的巨单将股价由3元拉升至3.05元

图 3-60

图 3-61 是 000683 远兴能源 2021 年 4 月 29 日星期四下午收盘时的 K 线走势图。在软件上将该股整个 K 线走势缩小后可以看出，此时股价正处于高位长期下跌企稳之后的上涨（反弹）走势中。股价从前期相对高位，即 2015 年 6 月 12 日最高价 11.86 元，震荡下跌至 2020 年 5 月 25 日最低价 1.57 元止跌企稳。下跌时间长、跌幅大；这期间多次出现较大幅度的反弹；下跌期间有过 2 次每 10 股派现金 0.200 元的除息行为，1 次每 10 股送转 8.000 股的除权行为。

2020 年 5 月 25 日该股止跌企稳后，主力机构快速推升股价，收集筹码，然后展开大幅震荡盘升行情。震荡盘升期间，主力机构高抛低吸赚取差价与洗盘吸筹并举（这期间拉出过 8 个涨停板），折磨和考验普通投资者的信心和耐力。

2021 年 4 月 29 日截图当日，该股持续大幅震荡盘升将近一年后，主力机构开始启动拉升行情。当日该股高开，收出一个大阳线涨停板（当日开盘价 2.79 元），突破前高和平台，形成大阳线涨停 K 线形态，成交量较前一交易日放大近 5 倍，属巨量突破。此时，均线呈多头排列，MACD、KDJ 等技术指标开始走强，股价的强势特征已经显现，后市加速上涨的概率大。像这种情况，普通投资者可以在当日或次日跟庄进场逢低买进筹码，待股价出现明显见顶信号后再撤出。

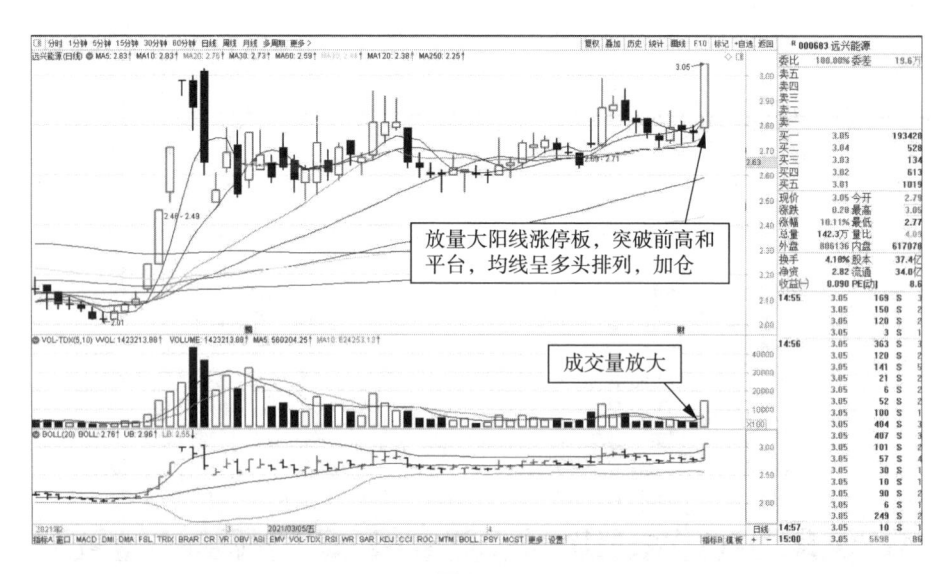

图 3-61

第四章

▼

强势盘口选股

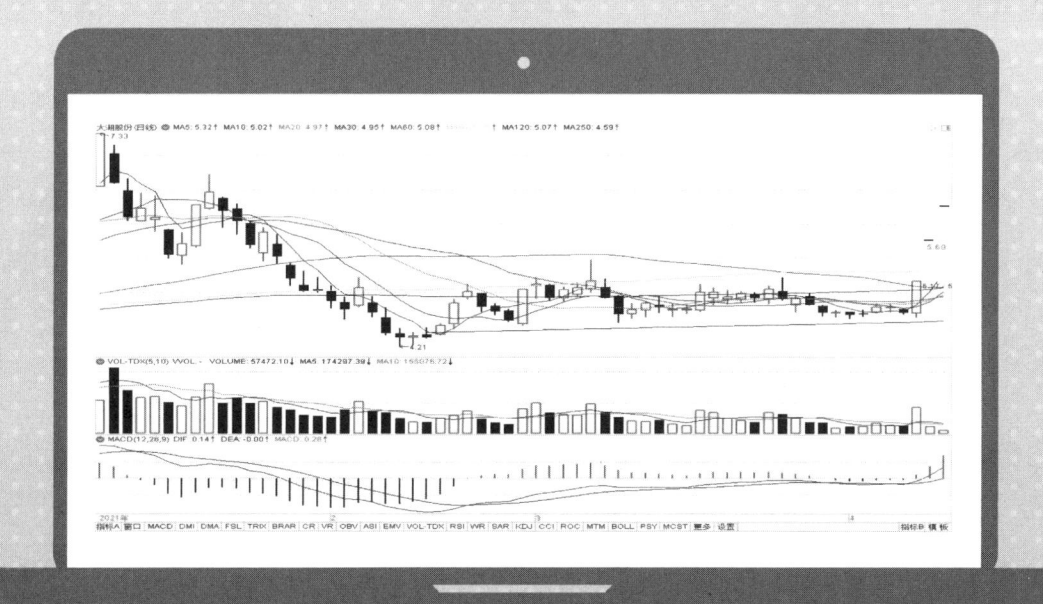

前面一章重点分析研究了强势盘口的主要特征。诚然，强势盘口的个股，在一定程度上要依据这些特征要求来进行筛选。但每一位投资者都有各自的选股思路，况且强势盘口的特征并不仅仅只有这些，还有许多本书没有分析到、概括到的。同时，在个股的选择上还要考虑到诸如其他技术指标、政策面、基本面（企业业绩等）、消息面等各种因素。

就是每天用前面所述的这些特征去精选出一只或几只第二天一定能涨停的个股，也是很困难的。首先是主力机构操盘心思缜密、变化无常、手法多变，不可能按照普通投资者的心理去操作。其次是目前沪深北三市 4000 多只股票，每一个时间段或者说每一个交易日、交易周都有不少符合这些特征的个股，选择难度比较大。为此，在强势盘口个股的选择上，还要进一步分析研究。其中个股走势强于当天大盘，是一个首要条件，那是必须的，不再论述。这里主要对其他选股条件进行细化分析。

第一节　涨停个股的筛选

涨停板是重要的盘口语言之一，强势涨停板可以立即启动一波行情，也可以立即推动一波行情的飙升。涨停板是强势股最完美最迷人的形态，不管是主力机构还是普通投资者，每天都有很多人在追逐涨停板。

股票不会无缘无故地涨停（当然也不会无缘无故地跌停），只有主力机构早就潜伏其中并且按照其计划目标谋划运作的个股才有机会涨停，每一只涨停个股的背后都有主力机构资金提前布局、精心设计的影子，投资者要认真分析目标股票涨停的成因，谨慎跟庄进场。

一、一字涨停板个股的甄选

一字涨停板显然是最强势的盘口，当然也是主力机构提前预知利好，通过精心谋划运作出来的。但由于各主力机构操盘思路和手法不尽相同，一字涨停板盘口情况复杂多样。这里只分析研究两种情况：

第一种情况是，个股前期筑底期间或底部区域有过涨停板（主力机构拉涨停的目的主要是为了吸筹），且个股展开过较长时间比如2~3个月的震荡整理洗盘吸筹或震荡盘升洗盘走高（吸筹）行情。某个交易日突发利好拉出一字板，在第二或第三个一字板后出现跟庄进场买进机会（如果能在第一个或第二个一字板当天集合竞价时挂买单排队跟进最好），这种个股是普通投资者短线操作的最佳选择，因为此时股价已经展开快速上涨（拉升）行情。普通投资者跟庄进场买入后不要急于出货，一般都有3~5个交易日或更长的上涨（拉升）期，跟进当天个股一般都会涨停，有的甚至马上拉停。后面的交易日就要盯紧盘口，关注成交量的变化，待到出现高位放量、股价上涨乏力或明显见顶信号（比如均线拐头向下、大阴线或十字星或螺旋桨K线等）时，就要见好就收，快速撤出，重新寻找其他目标股票进行跟踪观察、分析研判、跟庄进场。

图4-1是600684珠江股份2021年4月28日星期三上午开盘后至9:32的分时截图（打开该股K线走势可以看出，该股一字涨停板前已经有过涨停板，即1月19日主力机构为收集筹码拉出过一个大阳线涨停板）。当日开盘即一字封停。从开盘后2分多钟分时截图右边的成交明细上看，万手以上大卖单密集成交，普通投资者只要在集合竞价一开始，就直接以涨停价挂买单排队，买进机会还是很大的。一直到下午收盘上千成百手的买单还是成交了不少。

图4-2是600684珠江股份2021年4月30日星期五下午收盘时的分时走势图（该股前面已收出2个一字板，普通投资者如能择机跟庄进场买进，定是收获满满；当然，没能跟进也没关系，可在一字板后再寻机跟进）。从当日分时走势看，该股跳空高开后，有一个调整回落的过程，且回落幅度较深，但并没有跌破前一日的收盘价，至9:43突然直线拔至涨停，至收盘涨停板没打开，整个

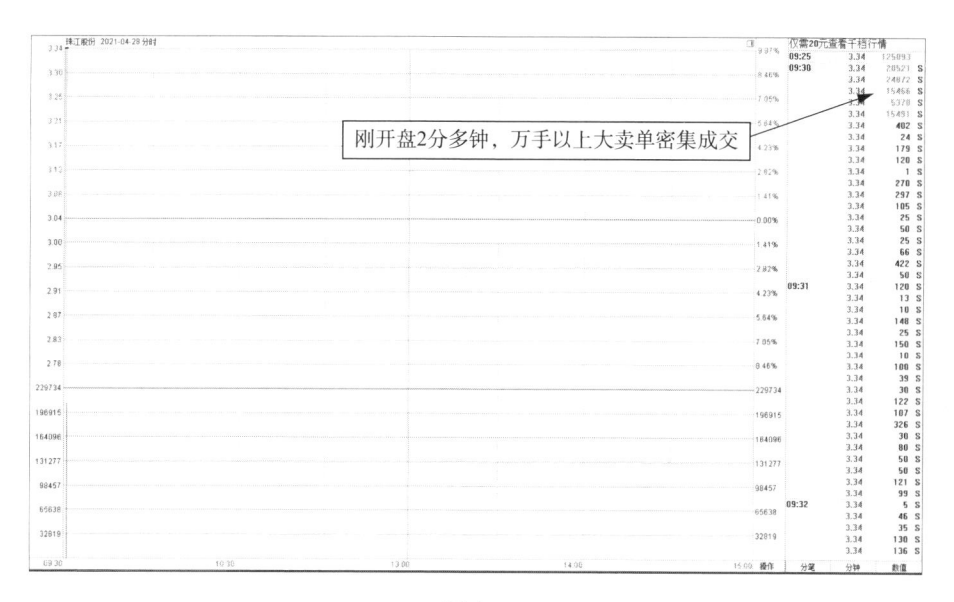

图 4-1

分时盘口还是十分强势的。该股当天从高开到涨停间隔时长 13 分钟，正是普通投资者在该股一字涨停板之后，最好的跟庄进场买进时机（可在分时价格线即将触碰到前一交易日收盘价勾头向上时，快速跟庄进场买进），开盘至涨停间隔 13 分钟时间，也足够普通投资者分析思考并作出跟庄买入的决策。

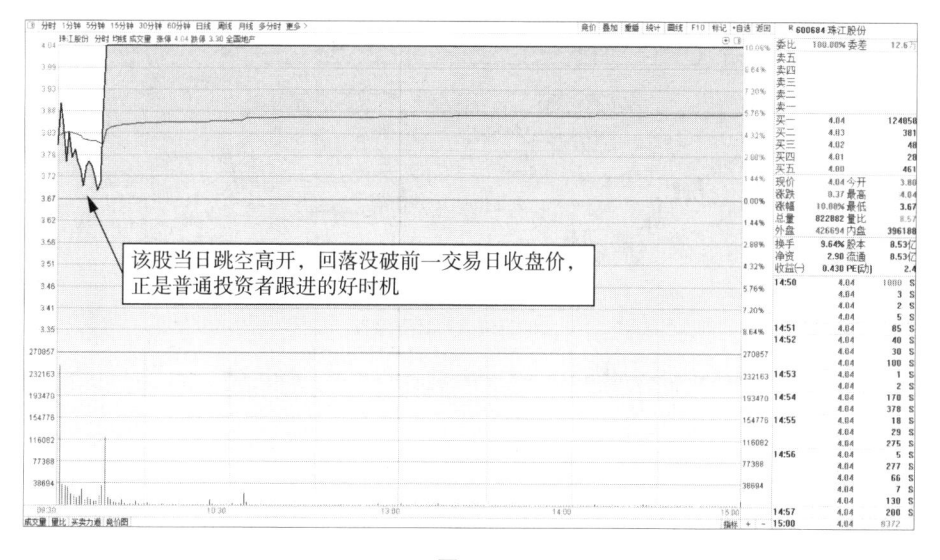

图 4-2

图4-3是600684珠江股份2021年4月30日星期五下午收盘时的K线走势图。在软件上将该股整个K线走势缩小后可以看出，此时股价正处于高位下跌企稳之后的上涨走势中。股价从前期相对高位，即2019年4月4日最高价5.63元，一路震荡下跌，至2021年1月13日最低价2.47元止跌企稳。下跌时间长，跌幅大；这期间多次出现较大幅度的反弹；下跌期间有过2次分别为每10股派现金0.360元和0.300元的除息行为。

2021年1月13日该股止跌企稳后，主力机构快速推升股价（1月19日拉出过一个涨停板），收集筹码，然后展开横盘震荡整理行情，洗盘吸筹。

4月28日、29日，主力机构连续拉出2个一字板。这种强势一字涨停板，如果能在当天集合竞价时提前挂买单排队的话，应该有买入希望的。

4月30日截图当日，该股跳空3.54%开盘，收出一个大阳线涨停板（当日开盘价3.80元），突破前高，形成大阳线涨停K线形态，成交量较前一交易日放大10倍多（这种成交量正常，因为前2个交易日是一字涨停板，成交稀少）。此时，均线呈多头排列，MACD、KDJ等技术指标已经走强，股价的强势特征十分明显，后市继续上涨的概率非常大。像这种情况，普通投资者如果当日没能跟庄进场买入筹码（按理，当天还是有买入机会的），可以在次日跟庄进场逢低加仓买进。待股价出现明显见顶信号后再撤出。

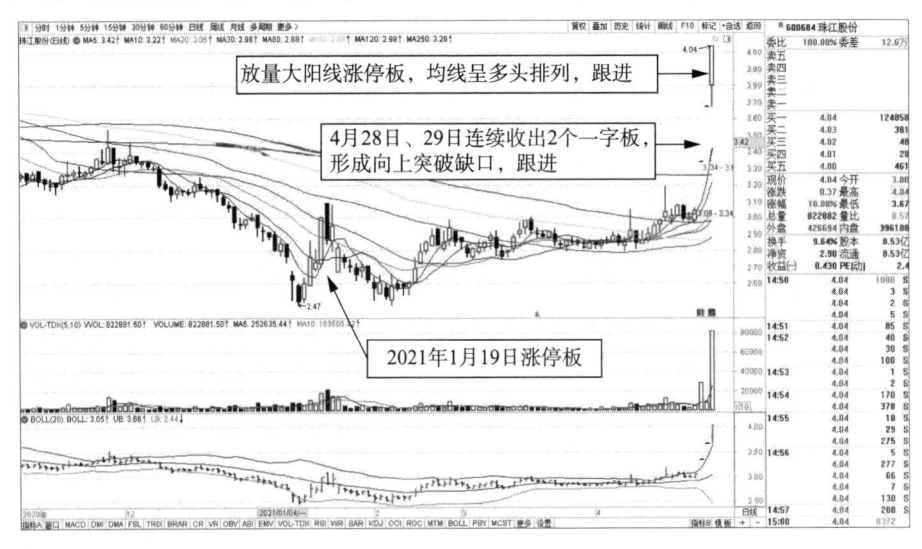

图4-3

图 4-4 是 600684 珠江股份 2021 年 5 月 10 日星期一下午收盘时的分时走势图。从当天分时走势可以看出，当日该股高开回落，然后逐波逐波上涨，13:50 左右封上涨停板，后涨停板反复被打开封回多次，临收盘前封回涨停板。当日封板时间晚，封板结构比较差，成交量较前一交易日明显放大，且股价已到相对高位，应该是主力机构利用盘中拉高、封板打开等手法开始逢高派发出货。像这种情况，普通投资者一定要高度重视，应该在当日或次日逢高清仓，避免被套。

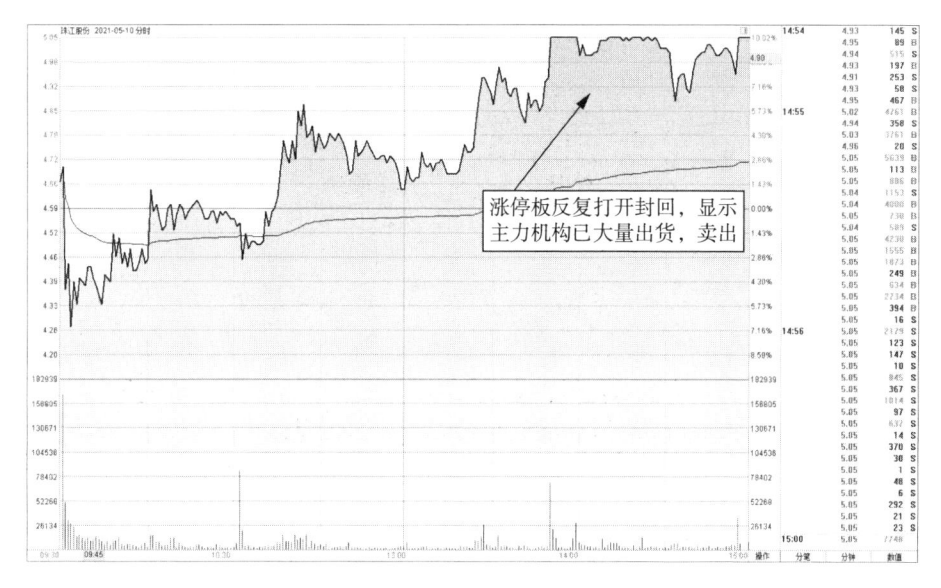

图 4-4

图 4-5 是 600684 珠江股份 2021 年 5 月 10 日星期一下午收盘时的 K 线走势图。从 K 线走势可以看出，该股 4 月 28 日、29 日收出 2 个一字板后，4 月 30 日又收出一个大阳线涨停板，5 月 6 日该股调整了一个交易日，接着又连续拉出 2 个大阳线涨停板，涨幅相当大。如果普通投资者能在 30 日开盘后大胆跟进的话，收益是非常不错的，即使在 5 月 6 日跟庄进场买进，也差不多能收获两个涨停板。

5 月 10 日截图当日，该股收出一根长下影线涨停阳 K 线，成交量较前一交易日明显放大，换手率达到了 18.85%；理论上讲，在高位出现带长下影线的 K 线，往往是主力机构做空力量出逃所导致，也是一种确认性的卖出信号，而不是普通投资者所认为的遇到强支撑。从前面的分时走势分析也可以看出，当日主力机构利用盘中拉高、涨停板打开等手法已经在高位派发了不少筹码。像这种情况，当天没有出货或者没有出完货的普通投资者，次日一定要逢高清仓。

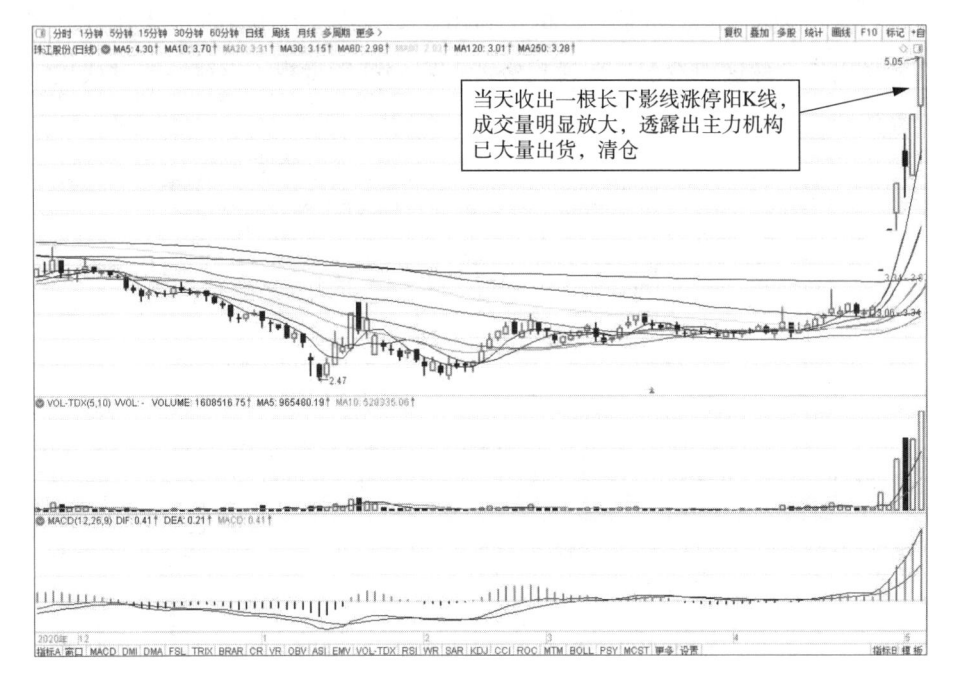

图 4-5

第二种情况是，个股处于上升趋势，已有不少涨幅，且前期已出现过两个以上涨停板，主力机构通过拉一字板拔高，不再让普通投资者有进场的机会，目的是拉出利润和出货空间，为后面出货（比如打压出货或横盘震荡出货）作准备，这种个股危险系数较高，普通投资者要谨慎选择。

图 4-6 是 002941 新疆交建 2021 年 3 月 30 日星期二下午收盘时的分时走势图。从分时走势可以看出，当日该股涨停开盘，直至收盘涨停没被打开，收出一字涨停板，成交量较前一交易日大幅萎缩，盘口强势特征十分明显。

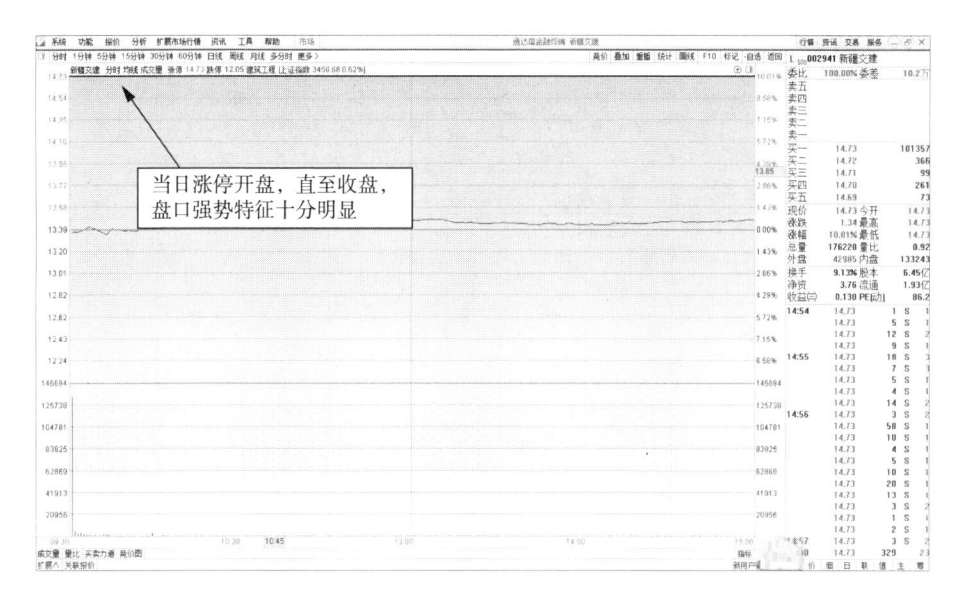

图 4-6

图 4-7 是 002941 新疆交建 2021 年 3 月 31 日星期三下午收盘时的分时走势图。该股前一个交易日为一字板涨停，走势十分强势。当日该股同样涨停开盘，依然强势。但在开盘 8 分钟后，涨停板即被大卖单砸开，大量获利盘出逃，在买盘一涨停价位排队来不及撤换单的买单如愿以偿全部买入。13:33 该股封回涨停板，直至收盘。从分时走势可以看出，该股当天涨停板打开时间长达 2 小时 25 分，分时盘口留下一个大长坑，主力机构筹码几乎全线出逃。当日涨停板封板结构差，完全是个烂板。

图 4-8 是 002941 新疆交建 2021 年 3 月 31 日星期三下午收盘时的 K 线走势图。在软件上将该股整个 K 线走势进行缩小可以看出，该股 2018 年 11 月 28 日上市后有过一波大幅度拉升，股价被爆炒过，最高价达到 44.63 元；之后一路震荡下跌，至 2021 年 2 月 4 日最低价 9.16 元止跌企稳，下跌时间长达 2 年多，跌幅也是相当之大。随后主力机构快速向上推升股价，收集筹码，然后展开小幅横盘震荡整理，洗盘吸筹，3 月 11 日拉出过一个大阳线涨停板。

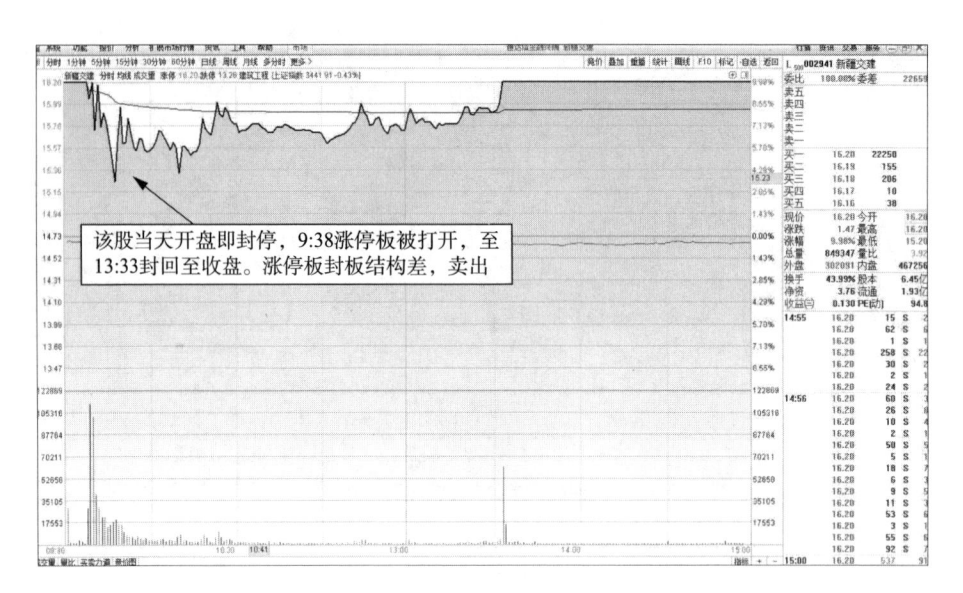

图 4-7

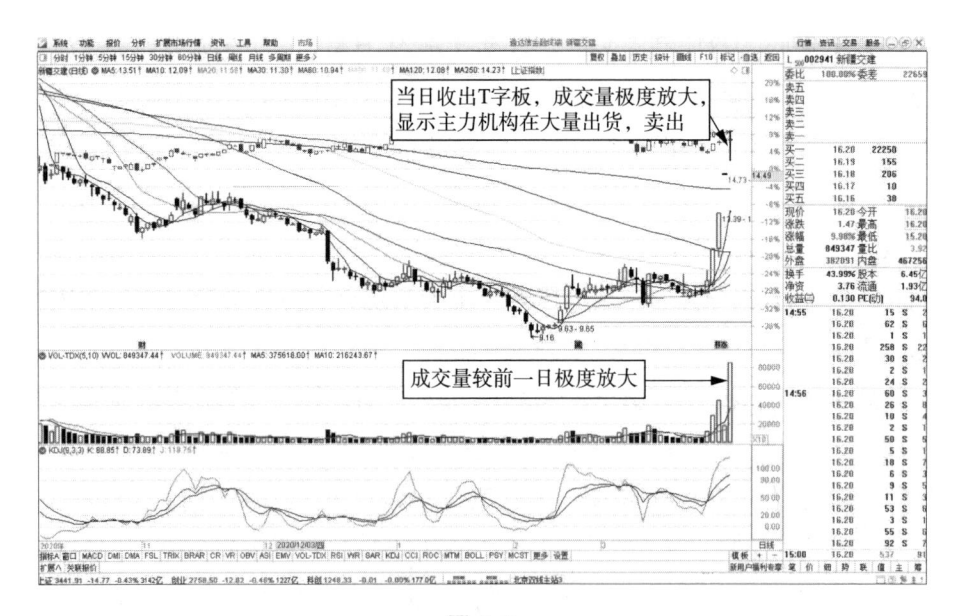

图 4-8

3月26日，该股低开，拉出一个大阳线涨停板，突破平台和前高，形成大阳线涨停K线形态，当日成交量较前一交易日放大近3倍，且短中期均线呈多头排列，股价的强势特征比较明显。像这种情况，如果普通投资者跟踪或浏览到该股，可以在当日或次日跟庄进场积极逢低买进筹码。3月29日继续收出一个大阳线涨停板，30日接着收出一字涨停板，此时该股已经拉出了3个涨停板，普通投资者就要注意安全了。

3月31日截图当日，该股涨停开盘，收出一个T字板。从前面的分时走势也可以看出，该股当日开盘涨停不久即被打开，时间较长、跌幅较深，成交量较前一交易日极度放大，显然是主力机构利用涨停以及涨停板打开的时机，在高位震荡出货。像这种之前大涨过，又拉出多个涨停板之后的一字板或T字板，普通投资者应谨慎对待，即使跟庄进场，也要盯紧盘口，关注成交量的变化，情况不对，马上撤退。

图4-9是002941新疆交建2021年4月30日星期五下午收盘时的K线走势图。这是该股距离3月31日收出T字板整整一个月之后的K线走势。从截图看，该股股价被彻底打回原形。打开该股4月1日（即收出T字板第2日）的分时走势可以看出，该股早盘跳空低开后略有冲高，然后一路盘跌，显然是主力机构利用冲高时机继续派发筹码，当日13:30又是一次冲高后的一路派发，最后跌停收盘，盘口弱势特征十分明显。从K线走势看，此后该股一路下跌，再也没有什么像样的反弹。

图4-9

每个交易日后,虽然一字涨停板个股的出现次数相对较少,但也必须做好目标股票的寻找、甄选和跟踪工作。要找那些前期有过涨停,位置不是太高、首次出现一字板的股票,加入自选股进行跟踪观察。如经过分析研判后,能在次日跟庄进场买进的,要积极寻机进场;如在2~3个一字板之后,有跟庄进场机会的,也是重点捕获对象。为保险起见,已经连续拉出3~5个一字板的个股,要谨慎分析对待。

二、T字涨停板个股的甄选

T字涨停板也是一种非常强势的盘口,即个股当天以涨停开盘,盘中涨停板被大卖单砸开,之后又再次封回涨停板。能够涨停开盘,之后又能把涨停板砸开,砸开之后又能再次封回,一定是主力机构谋划运作的结果。主力机构的目的是什么呢?由于T字板的情况比较复杂,这里只分析研究以下3种情况:

一是主力机构震仓洗盘。此类个股下跌时间长、跌幅大,止跌企稳后或开始震荡盘升或横盘震荡整理洗盘吸筹。K线走势表现为小阴小阳且底部逐渐抬高,短中期均线逐渐形成多头排列态势。个股在拉涨停板之前,潜伏其中的主力机构已经悄悄收集大量筹码,控盘比较到位。某日突然拉出大阳线或小阳线涨停板(抑或一字板),到第二个或第三个涨停板时为T字板,就可能是主力机构再次震仓洗盘或试盘。

普通投资者浏览或跟踪过程中发现这类个股,可以作为立即跟庄进场买入的最佳选择对象。因为T字板之前,股价没有大幅快速拉升过,加上前期股价震荡盘升时间较长,主力机构筹码锁定程度高、控盘比较到位,已经或即将启动快速拉升行情。

图4-10是002374中锐股份2021年11月29日星期一下午收盘时的分时走势图。该股前一交易日拉出一个大阳线涨停。当天涨停开盘,瞬间回落,9:39再封停至收盘没再打开,这期间成交量迅速放大,分时盘口留下一个大坑,但强势特征仍十分明显。在当天涨停板被打开的9分钟时间里,坚持在盘口涨停价位挂买单排队等候跟庄进场的普通投资者,应该都买进了。这也

是前一日大阳线涨停之后，没有来得及进场的普通投资者最好的进场时机。当然，反应快的普通投资者，在当日涨停开盘瞬间打开后，也能快速跟庄进场买入筹码。

图中标注：该股当天涨停开盘，瞬间打开回落，正是普通投资者跟进的好时机

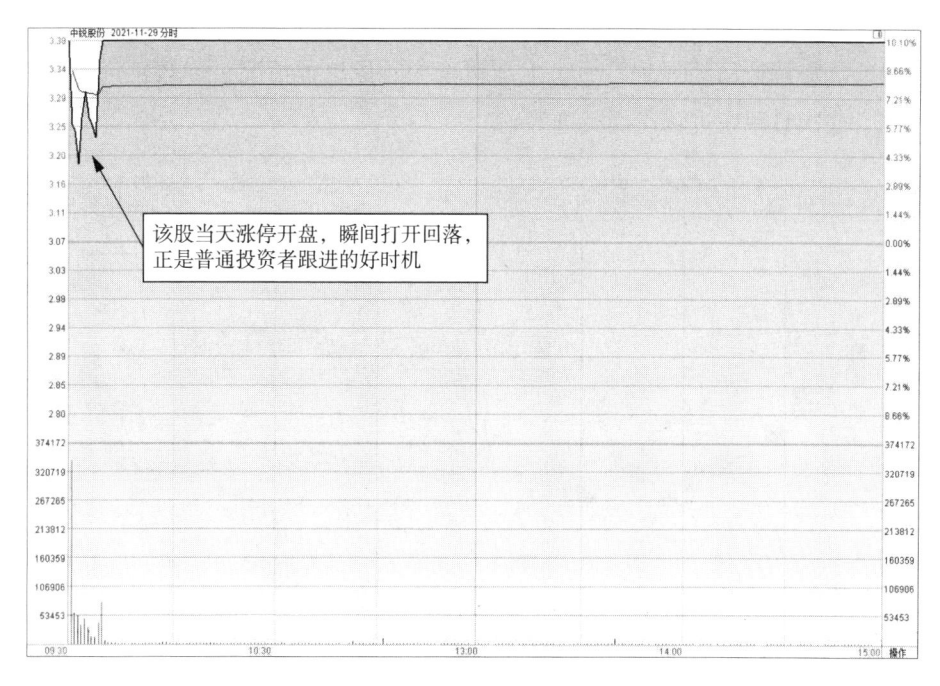

图 4-10

图 4-11 是 002374 中锐股份 2021 年 11 月 29 日星期一下午收盘时的 K 线走势图。在软件上将该股整个 K 线走势缩小后可以看出，此时股价正处于高位长期下跌企稳之后的上涨走势中。该股从前期相对高位，即 2018 年 7 月 4 日最高价 6.19 元，震荡下跌至 2021 年 1 月 13 日最低价 1.99 元止跌企稳。下跌时间长、跌幅大；这期间有过多次较大幅度的反弹。

2021 年 1 月 13 日该股止跌企稳后，主力机构快速推升股价，收集筹码，然后展开大幅震荡盘升（挖坑）洗盘行情，高抛低吸赚取差价与洗盘吸筹并举。震荡盘升期间该股多次收出涨停板（1 月 19 日拉出一字板、7 月 21 日、8 月 10 日、9 月 10 日分别拉出大阳线涨停板，主力机构拉涨停的目的应该是吸筹）。

11 月 25 日，该股高开收出一根大阳线（涨幅 6.49%），突破平台和前

高，成交量较前一交易日放大5倍多，股价突破5日、10日、30日和120日均线（一阳穿4线），20日、250日均线在股价下方上行，60日均线在股价上方下行，90日均线在股价上方上行，均线蛟龙出海形态形成。此时，均线（除30日、60日均线外）呈多头排列，MACD、KDJ等技术指标开始走强，股价的强势特征已经显现，后市上涨概率大。像这种情况，普通投资者可以在当日或次日跟庄进场逢低买进筹码。

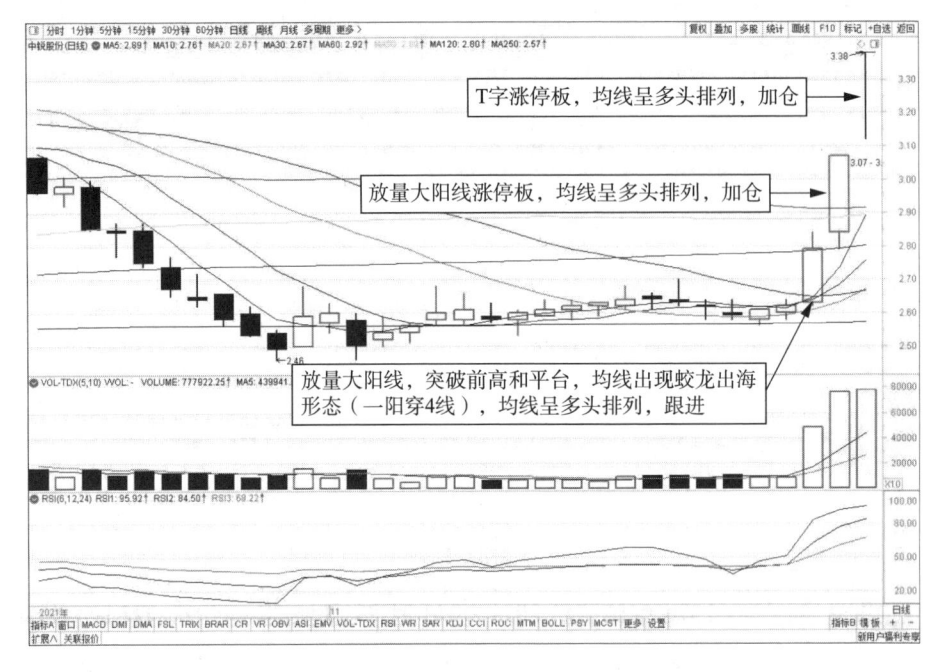

图 4-11

11月26日，该股跳空高开，收出一个大阳线涨停板，突破前高，形成大阳线涨停K线形态，成交量较前一交易日明显放大。此时，均线（除60日均线外）呈多头排列，MACD、KDJ等技术指标强势，股价的强势特征已经非常明显。像这种情况，普通投资者可以在当日或次日逢低跟庄进场加仓买进筹码。

11月29日截图当日，该股涨停开盘，收出一个T字涨停板，突破前高，形成T字涨停K线形态，成交量与前一交易日基本持平。此时，均线呈多头排列，MACD、KDJ等技术指标持续强势，股价的强势特征已经十分明显，后市继续上涨的概率非常大。像这种情况，普通投资者如果当日没能跟庄进场买入筹码（从当天分时走势看，开盘后涨停板被打开长达 9 分钟时间，普通投资者还是有充足的时间进场买入筹码的），可以在次日跟庄进场加仓买进筹码，持股待涨，待股价出现明显见顶信号后再撤出。

图 4-12 是 002374 中锐股份 2021 年 12 月 31 日星期五下午收盘时的分时走势图。从分时走势看，该股当日涨停开盘，瞬间被大卖单砸开，成交量迅速放大，后涨停板封回、打开反复多次；9:54 涨停板再次被砸开后，股价一路震荡下跌，至收盘也没有再封回。当日成交量较前一日放大 3 倍多，明显是主力机构利用涨停开盘（涨停诱多）、涨停板反复打开封回、盘中拉高等手法展开诱多出货行情。像这种情况，普通投资者如果手中有货当天还没有出完的，次日一定要逢高清仓。

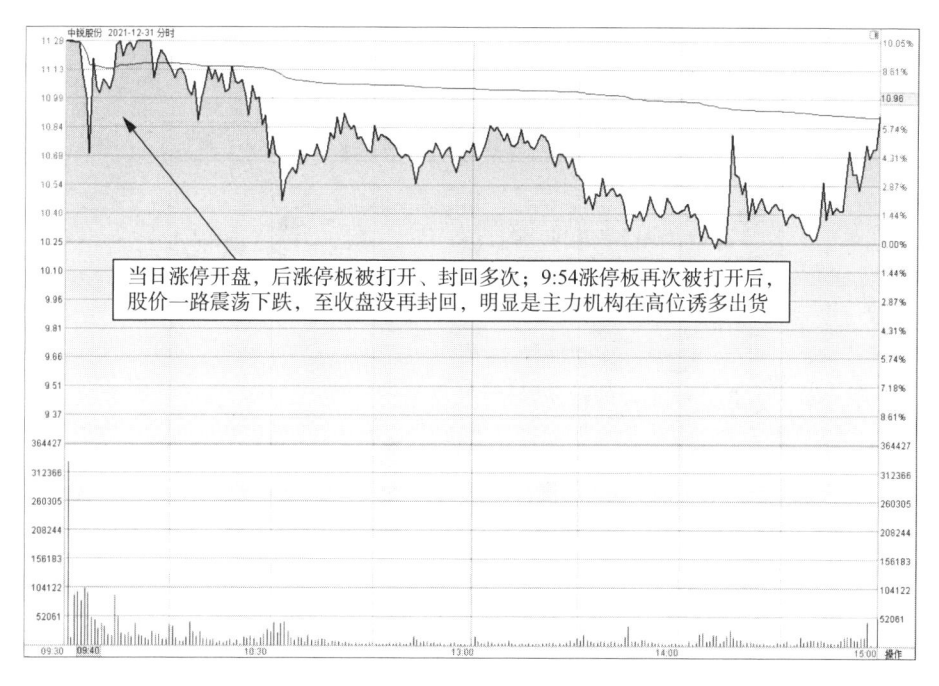

图 4-12

图 4-13 是 002374 中锐股份 2021 年 12 月 31 日星期五下午收盘时的 K 线走势图。从该股的 K 线走势可以看出，11 月 29 日，该股涨停开盘，拉出一个 T 字涨停板后，主力机构即开启了快速拉升行情。

从拉升情况看，主力机构依托 5 日均线展开快速拉升，这期间展开过 2 次强势回调洗盘行情，股价回调跌（刺）破 10 日均线马上收回，10 日均线对股价起到了较强的支撑作用，整个上涨走势比较干净顺畅。从 11 月 29 日至 12 月 31 日共 25 个交易日，一共拉出了 15 个涨停板，其中 5 个一字板、1 个 T 字板、4 个小阳线涨停板、5 个大阳线涨停板，涨幅相当可观。

12 月 31 日截图当日，该股涨停开盘，收出一根假阴真阳锤头线（高位锤头线也称为吊颈线，是主力机构的一种骗线行为，暗示此处有强大的承接盘，目的在于误导普通投资者。透露出主力机构欲盖弥彰、准备撤退的真实意图），成交量较前一交易日放大 3 倍多，明显是主力机构在利用涨停板打开封回手法进行诱多出货。此时，股价远离 30 日均线且涨幅很大，KDJ 等部分技术指标开始走弱，盘口的弱势特征已经显现。像这种情况，普通投资者如果手中还有筹码当天没有出完的，次日应该逢高清仓。

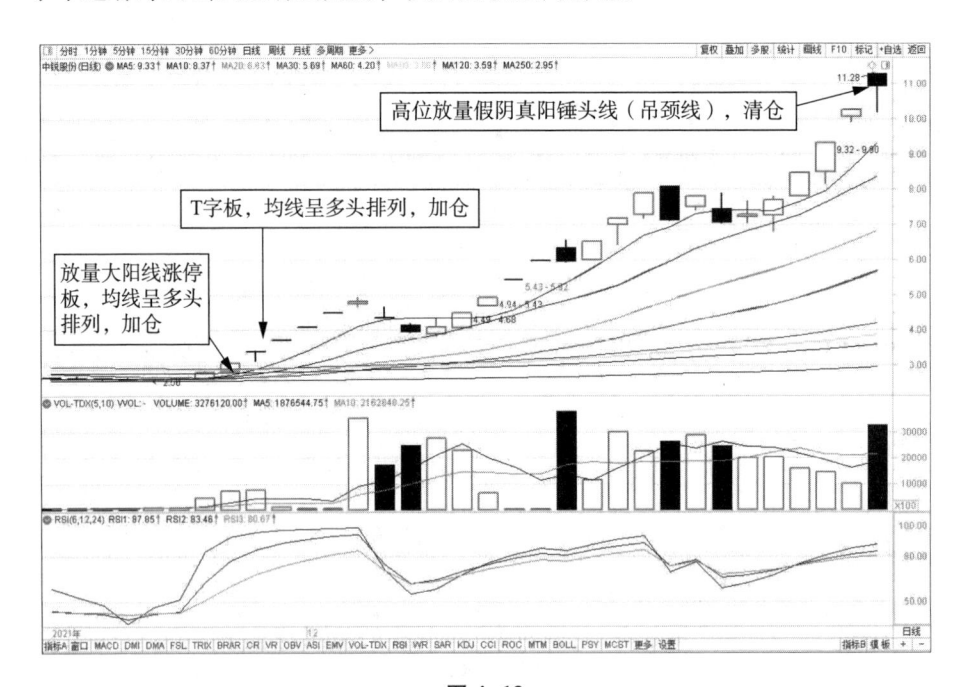

图 4-13

需要提醒的是，像这种较低位置出现的震仓洗盘 T 字板大牛股，实际操盘中还是很难遇见的，多数是数个涨停板之后出现的 T 字板。对于数个涨停板（大阳线涨停板加一字板最好不超过3个）之后出现的T字板，可以选择那些开板时间不长，没有反复打开且放量不大的个股跟进，这样的个股要安全些，且赢利的概率也要大些。如果普通投资者已跟进的T字板，当日或次日出现成交量迅速放大，或很快出现明显见顶信号，次日最好择机逢高清仓。

二是游资接盘通吃。游资打板喜欢套利板和接力板。在套利板方面，如果有利好消息配合再加上个股股性活跃，是游资同时也是普通投资者的最佳选择，游资刚好利用这一点，快进快出。

在接力板方面，流通盘较小的个股或次新股比较容易受到游资的青睐，其中连板个股相对较多。游资打板的目标股票，一定是当日进去，次日有连板把握，第三日有大涨预期的个股。这种个股就是热门概念板块中的强势股或次新股，流通盘不大，股价已经处于上升趋势中，有利好消息助推，以阳线涨停板或一字板之后的T字板较多。

在分时走势上，此类个股表现为涨停板被打开后股价回落不深即拐头上行，大单特大单迅速成交，马上封回涨停板。普通投资者在跟踪过程中如发现此类个股，可以作为立即跟庄进场买进的目标。

这种个股开板时间短，一般在5分钟左右就迅速封回，应该是涨停之前进场的大户、小庄家等获利出局，资金实力强大的游资接盘通吃。此类个股后面一般还有涨停板，普通投资者可先查看个股股价所处位置（形态）、技术指标是否支持等，快速判断，择机跟进，跟进后如能抓住1~2个涨停板就可以逢高撤出。如跟进后目标股票开始调整，要么继续持有，要么先撤出等回调到位后再择机跟进。如个股处于较高位置，且涨停板打开时间长或打开后放大量，或反复打开后涨停，就最好不要盲目跟进了，防止被套。

图4-14是002178延华智能2021年12月20日星期一下午收盘时的分时走势图。该股前一交易日为大阳线涨停板。涨停原因为"东数西算+数据中心+养老+智慧城市"概念炒作，尤其以"东数西算"概念广受投资者热捧。从分时走势看，当天涨停开盘，10:28涨停板被大卖单砸开，成交瞬间放大，10:31封回涨停板；11:16涨停板又一次被大卖单砸开，

11:17封回涨停板,至收盘没再打开。2次涨停板被打开的时间都比较短,应该是前期进场的小主力或庄家大户获利出局,游资看到该股已处于上升趋势,有利好消息配合,临时进场接盘通吃、短线炒作。像这种情况,有跟踪关注该股的普通投资者,当日或次日可以跟庄进场买入筹码,前期进场的可以加仓买入筹码。

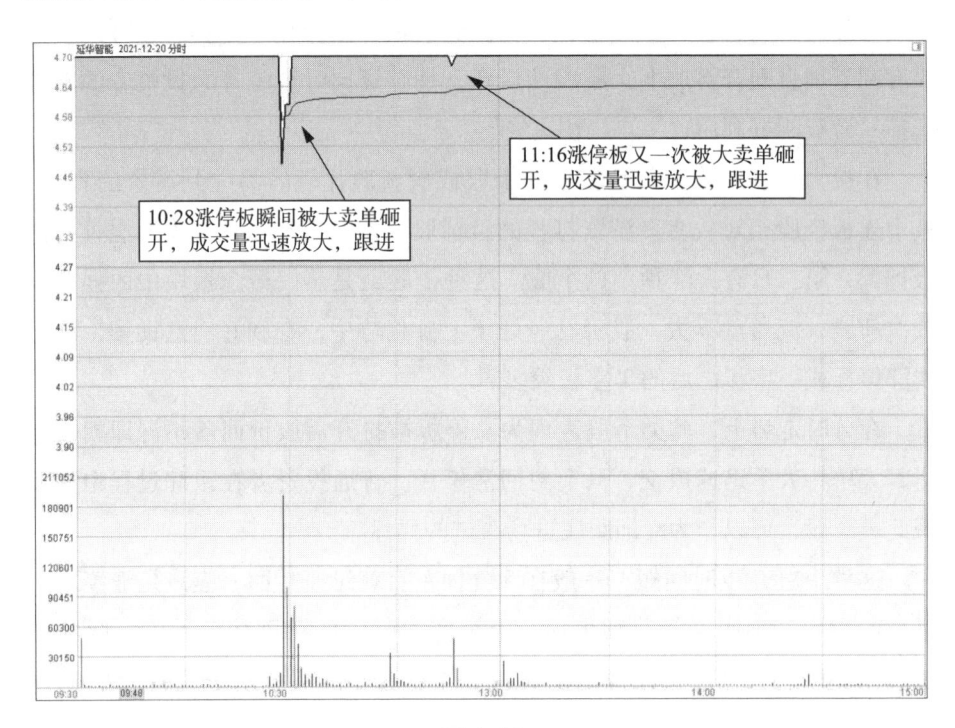

图 4-14

图4-15是002178延华智能2021年12月20日星期一早盘10:28涨停板瞬间被打开时的分时走势图。从分时图的右边成交明细可以看到,涨停板刚被打开时,成交量瞬间放大,成千上万手的大卖单大量涌出,重点跟踪关注该股的普通投资者只要胆子大些,操作快一些,还是有机会买进的。

图4-16是002178延华智能2021年12月20日星期一下午收盘时的K线走势图。在软件上将该股整个K线走势缩小后可以看出,此时股价正处于高位长期下跌企稳之后的上涨(反弹)走势中。股价从前期相对高位,即2018年

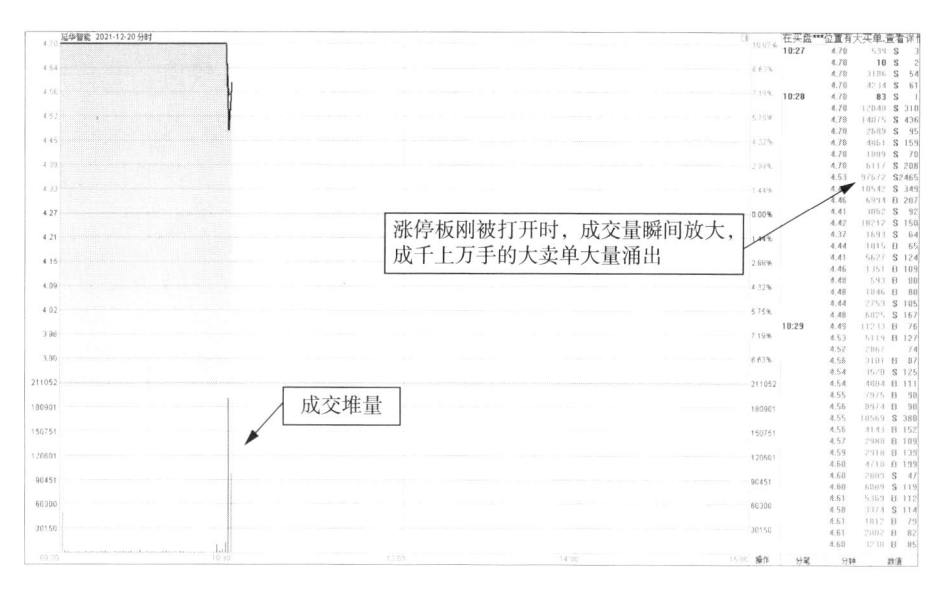

图 4-15

2月5日最高价15.67元，一路震荡下跌，至2021年2月4日最低价2.49元止跌企稳。下跌时长、跌幅大；下跌期间有过多次较大幅度的反弹。

2021年2月4日该股止跌企稳后，主力机构快速推升股价，收集筹码，然后展开大幅震荡盘升调整洗盘行情，高抛低吸赚取差价与洗盘吸筹并举。震荡盘升期间多次收出涨停板，主力机构涨停的目的主要是吸筹。

12月15日，该股低开收出一根中阳线，突破前高，成交量较前一交易日明显放大，股价向上穿过5日、10日、20日均线（一阳穿3线），30日、90日、250日均线在股价下方上行，60日、120日均线在股价下方即将走平，均线蛟龙出海形态形成。此时，均线（除10日、60日、120日均线外）呈多头排列，MACD、KDJ等技术指标开始走强，股价的强势特征已经显现。像这种情况，普通投资者可以在当日或次日逢低跟庄进场买进筹码。

12月17日，该股跳空高开，收出一个大阳线涨停板，突破前高和平台，形成大阳线涨停K线形态，成交量较前一交易日明显放大。此时，均线呈多头排列，MACD、KDJ等技术指标强势，股价的强势特征已经非常明显，后市上涨的概率大。像这种情况，普通投资者可以在当日或次日逢低跟庄进场加仓买进筹码。

12月20日截图当日，该股涨停开盘，收出一个T字涨停板，突破前高，留下向上突破缺口，形成T字涨停K线形态，成交量较前一交易日放大2倍多。此时，均线呈多头排列，MACD、KDJ等技术指标持续走强，股价的强势特征已经十分明显，后市继续上涨的概率非常大，普通投资者如果当日没能跟庄进场买入筹码（从当天分时走势看，当日涨停板分别在10:28、11:16被打开，成交量急速放大，想买进的普通投资者还是有机会买入的），可以在次日跟庄进场加仓买进，待股价出现明显见顶信号后再撤出。

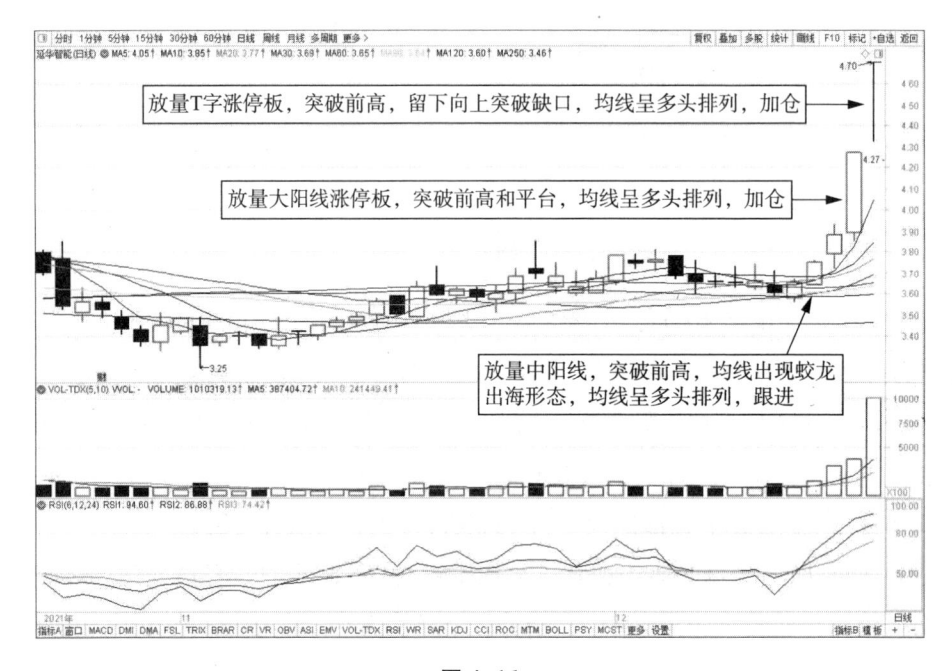

图 4-16

图4-17是002178延华智能2021年12月27日星期一下午收盘时的分时走势图。从分时走势看，该股当日跳空高开震荡回落跌停。盘中多次拉起后跌停，再拉起再跌停；13:35左右，主力机构快速拉高后再次震荡走低，至收盘涨幅为-7.26%。整个分时走势在前一交易日收盘价下方大幅震荡，明显是主力机构利用高开、盘中拉高等手法展开诱多出货（应该包括游资部分筹码在最后撤离）行情，当日成交量较前一交易日略萎缩，分时盘口弱势特征比较明显。像这种情况，普通投资者如果手中有货当天还没有出完的，次日一

定要逢高清仓。

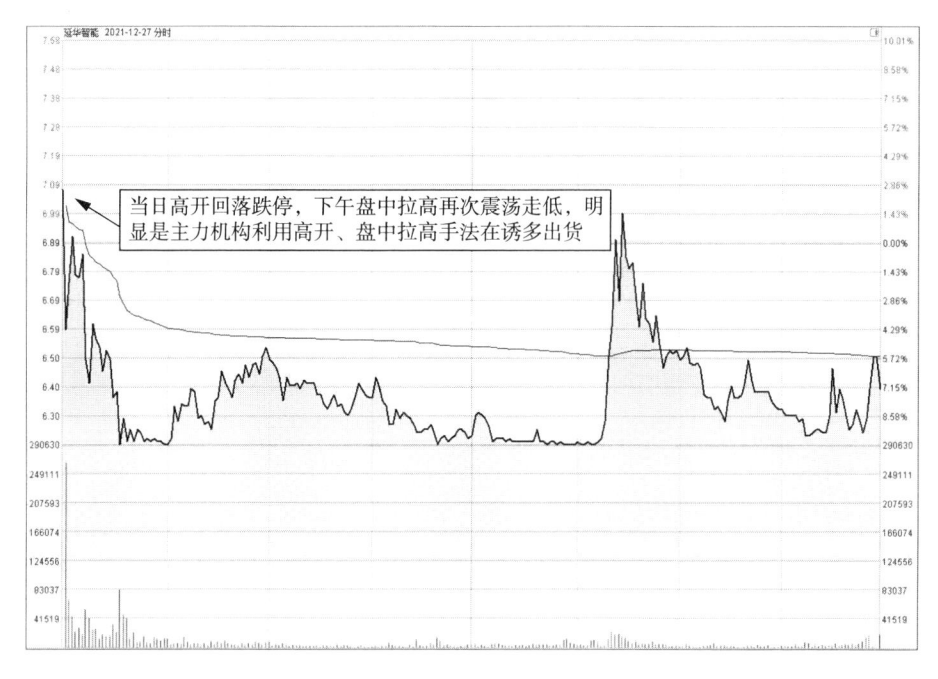

图 4-17 中标注：当日高开回落跌停，下午盘中拉高再次震荡走低，明显是主力机构利用高开、盘中拉高手法在诱多出货

图 4-17

图 4-18 是 002178 延华智能 2021 年 12 月 27 日星期一下午收盘时的 K 线走势图。从 K 线走势可以看出，12 月 20 日，该股涨停开盘，收出一个 T 字涨停板，形成 T 字涨停 K 线形态之后，主力机构启动了快速拉升行情。

从拉升情况看，主力机构依托 5 日均线几乎是直线向上快速拉升，从 12 月 20 日至 12 月 24 日共 5 个交易日，一共拉出了 5 个涨停板，其中 1 个一字板、2 个 T 字板、2 个大阳线涨停板，涨幅还是非常大的。

12 月 27 日截图当日，该股跳空高开，收出一根乌云盖顶大阴线（乌云盖顶阴线，是常见的看跌反转信号），成交量较前一交易日大幅萎缩。此时，股价远离 30 日均线且涨幅大，KDJ 等部分技术指标开始走弱，盘口弱势特征已经显现。像这种情况，普通投资者如果当天手中还有筹码没有出完的，次日一定要逢高清仓，然后再跟踪观察。

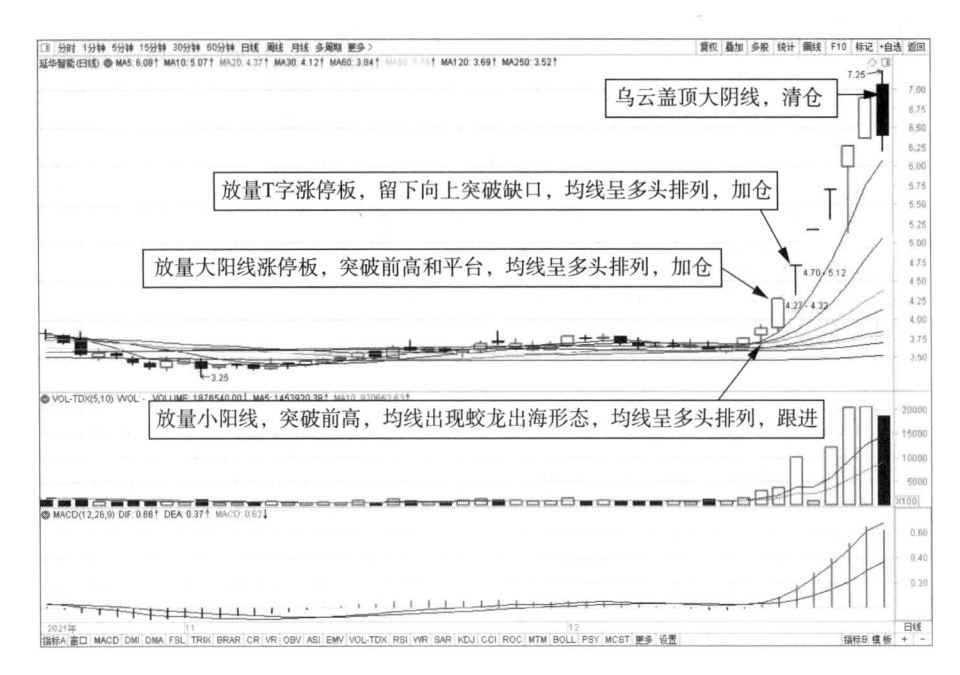

图 4-18

三是主力机构派发出货。这种 T 字板的个股股价所处位置已经很高了，有的前期已经连续拉出了几个涨停板或一字板，然后拉出 T 字板，当日成交量明显放大，应该是主力机构在封上涨停板后撤换买单派发了部分筹码，这也是涨停诱多手法的真实表现。手中有筹码的普通投资者可以逢高出局，见好就收。由于主力机构筹码多，一两个交易日时间是很难出完货的，后续应该还有冲高回落或者盘整或者调整后继续向上拉升的可能，普通投资者就不要在意或计较，这已经是比较危险的事了。可以另选主力机构准备启动拉升行情的其他强势个股，分析研判后，择机逢低跟进，应该会更安全些。

图 4-19 是 601005 重庆钢铁 2021 年 5 月 7 日星期五下午收盘时的分时走势图。从分时走势看，该股当天涨停开盘（涨停诱多），9:57 涨停板被大卖单砸开，成交量急剧放大，10:10 封回涨停板至收盘，涨停板没再打开，分时盘口留下一个小坑，成交量较前一交易日大幅放大，应该是主力机构利用涨停在高位先出了一大部分货。

第四章 强势盘口选股

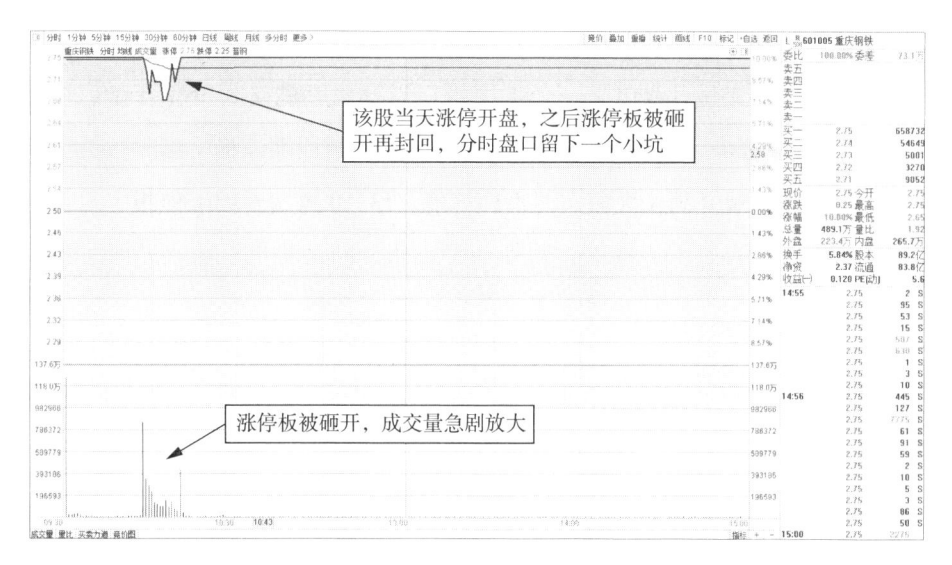

图 4-19

图 4-20 是 601005 重庆钢铁 2021 年 5 月 7 日星期五下午收盘时的 K 线走势图。从 K 线走势可以看出，虽然此时该股走势仍处于上升趋势中，但从 2021 年 2 月 5 日最低价 1.35 元上涨以来，该股涨幅已经相当大了，光涨停板就拉出了 8 个。当日收出 T 字板，成交量较前一交易日放大 3 倍多，明显是主力机构已经产生退意，利用涨停诱多手法先出了一大部分货。

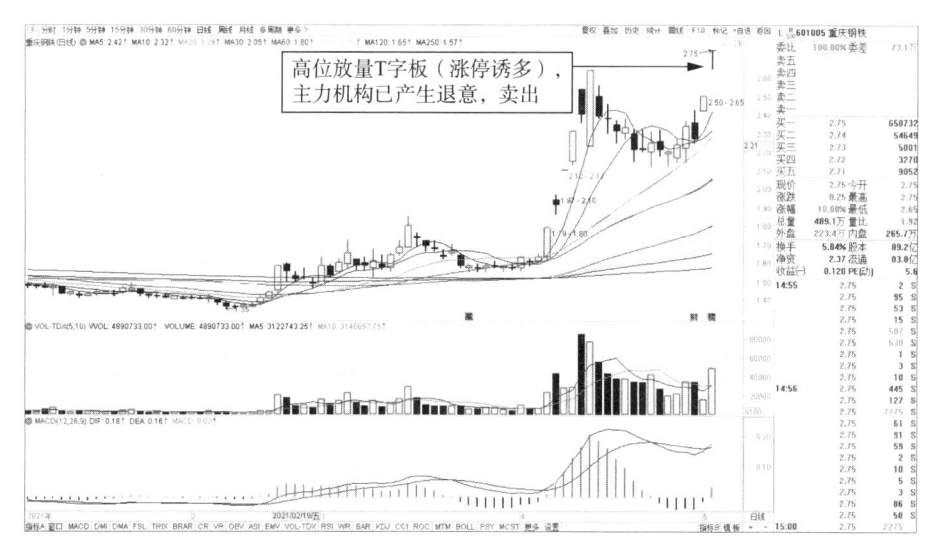

图 4-20

图4-21是601005重庆钢铁2021年5月10日星期一下午收盘时的分时走势图。该股上一交易日收出了一个T字板。当日该股跳空8.36%开盘后快速上冲，于9:34涨停，后瞬间被大卖单砸开，9:50封回涨停板又瞬间被大卖单砸开，随后股价展开高位大幅震荡整理行情。13:10再次封回涨停板，一直到收盘，涨停板没再打开，涨停封板结构差。从分时走势可以看出，该股当天开板时间长达2个多小时，分时盘口留下一个大长坑，成交量较前一交易日明显放大，明显是主力机构利用大幅跳空高开、盘中高位震荡整理以及拉高封板等手法，展开高位诱多出货行情。像这种情况，普通投资者如果手中有货当天还没有出完的，次日一定要逢高清仓。

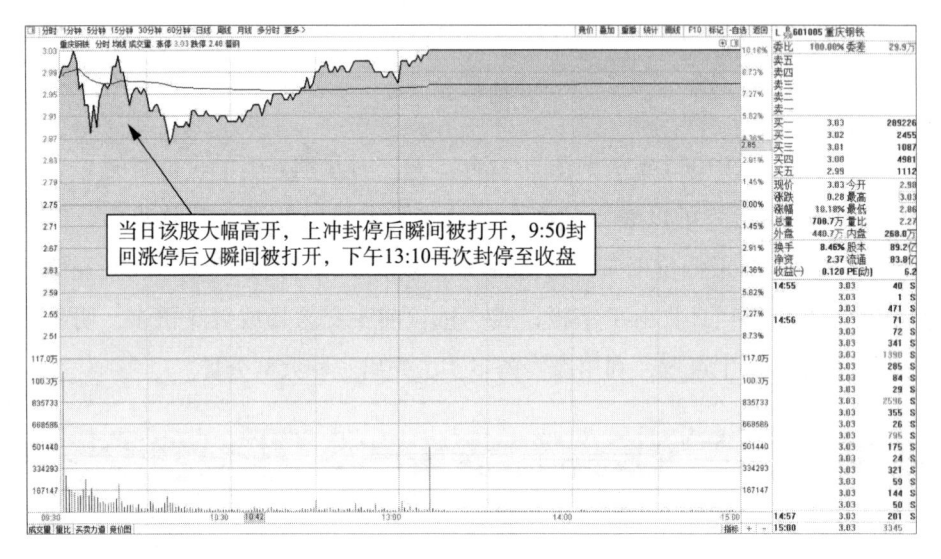

图 4-21

图4-22是601005重庆钢铁2021年5月10日星期一下午收盘时的K线走势图。从K线走势可以看出，该股上一个交易日收出了一个T字板。当日大幅跳空高开，收出一根涨停锤头阳K线（高位锤头线也称吊颈线，是主力机构的一种骗线行为，暗示此处有强大的承接盘，目的在于误导普通投资者。透露出主力机构欲盖弥彰、准备撤退的真实意图），成交量较前一日大幅放大，明显是主力机构在高位诱多出货。像这种情况，普通投资者如果手中有货当天还没有出完的，次日要逢高清仓。

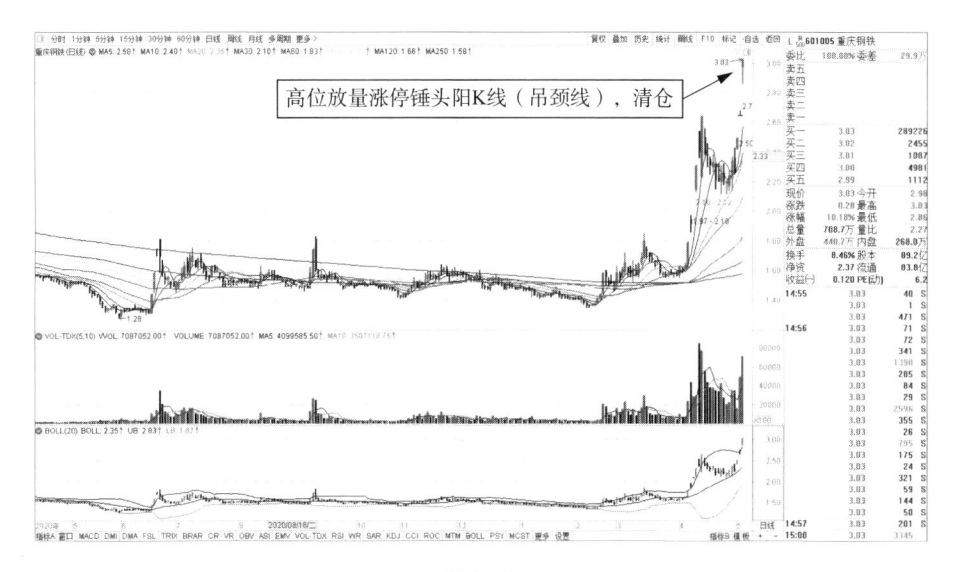

图 4-22

图4-23是601005重庆钢铁2021年5月11日星期二下午收盘时的分时走势图。从分时走势看，该股当天小幅高开后冲高回落，然后展开反复震荡行情，尾盘股价出现短暂跳水，整个分时走势就是主力机构不断震荡派发出货的过程。当日收盘涨幅为-0.66%，成交量较前一交易日明显放大。

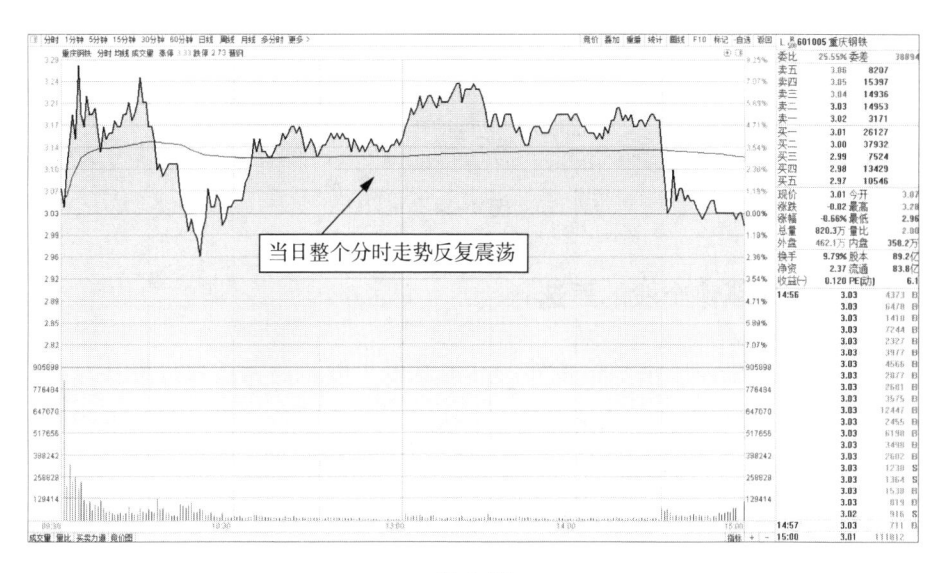

图 4-23

图 4-24 是 601005 重庆钢铁 2021 年 5 月 11 日星期二下午收盘时的 K 线走势图。从 K 线走势可以看出，该股上一个交易日收出了一根涨停锤头阳 K 线。当日该股高开，收出一颗长上影线阴十字星（高位十字星又称为射击之星或射天星），成交量较前一交易日再次放大，至收盘涨幅为-0.66%。理论上讲，高位出现射击之星 K 线，再配合放大的成交量，可以确认为股价的见顶信号，和上一交易日出现的高位涨停锤头阳 K 线一个道理，都是主力机构大量出货的象征。此时，股价远离 30 日均线且涨幅大，KDJ 等部分技术指标开始走弱，盘口的弱势特征已经显现。像这种情况，普通投资者如果手中还有筹码当天没有出完的，次日应该逢高清仓。

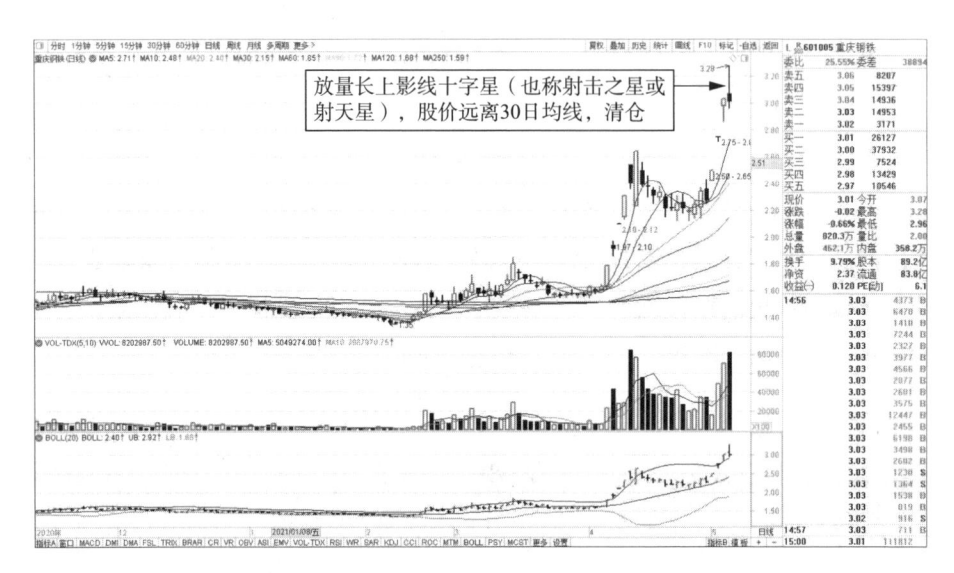

图 4-24

三、其他涨停个股的甄选

除一字涨停板、T 字涨停板外的其他涨停个股，是指主力机构在对目标股票控盘（或基本控盘）的情况下，对大势、时空、价格及其他技术指标等因素，进行综合分析研判后，不以涨停开盘方式拉出涨停板的股票。

主力机构操作股票的目的只有一个，那就是赢利，但其运作股票的手段却是诡计多端、千变万化、心狠手辣。有的建仓完成后直接拉升甚至拉出涨停板，到一定高度后或横盘震仓或打压洗盘，然后继续上涨；有的建仓完成后不急不缓，小阴小阳慢慢抬高底部，什么时候拉出涨停板，只有主力机构自己心里清楚。普通投资者如果想要在操盘过程中实现赢利的可能性大一些、速度快一些，在选择目标股票时，最好选择个股股价已经处于上升趋势，且前期已经拉出过涨停板的个股。这里只分析研究两种情况：

一是个股底部抬高持续盘整向上，步入上升趋势的第一个涨停板。个股止跌企稳后，展开横盘震荡整理或震荡盘升行情，K线走势大阴大阳较少，小阴小阳居多，震荡（整理）过程中底部慢慢抬高，短中期均线逐步呈多头排列之势，个股强势特征逐渐显现。主力机构突然在某个交易日拉出涨停板，目的应该是拉高普通投资者进场成本或尽快脱离成本区或启动上涨行情。普通投资者在操盘过程中如发现此类个股，可以作为除一字板和T字板之外的最佳目标股票选择，通过分析研判后，积极寻机跟庄进场买进。此类个股拉出第一个涨停板后可能连续拉升，也可能回调洗盘，然后呈逐步震荡盘升态势，但整体趋势是乐观向上的，只是时间上可能要持续长久些。事实上，主力机构操作一只股票的过程，其实也是折磨和考验普通投资者精神和意志的过程。

图4-25是600688上海石化2021年9月3日星期五下午收盘时的分时走势图。从分时走势可以看出，该股当天向上跳空2.93%高开，迅速封停，但瞬间涨停板被大卖单砸开，又马上封回；9:40涨停板再次被大卖单砸开，9:42快速封回，直到收盘没有再打开，成交量较前一交易日大幅放大。从当日分时走势看，涨停板虽然两次被砸开，但很快被封回，打开的时间短，分时价格线上虽然留下了两个小缺口，但分时盘口强势特征依然十分明显，做多氛围浓厚，短期续涨概率大，后市可看多做多。

图4-26是600688上海石化2021年9月3日星期五下午收盘时的K线走势图。在软件上将该股整个K线走势缩小后可以看出，此时股价正处于高位长期下跌企稳之后的上涨（反弹）走势中。股价从前期相对高位，即2020年3月10日最高价5.45元，一路震荡下跌，至2020年11月2日最低价3.27元止跌企稳。下跌时间较长、跌幅较大。

2020年11月2日该股止跌企稳后，主力机构快速推升股价，收集筹码，然后展开大幅震荡盘升（挖坑）洗盘调整行情，高抛低吸赚取差价与洗盘吸

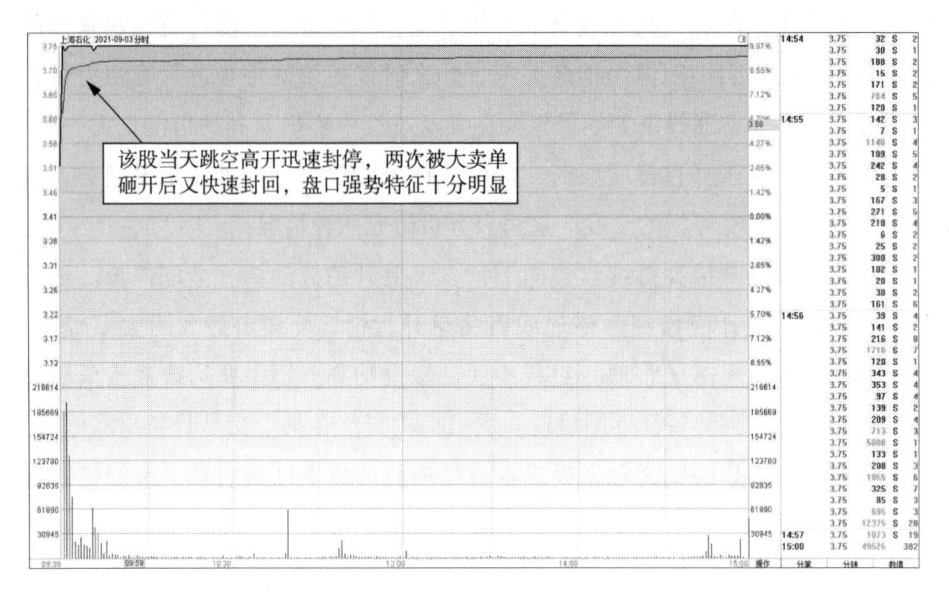

[图表标注：该股当天跳空高开迅速封停，两次被大卖单砸开后又快速封回，盘口强势特征十分明显]

图 4-25

筹并举，折磨和考验普通投资者的信心和耐力。

2021年8月2日，该股回调洗盘至坑底（当日最低价3.18元）止跌企稳。随后主力机构展开初期上涨行情，K线走势红多绿少，红肥绿瘦，其走势呈上升趋势。

9月3日截图当日，该股向上跳空2.93%高开，收出一个大阳线涨停板，突破前高，留下向上突破缺口，形成大阳线涨停K线形态，成交量较前一交易日放大3倍多。当日股价向上穿过60日、90日、120日和250日均线（一阳穿4线），5日、10日、20日、30日均线在股价下方上行，均线蛟龙出海形态形成。此时，均线（除60日均线外）呈多头排列，MACD、KDJ等技术指标开始走强，股价的强势特征已经显现，后市上涨概率大。像这种情况，普通投资者可以在当日或次日跟庄进场逢低买进筹码。

图4-27是600688上海石化2021年9月6日星期一下午收盘时的分时走势图。从分时走势可以看出，该股当天向上跳空1.33%高开后，股价几乎直线上冲，于9:34迅速封停，但瞬间涨停板被大卖单砸开，成交量急速放大，9:52又封回涨停板，至收盘涨停板没有再打开，成交量较前一交易日有效放大。分时盘口虽然留下了一个较大的被大卖单砸出的坑，但整个盘口强势特征仍然十分

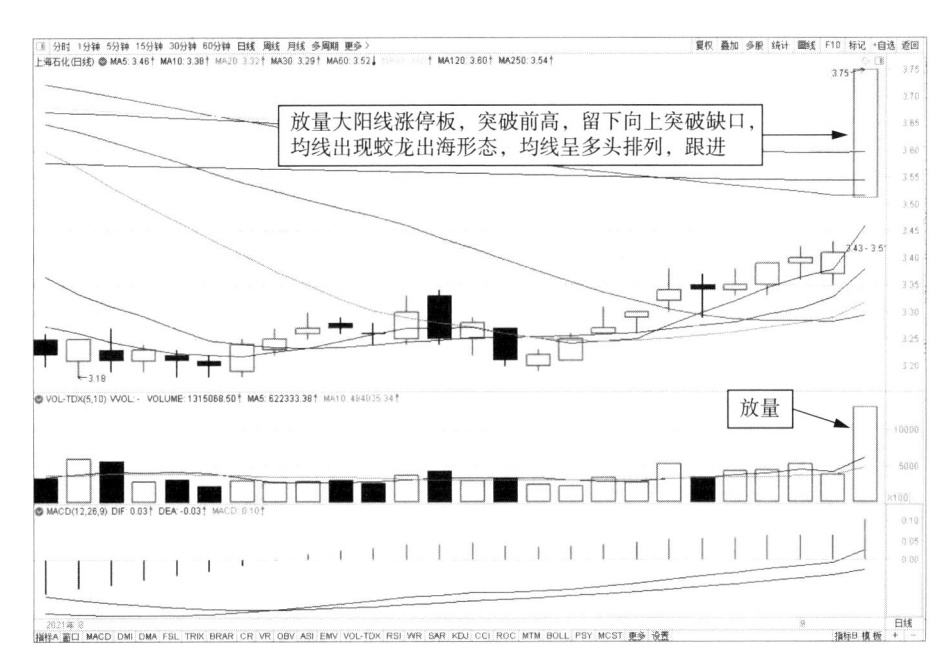

图 4-26

明显，做多氛围浓厚，短期续涨概率大，后市可看多做多。当日涨停板打开 8 分钟，只要有心想跟庄进场买入的普通投资者，都有买进的机会。

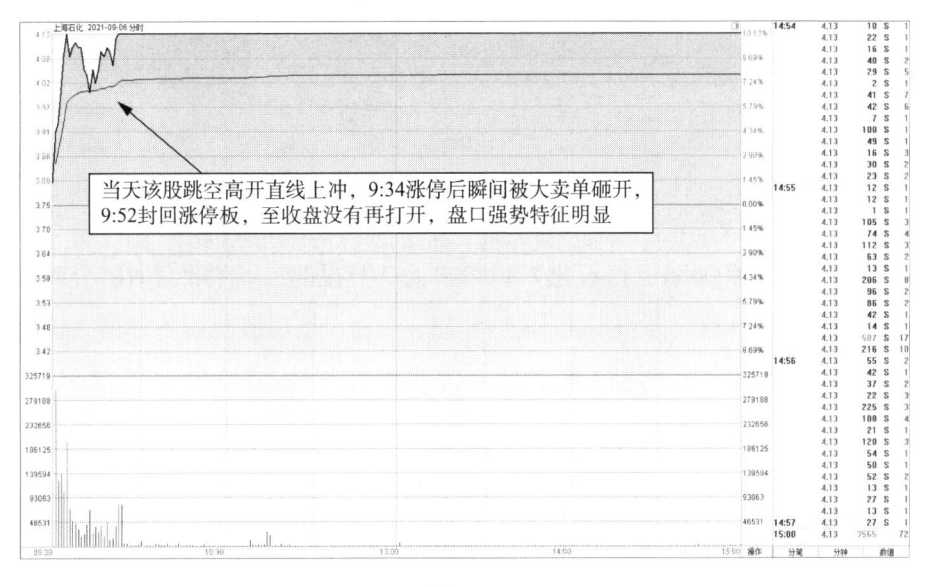

图 4-27

图 4-28 是 600688 上海石化 2021 年 9 月 6 日星期一下午收盘时的 K 线走势图。从 K 线走势可以看出，该股前一交易日主力机构已经拉出一个放量大阳线涨停板。当日继续跳空高开，再次拉出一个大阳线涨停板，突破前高，形成大阳线涨停 K 线形态，成交量较前一交易日有效放大。此时，短中长期均线呈多头排列，MACD、KDJ 等技术指标持续走强，股价的强势特征依然十分明显，做多氛围浓厚，短期续涨概率大，后市继续看好。像这种情况，普通投资者可以在当日或次日跟庄进场逢低买进筹码。

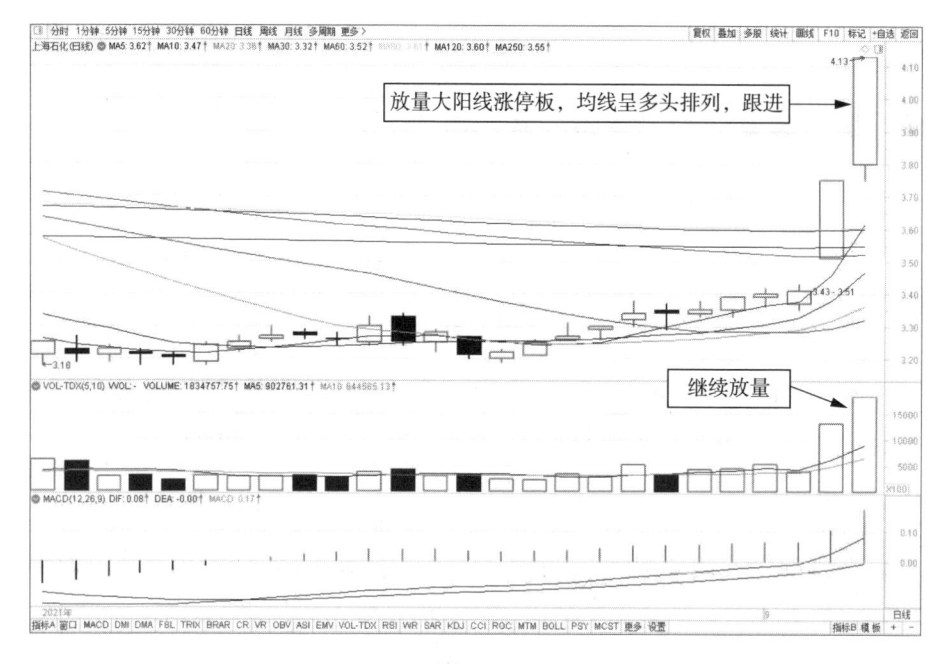

图 4-28

图 4-29 是 600688 上海石化 2021 年 9 月 7 日星期二下午收盘时的分时走势图。从分时走势看，当天该股跳空 5.33% 开盘，然后股价震荡回落，接近前一交易日收盘价时拐头上行，展开震荡盘升行情，13:00 封上涨停板，13:11 涨停板被大卖单砸开，14:08 再封回，至收盘涨停板没有再打开。分时盘口留下大小 2 个坑，当日涨停板打开时间近 3 个小时，涨停板封板结构差。从当天的分时走势看，开盘就回落且回落幅度较深、涨停板被打开且时间较长，成交量较前一交易日大幅放大，明显是主力机构利用大幅跳空高开、盘

中高位震荡整理、涨停打开等操盘手法展开诱多出货行情。像这种情况，普通投资者如果手中有货当天还没有出完的，次日应该逢高清仓。

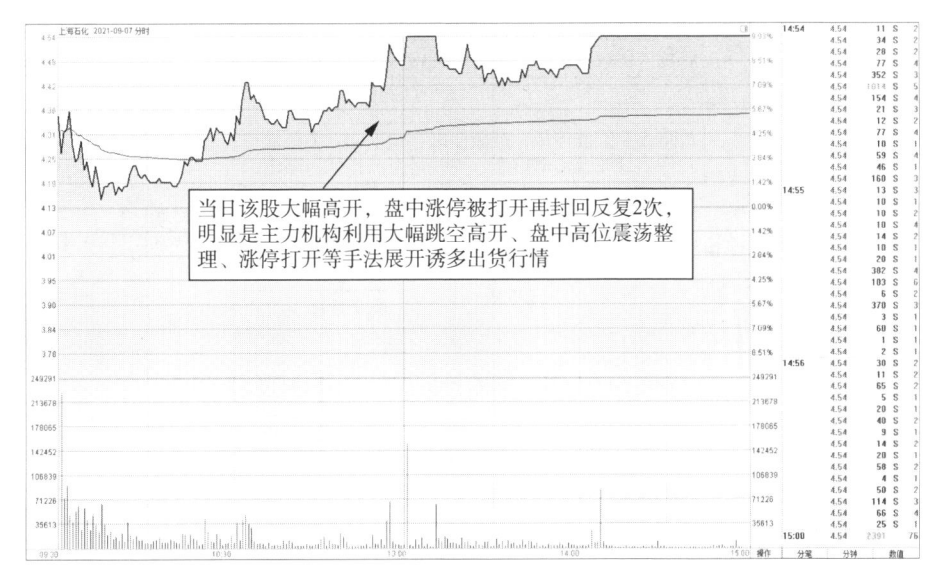

图 4-29

当日该股大幅高开，盘中涨停被打开再封回反复2次，明显是主力机构利用大幅跳空高开、盘中高位震荡整理、涨停打开等手法展开诱多出货行情

图 4-30 是 600688 上海石化 2021 年 9 月 7 日星期二下午收盘时的 K 线走势图。从 K 线走势可以看出，该股前 2 个交易日连续拉出了 2 个大阳线涨停板。当日大幅跳空高开，收出一根涨停锤头阳 K 线（高位锤头线也称为吊颈线，是主力机构的一种骗线行为，暗示此处有强大的承接盘，目的在于误导普通投资者。透露出主力机构欲盖弥彰、准备撤退的真实意图），成交量较前一日大幅放大，明显是主力机构在高位诱多出货。此时，股价远离 30 日均线且涨幅较大，KDJ 等部分技术指标开始走弱，盘口的弱势特征已经显现。像这种情况，普通投资者如果手中还有筹码当天没有出完的，次日应该逢高撤出。

二是个股处于相对高位横盘震荡洗盘之后的第一个涨停板。个股经过初期上涨之后，有了一定的涨幅，积累了不少获利盘，主力机构利用大盘调整等时机，通过强势横盘震荡整理洗盘或回调洗盘等手法，来消化获利盘（包括套牢盘），拉高新进场普通投资者的入场成本，减轻后市拉升压力。

调整结束后，随着成交量的放大和技术指标的走强，主力机构拉出调整

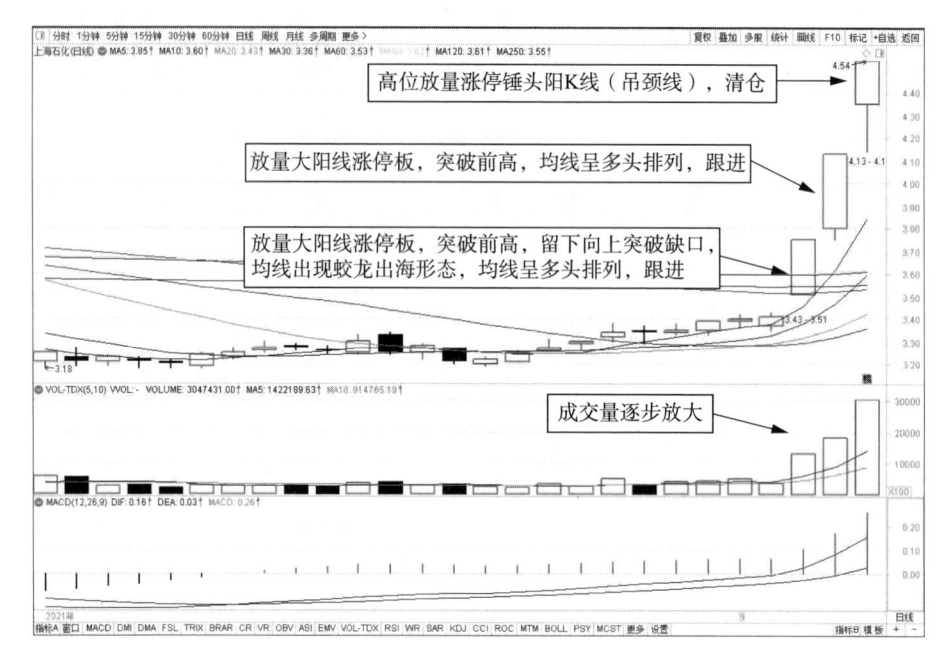

图 4-30

之后的第一个涨停板。

此类个股在本次涨停之前已经拉出过涨停板，有的甚至拉出过多个涨停板，股价已处于相对高位。普通投资者在浏览和跟踪过程中若发现类似个股，可以选为目标股票，然后寻机跟庄进场逢低买入筹码。

一般情况下，中期调整洗盘之后，个股走势已步入快速拉升环节，主力机构后期的拉升目标应该是比较明确的。普通投资者跟庄进场后就要盯紧盘口，注意跟踪观察盘口主力机构操盘动态、量能变化、均线排列及大盘走势等情况，做好随时撤出的准备。

图 4-31 是 000615 奥园美谷 2021 年 4 月 22 日星期四下午收盘时的分时走势图。从分时走势看，该股当天向上跳空 6.45% 高开后，快速冲高直接封上涨停板，至收盘涨停板没被打开。当日成交量较前一交易日萎缩，涨停板封板结构好，分时盘口强势特征明显，做多氛围浓厚，短期上涨概率大，后市可看多做多。

第四章 强势盘口选股

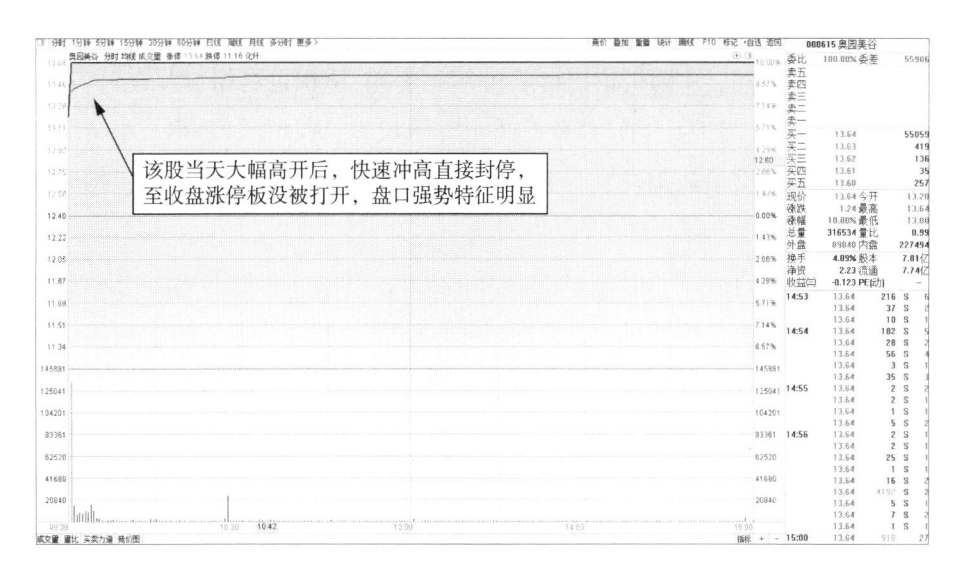

图4-31

图4-32是000615奥园美谷2021年4月22日星期四下午收盘时的K线走势图。这是当年上半年走出的一只大牛股。在软件上将该股整个K线走势缩小后可以看出，此时该股走势处于上升趋势中。股价从前期相对高位，即2017年4月17日最高价26.94元，一路震荡下跌，至2020年2月5日最低价3.19元止跌企稳。下跌时间长、跌幅大，这期间有过多次反弹，且反弹幅度较大；尤其是下跌后期的几个交易日，主力机构借助当时大盘大跌之势，加速洗盘杀跌。下跌期间有过2次分别为每10股派现金0.400元和0.501元的除息行为。

2020年2月5日该股止跌企稳后，主力机构快速推升股价，收集筹码，然后展开大幅震荡盘升（挖坑）洗盘调整行情，高抛低吸赚取差价与洗盘吸筹并举。整个震荡盘升调整行情持续了9个多月。

2020年10月26日，股价回调洗盘至坑底（当日最低价3.85元）止跌企稳。此后，K线走势红多绿少，红肥绿瘦，该股走势呈上升趋势。

11月16日，该股跳空高开，收出一根大阳线，突破前高（坑沿），成交量较前一交易日明显放大，短期均线呈多头排列，MACD、KDJ等技术指标开始走强，股价的强势特征已经显现，后市上涨概率大。像这种情况，普通投

165

资者可以在当日或次日逢低跟庄进场买进筹码。此后该股展开初期上涨行情。初期上涨行情期间，主力机构拉出了9个涨停板，涨幅也是相当大的。

2021年2月25日，当日该股低开冲高至12.94元回落，收出一根带上影线的小阳线，成交量较前一交易日萎缩。初期上涨行情结束，主力机构展开横盘震荡整理洗盘行情。

4月22日截图当日，该股跳空高开，收出一个小阳线涨停板，突破前高和平台，留下向上中继缺口，该股形成小阳线涨停K线形态，成交量较前一交易日萎缩（量小的原因是该股当日开盘即快速封停）。该股横盘震荡整理洗盘行情结束。此时，短中长期均线呈多头排列，MACD、KDJ等技术指标走强，股价的强势特征相当明显，主力机构快速拉升行情已经开启。像这种情况，普通投资者可以在当日或次日跟庄进场逢低加仓买进筹码。待股价出现明显见顶信号后再撤出。

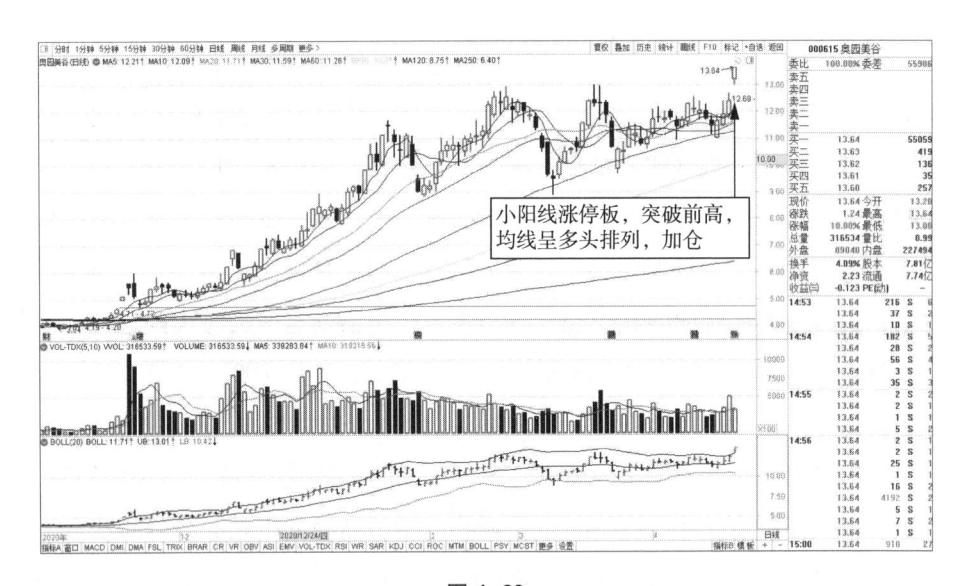

图 4-32

图4-33是000615奥园美谷2021年5月13日星期四下午收盘时的分时走势图。从分时走势看，该股当天向上跳空4.41%高开后，略冲高即快速回落，然后展开震荡整理行情，至收盘涨幅为6.47%；当日成交量较前一交易日明显放大，显露出主力机构利用高开、盘中拉高手法引诱跟风盘来进行高位震

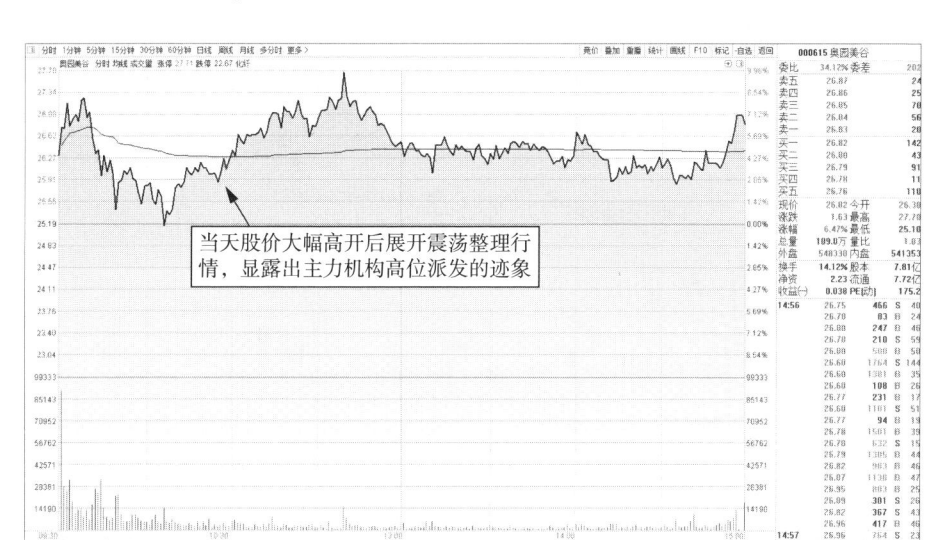

荡派发出货的迹象，后市谨慎看多。

图4-33

图4-34是000615奥园美谷2021年5月13日星期四下午收盘时的K线走势图。从K线走势看，该股自4月22日拉出一个小阳线涨停板，形成小阳线涨停K线形态并留下向上中继缺口之后，主力机构启动了快速拉升行情。

从拉升情况看，主力机构依托5日均线采取盘中洗盘的手法，几乎是直线向上快速拉升股价；这期间该股有过1次强势小调整，股价跌（刺）破5日均线很快收回。从4月22日至5月13日，共13个交易日，拉出了11根阳线（其中一根假阴真阳十字星），其中有6个涨停板，涨幅相当可观。

5月13日截图当日，该股大幅高开冲高回落，收出一根小螺旋桨阳K线（高位螺旋桨K线又称为变盘线或转势线），成交量较前一交易日明显放大，收盘涨幅6.47%，应该是主力机构利用大幅高开、盘中拉高手法吸引跟风盘以便派发出货。此时，虽然该股走势仍处于上升趋势中，但股价远离30日均线且涨幅过大，KDJ等部分技术指标已开始走弱，还是要慎重为好。像这种情况，普通投资者如果手中还有筹码当日没有出完的，次日要逢高卖出。

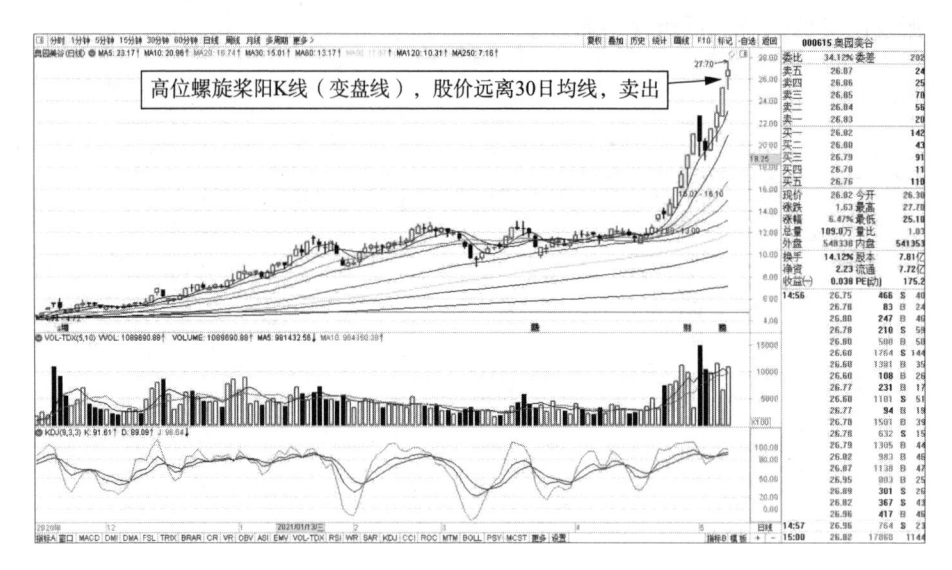

图 4-34

除一字板、T字板外，其他涨停个股的选项还是比较多的，普通投资者平时要做好目标股票的寻找、选择和跟踪工作，每天对收盘涨停的个股一一进行翻看分析，把走势强于大盘、已经走出底部、均线呈多头排列且放量涨停的个股，加入自选股进行跟踪观察，做好随时跟庄进场的准备。

第二节 上行缺口未封闭个股的筛选

上行缺口未封闭，是指个股以高于前一交易日收盘价若干价位开盘，当日股价回调没有跌破前一日收盘价，分时走势（K线走势）图上形成了一个向上的跳空缺口。个股高开如果缺口未被封闭，说明主力机构正在有预谋有计划有步骤地控盘操盘。

对上行缺口未封闭的强势个股，要看其所处位置，如果是股价刚脱离底部或处于相对低位，可以择机大胆跟进，这种情况很大可能是主力机构要启动拉升了，但也有反复的可能；如果位置过高，就需要注意了，很有可能是主力机构拉高诱多，引诱跟风盘接货。这里重点分析研究3种上行缺口未封闭个股盘口。

一、个股向上跳空高开且回调不破昨天收盘价

个股 K 线走势处于上升趋势。某个交易日股价向上跳空高开后，回调时没有向下跌破前一交易日的收盘价，也即没有完全回补缺口，当天的缺口便可能是向上跳空突破缺口，是一种强势的分时盘口。一般情况下，强势盘口的缺口不会回补，有时可能形成 N 字形态或 W 字等形态向上分时走势，且分时均价线支撑着分时价格线稳步上行。这种高开分时盘口的个股，可以作为目标股票的首选，普通投资者结合该股 K 线走势及其他技术指标进行综合分析判断后，就可以确定是否可以及时跟庄进场买入筹码了。

图 4-35 是 002596 海南瑞泽 2022 年 3 月 31 日星期四下午收盘时的分时走势图。从分时走势看，该股当天向上跳空 2.65% 高开后，回调没有破前一交易日的收盘价。分时价格线依托分时均价线同步向上运行，形成 W 字形态分时走势后，几乎直线上冲，于 9:37 封上涨停板，9:38 涨停板被大卖单砸开，股价瞬间回落，然后展开横盘震荡整理行情，10:16 封回涨停板；下午涨停板又反复被打开封回 2 次，但打开时间比较短，应该是前期进场的短线获利盘出逃。

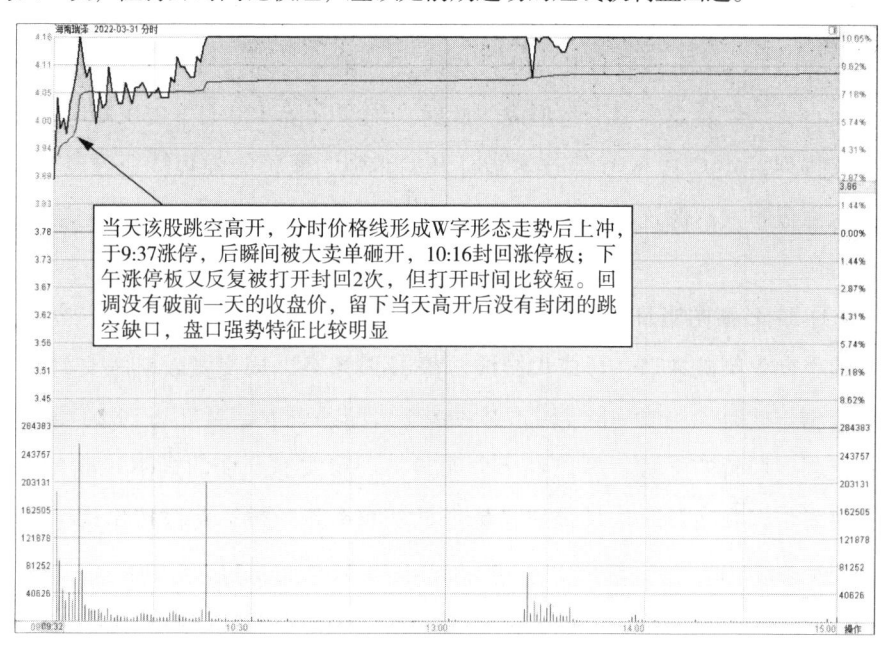

图 4-35

当日涨停板被打开的总时长没有超过 1 小时，回调幅度也不深，成交量较前一交易日明显放大，分时走势上留下当天高开后没有完全回补的跳空缺口（当日股价回调没有下破前一交易日收盘价），涨停板封板结构较好，分时盘口强势特征比较明显，做多氛围浓厚，短期上涨概率大，后市可看多做多。当日也正是前一交易日没能跟庄进场的普通投资者进场买进的最佳时机。

图 4-36 是 002596 海南瑞泽 2022 年 3 月 31 日星期四下午收盘时的 K 线走势图。在软件上将该股整个 K 线走势进行缩小可以看出，此时股价正处于高位长期下跌企稳之后的上涨（反弹）走势中。股价从前期相对高位，即 2019 年 4 月 10 日最高价 12.25 元，一路震荡下跌，至 2022 年 3 月 16 日最低价 3.07 元止跌企稳。下跌时间长、跌幅大；这期间有过多次反弹，且反弹幅度较大；下跌后期走势比较平缓，主力机构利用震荡下跌调整，收集了不少筹码。下跌期间有过 2 次分别为每 10 股派现金 0.080 元和 0.100 元的除息行为。

2022 年 3 月 16 日该股止跌企稳后，主力机构快速推升股价，继续收集筹码。

3 月 30 日，该股低开收出一个大阳线涨停板，突破前高，形成大阳线涨停 K 线形态，成交量较前一交易日放大近 3 倍，股价向上穿过 5 日、10 日、20 日、30 日、60 日、90 日和 120 日均线（一阳穿 7 线），250 日均线在股价上方下行，均线蛟龙出海形态形成。此时，均线（除 120 日、250 日均线外）呈多头排列，MACD、KDJ 等技术指标开始走强，股价的强势特征已经显现，后市上涨概率大。像这种情况，普通投资者可以在当日或次日跟庄进场逢低买进筹码。

3 月 31 日截图当日，该股跳空高开再次收出一个大阳线涨停板，突破前高，留下向上突破缺口，形成大阳线涨停 K 线形态，成交量较前一交易日放大近 3 倍。此时，均线（除 250 日均线外）呈多头排列，MACD、KDJ 等技术指标走强，股价的强势特征已经十分明显，后市快速上涨的概率非常大。普通投资者可以在当日或次日跟庄进场逢低加仓买进筹码，待股价出现明显见顶信号后再撤出。

图 4-37 是 002596 海南瑞泽 2022 年 4 月 7 日星期四下午收盘时的分时走势图。从分时走势看，该股当天向上跳空 1.19% 高开后，股价快速回落，分

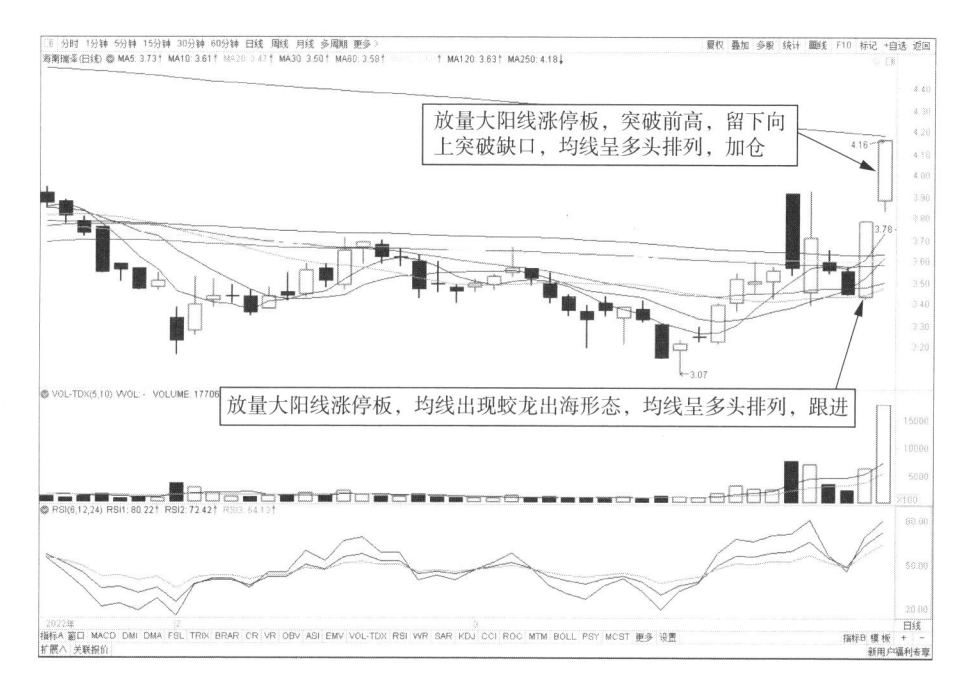

图 4-36

时价格线向下穿破上一交易日收盘价后急速下行,然后迅速拐头向上,形成 W 字形态分时走势后,持续震荡走高,于 9:54 封上涨停板,10:08 涨停板被大卖单砸开。当日涨停板反复被打开封回多次,被打开总时长超过 3 小时,回调幅度较深,分时盘口留下一个大深坑,成交量较前一交易日大幅放大,涨停板封板结构差(烂板),明显是主力机构运用高开、拉高涨停、涨停板打开高位震荡等手法,引诱跟风盘展开派发出货行情。像这种情况,普通投资者如果手中有货当天还没有出完的,次日一定要逢高清仓。

图 4-38 是 002596 海南瑞泽 2022 年 4 月 7 日星期四下午收盘时的 K 线走势图。从 K 线走势可以看出,该股 3 月 31 日跳空高开收出一个放量大阳线涨停板(当日股价回调没有下破上一交易日收盘价)之后,4 月 1 日、6 日和 7 日又连续拉出 3 个涨停板,股价涨幅较大。

4 月 7 日截图当日,该股跳空高开,收出一根长下影线涨停阳 K 线,成交量较前一日放大近 6 倍,明显是主力机构在高位诱多出货。此时股价远离 30 日均线且涨幅过大,KDJ 等部分技术指标已经有走弱的迹象。像这种情况,普通投资者如果手中还有筹码当天没出完的，次日要逢高清仓。

当日涨停板反复被打开封回多次，被打开总时长超过3小时，回调幅度较深，成交量较前一交易日大幅放大，涨停板封板结构差（烂板），明显是主力机构利用盘中高位震荡整理以及拉高涨停等手法展开诱多出货行情

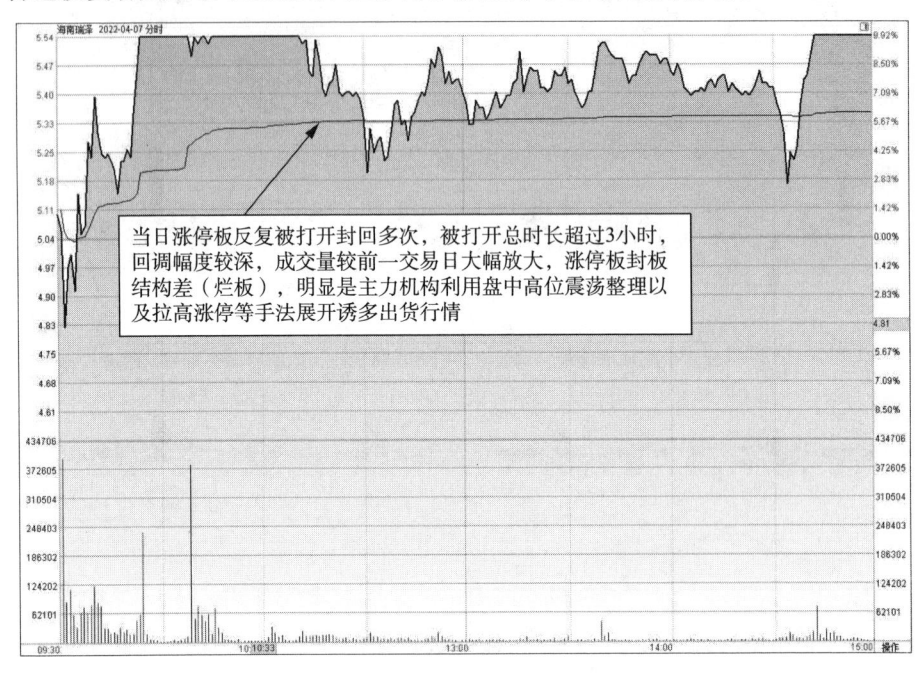

图 4-37

高位放量长下影线涨停阳K线，股价远离30日均线，清仓

放量大阳线涨停板，突破前高，留下向上突破缺口，均线呈多头排列，加仓

放量大阳线涨停板，均线出现蛟龙出海形态，均线呈多头排列，跟进

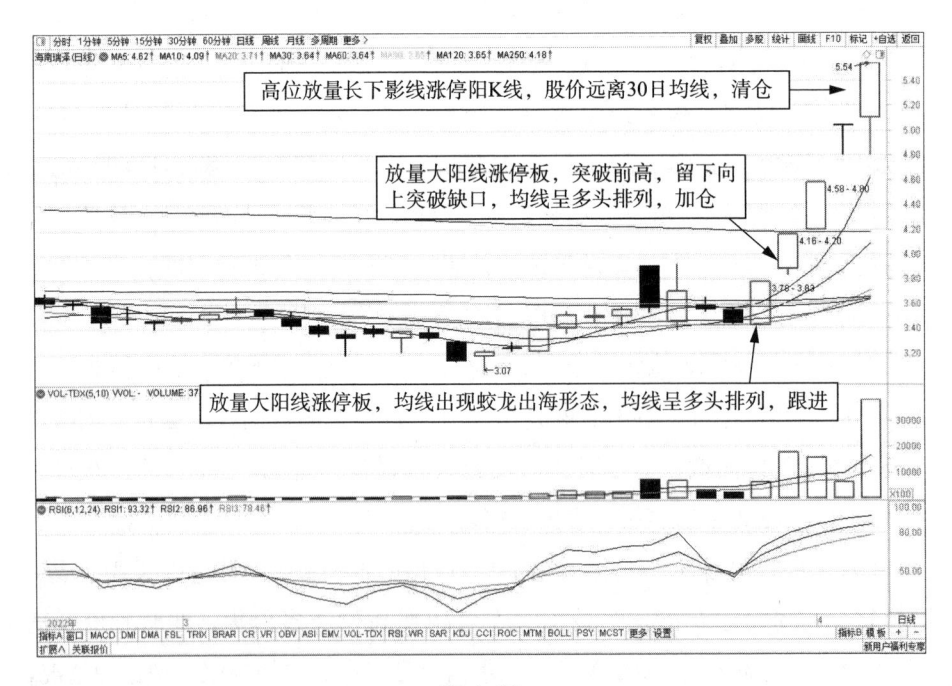

图 4-38

二、个股向上跳空高开且回调不破当天开盘价

个股 K 线走势处于上升趋势。某个交易日跳空高开，回调时没有跌破当天的开盘价、没有回补缺口，且分时价格线始终在分时均价线上方运行，这是强势特征明显的分时盘口。其实，主力机构都算准了，股价推升到这个地步，其他投资者已经没有多少获利盘可抛，即使有少数抛盘，当日开盘价上方也有许多买单等着接盘，股价是不可能跌破开盘价的，也不可能回补缺口。这就表明了主力机构做多意志坚决，拉升信心很足。这种高开分时盘口的个股可以作为选择目标，普通投资者可以看多做多，适时择机跟庄进场逢低买进。

图 4-39 是 600338 西藏珠峰 2021 年 5 月 6 日星期四下午收盘时的分时走势图。从分时走势看，该股当天向上跳空 3.82% 高开，直线上冲后小幅回调，回调没有破当日的开盘价，分时价格线始终在分时均价线上方运行，形成 W 字形态分时走势后，再度直线上冲涨停。9:50 涨停板被大卖单砸开，10:09 再次封回涨停板至收盘，涨停板封板结构较好，分时盘口强势特征比较明显，做多氛围浓厚，后市看好。像这种情况，普通投资者当天想买进而又错过了买进时机的，可以在次日择机跟庄进场买进筹码。

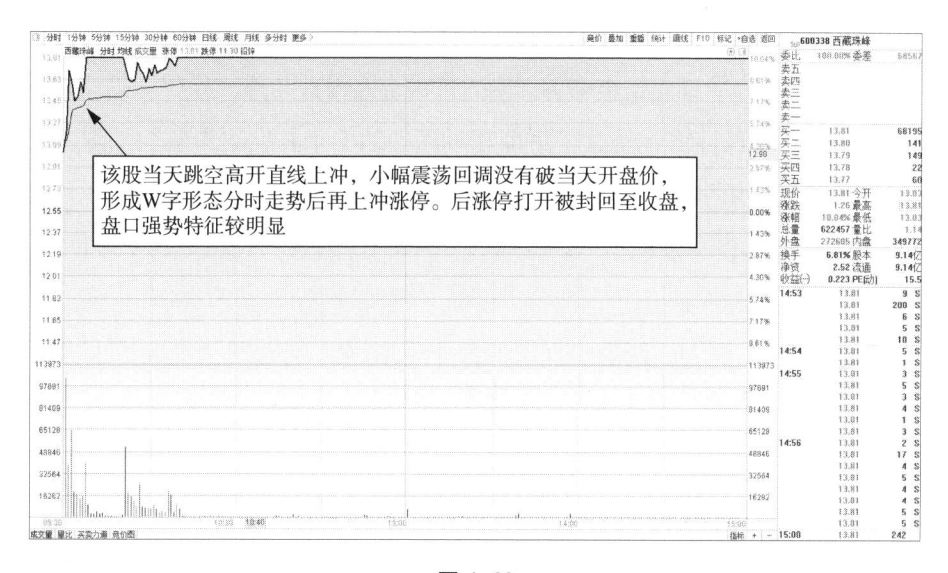

图 4-39

图4-40是600338西藏珠峰2021年5月6日星期四下午收盘时的K线走势图。在软件上将该股整个K线走势进行缩小可以看出，此时股价正处于前期高位下跌企稳之后的上涨（反弹）走势中。股价从前期相对高位，即2020年7月9日最高价15.25元，一路震荡下跌，至2020年11月2日最低价7.88元止跌企稳。下跌时间虽然不长，但跌幅大。

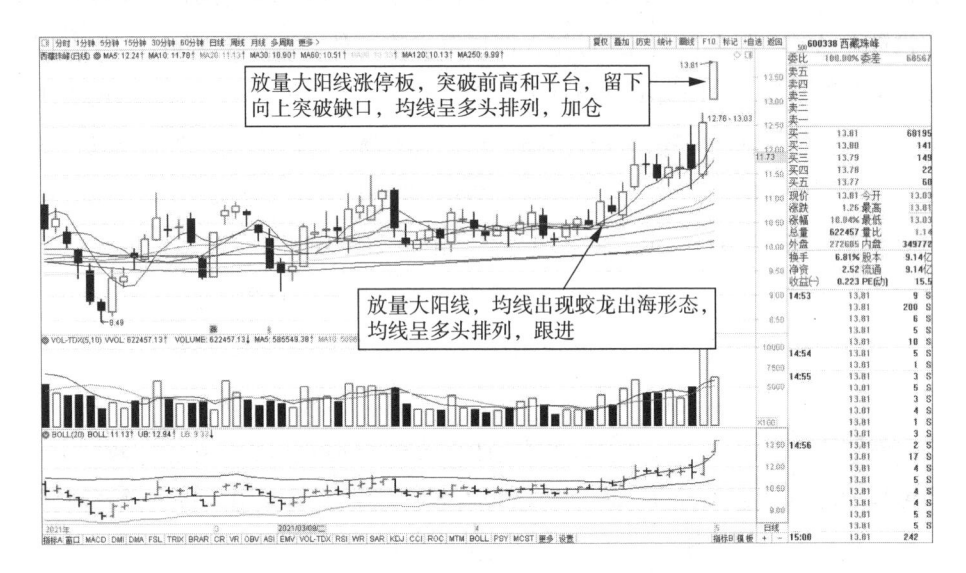

图 4-40

2020年11月2日止跌企稳后，主力机构快速推升股价，收集筹码，然后展开大幅震荡整理行情。横盘震荡整理时间长达5个月，主力机构采取高抛低吸与洗盘吸筹并举的操盘手法，赚取差价、清洗获利盘、收集筹码。K线走势呈上升趋势，红多绿少，红肥绿瘦，这期间主力机构拉出了6个涨停板，主要目的应该是吸筹。

2021年4月19日，该股低开收出一根大阳线（涨幅4.49%），突破前高和平台，成交量较前一交易日放大近2倍，股价向上突破（穿过）5日、10日、20日和30日均线（一阳穿4线），60日、90日、120日和250日均线在股价下方上行，均线蛟龙出海形态形成。此时，均线呈多头排列，MACD、KDJ等技术指标开始走强，股价的强势特征已经显现，后市上涨概率大。像这种情况，普通投资者可以在当日或次日逢低跟庄进场买进筹码。

5月6日截图当日,该股跳空高开收出一个大阳线涨停板,突破前高和平台,留下向上突破缺口,形成大阳线涨停K线形态,成交量较前一交易日萎缩。此时,均线呈多头排列,MACD、KDJ等技术指标走强,股价的强势特征已经非常明显,后市快速上涨的概率非常大。像这种情况,普通投资者可以在当日或次日跟庄进场逢低加仓买进筹码,待股价出现明显见顶信号后再撤出。

图4-41是600338西藏珠峰2021年9月1日星期三下午收盘时的分时走势图。从分时走势看,该股当天向上跳空1.56%开盘,股价震荡上行然后快速回落,分时价格线向下穿破上一交易日收盘价,下跌幅度较深,然后拐头向上,展开大幅震荡走势。

从当天盘口看,该股开盘震荡走高,回落跌破昨日收盘价,成交量放大,分时走势呈大幅震荡走低态势,明显是主力机构运用高开、盘中拉高等手法,引诱跟风盘展开派发出货行情,盘口弱势特征明显。手中有筹码的普通投资者,可在早盘开盘后股价走高时卖出。

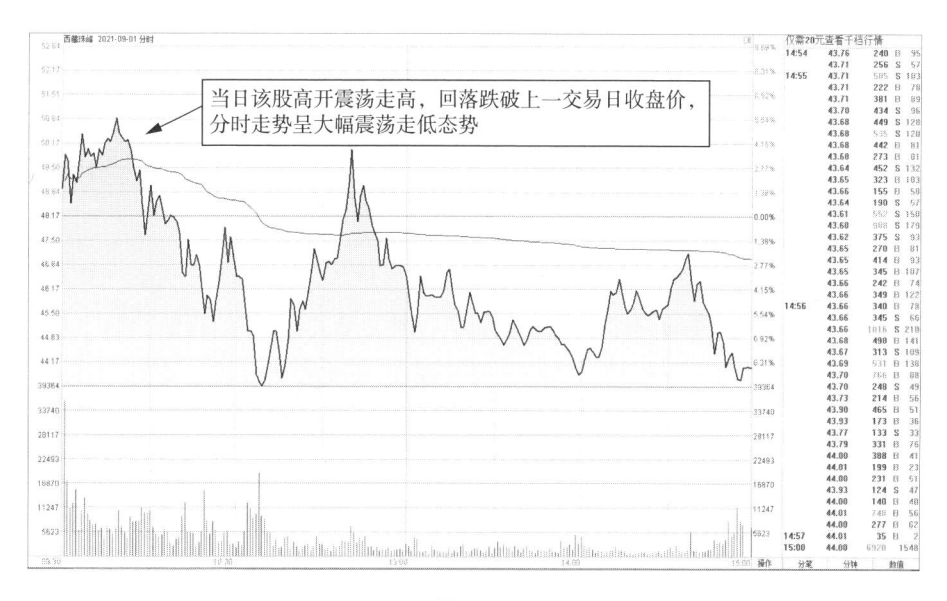

图4-41

图4-42是600338西藏珠峰2021年9月1日星期三下午收盘时的K线走势图。从K线走势可以看出,该股5月6日跳空高开拉出一个放量大阳线涨

停板之后（当日股价回调没有下破开盘价），主力机构展开了震荡盘升行情。

2021年5月20日，该股跳空高开回落，收出一个带上下影线的阴K线，成交量较前一交易日放大3倍多，主力机构展开回调洗盘行情。回调洗盘的原因，一是股价已有一定的涨幅；二是股价已上涨至前期的密集成交区（2019年6、7月份除权除息后的密集成交区）。主力机构正好趁机展开回调洗盘，清洗获利盘，拉高普通投资者的进场成本，为后期拉升股价打基础。

值得普通投资者注意的是，虽然股价经过一个多月的回调洗盘，但回调并没有回补5月6日的向上跳空高开突破缺口，说明主力机构不想回调太深，丢失筹码，同时也说明该股走势非常强势，主力机构目标远大、志存高远。主力机构回调洗盘行情展开后，普通投资者可以逢高先卖出手中筹码，继续跟踪观察，待股价调整到位后再把筹码接回来。当然，也可继续持股，看看后面的走势再作出决策。

7月2日，该股低开收出一根大阳线，突破前高，成交量较前一交易日大幅放大，股价向上突破（穿过）5日、10日、20日和60日均线（一阳穿4线），30日均线在股价上方下行，90日、120日和250日均线在股价下方上行，均线蛟龙出海形态形成。此时，均线（除20日、30日均线外）呈多头排列，MACD、KDJ等技术指标开始走强，股价的强势特征已经显现，后市上涨的概率大。像这种情况，普通投资者可以在当日或次日逢低跟庄进场买进筹码。此后，主力机构快速向上拉升股价。

从主力机构快速向上拉升的情况看，股价依托5日均线逐步上升，这期间有过2次较大幅度的调整，股价向下跌（刺）破20日均线很快收回，30日均线起到了较好的支撑作用，整个上涨走势还算顺畅。股价从7月2日的开盘价13.41元上涨至9月1日的最高价50.89元，涨幅还是相当可观的。

9月1日截图当日，该股高开冲高回落，收出一根乌云盖顶大阴线（乌云盖顶阴线，是常见的看跌反转信号），成交量较前一交易日明显放大。此时，股价涨幅已经很大，MACD、KDJ等技术指标开始走弱，盘口的弱势特征已经显现。像这种情况，普通投资者如果当天手中还有筹码没有出完的，次日要逢高清仓。

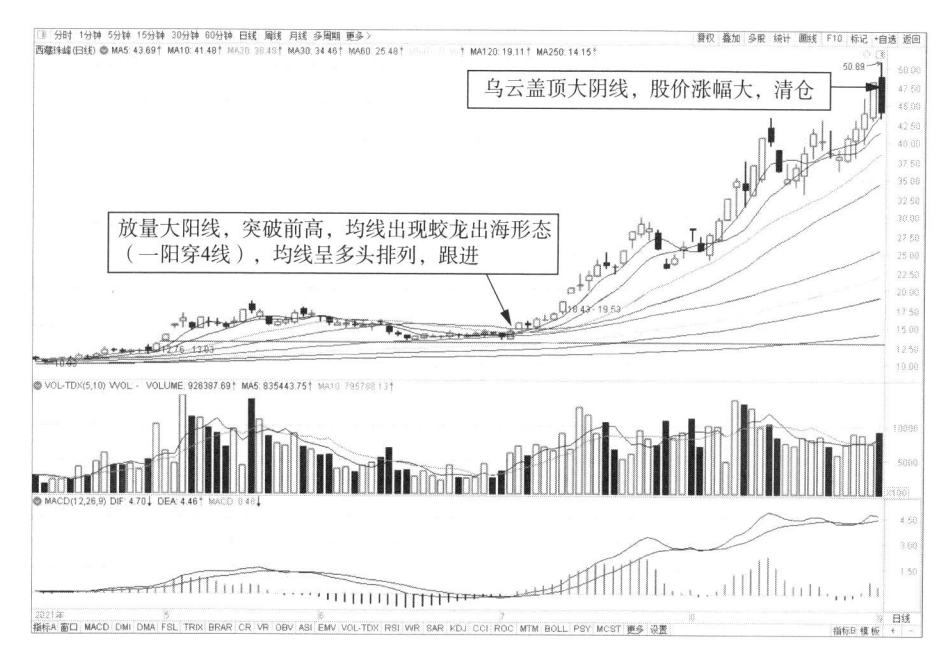

图 4-42

三、个股向上跳空高开且回调不破当天均价线

个股K线走势处于上升趋势。某一交易日早盘跳空高开，明显表露出该股的强势特征，显示有主力机构在其中运作。如果个股之前已经有一定的横盘震荡洗盘和蓄势过程，某一交易日跳空高开后，分时价格线回调不破分时均价线，说明主力机构对个股后期走势已有谋划并持乐观态度，同时也反映出主力机构积极做多的意愿，有想法有决心把股价推上去。当分时价格线回落快接近分时均价线时，主力机构就会有买单托盘，保持分时均价线向上运行，预示着该股后续走势向好。这种高开分时盘口的个股可以作为目标股票的选择重点。

图 4-43 是 603876 鼎胜新材 2021 年 5 月 31 日星期一下午收盘时的分时走势图。从分时走势看，该股当天向上跳空 1.18% 开盘，然后股价依托分时均价线缓慢上行；10:33 上行至 14.84 元离分时均价线较远时，股价震荡回落展开横盘整理行情，13:22 分两个小波次上冲封上涨停板，至收盘涨停板没被

打开。

当日股价回调、横盘整理时都没有跌破分时均价线，分时价格线始终在分时均价线上方运行。从分时盘口看，涨停板封板结构较好，盘口强势特征比较明显，做多氛围较为浓厚，后市可看多做多。像这种情况，普通投资者如果当天想买进而又错过了买进时机的，可以在次日择机跟庄进场逢低买进。

图中标注：当天该股跳空高开后，缓慢震荡上行并展开横盘整理行情，回调及整理时都没有跌破分时均价线。下午涨停后至收盘，涨停板没被打开，涨停板封板结构较好

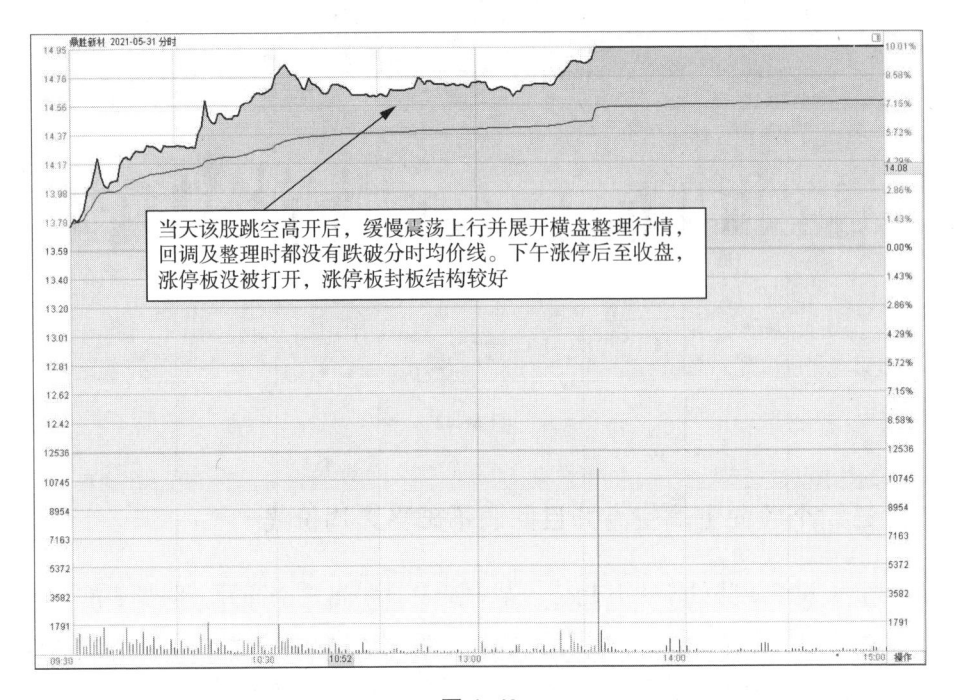

图 4-43

图 4-44 是 603876 鼎胜新材 2021 年 5 月 31 日星期一下午收盘时的 K 线走势图。在软件上将该股整个 K 线走势缩小后可以看出，此时股价正处于高位下跌企稳之后的上涨（反弹）走势中。股价从前期相对高位，即 2020 年 2 月 25 日最高价 20.64 元，大幅震荡下跌，至 2021 年 2 月 8 日最低价 10.72 元止跌企稳。下跌时间较长、跌幅较大；这期间有过 2 次反弹，且反弹幅度较大；下跌期间还有过 1 次每 10 股派现金 1.000 元的除息行为。

2021 年 2 月 8 日该股止跌企稳后，主力机构快速推升股价，收集筹码，然后展开横盘震荡整理行情，洗盘吸筹。该股 K 线走势呈上升趋势，小阴小阳，红多绿少，红肥绿瘦。

5月31日截图当日，该股跳空高开收出一个大阳线涨停板，突破前高，形成大阳线涨停K线形态，成交量较前一交易日放大2倍多。此时，均线呈多头排列，MACD、KDJ等技术指标开始走强，股价的强势特征已经非常明显，后市快速上涨的概率非常大。像这种情况，普通投资者可以在当日或次日跟庄进场逢低买进筹码，待股价出现明显见顶信号后再撤出。

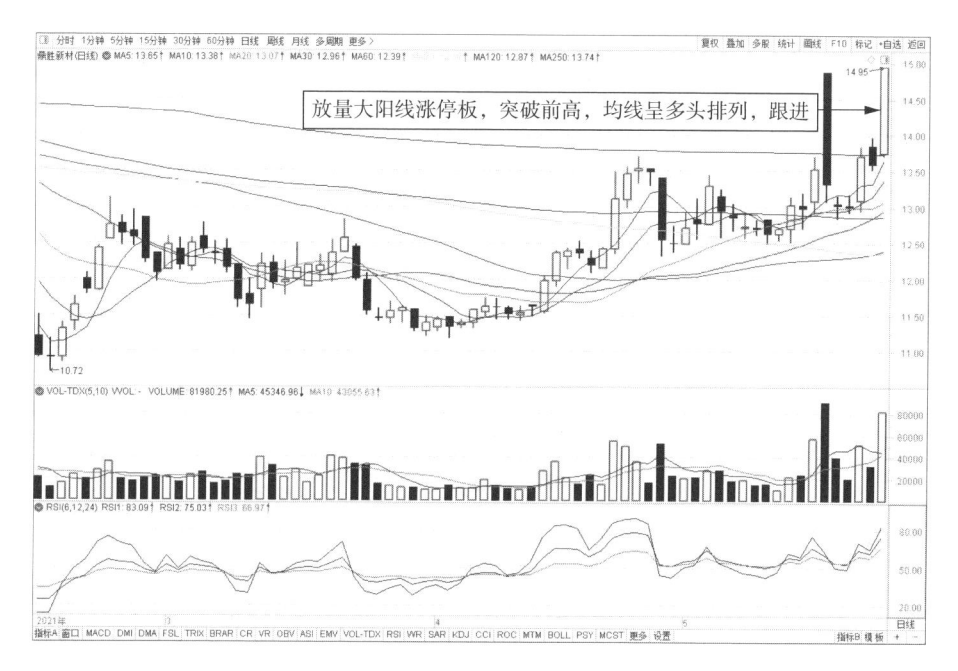

图 4-44

图4-45是603876鼎胜新材2021年6月30日星期三下午收盘时的分时走势图。从分时走势看，该股当天跳空低开，股价快速回落，然后在低位展开震荡整理行情，分时价格线围绕分时均价线上下穿行，波动幅度不大，至收盘涨幅为-3.75%，成交量与前一交易日基本持平。

从当天盘口看，该股低开-1.80%，开盘快速回落，然后展开震荡整理行情，当日总的下跌幅度不大，且成交量与前一交易日基本持平，说明主力机构已经展开缩量调整洗盘行情，同时有一部分前期跟进的获利盘出逃，整个盘口相对弱势。像这种情况，普通投资者应该结合K线走势等情况，进行综合分析判断后再进行操盘。

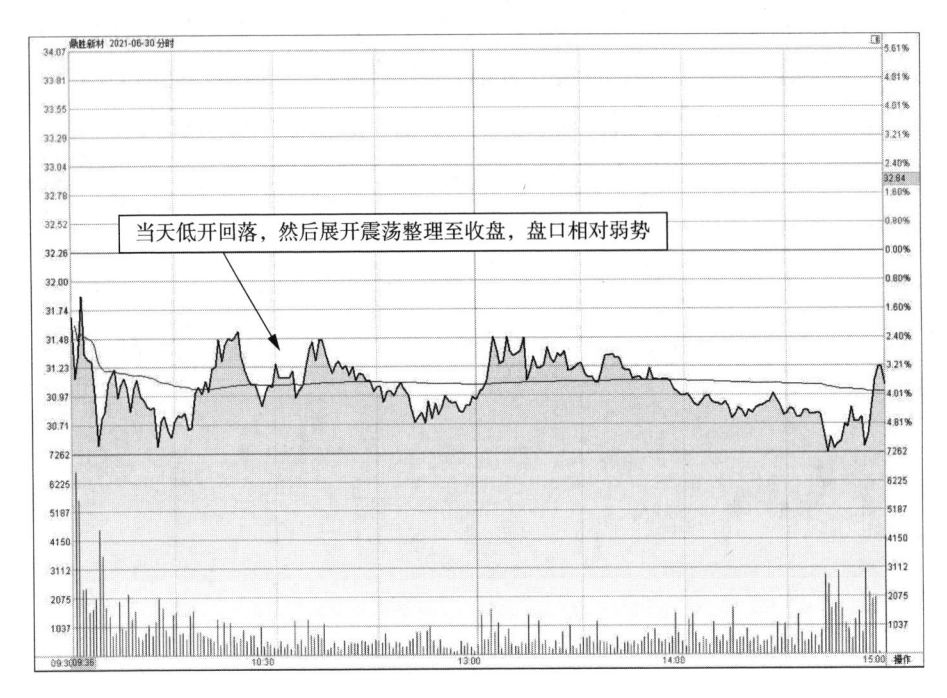

图4-45

图4-46是603876鼎胜新材2021年6月30日星期三下午收盘时的K线走势图。从K线走势可以看出，该股5月31日跳空高开拉出一个放量大阳线涨停板之后（当日股价回调没有下破均价线），主力机构展开了快速拉升拔高行情。至6月29日共21个交易日，拉出了15根阳线，其中6个涨停板，涨幅还是相当大的。

6月30日截图当日，该股低开，收出一颗阴十字星，成交量与前一交易日基本持平。理论上讲，相对高位出现十字星，是一种转向（或见顶）的信号，透露出主力机构已经展开调整洗盘行情。调整的原因，一是上涨幅度较大，股价远离30日均线；二是股价已拉升至前期的密集成交区（2018年6月8日开始下跌的密集成交区）。像这种情况，普通投资者可以逢高先卖出手中筹码，然后跟踪观察，待股价调整到位后再把筹码接回来。当然，也可继续持股，看看后面的走势再作决策。

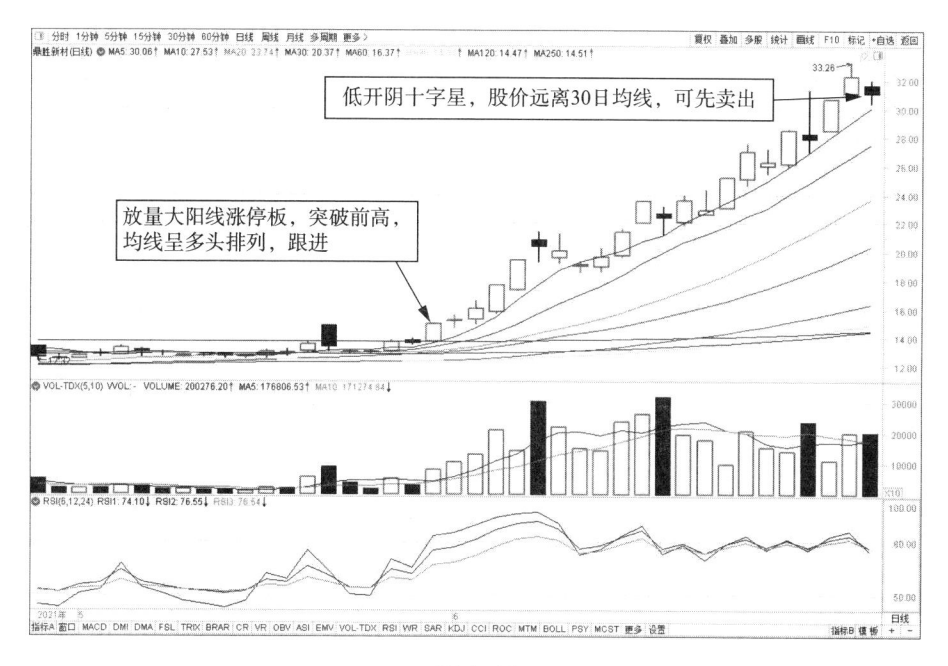

图 4-46

第三节　强势分时走势个股的筛选

在股价的走势上，强势个股的特征并不简单地表现在 K 线形态上，同时还反映在其他技术指标上，尤其体现在盘口分时走势上。所以，在目标股票的进一步选择上，除了要对个股的 K 线走势（形态）及其他技术指标等进行综合分析研究外，还要重点对盘口分时走势、成交量、换手率等因素进行认真分析研判，将多种因素结合起来进行综合衡量，才能更好地把握强势个股和强势盘口。由于分时走势是最能体现个股强势特征的盘口语言，也是普通投资者在交易时间内盯得最多的盘口，更是普通投资者跟庄进场买进筹码的重要参考，所以要重点分析研究。这里主要分析 3 种强势个股分时走势盘口。

一、个股分时平开高走

个股 K 线走势处于上升趋势中。某日个股平开，开盘之后股价上行，在放大的成交量配合下，分时均价线支撑分时价格线同步上行，股价回调基本不破分时均价线，至收盘股价有一定的涨幅。这种分时盘口是一种比较强势的分时盘口，是值得普通投资者重点关注和选择的盘口。普通投资者可以结合其他技术指标进行快速分析后，作出是否跟庄进场的决策。

图 4-47 是 603178 圣龙股份 2021 年 11 月 3 日星期三下午收盘时的分时走势图。从分时走势看，该股当天平开，在放大的成交量配合下，股价依托分时均价线震荡上行，属于典型的平开高走状态；9:47 股价上涨至涨幅 5.3% 左右，依托分时均价线展开横盘整理行情，股价回调基本不破分时均价线，至收盘涨幅为 5.33%。从分时盘口看，做多氛围比较浓厚，后市可看多做多。像这种有成交量放大配合、平开高走的个股，普通投资者可以结合 K 线、均线走势等其他指标，进行分析判断后，确定是否跟庄进场逢低买进筹码。

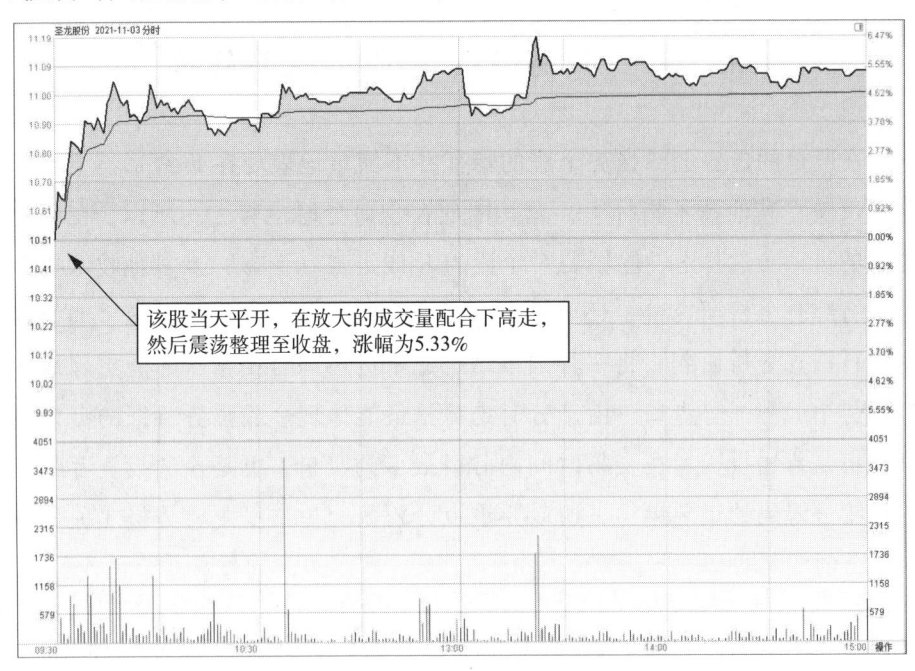

图 4-47

图 4-48 是 603178 圣龙股份 2021 年 11 月 3 日星期三下午收盘时的 K 线走势图。在软件上将该股整个 K 线走势缩小后可以看出，此时股价正处于高位下跌企稳之后的上涨走势中。股价从相对高位，即 2020 年 7 月 30 日最高价 13.70 元，大幅震荡下跌，至 2021 年 2 月 4 日最低价 7.32 元止跌企稳。下跌时间虽然不是很长，但跌幅较大；下跌期间有过 1 次较大幅度的反弹。

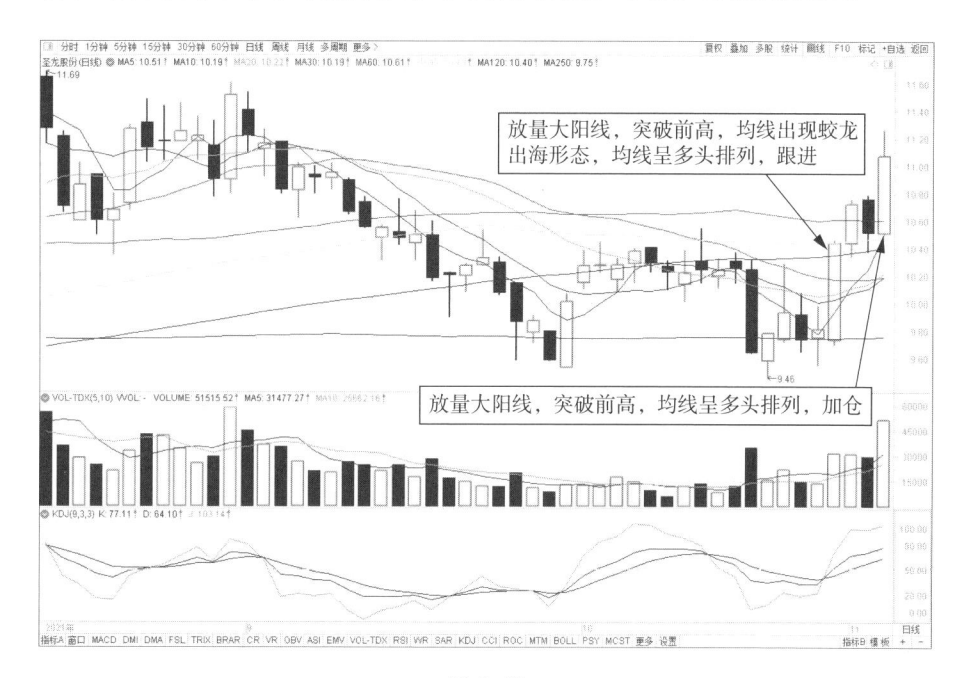

图 4-48

2021 年 2 月 4 日该股止跌企稳后，主力机构快速推升股价，收集筹码，然后展开大幅震荡盘升（挖坑）洗盘行情。震荡盘升（挖坑）洗盘行情持续 9 个月，主力机构高抛低吸、赚取差价，清洗获利盘，拉高新进场普通投资者的入场成本，为后期拉升做准备。K 线走势呈上升趋势，红多绿少，红肥绿瘦，这期间主力机构拉出了 6 个涨停板，主要目的是收集筹码。

10 月 29 日，该股低开收出一根大阳线（涨幅 6.42%），突破前高，成交量较前一交易日放大 2 倍多；股价向上突破 5 日、10 日、20 日、30 日、90 日、120 日和 250 日均线（一阳穿 7 线），60 日均线在股价上方上行，均线蛟龙出海形态形成。此时，均线（除 30 日均线外）呈多头排列，MACD、

KDJ等技术指标开始走强，股价的强势特征已经显现，后市快速上涨的概率较大。像这种情况，普通投资者可以在当日或次日跟庄进场逢低买进筹码。

11月3日截图当日，该股平开收出一根大阳线（涨幅5.33%），突破前高和平台，成交量较前一交易日明显放大。此时，均线呈多头排列，MACD、KDJ等技术指标走强，股价的强势特征已经非常明显，后市快速上涨的概率非常大。像这种情况，普通投资者可以在当日或次日逢低跟庄进场加仓买进筹码，待股价出现明显见顶信号后再撤出。

图4-49是603178圣龙股份2021年11月24日星期三下午收盘时的分时走势图。从分时走势看，该股当天向上跳空高开，股价急速冲高然后回落，成交量迅速放大，分时价格线向下穿破分时均价线和前一交易日收盘价，下跌至17.20元左右拐头上行，围绕分时均价线上下穿行，展开震荡整理行情，波动幅度不大，至收盘涨幅为3.09%，成交量较前一交易日放大。

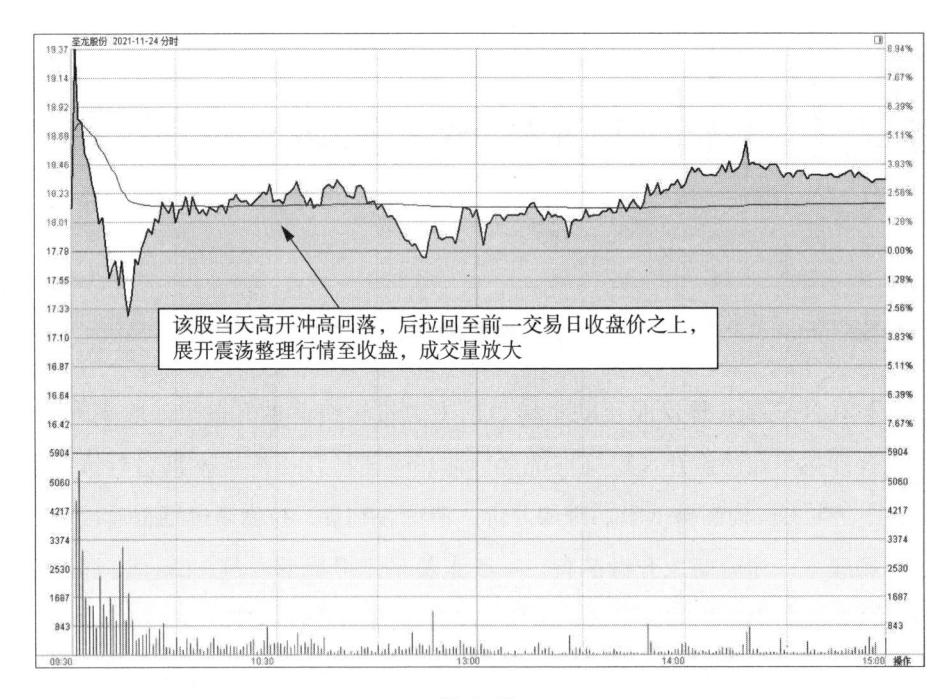

图4-49

从当日盘口看，该股高开冲高，然后快速回落，股价跌破分时均价线和前一交易日收盘价，下跌幅度较深，这期间应该有不少前期进场的获利盘出逃；之后股价拉回前一交易日收盘价之上，展开震荡整理行情至收盘，主力机构通过震荡整理又派发了不少筹码；当日分时冲高回落的走势，加上成交量较前一交易日进一步放大，显示该股调整下跌行情已经展开。像这种情况，普通投资者可以结合K线走势、其他技术指标的情况，进行综合分析研判后，果断作出决策。

图4-50是603178圣龙股份2021年11月24日星期三下午收盘时的K线走势图。从K线走势可以看出，该股11月3日平开收出一根放量大阳线，突破前高和平台之后，主力机构展开了一波比较平稳的向上拉升拔高行情。

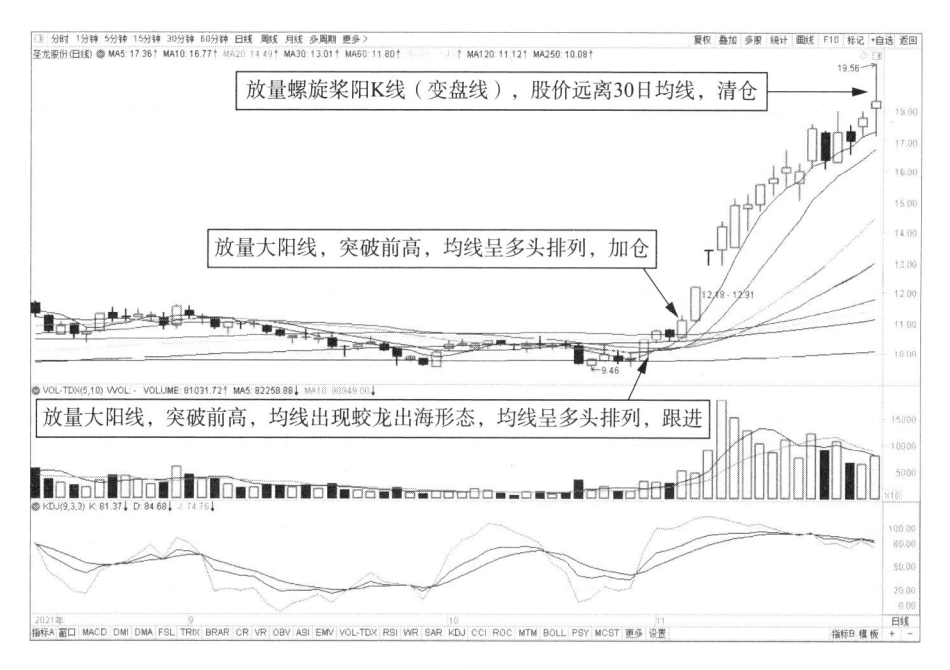

图4-50

从该股上涨的情况看，主力机构采取盘中洗盘的操盘手法，依托5日均线平缓向上推升股价，这期间没有出现大的调整，整个上升走势稳健顺畅。股价从11月3日的开盘价10.51元上涨至11月24日的最高价19.56元，涨幅还是比较大的。

11月24日截图当日，该股高开，收出一根实体较小带长上下影线的螺旋桨阳 K 线（高位螺旋桨 K 线又称为变盘线或转势线），成交量较前一交易日放大，明显是主力机构利用高开、盘中拉高手法引诱跟风盘而震荡出货。此时，股价远离 30 日均线且涨幅较大，KDJ 等部分技术指标已经走弱，盘口的弱势特征已经显现。像这种情况，普通投资者如果当天手中还有筹码没有出完的，次日应该逢高清仓。

二、个股分时平开横盘整理（震荡）

个股分时平开横盘整理（震荡）是指，处于上升趋势中的个股，某日平开后，分时价格线缠绕（或围绕）分时均价线展开小幅度上下波动调整洗盘，横盘整理（震荡）调整洗盘若干时间后选择突破方向。横盘整理（震荡）形态的出现，表明主力机构控盘程度较高，能较好地控制个股股价的涨跌。一般情况下，分时线横盘整理（震荡）的时间越久，后面股价上涨的幅度就会越大。普通投资者若发现某只个股平开后，分时线出现横盘整理（震荡）形态，可以选择及时跟踪关注，并结合其他技术指标进行快速分析研判，作出是否跟庄进场买进的决策。

图 4-51 是 600137 浪莎股份 2021 年 5 月 19 日星期三下午收盘时的分时走势图。从分时走势看，该股当天平开回落，然后在前一交易日收盘价下方展开横盘整理行情，分时价格线缠绕（或围绕）分时均价线展开小幅上下波动调整洗盘行情；横盘整理洗盘至 10:40 左右，股价再上一个台阶，至前一交易日收盘价上方展开横盘整理洗盘行情，11:17 股价突然上冲，两个波次封上涨停板，至收盘涨停板没有打开。

从分时盘口看，股价围绕分时均价线展开横盘震荡时，成交量呈萎缩状态；突然上冲封板时，成交量急速放大；整个分时走势干净流畅、干脆利落，涨停板封板结构较好，强势特征比较明显，做多氛围较为浓厚，短线可看多做多。在股价展开第二级台阶横盘整理走势时，普通投资者就可以结合 K 线、均线等其他技术指标，快速分析判断后，确定是否跟庄进场逢低买进筹码。

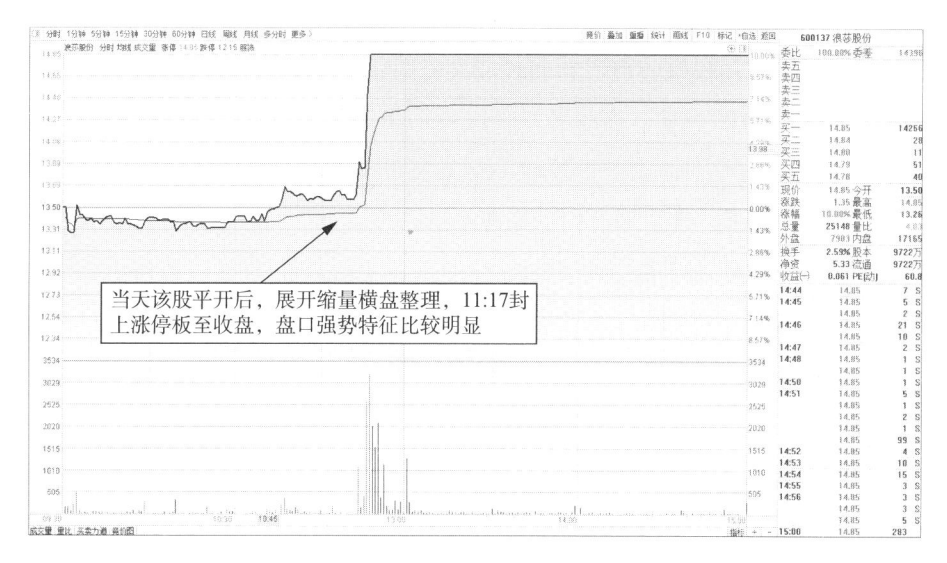

图 4-51

当天该股平开后，展开缩量横盘整理，11:17封上涨停板至收盘，盘口强势特征比较明显

图 4-52 是 600137 浪莎股份 2021 年 5 月 19 日星期三下午收盘时的 K 线走势图。在软件上将该股整个 K 线走势进行缩小可以看出，此时股价正处于相对高位下跌企稳之后的上涨（反弹）走势中。股价从前期相对高位，即 2020 年 7 月 14 日最高价 20.35 元，一路震荡下跌，至 2021 年 1 月 14 日最低价 11.44 元止跌企稳。下跌时间虽然不是很长，但跌幅较大。

2021 年 1 月 14 日该股止跌企稳后，主力机构快速推升股价，收集筹码，然后展开震荡盘升行情。K 线走势呈上升趋势，红多绿少，红肥绿瘦，这期间主力机构拉出了 2 个涨停板，主要目的是收集筹码。

3 月 29 日，该股低开回落，收出一个带下影线的大阴线，成交量较前一交易日萎缩，主力机构展开回调洗盘行情。回调洗盘行情展开后，普通投资者可以逢高先卖出手中筹码，然后继续跟踪观察，待股价调整到位后再把筹码接回来。当然，也可继续持股，看看后面的走势再作决策。

5 月 18 日，该股低开收出一根大阳线，突破前高，成交量较前一交易日明显放大，股价向上突破（穿过）5 日、10 日、20 日、60 日、90 日和 250 日均线（一阳穿 6 线），30 日、120 日均线在股价上方下行，均线蛟龙出海形态形成，预示回调洗盘行情结束。此时，虽然均线系统表现较弱，但 MACD、

KDJ等技术指标开始走强,股价的强势特征已经显现,后市上涨的概率较大。像这种情况,普通投资者可以在当日或次日跟庄进场逢低买进筹码。

5月19日截图当日,该股平开收出一个大阳线涨停板,突破前高,形成大阳线涨停K线形态,成交量较前一交易日放大2倍多,均线(除120日均线外)呈多头排列,MACD、KDJ等技术指标开始走强,股价的强势特征已经非常明显,后市快速上涨的概率非常大。像这种情况,普通投资者可以在当日或次日逢低跟庄进场加仓买进筹码。

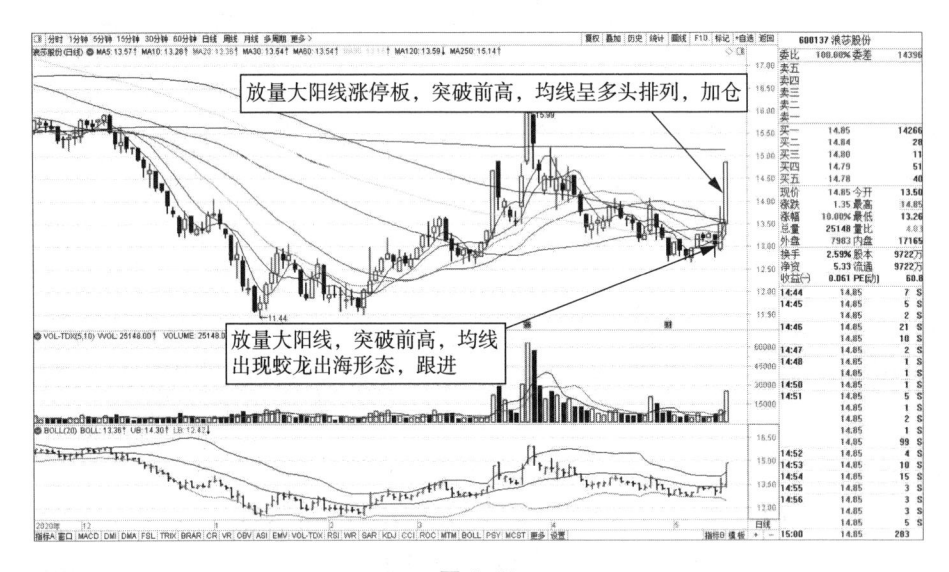

图 4-52

图4-53是600137浪莎股份2021年5月20日星期四下午收盘时的分时走势图。从分时走势看,该股当天承继前一天的强势,涨停开盘。10:30涨停板被大卖单砸开,10:35封回涨停;10:50涨停板再次被大卖单砸开,10:51封回,至收盘没再打开。从当天的盘口看,涨停期间两次被大卖单砸开,都被迅速封回,涨停板封板结构还是比较好的,分时盘口强势特征比较明显,短期仍可看好。但由于成交量急剧放大,且已收出两个涨停板,后期该股走势的不稳定性和不确定性明显增加。像这种情况,在后期行情中,普通投资者要注意盯盘,发现情况不对,立马出局,落袋为安。

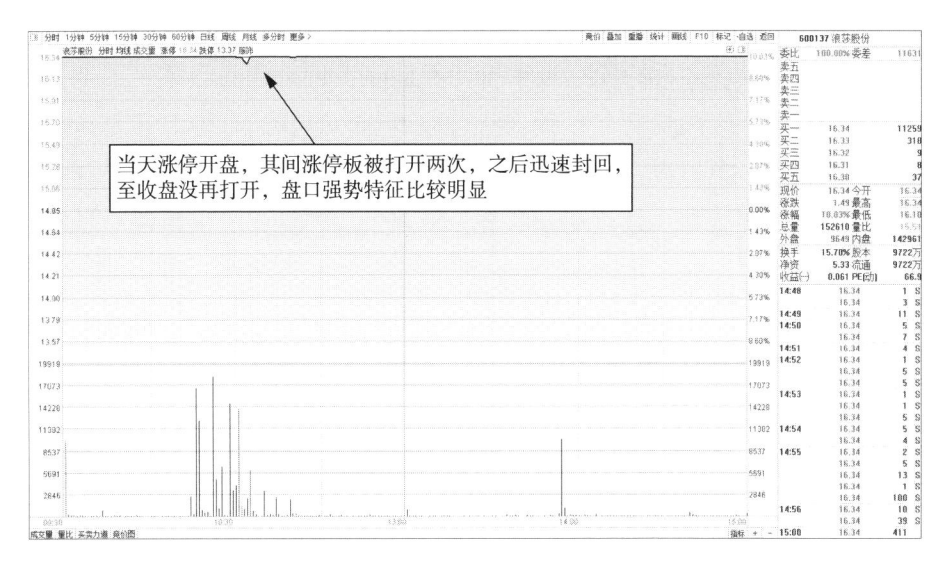

图 4-53

图 4-54 是 600137 浪莎股份 2021 年 5 月 20 日星期四下午收盘时的 K 线走势图。从 K 线走势可以看出，前一交易日主力机构拉出了一个放量大阳线涨停板。当日该股涨停开盘，收出一个小 T 字板，股价突破前期高点，留下向上跳空缺口，形成 T 字涨停 K 线形态，成交量较前一日放大 6 倍多

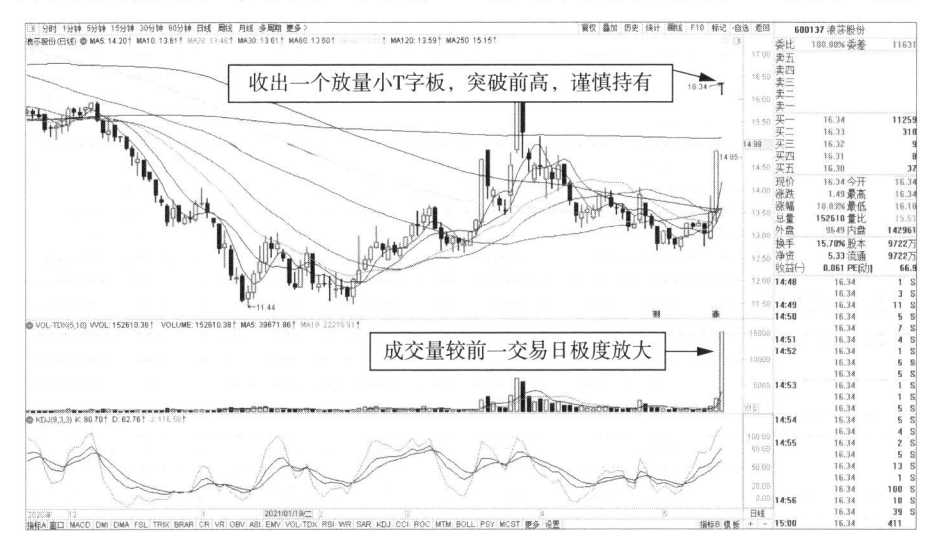

图 4-54

（换手率达到15.70%），均线呈多头排列，强势特征明显，短期可继续看好。但从当日极度放大的成交量来看，不排除主力机构已经派发了部分筹码。因为从缩小的该股整个K线走势可以看出，这次行情应该还是该股从高位下跌企稳、大幅横盘震荡过程中的一次反弹。像这种情况，手中有筹码的普通投资者后期一定要注意盯盘，发现走势不妙，或出现明显见顶信号，立即撤出。

三、个股分时低开高走

股价分时低开高走，是指个股低于上一交易日收盘价开盘后，股价反转向上（或回落后拐头向上或短暂调整后拐头向上）走高，至收盘有一定的涨幅。作为强势股的强势盘口分时低开高走，一般有两种情况：

一是个股股价脱离底部区域，处于上升趋势或拉升初期，出现低开高走，多数是前期进场的获利盘减仓卖出。作为强势股的低开高走，正是普通投资者进场的好时机。如某一交易日个股低开高走，分时价格线依托分时均价线同步上行，表明主力机构开始主动拉升股价。如果盘中有成交量放大的配合，换手率较高，则说明主力机构大举拉抬股价；如果盘中股价缩量上行，则表明主力机构筹码锁定较好，控盘程度较高。这两种情况都预示个股后市短期可看好。普通投资者在平时操盘实践中，要多注意观察，甄选类似个股加入自选股，进行跟踪分析，以便择机跟庄进场买进。

图4-55是300432富临精工2021年5月19日星期三下午收盘时的分时走势图。从当日的分时走势看，该股早盘低开后，成交量逐渐放大，股价依托分时均价线震荡上行。股价每次盘中回调，分时价格线都没有下破分时均价线，分时均价线起到了较好的支撑助涨作用。整个分时走势向上运行，不急不缓，流畅干净，直至收盘。

从当天的盘口看，低开后没有回落，股价始终处于向上攀升的状态，分时价格线始终在分时均价线上方运行，成交量稳步放大，分时盘口强势特征比较明显，做多氛围浓厚。像这种情况，普通投资者可以结合K线、均线等其他技术指标，快速分析判断后，确定是否跟庄进场逢低买进筹码。

当日该股低开后没有回落，股价始终处于向上攀升的状态，分时价格线在分时均价线上方运行，成交量稳步放大，分时盘口强势特征比较明显

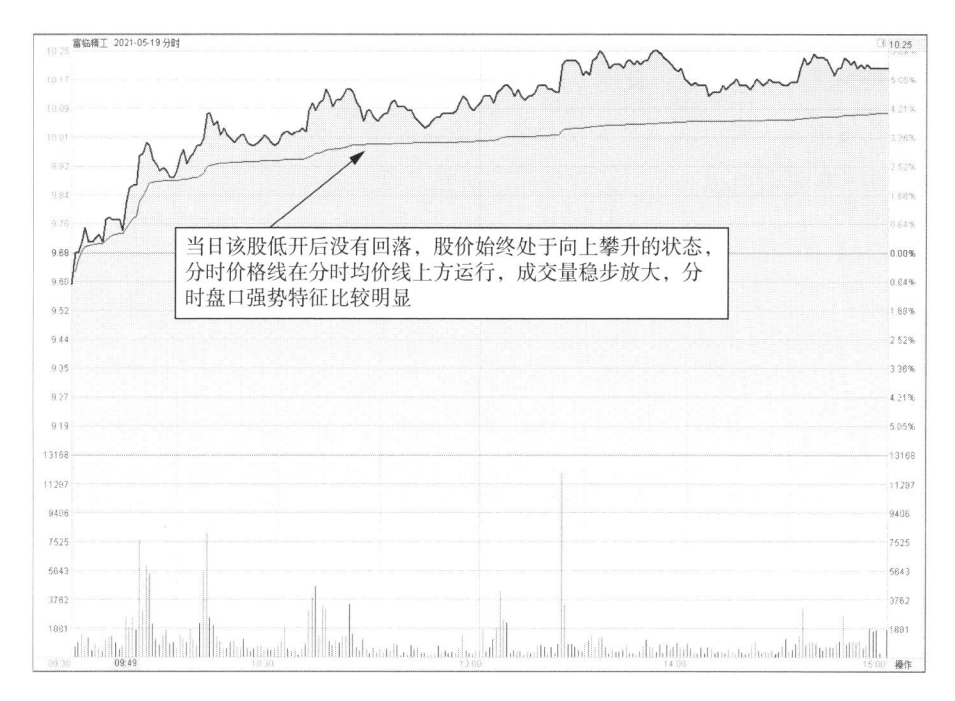

图 4-55

图 4-56 是 300432 富临精工 2021 年 5 月 19 日星期三下午收盘时的 K 线走势图。在软件上将该股整个 K 线走势进行缩小可以看出，此时股价正处于相对高位下跌调整洗盘企稳之后的上涨走势中。股价从前期相对高位，即 2020 年 1 月 3 日最高价 14.90 元，下跌调整（震荡下跌）洗盘，至 2020 年 7 月 2 日最低价 8.06 元止跌企稳。下跌调整时间虽然不是很长，但调整幅度较大；这期间有过 2 次反弹，且反弹幅度较大；下跌调整期间还有过 1 次每 10 股送转 7.000 股的除权行为。

2020 年 7 月 2 日该股下跌调整洗盘结束后，主力机构快速推升股价，收集筹码，然后展开大幅震荡盘升（挖坑洗盘）行情。震荡盘升（挖坑）行情持续 10 个多月，主力机构采取高抛低吸与洗盘吸筹并举的操盘手法，赚取差价，清洗获利盘，拉高新进场普通投资者的入场成本，为后期拉升股价做准备。

2021 年 5 月 19 日截图当日，该股低开收出一根大阳线，突破前高，成交量较前一交易日放大近 3 倍，股价突破（向上穿过）5 日、10 日、90 日、120 日

和 250 日均线（一阳穿 5 线），20 日、30 日、60 日均线在股价下方向上移动，均线蛟龙出海形态形成。此时，短中期均线呈多头排列，MACD、KDJ 等技术指标开始走强，股价的强势特征已经显现，后市上涨的概率较大。像这种情况，普通投资者可以在当日或次日跟庄进场逢低买进筹码。

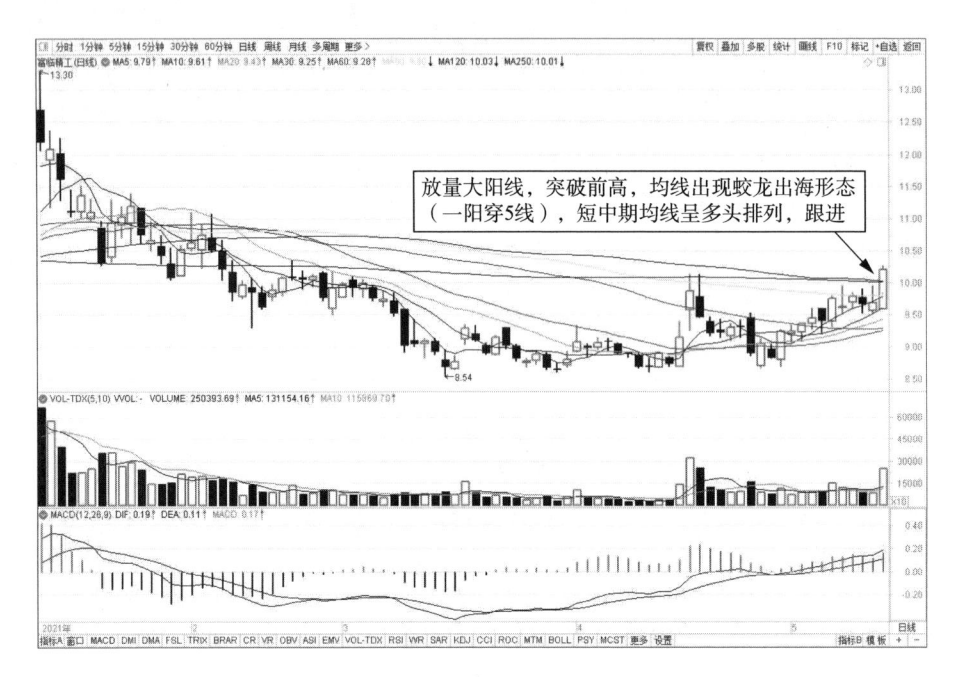

图 4-56

图 4-57 是 300432 富临精工 2021 年 9 月 6 日星期一下午收盘时的分时走势图。从分时走势看，该股当天向上跳空 0.85% 开盘，股价略作盘整，然后快速回落，分时价格线向下穿破分时均价线和前一交易日收盘价，成交量迅速放大；下跌至 37.54 元左右，分时价格线拐头上行，围绕分时均价线上下穿行，展开横盘震荡整理行情，震荡整理期间波动幅度不大，至收盘涨幅为 -5.18%。

从当日盘口看，股价高开震荡回落，跌破分时均价线和前一交易日收盘价，下跌幅度较深，这期间应该有不少获利盘出逃；之后股价拐头上行，围绕分时均价线上下穿行，展开横盘震荡整理走势至收盘，主力机构通过震荡整理又派发了不少筹码。从当日分时走势看，分时盘口弱势特征比较明显。

像这种情况，普通投资者可以结合 K 线走势等情况，进行综合分析判断后，果断作出决策。

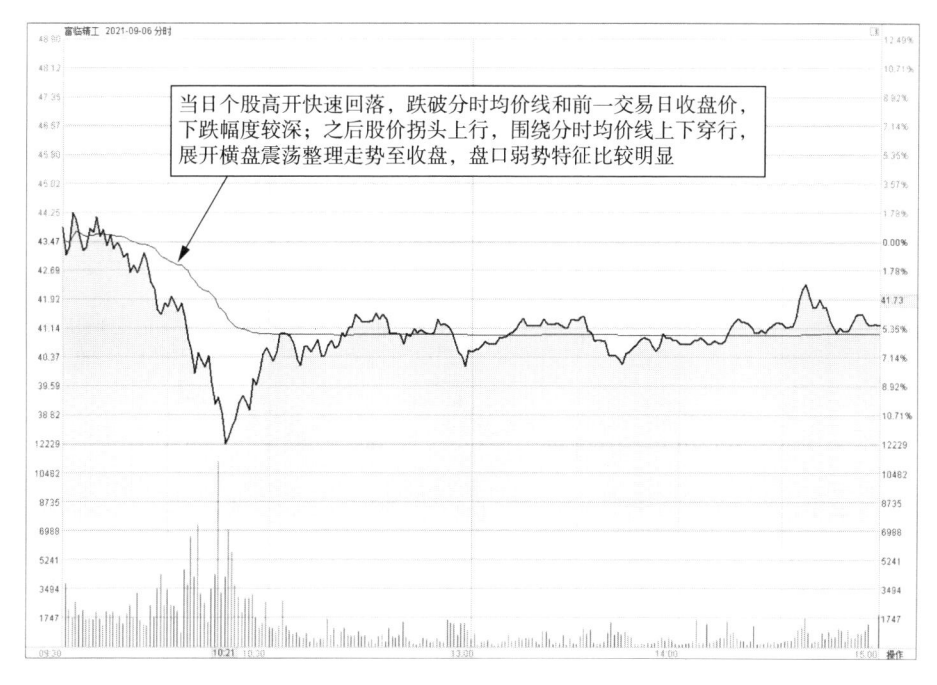

图 4-57

图 4-58 是 300432 富临精工 2021 年 9 月 6 日星期一下午收盘时的 K 线走势图。从 K 线走势可以看出，该股 5 月 19 日低开收出一根放量大阳线、形成均线蛟龙出海形态之后，主力机构展开了加速上涨行情。

从该股上涨的情况看，主力机构前期主要采取台阶式推升的操盘手法，依托 20 日均线稳步向上推升股价。操盘目的主要是通过台阶式整理手法洗盘吸筹，清洗获利盘，拉高新进场普通投资者的入场成本，为后面的拉升和出货做准备。在主力机构展开台阶式整理洗盘行情过程中，普通投资者可以在每次大阳线向上突破当日逢低跟庄进场，或在台阶式震荡整理洗盘时逢低介入，然后持股待涨。整个上升走势稳健顺畅。股价从 5 月 19 日的开盘价 9.59 元一路上涨，至 9 月 2 日的收盘价 43.58 元，涨幅巨大。

9 月 3 日，该股低开，收出一颗高位假阳真阴十字星（高位十字星又称为黄昏之星；高位假阳真阴，千万小心），成交量与前一交易日持平；高位或相对高位出现十字星,是一种见顶的信号,透露出该股已经展开调整行情。像这种情况,普通投资者可以在当日或次日逢高卖出手中筹码。

9月6日截图当日,该股高开回落,收出一根高位锤头阴K线(高位锤头线又称为吊颈线),成交量较前一交易日萎缩。此时,5日均线走平,MACD、KDJ等其他技术指标已经走弱,盘口弱势特征已经显现。像这种情况,普通投资者如果当天手中还有筹码没有出完的,次日应该逢高清仓。

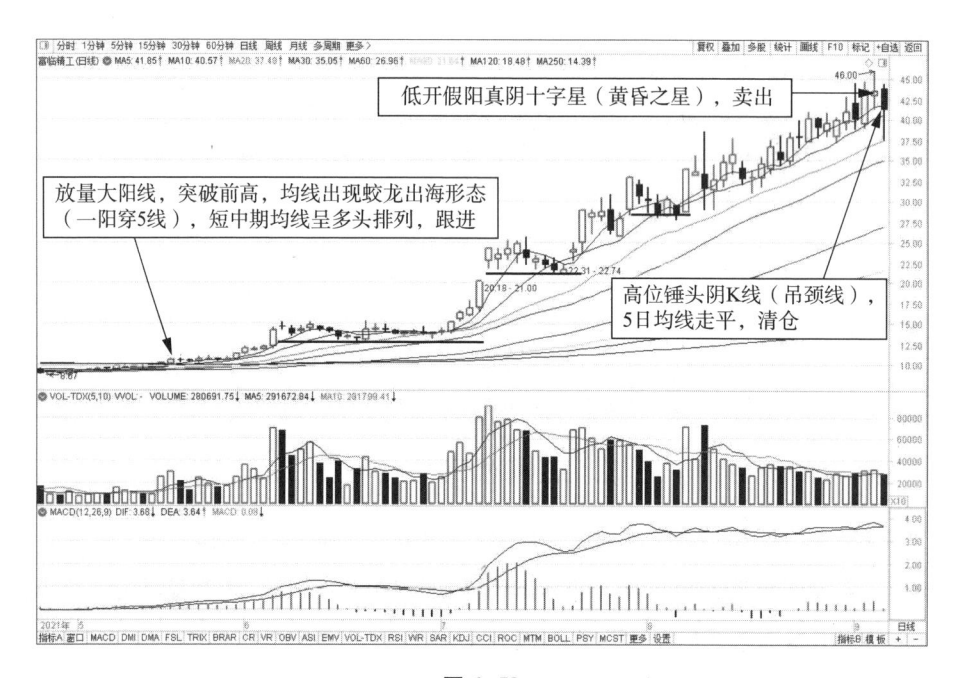

图 4-58

二是个股股价处于高位或拉升的末期,当天开盘分时低开高走,表明主力机构在早盘集合竞价阶段及开盘后,减仓卖出了部分筹码,然后通过拉高股价引诱跟风盘,展开高位派发行情,这样做既可以边拉边出,又可以拉出利润空间,为后面继续出货做铺垫。这种个股,普通投资者最好别选择跟进。当然,激进型且胆子大的普通投资者也可以跟庄参与,但要盯紧盘口,保持警惕,发现情况不对,及时撤出,以防被套。

图4-59是600196复星医药2021年5月14日星期五下午收盘时的分时走

势图。该股当天低开后回落，分时价格线形成 W 字形态后一路震荡上行。13:23 封上涨停板，13:24 涨停板被大卖单砸开，瞬间封回；13:26 涨停板再次被打开，然后股价一路平缓震荡回落，至收盘涨幅为 5.70%。从当天分时走势看，涨停板两次被打开，回落时放量，应该是部分获利盘及前期套牢盘减仓卖出，分时盘口弱势特征已经显现。像这种情况，手中有筹码且已经有赢利的普通投资者，当天没有出来的，可在下一交易日逢高先出来，然后继续跟踪观察。

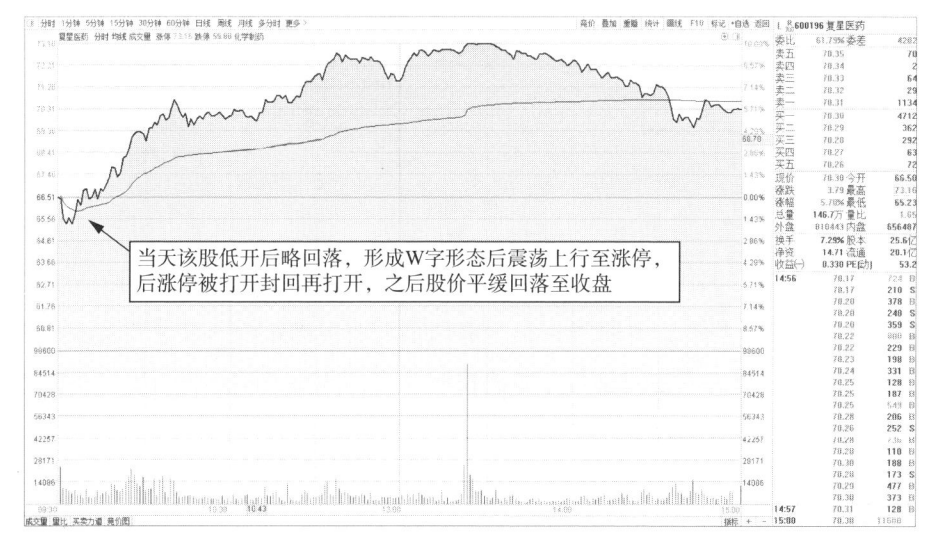

图 4-59

图 4-60 是 600196 复星医药 2021 年 5 月 14 日星期五下午收盘时的 K 线走势图。在软件上将该股整个 K 线走势缩小后可以看出，股价处于上升趋势中。该股 2020 年 8 月 6 日前有过一波较大幅度的上涨，此时的走势是前一波上涨行情的延续。该股当日低开，收出一根螺旋桨阳 K 线，至收盘涨幅为 5.70%，成交量较前一交易日明显放大，显示其已经展开调整行情。调整的原因主要是，股价已经上涨至前期高位下跌成交密集区，且股价也有了一定的涨幅，展开调整（下跌）洗盘也属正常。且不管主力机构是小幅调整还是深度下跌调整，像这种情况，普通投资者最好在当日或次日逢高先卖出手中筹码，落袋为安。然后再继续跟踪观察。

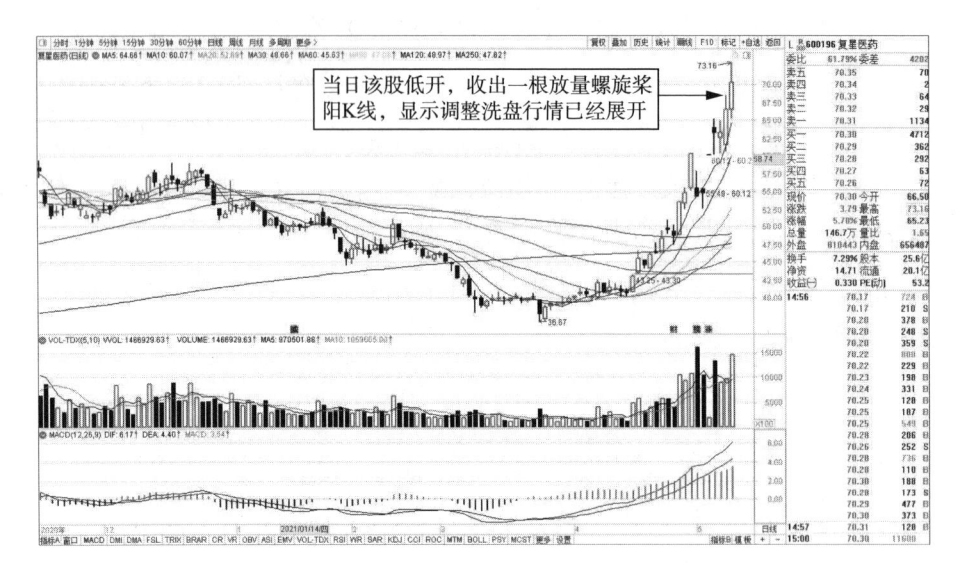

图 4-60

图 4-61 是 600196 复星医药 2021 年 6 月 22 日星期二下午收盘时的分时走势图。从分时走势看，该股当天高开略回落后，即围绕前一交易日收盘价展开横盘整理行情。下午开盘后，股价快速冲高，成交量同步放大，随后展开高位横盘整理走势至收盘，当日涨幅为 6.71%。

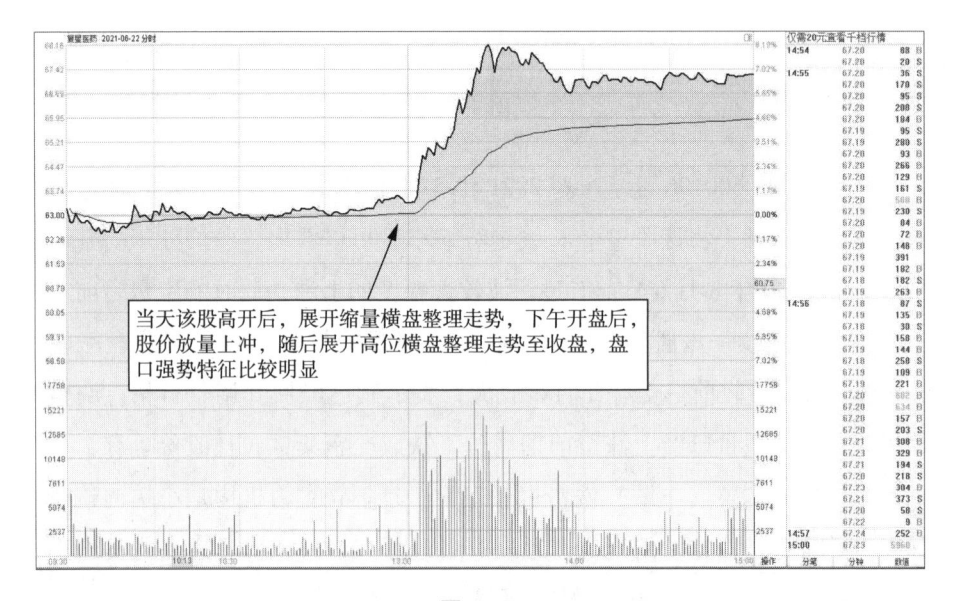

图 4-61

从分时盘口看，股价围绕前一交易日收盘价展开横盘整理时，成交量呈萎缩状态，下午快速冲高时，成交量急速放大。整个分时走势干净利落，分时盘口强势特征比较明显，做多氛围较为浓厚，短线可看多做多。下午开盘后，股价快速冲高时，普通投资者可结合K线、均线等其他技术指标，快速分析判断后，确定是否跟庄进场逢低买进筹码。

图4-62是600196复星医药2021年6月22日星期二下午收盘时的K线走势图。从K线趋势看，该股从5月14日展开回调洗盘行情，已有26个交易日，浮筹清洗比较彻底，洗盘比较到位。

6月22日截图当日，该股高开收出一根大阳线，突破前高，成交量较前一交易日放大2倍多，股价突破（向上穿过）5日、10日、20日、30日均线（一阳穿4线），60日、90日、120日均线在股价下方向上运行，均线蛟龙出海形态形成。此时，均线呈多头排列，MACD、KDJ等技术指标开始走强，股价的强势特征已经显现，后市上涨的概率大。像这种情况，普通投资者可以在当日或次日跟庄进场逢低买进筹码，待股价出现明显见顶信号后再撤出。

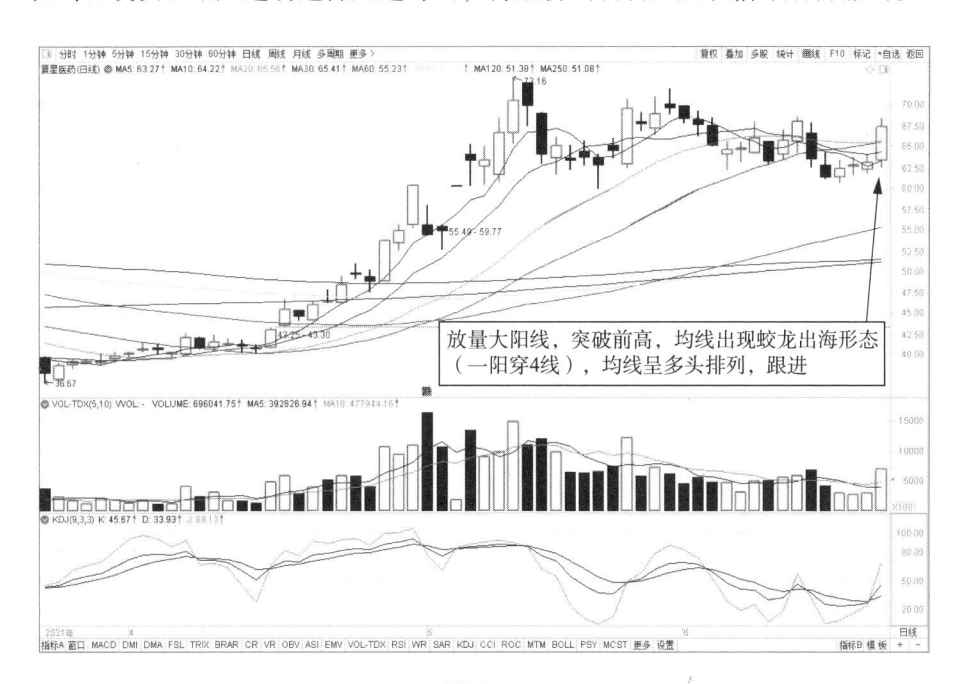

图 4-62

第四节　放量个股的筛选

从本质上来说，成交量是股价变化的内在动力，其变化必定会在股价上反映出主力机构的操盘意图和目的，所谓"量为价先"，说的就是这个道理。

虽然主力机构在成交量上也能做假，但成交量仍是技术指标中最客观的分析要素之一。由于主力机构谋划运作的原因，个股走势在不同时间节点或不同阶段，会不同程度地表现出缩量、放量、堆量和不规则放缩量等量能特点，这些不同的量能特点在个股不同的运行阶段发挥着各不相同的作用。比如缩量，个股下跌缩量到一定程度，就可能出现反转；同样，上涨缩量，说明主力机构筹码锁定较好、控盘程度较高，后续还有上升空间。这里，主要分析介绍4种不同阶段放量个股盘口的选择。

一、个股开盘放量

强势盘口个股开盘放量，是指目标股票开盘之后成交量迅速放大，盘口下方的分时成交量量柱尤其是红色量柱逐步走高，分时价格线依托分时均价线同步向上运行。个股开盘后股价在极短的时间内放量冲高，一般来说有两个方面的原因：

一是个股即将有利好消息发布，知道内幕消息的投资者（以主力机构为主）开盘后抢先买入，成交量放大，但个股后续上涨能否持续，很难说。

二是主力机构操盘目的明确，有计划拉升股价，成交量放大。从K线走势看，如果个股股价经过较长时间的下跌调整后止跌企稳，完成筑底且底部不断抬高，或经过较长时间的震荡横盘洗盘（此前出现过涨停板更好），K线走势已处于上升趋势。某个交易日个股出现开盘放量且股价同步走高情况，这种开盘放量肯定是主力机构所为，目的就是拉升股价，普通投资者可以寻机跟庄进场买入筹码。这里主要分析研究此类情况。

图4-63是300351永贵电器2021年11月1日星期一下午收盘时的分时走势图。从分时走势看，该股当天高开后，成交量迅速放大，股价依托分时均

价线急速上冲，上冲至 10.36 元左右拐头下行，与分时均价线缠绕（后平行）运行，展开横盘震荡整理洗盘行情，震荡整理洗盘期间股价波动幅度不大，成交量呈萎缩状态，至收盘涨幅为 13.03%。

从当天的分时盘口看，该股高开后成交量迅速放大，股价急速上涨；随着量能的萎缩，股价拐头下行，之后依托分时均价线展开横盘震荡整理洗盘行情，震荡整理洗盘期间成交量呈萎缩状态。临近收盘，成交量有所放大，尾盘有所抬高。整个分时盘口强势特征比较明显，做多氛围浓厚。像这种情况，普通投资者可以结合 K 线、均线等其他技术指标，进行综合分析判断后，确定是否跟庄进场逢低买进。

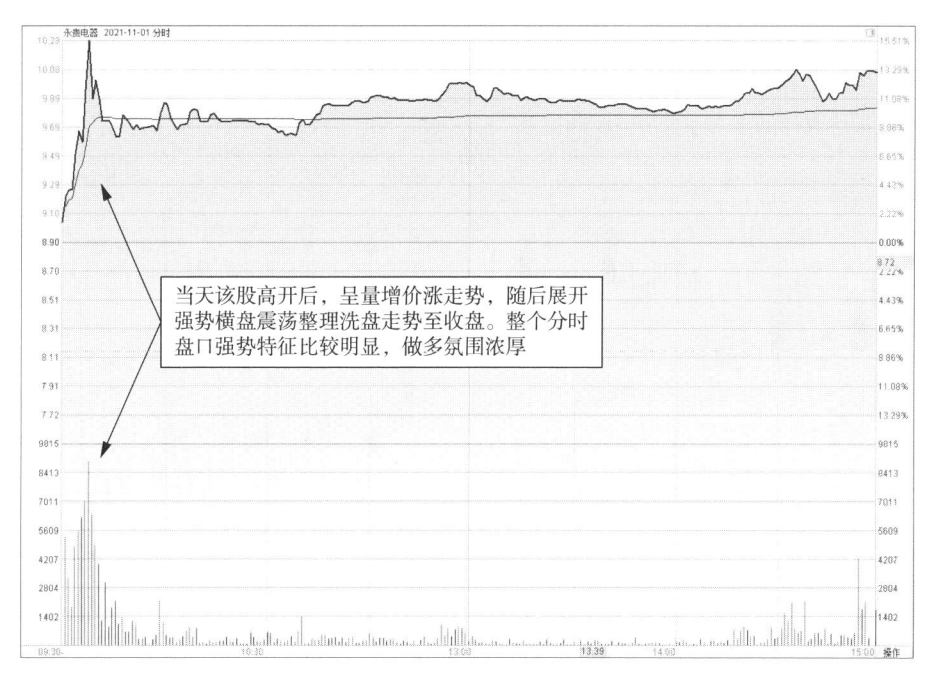

图 4-63

图 4-64 是 300351 永贵电器 2021 年 11 月 1 日星期一下午收盘时的 K 线走势图。在软件上将该股整个 K 线走势进行缩小可以看出，此时股价正处于前期高位下跌调整洗盘企稳之后的上涨走势中。股价从前期相对高位，即 2020 年 8 月 20 日最高价 13.40 元，一路震荡下跌，至 2021 年 2 月 5 日最低价 7.74 元止跌企稳。下跌时间虽然不是很长，但跌幅较大；下跌期间有过 1 次

较大幅度的反弹。

2021年2月5日该股止跌企稳后，主力机构快速推升股价，收集筹码，然后展开大幅震荡盘升（挖坑）洗盘行情。震荡盘升（挖坑）洗盘行情持续9个月，主力机构采取高抛低吸与洗盘吸筹并举的操盘手法，赚取差价，清洗获利盘，拉高新进场普通投资者入场成本，为后期拉升做准备。

2021年11月1日，该股高开收出一根大阳线（涨幅13.03%），突破前高（坑沿），成交量较前一交易日放大2倍多，股价向上突破（穿过）30日、60日、90日和250日均线（一阳穿4线），5日、10日、20日和120日均线在股价下方向上运行，均线蛟龙出海形态形成。此时，均线（除250日均线外）呈多头排列，MACD、KDJ等技术指标开始走强，股价的强势特征已经显现，后市上涨的概率大。像这种情况，普通投资者可以在当日或次日跟庄进场逢低买进筹码。

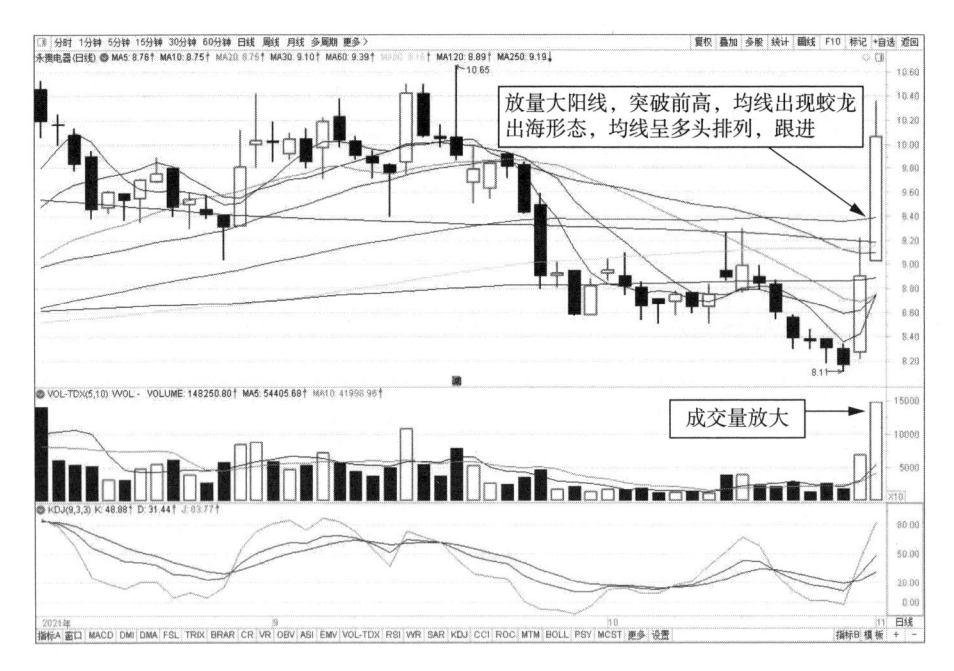

图 4-64

图4-65是300351永贵电器2021年12月6日星期一下午收盘时的分时走势图。从分时走势看，该股当天平开急速冲高，然后快速回落，分时价格线

向下穿破分时均价线和前一交易日收盘价，成交量迅速放大；股价下跌至16.19元左右附近拐头上行，向上穿过前一交易日收盘价和分时均价线后，一路震荡回落至收盘，当日涨幅为-3.14%。

从当日分时盘口看，股价平开急速冲高后快速回落，这期间应该有不少前期进场的获利盘出逃；下跌至16.19元（涨幅-2.37%）左右后拐头上行，向上穿过前一交易日收盘价和分时均价线，然后一路震荡回落至收盘。股价盘中下跌幅度较深，反弹乏力，一路震荡走低，几乎以当日最低价收盘，可见盘口弱势特征比较明显，透露出主力机构已经展开下跌调整行情。像这种情况，普通投资者要结合K线、均线等其他技术指标，进行综合分析判断后，果断作出决策。

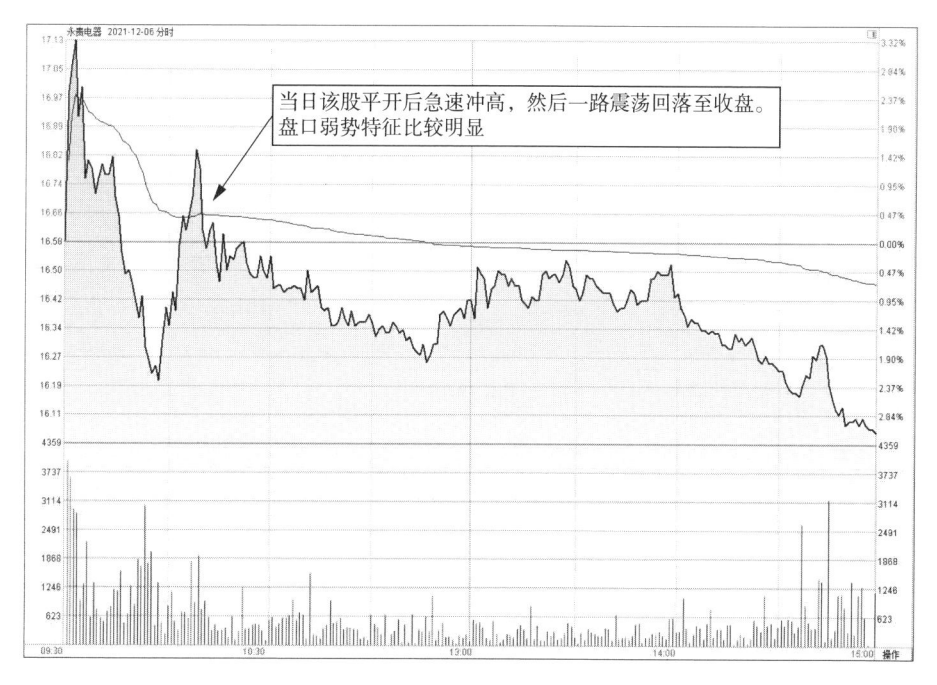

图 4-65

图4-66是300351永贵电器2021年12月6日星期一下午收盘时的K线走势图。从K线走势可以看出，该股11月1日高开收出一根放量大阳线，形成均线蛟龙出海形态后，主力机构又强势整理了4个交易日，整理期间正是普通投资者跟庄进场的好时机。从11月8日起，主力机构展开了快速上涨行

情。股价从 11 月 8 日的开盘价 10.18 元一路上涨，至 12 月 2 日的最高价 17.38 元，涨幅还是相当不错的。

12 月 3 日，该股低开冲高回落，收出一颗高位假阳真阴十字星（高位十字星又称为黄昏之星；高位假阳真阴，千万小心），成交量较前一交易日萎缩。高位或相对高位出现十字星，是一种见顶信号，透露出该股已经展开调整行情。像这种情况，普通投资者可以在当日或次日逢高卖出手中筹码。

12 月 6 日截图当日，该股平开，收出一根倒锤头阴 K 线（高位倒锤头 K 线又称为射击之星或流星线，是一种见顶的信号），成交量与前一交易日持平，明显是主力机构利用盘中拉高手法吸引跟风盘出货。此时，5 日均线走平，MACD、KDJ 等其他技术指标开始走弱，盘口的弱势特征已经显现。像这种情况，普通投资者如果当天手中还有筹码没有出完的，次日应该逢高清仓。

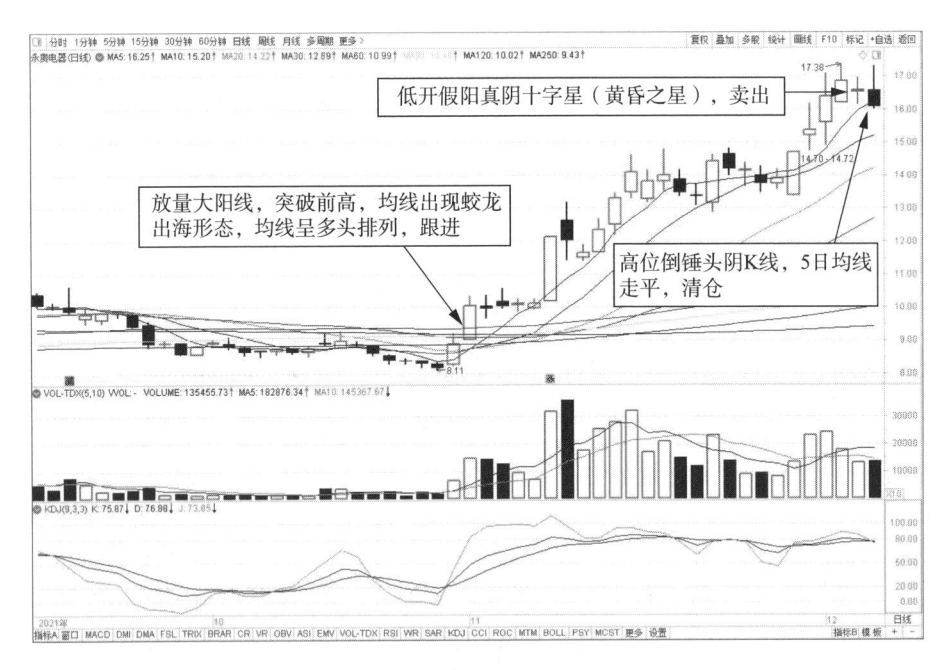

图 4-66

二、个股突破放量

这里讲的突破是指个股 K 线在走势上突破前高或平台；放量则是当天突

破前高时分时盘口走势底部成交量（量柱）的放大，体现在 K 线走势上，则是当日 K 线下方红色量柱的放大。

个股止跌企稳后的上涨是缓慢曲折的，在上升趋势中形成的每一个高点或震荡整理平台，都会成为股价回调后再次上涨时的阻力。如果股价能够突破这些前期高点或平台，则这些前期高点或平台就会成为股价上涨之后的一个个支撑点（区）。尤其是放量涨停突破前高或平台，显示出市场多头力量的强大，预示股价后市继续上涨的可能性极大。

有的个股主力机构筹码锁定较好，控盘比较到位，稍微放量就能轻松突破前高或平台；有的个股主力机构筹码集中度不够高，则要通过放量来突破前高。普通投资者在跟踪观察目标股票时，要善于发现那些处于上升趋势，正在蓄势准备突破前高的个股，如盘口分时出现放量上攻，应当及时分析判断是否跟庄进场。

要注意的是，一般情况下，在 K 线走势上突破前高之后，股价大多会回调整理或回踩突破位置，普通投资者要注意把握好回调点位。其实，回调也是很好的跟庄进场机会，如果没有在放量上涨突破时及时跟进，可以在突破之后的整理或回踩位置择机跟进，赢利的把握性还要大一些。

图 4-67 是 300584 海辰药业 2021 年 12 月 27 日星期一下午收盘时的分时走势图。从分时走势看，该股当天略高开后，股价持续稳步小幅震荡盘升，13:56 盘中开始放大量，股价急速上涨，对应 K 线走势就是突破前高放量。

从当天的分时盘口看，分时价格线在分时均价线上方稳步运行，股价快速向上突破时成交量迅速放大，买盘活跃，做多氛围浓厚；整个分时盘口强势特征比较明显，短期可看多做多。像这种情况，如果普通投资者在操盘过程中看到某个股分时盘口突然放量、股价快速上冲时，就可以打开该股的 K 线走势图及时进行分析判断，看其是否突破前高或平台，以决定是否跟庄进场买进。

图 4-68 是 300584 海辰药业 2021 年 12 月 27 日星期一下午收盘时的 K 线走势图。在软件上将该股整个 K 线走势缩小后可以看出，此时股价正处于高位下跌调整洗盘企稳之后的上涨走势中。股价从前期最高位，即 2018 年 4 月 4 日的最高价 69.90 元一路震荡下跌，至 2021 年 10 月 28 日最

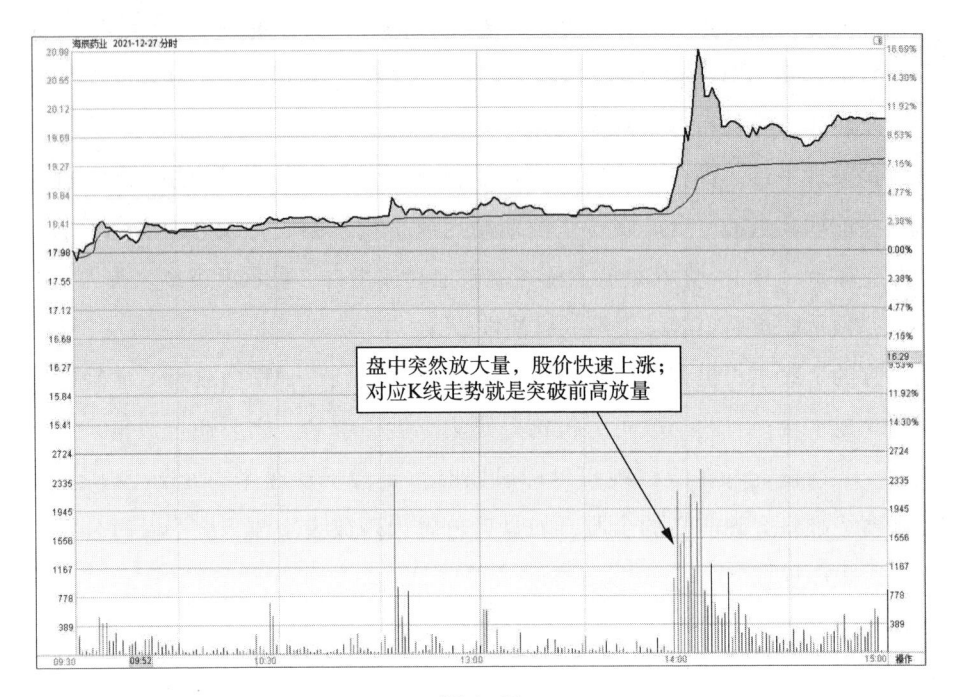

图 4-67

低价 14.93 元止跌企稳。下跌时间长、跌幅大。这期间多次出现反弹，且反弹幅度大。下跌期间有过 1 次每 10 股派现金 2.500 元、每 10 股送转 5.000 股的除权除息行为，3 次分别为每 10 股派现金 2.000 元、2.500 元和 1.250 元的除息行为。

2021 年 10 月 28 日该股止跌企稳后，主力机构展开震荡盘升行情，收集筹码。K 线走势红多绿少，红肥绿瘦，11 月 29 日主力机构有过一次试盘行为。

12 月 27 日截图当日，该股高开收出一根大阳线（涨幅 10.85%），突破前高，成交量较前一交易日放大 6 倍多，股价突破 5 日、10 日和 250 日均线（一阳穿 3 线），20 日、30 日、60 日、90 日和 120 日均线在股价下方向上移动，均线蛟龙出海形态形成。此时，均线（除 250 日均线外）呈多头排列，MACD、KDJ 等技术指标开始走强，股价的强势特征已经显现，后市上涨的概率大。像这种情况，普通投资者可以在当日或次日跟庄进场逢低买进筹码。

第四章 强势盘口选股

图中标注："放量大阳线，突破前高，均线出现蛟龙出海形态，均线呈多头排列，跟进"

图中标注："成交量较前一交易日放大6倍多"

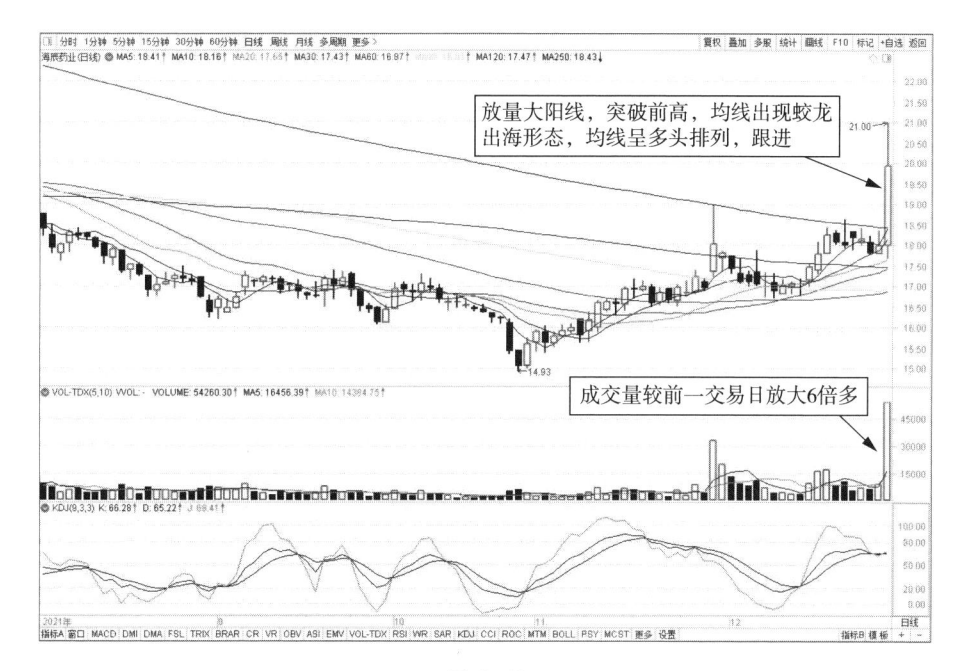

图 4-68

图 4-69 是 300584 海辰药业 2022 年 3 月 4 日星期五下午收盘时的分时走势图。从分时走势看，该股当天低开后，股价急速冲高，然后震荡回落，分时价格线向下穿破分时均价线后，股价继续震荡回落至收盘，当日涨幅为 1.64%。

从当日分时盘口看，股价低开急速冲高后震荡回落，成交量迅速放大，这期间应该有不少前期进场的获利盘出逃；分时价格线向下穿破分时均价线后，股价持续在分时均价线下方震荡回落至收盘，当日股价从开盘冲至最高价 78.95 元左右，然后一路震荡下跌至收盘价 70.03 元，一上一下，差价很大，可见盘口弱势特征还是比较明显的，透露出主力机构开盘后，利用拉高手法吸引跟风盘展开高位震荡出货行情的迹象。

图 4-70 是 300584 海辰药业 2022 年 3 月 4 日星期五下午收盘时的 K 线走势图。从 K 线走势可以看出，该股 12 月 27 日收出一根放量大阳线，突破前高，形成均线蛟龙出海形态之后，主力机构展开了加速上涨行情。

从该股的上涨走势看，主力机构依托 10 日均线向上推升股价，上涨过程

该股当日低开急速冲高，然后一路震荡回落，分时盘口弱势特征比较明显

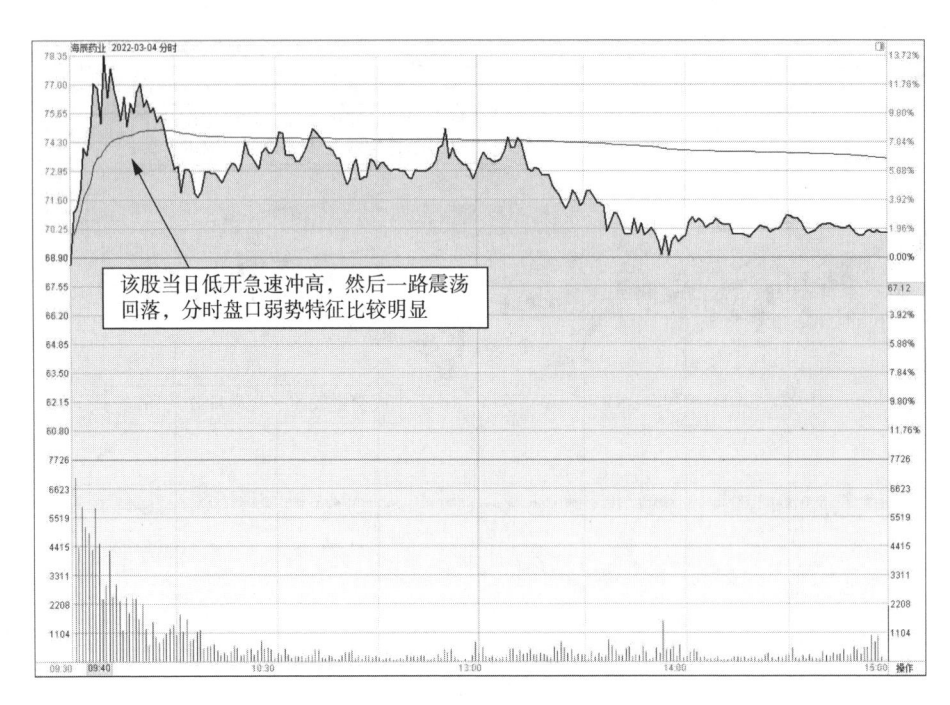

图 4-69

中，展开过 2 次较大幅度的回调洗盘，股价多次向下跌（刺）破 10 日均线很快收回，20 日均线起到了较好的支撑和助涨作用，整个上涨走势还算顺畅。股价从 12 月 27 日的开盘价 18.00 元一路上涨，至 2022 年 2 月 23 日的最高价 69.13 元，涨幅非常可观。

2022 年 2 月 24 日，该股高开冲高回落，收出一颗阴十字星，成交量较前一交易日放大。此后股价展开高位整理，连续收出十字星。3 月 3 日，个股低开冲高回落，收出一根高位倒锤头阳 K 线（高位倒锤头 K 线又称为射击之星或流星线），加上前几个交易日高位整理收出的十字星，所谓久盘必跌，此时应该小心了。像这种情况，普通投资者可以在当日或次日逢高卖出手中筹码，然后继续跟踪观察。

3 月 4 日截图当日，该股低开，再次收出一根高位倒锤头阳 K 线（又称为射击之星或流星线，是一种见顶的信号），股价跌破 5 日均线且收在 5 日均线的下方，成交量与前一交易日持平，明显是主力机构利用盘中拉高引诱跟风盘而展开震荡出货。此时，5 日均线走平，MACD、KDJ 等其他技术指标已

经走弱。像这种情况，普通投资者如果当天手中还有筹码没有出完的，次日应该逢高清仓。

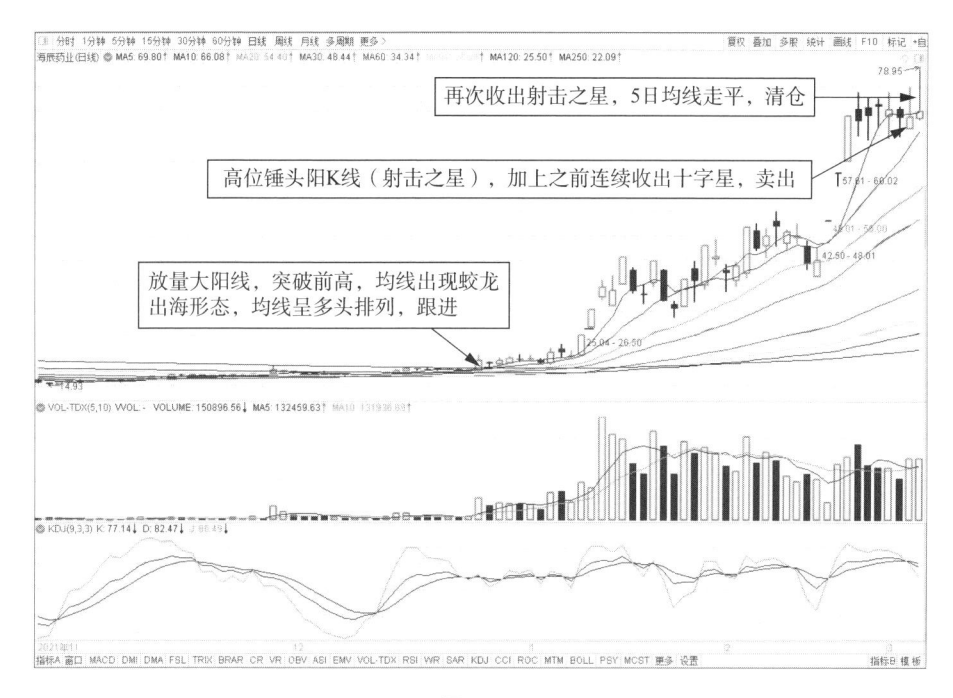

图 4-70

三、个股尾盘放量

个股分时盘口尾盘放量情况比较复杂，最重要的一点就是要搞清楚个股放量时股价在 K 线走势上所处的位置。

有的个股在高位出现尾盘放量拉升，这是比较危险的信号，该股或许还会再创新高，但实质上是主力机构已经在引诱跟风盘出货，同时也在边拉边出，普通投资者要特别小心。有的个股在低位出现尾盘放量拉升，极有可能是主力机构在试盘或吸筹建仓。这两种情况都不属这里分析探讨的范围。

这里要探讨分析的是强势股之强势盘口尾盘放量的问题。此类强势盘口尾盘放量的个股，在 K 线走势上一般表现为，主力机构已经完成筑底和建仓，个股股价已经走出底部且底部逐渐抬高，甚至完成初期上涨行情后正在展开回调或横盘震荡洗盘行情（此前拉出过涨停板的个股后期走势将更加强势）。

某个交易日该股分时盘口出现尾盘放量拉升，普通投资者可以积极跟庄进场买进。此类个股次日一般都会高开，甚至涨停，但要注意防范主力机构放量拉升致利润空间出来之后，可能出现的回调。

图4-71是000929兰州黄河2021年5月13日星期四下午收盘时的分时走势图。从分时走势看，该股当天高开后，股价展开持续小幅横盘震荡行情，走势比较平稳。14:00盘中突然放量，股价急速上涨封上涨停板；14:16涨停板被打开，打开期间成交活跃，量能放大，14:35重新封回涨停板。对应该股K线走势分析，尾盘放量的主要原因应该是主力机构为了突破前高。

从当天的分时盘口看，开盘后分时价格线缠绕（或围绕）分时均价线横盘小幅震荡整理，成交量呈萎缩状态，股价向上突破、快速上涨封板时成交量迅速放大，买盘活跃。虽然当日涨停板封板结构一般，但买盘积极，做多氛围浓厚，短期可看多做多。像这种情况，如果普通投资者在操盘过程中，看到某个股开盘后持续横盘整理，整理过程中盘口突然放量、股价快速上涨时，可以打开该股的K线走势图及时进行分析研判，看其是否突破前高或平台，以决定是否跟庄进场买进。

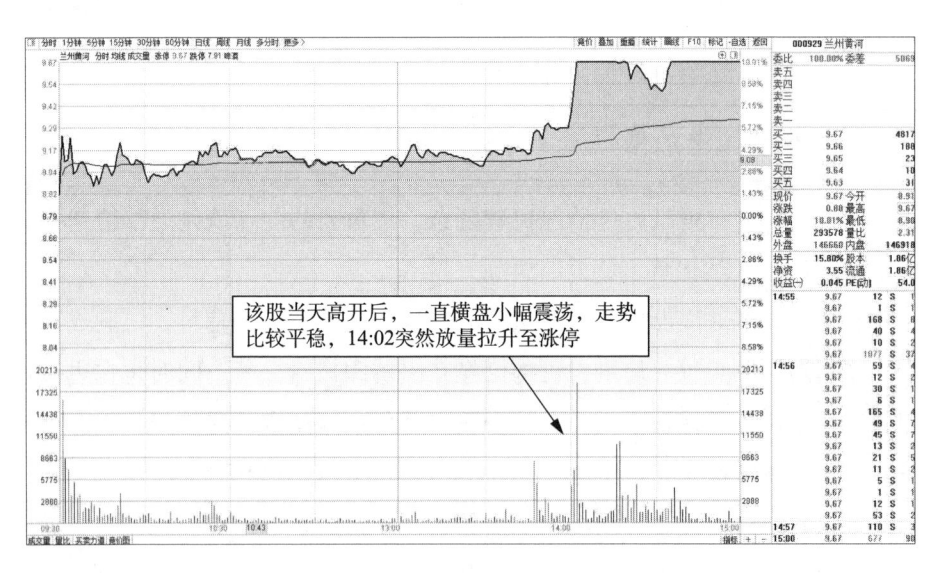

图 4-71

图4-72是000929兰州黄河2021年5月13日星期四下午收盘时的K线

走势图。在软件上将该股整个 K 线走势进行缩小可以看出,股价处于上升趋势中。该股从前期相对高位,即 2020 年 12 月 23 日最高价 13.68 元快速下跌,至 2021 年 2 月 9 日最低价 6.21 元止跌企稳。下跌时间虽然不长,但跌幅较大。

2021 年 2 月 9 日该股止跌企稳后,主力机构展开大幅震荡盘升(挖坑)洗盘行情。震荡盘升(挖坑)洗盘期间,主力机构采取高抛低吸与洗盘吸筹并举的操盘手法,赚取差价,清洗获利盘,继续收集筹码。K 线走势红多绿少,红肥绿瘦,这期间主力机构拉出了 4 个涨停板,主要目的是收集筹码。

5 月 13 日截图当日,该股高开收出一个大阳线涨停板,突破前高,留下向上突破缺口,形成大阳线涨停 K 线形态,成交量较前一交易日放大 2 倍多。此时,均线(90 日均线除外)呈多头排列,MACD、KDJ 等技术指标已经走强,股价的强势特征已经显现,后市上涨的概率大。像这种情况,普通投资者可以在当日或次日跟庄进场逢低买进筹码。

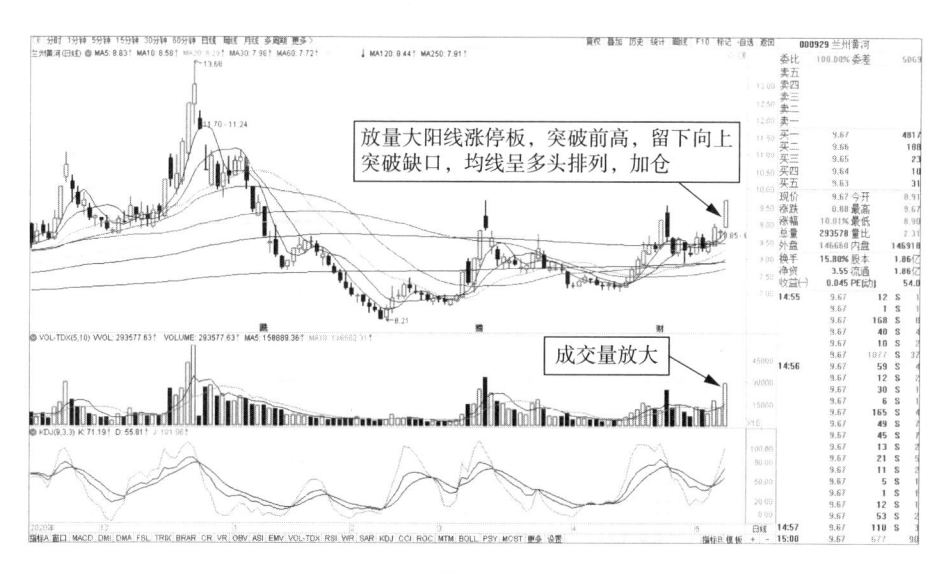

图 4-72

图 4-73 是 000929 兰州黄河 2021 年 6 月 4 日星期五下午收盘时的分时走势图。从分时走势看,该股当日低开,股价急速冲高然后震荡回落,成交量迅速放大,分时价格线向下穿过前一交易日收盘价和分时均价线,一直下跌

至-3.63%左右拐头上行，然后急速拉高，尾盘震荡回落，至收盘涨幅为1.18%。

从当日盘口看，该股低开冲高，然后快速回落，股价跌破前一交易日收盘价和分时均价线，下跌幅度较大，这期间应该有不少前期进场的获利盘出逃。下午股价快速拉高，然后震荡回落至收盘，主力机构通过震荡整理又派发了不少筹码，整个分时盘口比较弱势。像这种情况，普通投资者可以结合K线走势等情况，进行综合分析判断后，果断决策。

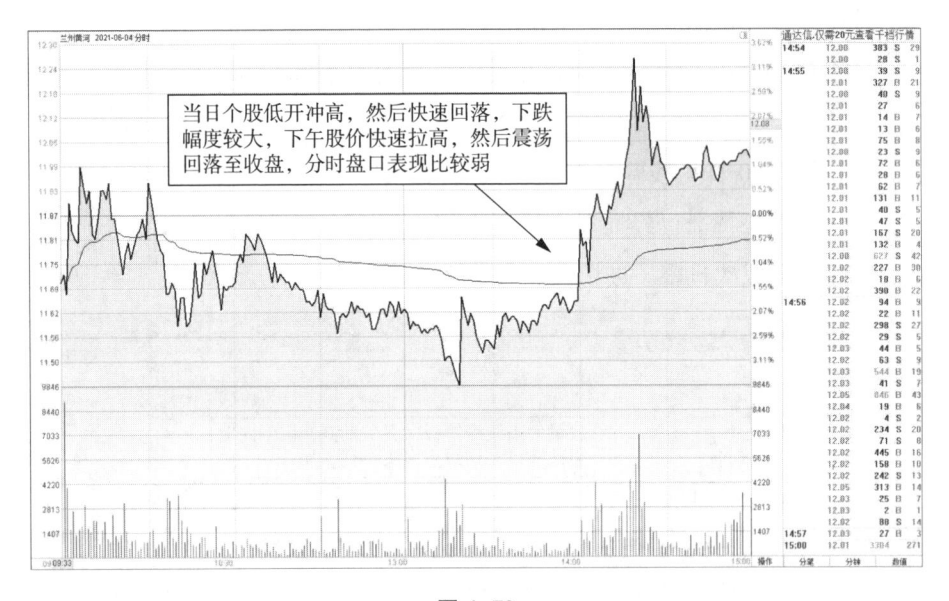

图 4-73

图4-74是000929兰州黄河2021年6月4日星期五下午收盘时的K线走势图。从K线走势看，该股5月13日拉出一个大阳线涨停板，突破前高，留下向上突破缺口，形成大阳线涨停K线形态之后，主力机构展开了加速上涨行情。股价从5月13日的开盘价8.91元一路上涨，至6月3日的最高价12.68元，涨幅还是比较大的。

6月4日截图当日，该股低开，收出一根小螺旋桨阳K线（高位螺旋桨K线又称为变盘线或转势线），成交量较前一交易日萎缩，加上前一交易日收出带上下影线的螺旋桨阴K线，显露出主力机构利用盘中拉高手法引诱跟风盘而震荡出货的迹象。此时，股价远离30日均线且涨幅较大，MACD、KDJ等技术指标开始走弱，盘口的弱势特征比较明显。像这种情况，普通投资者如果当天手中还有筹码没有出完的，次日应该逢高撤出。

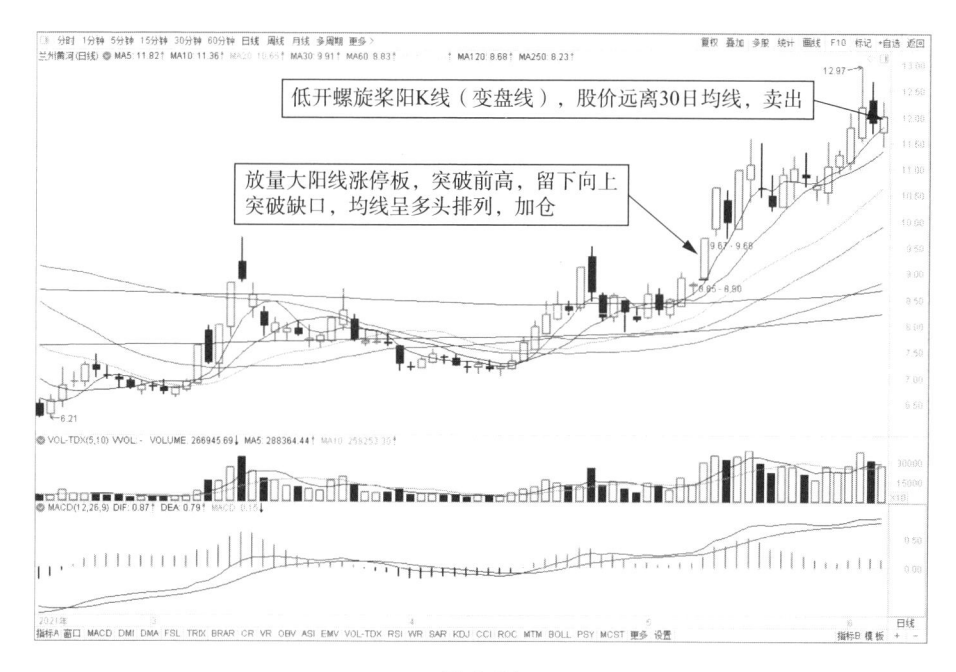

图 4-74

四、个股底部放量

个股下跌调整至底部区域企稳后，主力机构开始慢慢吸筹建仓，K 线走势呈现红肥绿瘦、红多绿少状态，底部逐渐抬高。经过初期上涨或震荡整理洗盘吸筹后，主力机构筹码锁定情况比较好，控盘比较到位，个股的强势特征初步显现。某个交易日个股突然放量拉升，普通投资者可以及时寻机跟庄进场买进筹码。对于此类从底部或相对低位直接放量上涨的个股，普通投资者跟进后，一定要盯紧盘口，时刻防范主力机构获利调整洗盘。

图 4-75 是 601800 中国交建 2021 年 8 月 25 日星期三下午收盘时的分时走势图。从分时走势看，该股当天低开后，股价展开震荡盘升行情，11:15 盘中开始放量，股价快速上涨，上涨至 7.00 元（涨幅 3.24%）左右，展开小幅横盘整理行情至收盘，收盘涨幅为 3.10%。

从当天的分时盘口看,开盘后,分时价格线依托分时均价线震荡上行,一直至收盘,分时价格线始终在分时均价线上方运行;股价向上突破、快速上涨时成交量迅速放大,买盘活跃,做多氛围浓厚,短期可看多做多。

当天该股低开后,分时价格线依托分时均价线震荡上行,股价向上突破、快速上涨时成交量迅速放大,买盘活跃,做多氛围浓厚

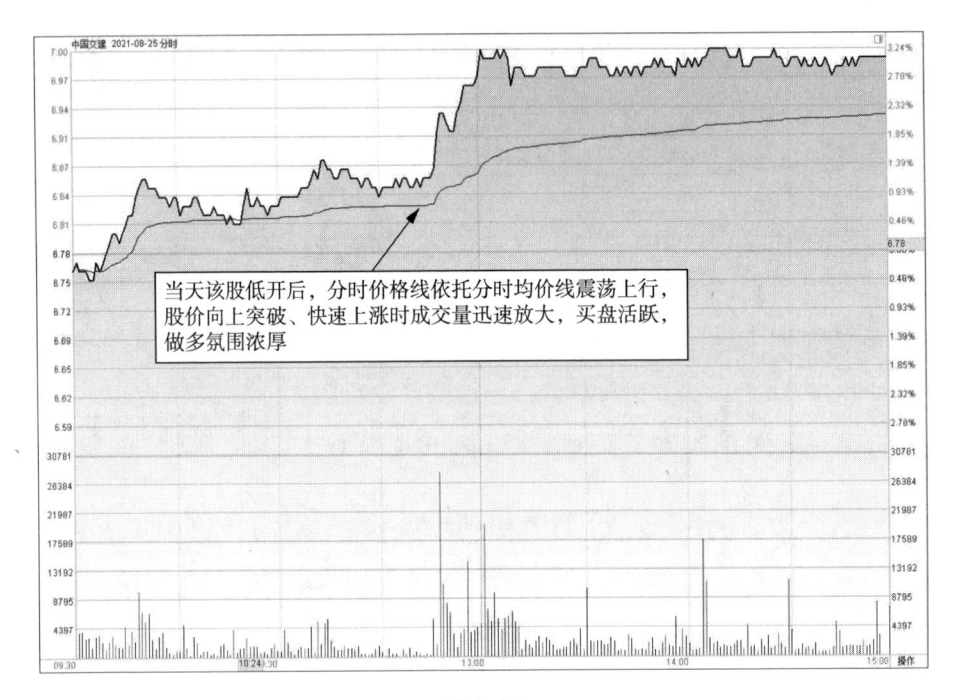

图 4-75

图 4-76 是 601800 中国交建 2021 年 8 月 25 日星期三下午收盘时的 K 线走势图。在软件上将该股整个 K 线走势进行缩小可以看出,此时股价正处于高位下跌调整洗盘企稳之后的上涨(反弹)走势中。股价从相对高位,即 2017 年 3 月 24 日最高价 19.68 元,一路震荡下跌,至 2021 年 7 月 20 日最低价 6.11 元止跌企稳。下跌时间长、跌幅大;这期间有过多次反弹,且反弹幅度较大。下跌期间有过 5 次分别为每 10 股派现金 1.944 元、2.419 元、2.308 元、2.328 元和 1.809 元的除息行为。

2021 年 7 月 20 日该股止跌企稳后,主力机构展开初期上涨行情,吸筹与洗盘并举,以吸筹为主。K 线走势红多绿少,红肥绿瘦。

8 月 25 日截图当日,该股低开收出一根中阳线,突破前高,成交量较前一交易日明显放大,股价向上突破(穿过)5 日、10 日、20 日和 120 日均线

（一阳穿4线），30日、60日、90日均线在股价下方向上运行，250日均线在股价上方下行，均线蛟龙出海形态形成。此时，短中期均线呈多头排列，MACD、KDJ等技术指标开始走强，股价的强势特征已经显现，后市上涨的概率大。像这种情况，普通投资者可以在当日或次日跟庄进场逢低买进筹码。

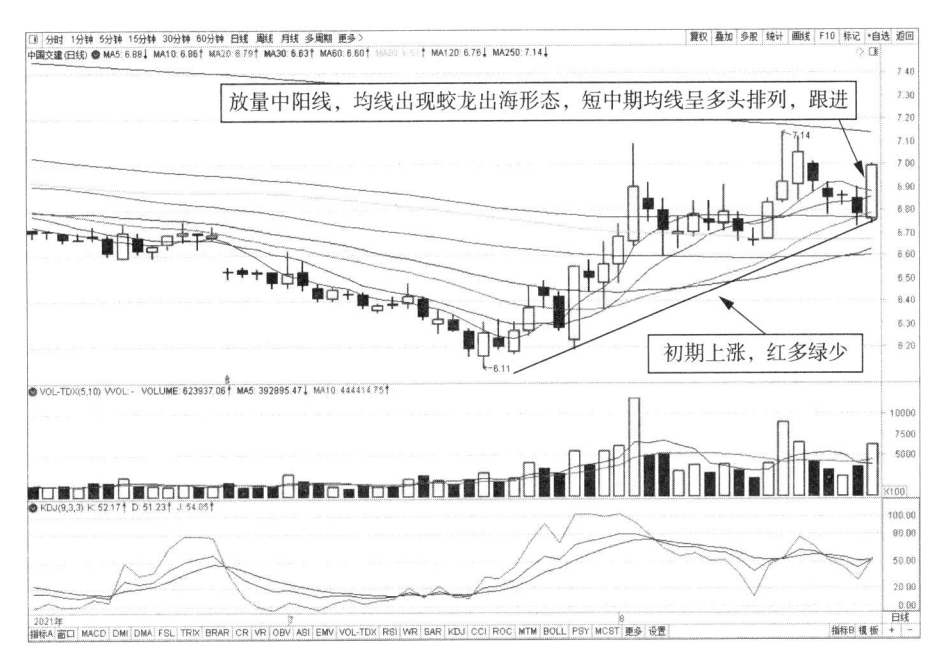

图 4-76

图4-77是601800中国交建2021年9月8日星期三下午收盘时的分时走势图。从分时走势看，该股当天低开后，股价略冲高后就震荡回落，成交量同步放大；股价震荡回落至9.05元（涨幅-2.80%）左右拐头上行，至分时均价线上方再次震荡回落至收盘，当日涨幅为-1.28%。

从当日分时盘口看，股价低开冲高回落，成交量迅速放大，这期间应该有不少前期进场的获利盘出逃。分时价格线向下穿破分时均价线后，跌幅较深，之后分时价格线围绕分时均价线震荡回落至收盘。全天股价都在前一交易日收盘价下方运行，显示股价的上涨动力不足，分时盘口弱势特征比较明显。

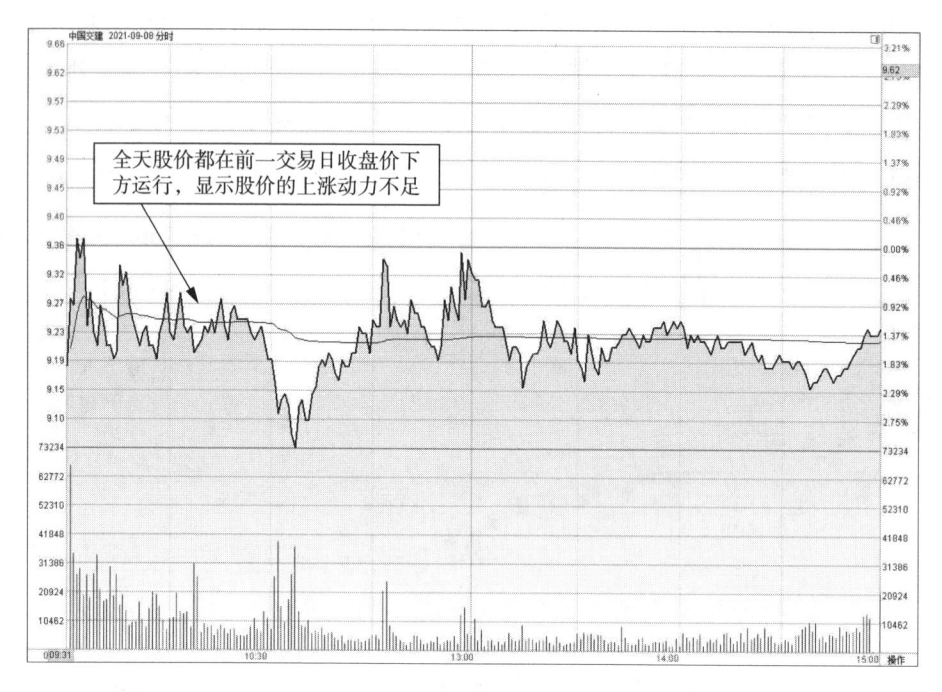

图 4-77

图 4-78 是 601800 中国交建 2021 年 9 月 8 日星期三下午收盘时的 K 线走势图。从 K 线走势可以看出，该股 8 月 25 日收出一根放量中阳线，形成均线蛟龙出海形态之后，主力机构又强势整理了 4 个交易日，整理期间正是普通投资者跟庄进场的好时机。从 8 月 31 日起，主力机构展开了快速拉升行情，至 9 月 7 日，共 6 个交易日拉出了 5 根阳线，其中有 2 个涨停板；股价从 8 月 31 日的开盘价 7.07 元一路上涨，至 9 月 7 日的最高价 9.71 元，涨幅还是相当不错的。

9 月 8 日截图当日，该股低开，收出一颗假阳真阴十字星（高位或相对高位假阳真阴，千万小心；高位或相对高位十字星又称为黄昏之星），成交量较前一交易日萎缩。加上前一交易日收出的带上下影线的螺旋桨阳 K 线，显露出主力机构利用盘中拉高手法吸引跟风盘而震荡出货的迹象。此时，股价远离 30 日均线且涨幅较大，KDJ 等部分技术指标开始走弱。像这种情况，普通投资者如果当天手中还有筹码没有出完的，次日应该逢高撤出。然后可继续跟踪观察，待股价调整到位后再择机跟庄进场买进。

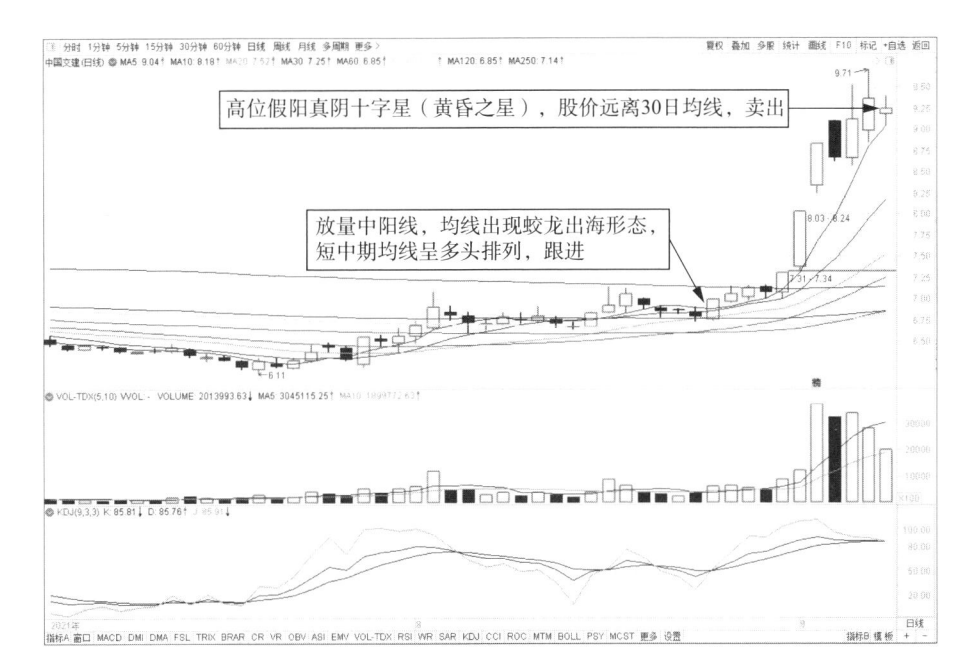

图 4-78

第五章

▼

强势盘口的跟进与转势撤出

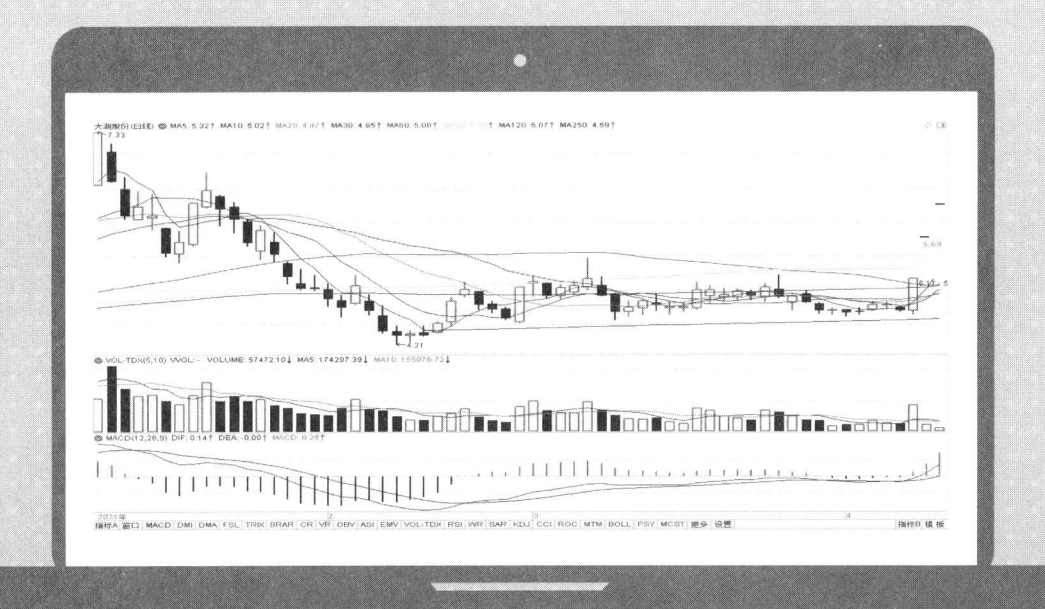

前两章分别重点分析研究了强势盘口的主要特征和强势个股的筛选问题，因为内容很重要很关键，所以篇幅较长，在这两章内容的分析叙述之中，大多已经涉及跟庄进场买进以及转势撤出的问题。

跟进和撤出是两个非常重要的环节，虽然很重要但却不好把握。什么情况下跟进和撤出？什么位置跟进和撤出？什么时候跟进和撤出？太关键太复杂。

每位投资者的思维层次、投资经历、经验教训不同，对跟进和撤出时机的认识和把握也各不相同，有时也是仁者见仁，智者见智。

这里探讨分析的强势盘口的跟进与撤出，主要是指强势盘口分时上的跟进与撤出。要多说一句的是，强势盘口分时上的跟进和撤出是以短线或短期行情操盘跟庄为主，普通投资者一定要以个股K线走势为依据，把握个股所处上升趋势中的位置，在综合分析大盘走势、概念热点、个股基本面、个股技术面、大盘资金面、大盘消息面以及大盘盘口变化等各方面因素的前提下，慎重决策，以实现短线快速赢利。

第一节　强势盘口个股的跟进

强势盘口个股的跟进，是以个股K线走势处于上升趋势为前提，以分时价格线一般不破前一日收盘价为区分原则，利用当天的分时走势来选择和确定跟庄进场的时机。

一般情况下，在每个交易日上午开盘后半小时与下午收盘前的半小时选择跟庄进场买进的时机较为合适，特殊情况如个股开盘后横盘震仓蓄势、调整洗盘蓄势等跟进时机例外。这里综合各方面情况，分析8种强势盘口个股跟进时机和方式。股市风云变幻、变化莫测，普通投资者不能生搬硬套，要根据手中目标股票具体情况，通盘分析考虑后再作出是否跟庄进场的决策。

一、上穿线跟进

上穿线跟进，是指个股跳空高开后迅速回调（平开或低开后股价上冲，然后迅速回调），回调不破前一交易日收盘价，略作调整后，分时价格线向上穿过分时均价线时跟进。此时成交量同步放大。这种分时一般分两种情况：

一种情况是个股高开后，分时价格线迅速下滑，但不破前一日收盘价，略作整理后分时价格线即向上穿过分时均价线，然后快速上行。这种盘口表现较为强势，分时整理时普通投资者就可准备跟进。

图5-1是002564天沃科技2021年5月20日星期四上午开盘后至10:24的分时截图。该股当天高开回落，略作整理后分时价格线拐头向上，穿过分时均价线上行，成交量同步放大，股价回落没破前一交易日收盘价。普通投资者若想跟进，这期间还是有充分的时间进行思考并作出决策的。

图5-1

图5-2是002564天沃科技2021年5月20日星期四下午收盘时的分时走势图。该股当天高开回调，略作整理后分时价格线拐头向上穿过分时均价线

上行，成交量同步放大，然后一波拉至涨停，直至收盘涨停板没有打开，分时盘口强势特征明显。普通投资者若当日进场的话，次日逢高出来，利润也是相当可观的。

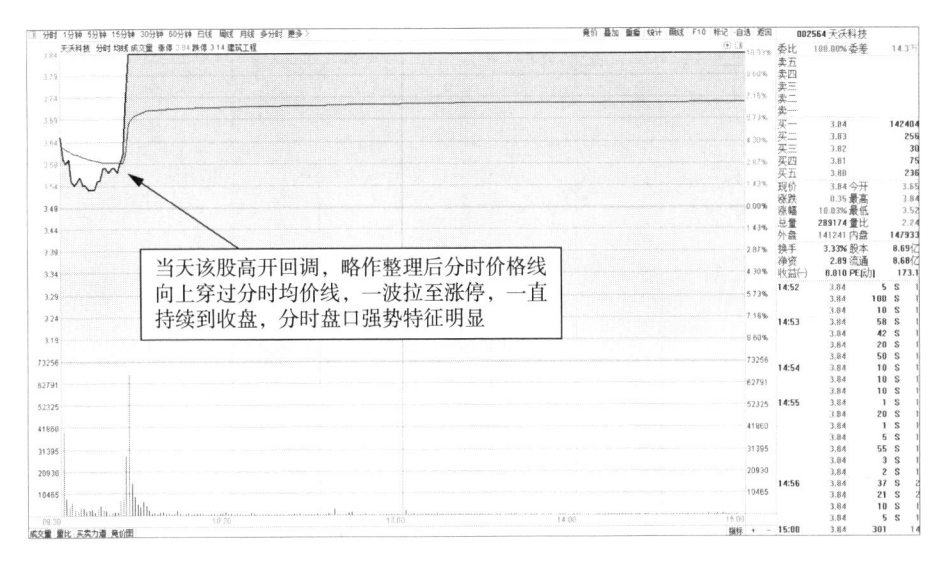

图 5-2

图 5-3 是 002564 天沃科技 2021 年 5 月 20 日星期四下午收盘时的 K 线走势图。从 K 线走势看，此时股价正处于高位下跌调整洗盘企稳之后的上涨（反弹）走势中，且股价从前期底部，即 2021 年 2 月 4 日最低价 2.68 元上涨以来，已经有了不小涨幅。当天该股跳空高开，收出一个大阳线涨停板，突破前高，形成大阳线涨停 K 线形态，成交量较前一交易日明显放大；短中期均线呈多头排列，MACD、KDJ 等技术指标开始走强，股价的强势特征比较明显，短线可看好。

另一种情况是个股低开或平开后，分时价格线快速上冲，然后回调不破前一日收盘价，略作整理后向上穿过分时均价线上行，这种盘口表现也比较强势，可选择跟进。但如果分时价格线回调下破前一日收盘价过深、整理时间过长，分时价格线向上穿过分时均价线后马上又回调，就要注意了，普通投资者最好不要盲目跟庄进场。

图 5-4 是 601218 吉鑫科技 2021 年 10 月 25 日星期一上午 9:36 的分时截图。该股当天平开，分时价格线直接两波次上冲，然后拐头向下穿过分时均价线后，

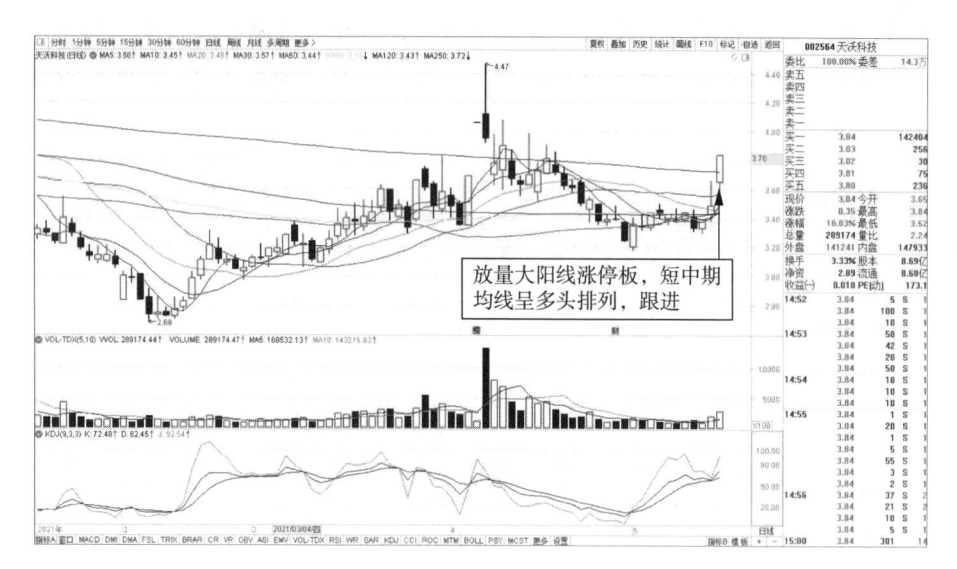

图 5-3

马上又拐头上行，股价回调没有跌破前一交易日收盘价。开盘后盘口强势特征较为明显，普通投资者当日若想跟庄进场的话，此时可以跟庄进场买进。

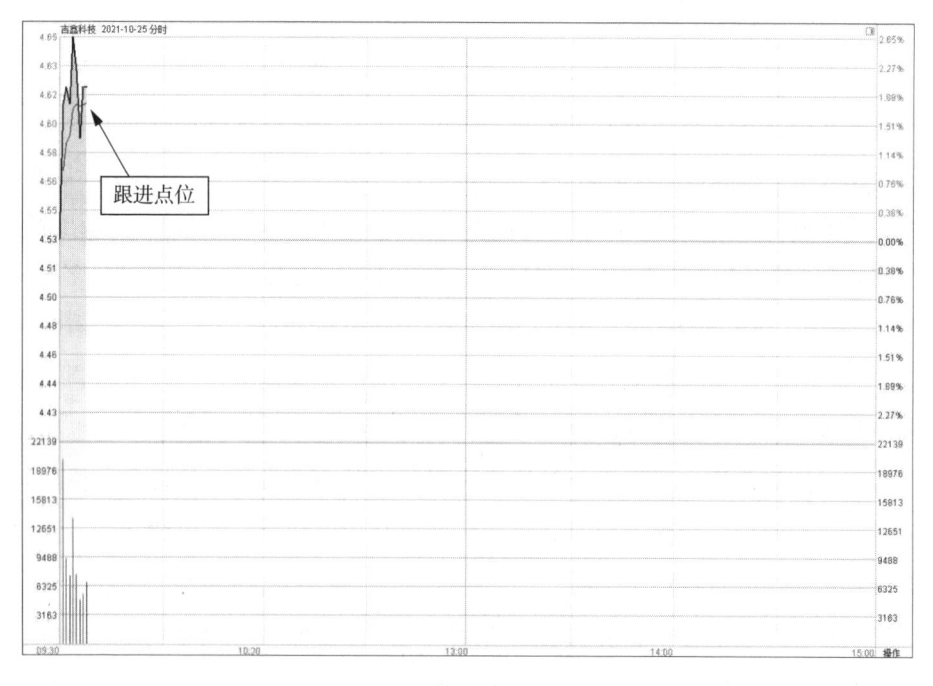

图 5-4

图5-5是601218吉鑫科技2021年10月25日星期一下午收盘时的分时走势图。从分时走势看，该股当天平开直接两波拔高，然后震荡回落，分时价格线向下穿过分时均价线后马上拐头震荡向上，回落没破前一交易日收盘价。此后分时价格线依托分时均价线震荡上行，10:17放量上冲至涨停、瞬间回落，随后分时价格线与分时均价线缠绕（平行）展开横盘整理行情，尾盘股价有所回落，当日涨幅为4.42%。从盘口看，股价盘中上冲至涨停没有封住，应该是主力机构的试盘行为。全天分时走势都在前一交易日收盘价上方运行，尤其是横盘整理走势比较平稳流畅，没有大起大落现象，说明主力机构筹码比较集中、控盘比较到位，整个分时盘口表现比较强势。

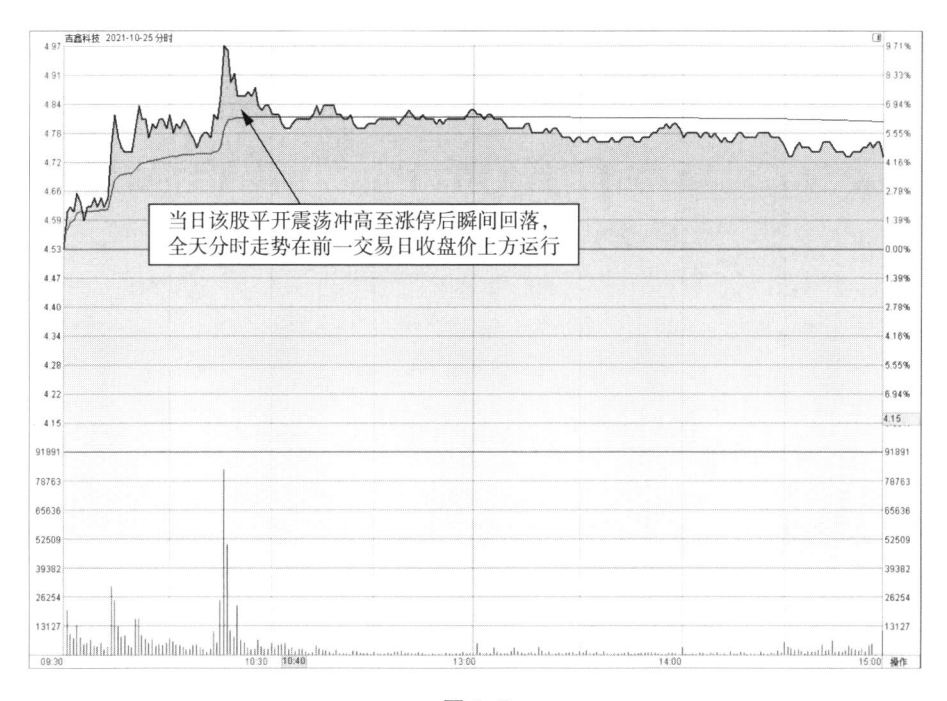

图5-5

图5-6是601218吉鑫科技2021年10月25日星期一下午收盘时的K线走势图。从K线走势看，此时股价正处于下跌企稳之后的上升趋势中，且股价从前期底部，即2018年10月19日最低价2.01元上涨以来，已经有了不少涨幅。股价刚刚走出"坑口"，正在展开横盘整理洗盘吸筹行情。当日该股平开，收出一根大阳线，成交量较前一交易日明显放大，应该是主力机构的试

盘行为。此时，均线呈多头排列，MACD、KDJ等技术指标开始走强，股价的强势特征已经显现，后市上涨的概率大。像这种情况，普通投资者可以在当日或次日跟庄进场逢低买进筹码。

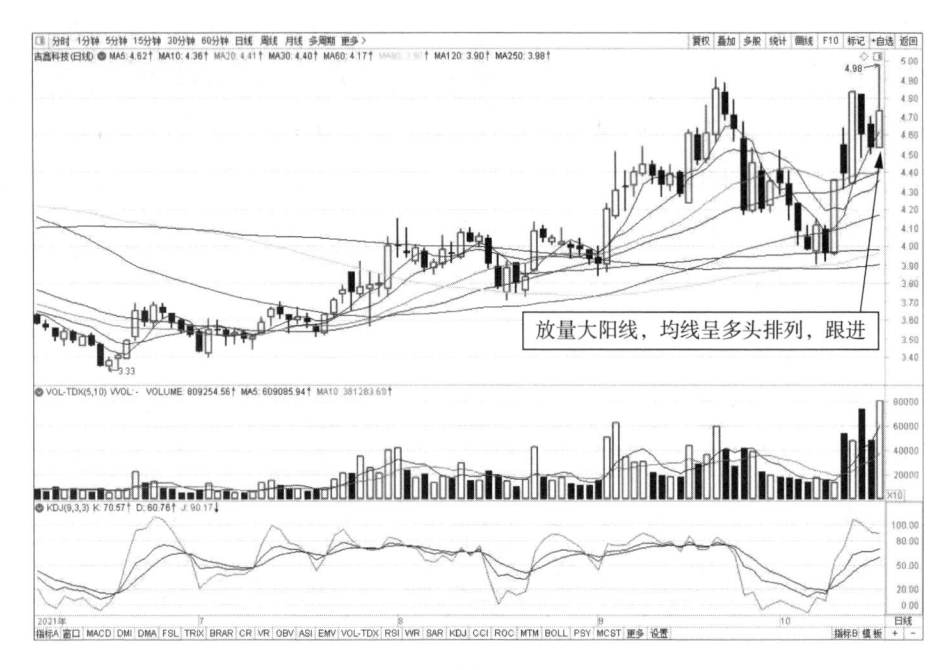

图 5-6

二、支撑跟进

支撑跟进，是指个股开盘股价上涨，分时价格线在分时均价线上方大面积受到支撑（个别点位允许分时价格线下破或缠绕分时均价线），随后在放大的成交量推动下，分时价格线翘头上行，此时即跟庄进场时机。胆子大的投资者也可以在前面盘整期间择机跟庄进场。但要注意的是，分时价格线贴近或缠绕分时均价线的时间不能太长，防止主力机构接下来可能的洗盘或出货行为。

图 5-7 是 300747 锐科激光 2021 年 5 月 20 日星期四上午收盘时的分时走势图。该股当天高开后，随着成交量的放大，分时价格线直线上冲，随后展开小幅横盘震荡整理行情，分时价格线在分时均价线上方大面积受到支撑。

11:08股价在成交量的推动下快速上涨，普通投资者可以在分时价格线翘头上行时跟庄进场，当然，也可以在该股早盘高开后或股价横盘整理时择机跟庄进场逢低买进筹码。

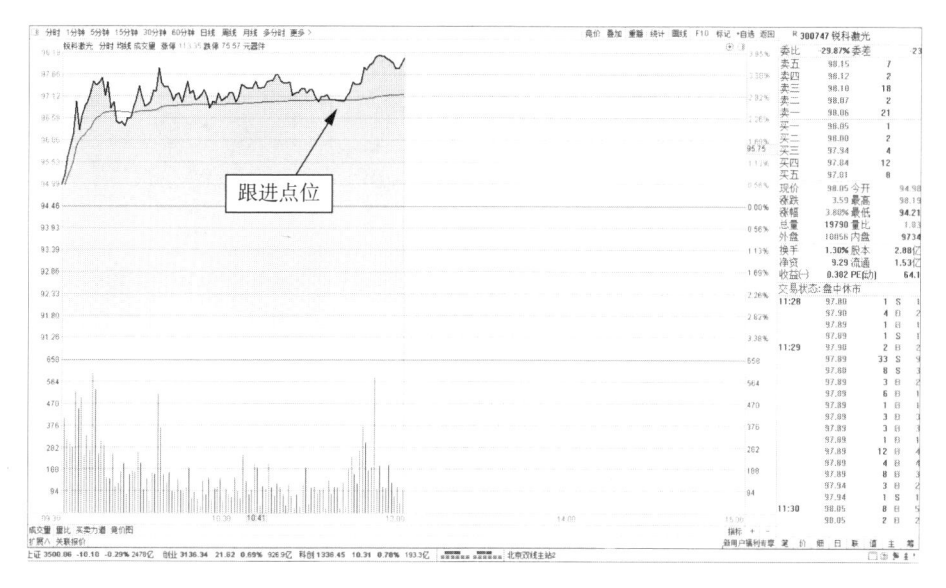

图 5-7

图 5-8 是 300747 锐科激光 2021 年 5 月 20 日星期四下午收盘时的分时走势图。从盘口看，该股当天高开后，分时价格线直线上冲，随后展开横盘震荡整理，分时价格线在分时均价线上方大面积受到支撑，11:08 股价在成交量的推动下抬头上行。下午开盘后，分时价格线始终在分时均价线上方逐步小幅震荡走高，收盘涨幅为 5.55%，整个分时盘口强势特征比较明显。

图 5-9 是 300747 锐科激光 2021 年 5 月 20 日星期四下午收盘时的 K 线走势图。在软件上将该股整个 K 线走势缩小后可以看出，该股上市后被爆炒，一口气拉出过 14 个涨停板，最高价炒至 225.00 元，然后一路震荡下跌。此时，该股走势仍处于下降通道中，此时的上涨行情只能认定为下跌趋势中的反弹行情。当天该股跳空高开，收出一根大阳线，突破前高，成交量较前一交易日有效放大；短中长期均线呈多头排列，MACD、KDJ 等技术指标开始走强，该股强势特征比较明显，震荡盘升趋势短期内不会改变，短期可继续看好。

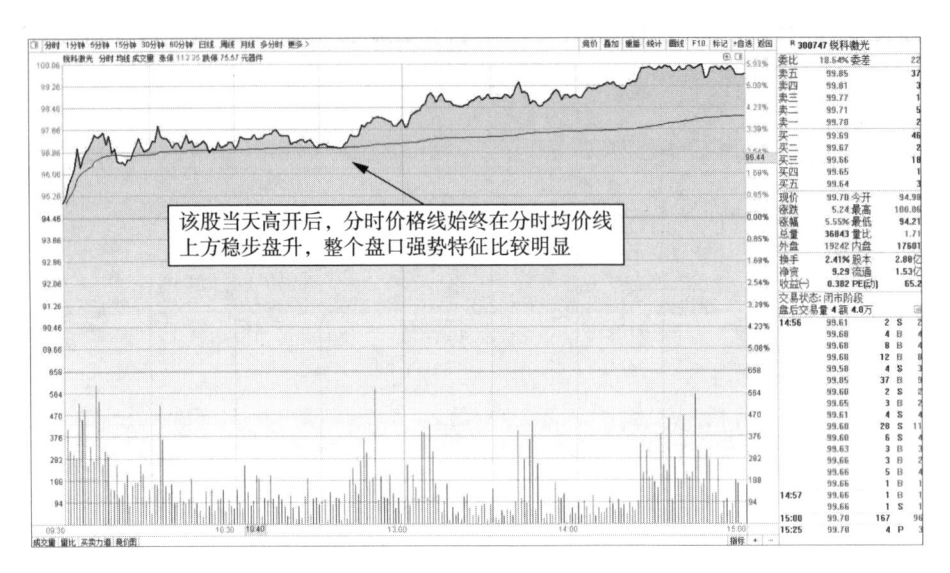

图 5-8

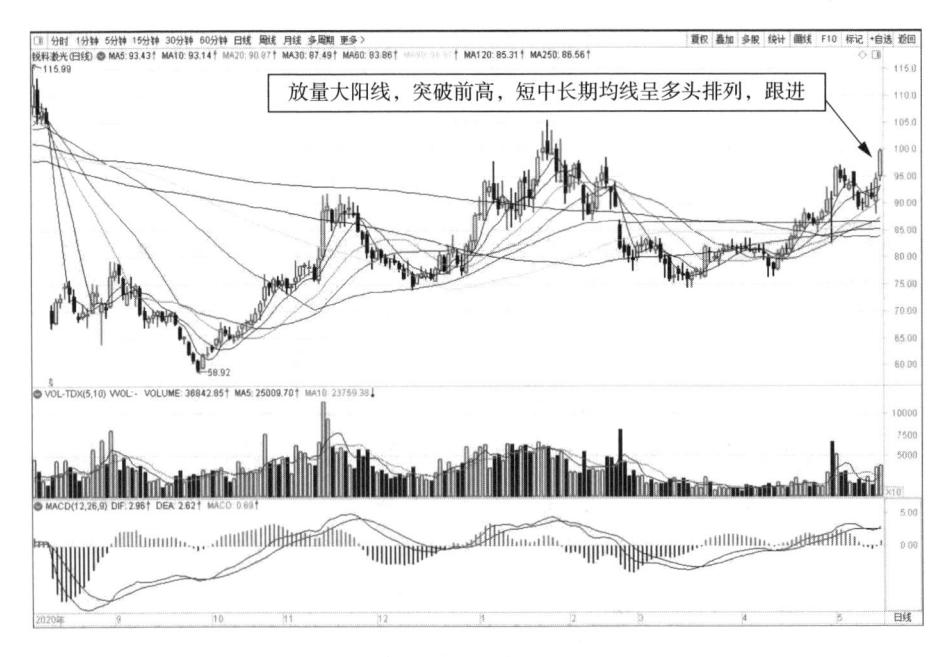

图 5-9

第五章 强势盘口的跟进与转势撤出

三、急速勾头向上跟进

急速勾头向上跟进，是指个股开盘后，分时价格线急速下行然后快速勾头向上，急速下行不破前一日收盘价，可在勾头向上时及时跟进。个股开盘股价急速回落，有可能是前期进场的部分获利盘减仓卖出，抑或是主力机构洗盘吸筹吓跑了部分意志不坚定的投资者等。但要特别注意的是，如分时价格线向下穿破前一交易日收盘价且下跌程度较深，再勾头向上，就要慎重考虑是否跟进了。

图 5-10 是 600439 瑞贝卡 2021 年 5 月 20 日星期四上午收盘时的分时走势图。从分时走势看，该股当天大幅高开后急速回落，回落没破前一日收盘价。9:38 左右，分时价格线勾头向上，一波拔高冲至涨停板。普通投资者看到开盘急跌，估计不敢买入，待分时价格线勾头向上，一个波次急速上升至涨停时可能又买不上了。9:57 涨停板被大卖单砸开，除在涨停价位挂买单排队的普通投资者被动买入外，场外观察的其他普通投资者估计又不敢进场了。

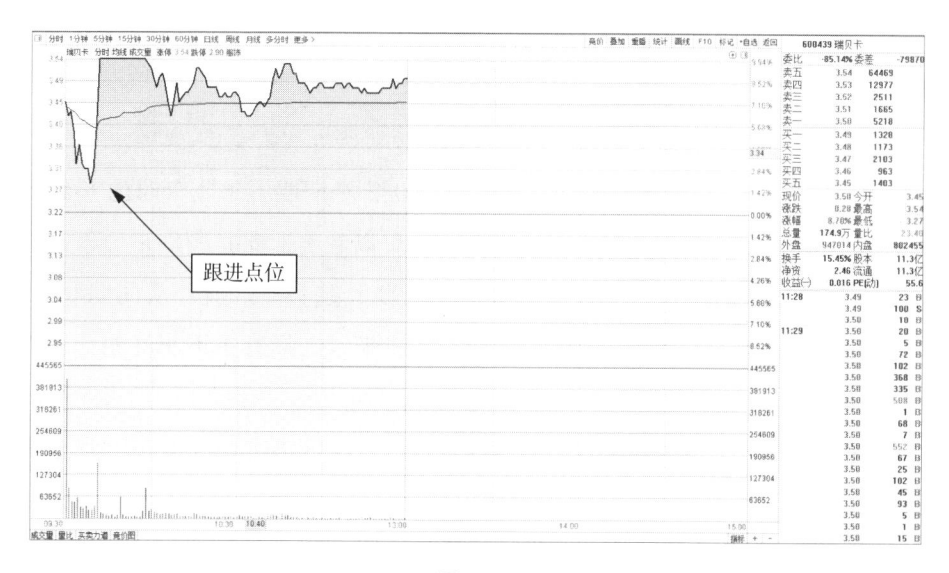

图 5-10

图 5-11 是 600439 瑞贝卡 2021 年 5 月 20 日星期四下午收盘时的分时走势图。该股当天大幅高开后急速回落，回落没破前一日收盘价。9:38 左右，分

时价格线勾头向上，一个波次急速拔高至涨停板。9:57涨停板被大卖单砸开，13:59涨停板被封回。此后打开封回反复多次，14:29涨停板再次封回后至收盘没再打开，涨停板封板结构较差。从当天的分时盘口看，涨停打开的时间长，封板的时间短，主力机构开板进行高位出货的可能性较大，股价面临调整，但短线仍可看好。

图5-11中标注文字：该股当天大幅高开后急速回落，随后一波拔高至涨停板。此后涨停板封回打开再封回反复多次，14:29涨停板再次封回后至收盘没再打开，涨停板封板结构较弱

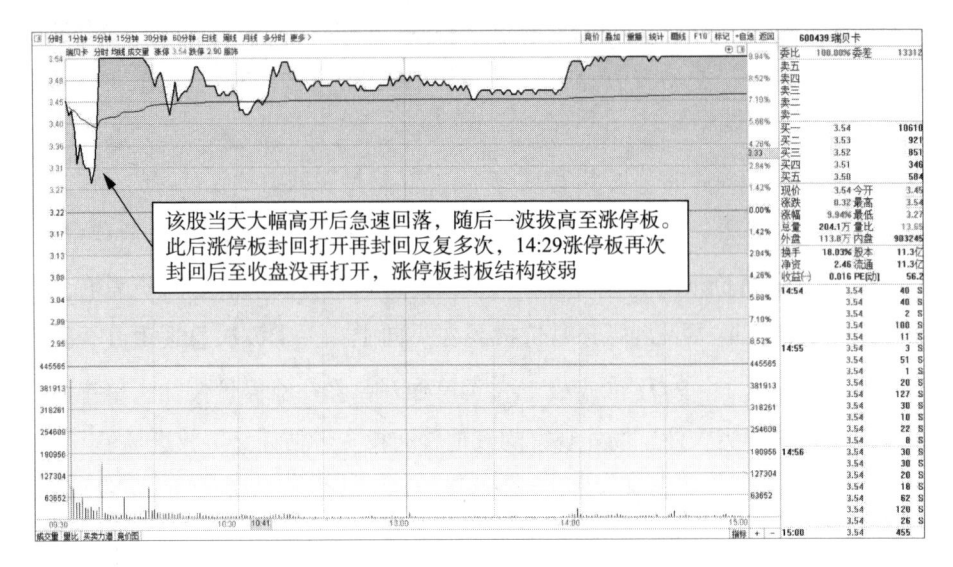

图5-11

图5-12是600439瑞贝卡2021年5月20日星期四下午收盘时的K线走势图。在软件上将该股整个K线走势缩小后可以看出，此时股价正处于高位下跌企稳之后、大幅横盘震荡中的上升（反弹）趋势中。股价从前期底部，即2021年1月8日最低价2.19元止跌上涨以来，已经有了不小涨幅，上涨（反弹）行情仍在持续中。

5月20日截图当日，该股大幅高开，收出一根涨停锤头阳K线，成交量较前一交易日放大17倍多。理论上讲，高位或相对高位收出锤头线，应该是个股已经展开调整行情的信号。当日该股收出锤头涨停阳K线，加之量能过大，显示主力机构当天已经展开调整行情。事实上，该股前两个交易日已经收出两个涨停板，涨幅较大，也有短期调整消化获利盘的需要。由于此时该股走势整体强势，后市短期可继续看好。

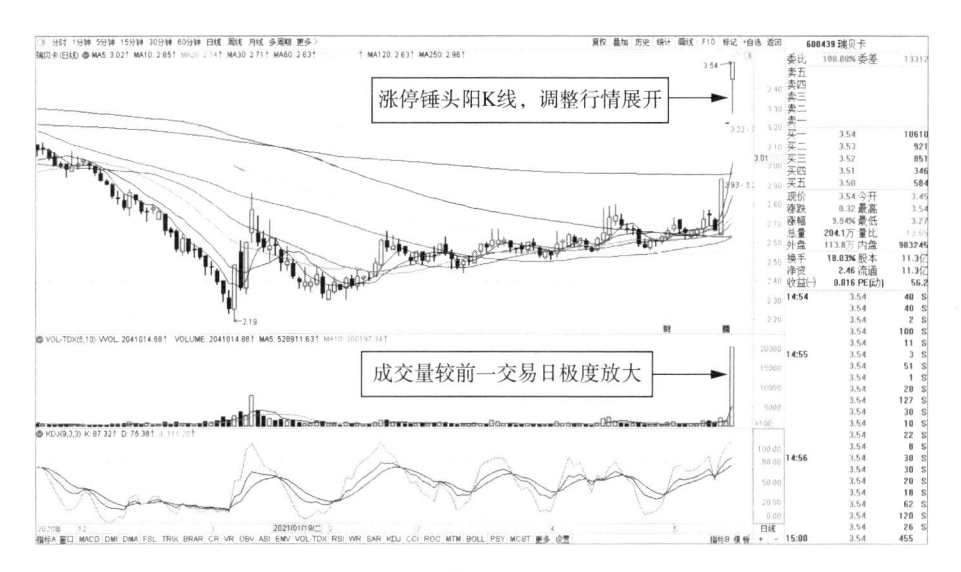

图 5-12

四、突破前高跟进

突破前高跟进，是指个股开盘后股价冲高回落，回落不破前一日收盘价，然后展开小幅横盘整理，横盘整理过程中成交量逐步放大，分时价格线向上突破股价开盘后的上冲高点时跟进。

图 5-13 是 600128 弘业股份 2021 年 12 月 13 日星期一上午 10:00 的分时走势图。从分时走势看，该股当天高开后，分时价格线快速上行，在 6.95 元附近（涨幅 1.29%左右）展开横盘震荡整理，回调没破前一日收盘价。9:59 左右，分时价格线突破开盘后震荡整理时的高点上行，成交量同步放大。普通投资者可以在股价突破开盘后拉升的高点时跟庄进场。当然，也可以在个股开盘后或在拉高后的横盘震荡整理期间逢低跟进。

图 5-14 是 600128 弘业股份 2021 年 12 月 13 日星期一下午收盘时的分时走势图。从分时走势看，该股当天高开后，分时价格线依托分时均价线快速上行，然后开始横盘震荡整理，回调没破前一日收盘价。9:59 左右，在成交量放大的配合下，分时价格线快速冲高，最高上冲至 7.18 元左右（涨幅 4.52%左右）拐头震荡下行；然后与分时均价线缠绕（平行），展开小幅横盘震荡整理走势至收盘，下午走势略显平缓，当日涨幅 2.19%。从盘口看，虽

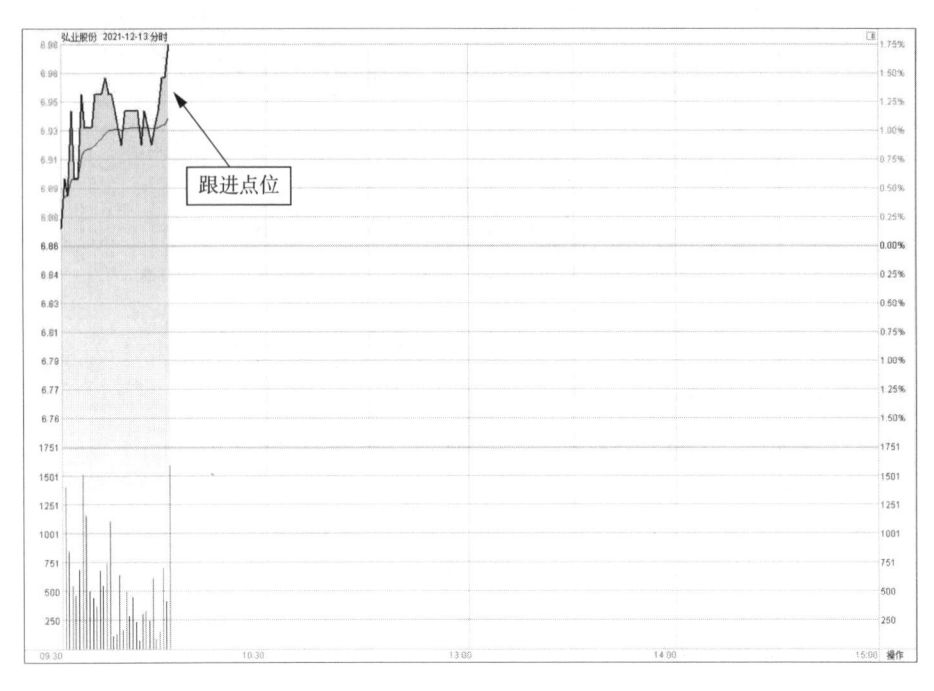

图 5-13

然股价在上午冲高之后的走势比较疲软，主要是受当日大盘冲高回落的影响，但该股全天的分时走势均在前一交易日收盘价上方运行，尤其是横盘震荡整理走势比较平稳流畅，没有大起大落现象，说明主力机构筹码集中度比较高、控盘比较到位，整个盘口表现还是比较强势的。

图 5-15 是 600128 弘业股份 2021 年 12 月 13 日星期一下午收盘时的 K 线走势图。在软件上将该股整个 K 线走势缩小后可以看出，此时该股走势处于上升趋势中。股价从前期相对高位，即 2019 年 3 月 8 日的最高价 11.88 元，一路震荡下跌，至 2021 年 2 月 4 日最低价 5.45 元止跌企稳。下跌时间长，跌幅大。随后主力机构展开大幅震荡盘升（挖坑）行情，高抛低吸与洗盘吸筹并举，赚取差价，清洗获利盘，继续收集筹码。

12 月 13 日截图当日，该股跳空高开，收出一根仙人指路中阳线，突破前高和平台，成交量较前一日放大 2 倍多。此时，短期均线呈多头排列，MACD 等部分技术指标走强，该股的强势特征比较明显，震荡盘升趋势短期内不会改变，短期可继续看好。像这种情况，普通投资者可以在当日或次日跟庄进

第五章　强势盘口的跟进与转势撤出

场逢低买进筹码，待股价出现明显见顶信号后再撤出。

当日该股高开后震荡冲高至7.18元（涨幅4.52%）左右回落，展开小幅横盘震荡整理走势至收盘，整个分时盘口表现比较强势

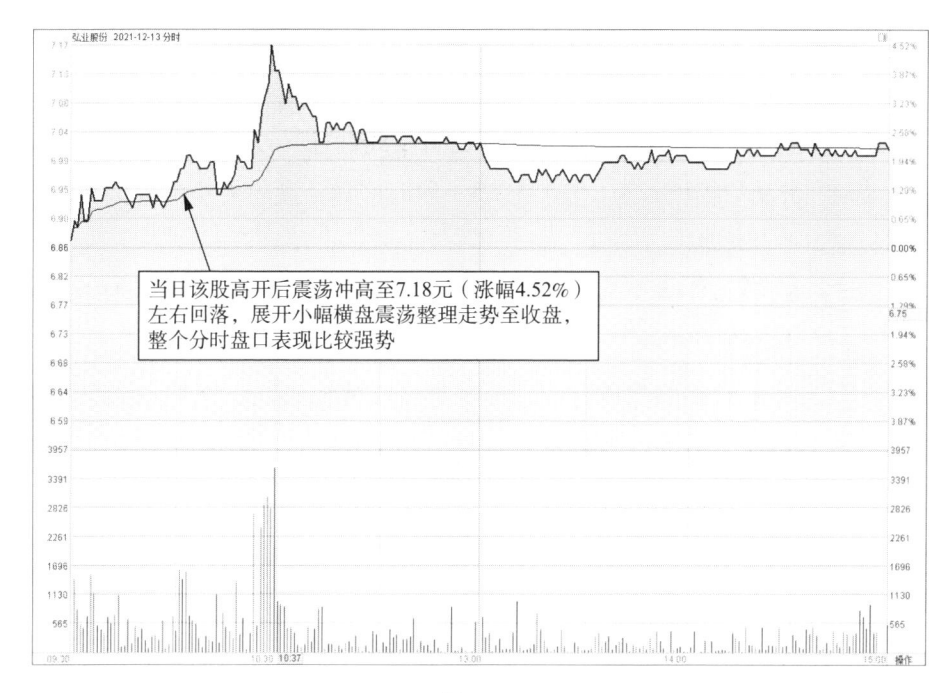

图 5-14

放量仙人指路中阳线，突破前高和平台，短期均线呈多头排列，跟进

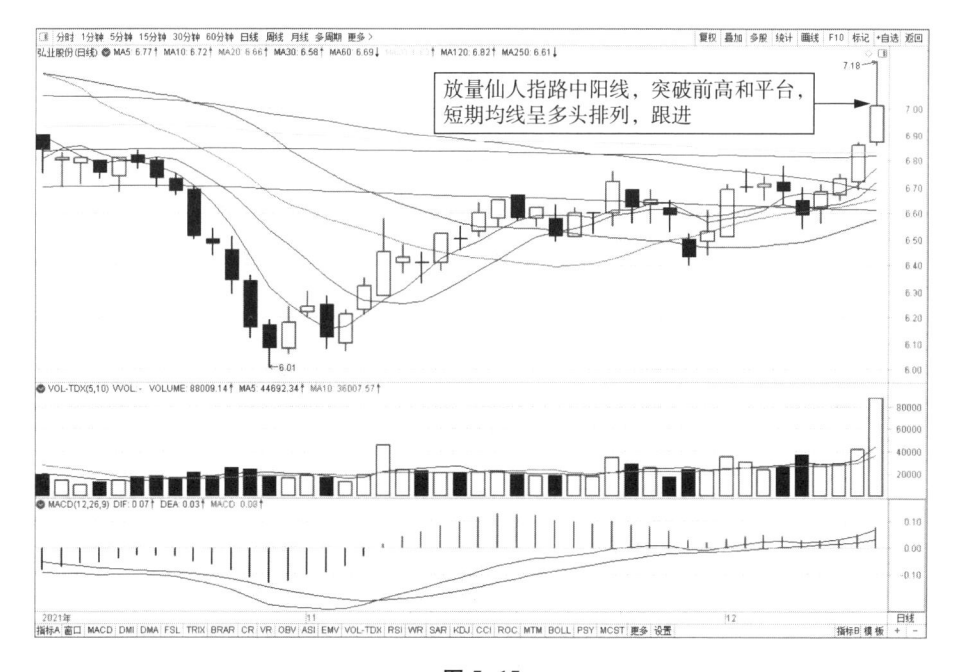

图 5-15

五、向上突破平台跟进

向上突破平台跟进，是指个股开盘（高开、低开或平开）后股价上升到某一价位，展开横盘震荡整理走势，分时价格线贴近（或缠绕）分时均价线上下波动，波动的幅度较小，横盘整理一段时间后，盘中突然放量拉升，股价突破整理平台时跟进。

图 5-16 是 600714 金瑞矿业 2021 年 5 月 21 日星期五下午开盘时的分时走势图。从分时走势看，该股当天低开直线上冲至前一交易日收盘价上方，然后展开平台震荡整理行情，分时价格线缠绕或位于分时均价线上方运行，走势平稳，波动幅度较小。11∶26 股价抬头向上突破整理平台，成交量同步放大。普通投资者在分时价格线抬头向上时跟进可能来不及了，如果之前通过分析该股 K 线走势，感觉调整已经到位，可以在当日股价横盘整理阶段择机跟进或在次日逢低跟庄进场买进。当然，普通投资者也可以在开盘后，股价向上突破前一交易日收盘价时，直接跟庄进场买进筹码。

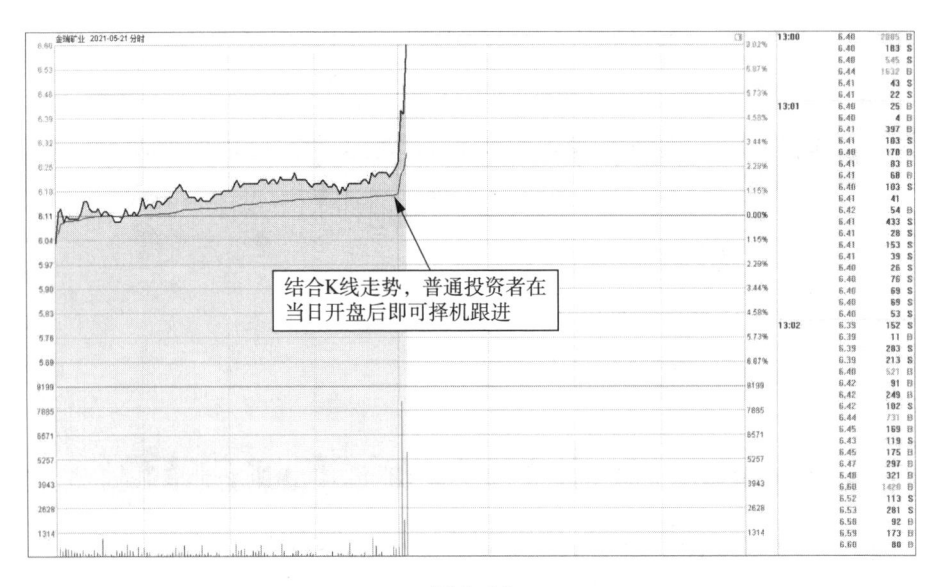

图 5-16

图5-17是600714金瑞矿业2021年5月21日星期五下午收盘时的分时走势图。从分时走势看，该股当天低开直线上冲至前一交易日收盘价上方，然后展开震荡整理走势，分时价格线缠绕或位于分时均价线上方运行，走势平稳、幅度较小。11:26股价抬头向上拉升，突破当日整理平台，直线上冲。下午开盘后该股很快封上涨停板，至收盘涨停板没有打开。当日虽然下午才封板，但封板比较急速，封板后没有被打开，涨停板封板结构较好，整个盘口分时走势干净利落，强势特征比较明显。

该股当日上午收盘时及下午开盘时的走势很值得普通投资者注意，部分主力机构操盘手喜欢在上午快收盘时及下午刚开盘时，趁普通投资者紧张情绪刚放松之时，突然拉升（涨停）或打压（跌停）股价，目的在于打普通投资者一个出其不意。所以，普通投资者一定要高度重视目标股票的开收盘，从开收盘的盘口信息读懂主力机构的操盘目的和意图，为跟庄进场操盘获利提供保障。

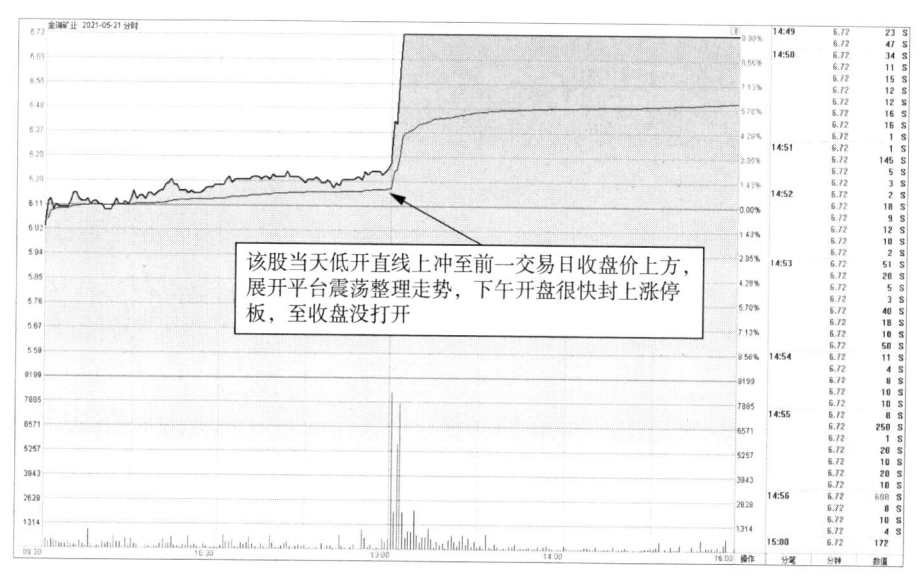

图5-17

图5-18是600714金瑞矿业2021年5月21日星期五下午收盘时的K线走势图。在软件上将该股整个K线走势缩小后可以看出，此时该股走势处于上升趋势中。该股于2021年2月4日最低价4.49元止跌企稳后，主力机构展

开了一波较大幅度的拉升,这期间拉出了5个涨停板,随后主力机构展开了回调洗盘和横盘震荡整理行情,高抛低吸,赚取差价,清洗获利盘,拉高新入场普通投资者的进场成本,为后期拉升股价做准备。

5月21日截图当日,该股低开,收出一个大阳线涨停板,突破前高,形成大阳线涨停K线形态,成交量与前一交易日基本持平,股价向上突破5日、10日、20日、30日和60日均线(一阳穿5线),90日、120日和250日均线在股价下方向上移动,均线蛟龙出海形态形成。此时,均线呈多头排列,MACD、KDJ等技术指标开始走强,该股的强势特征比较明显,震荡盘升趋势短期内不会改变,短期可继续看好。像这种情况,普通投资者可以在当日或次日跟庄进场逢低买进筹码,待股价出现明显见顶信号后再撤出。

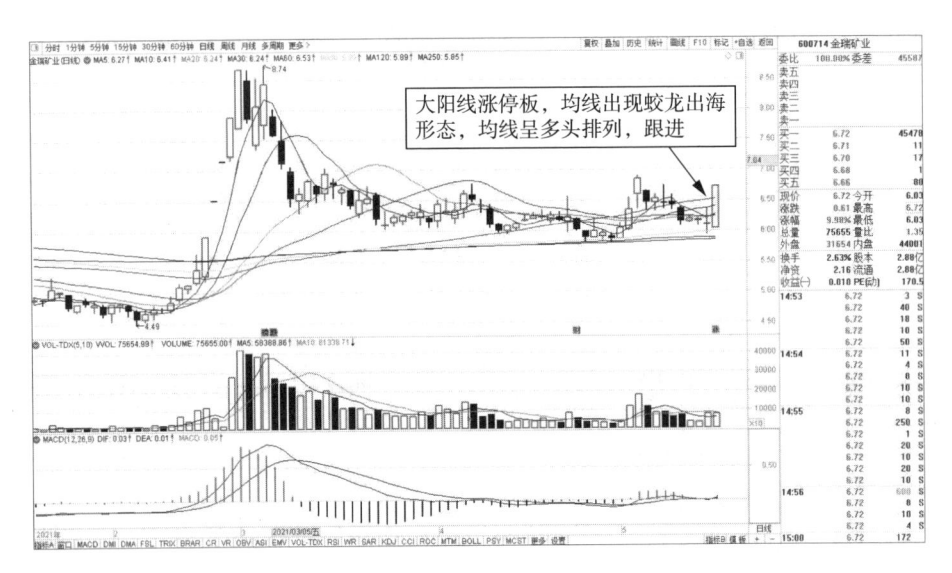

图 5-18

六、小双底形态跟进

小双底形态跟进也称W字形态跟进,是指个股开盘后股价上攻出现回落,再度上攻,再次回落,又一次上攻,此时分时价格线在盘口形成一个小双底形态(W字形态),普通投资者在分时价格线突破小双底形态最高价时跟进。

小双底形态，是一种主力机构洗盘形态，每个交易日上午开盘后不久，普通投资者在操盘过程中经常能发现这种分时走势。如果个股K线走势处于上升趋势且大盘尚可的话，出现这种形态，预示着股价将出现一波上涨行情。但要注意的是，高开的小双底形态回调时不能回补缺口，低开的小双底形态必须回补低开的缺口，才能显示个股和分时盘口的强势，体现出主力机构做多的决心。

图5-19是300363博腾股份2021年5月20日星期四上午收盘时的分时走势图。从分时走势看，该股当天低开上攻回落（分时价格线第一次上攻时已回补低开缺口），再度上攻再次回落，又一次上攻，此时分时价格线在盘口形成了一个小双底形态，两次回落都没有触及前一日收盘价。普通投资者可以在分时价格线突破小双底形态最高价时跟庄进场买入筹码。

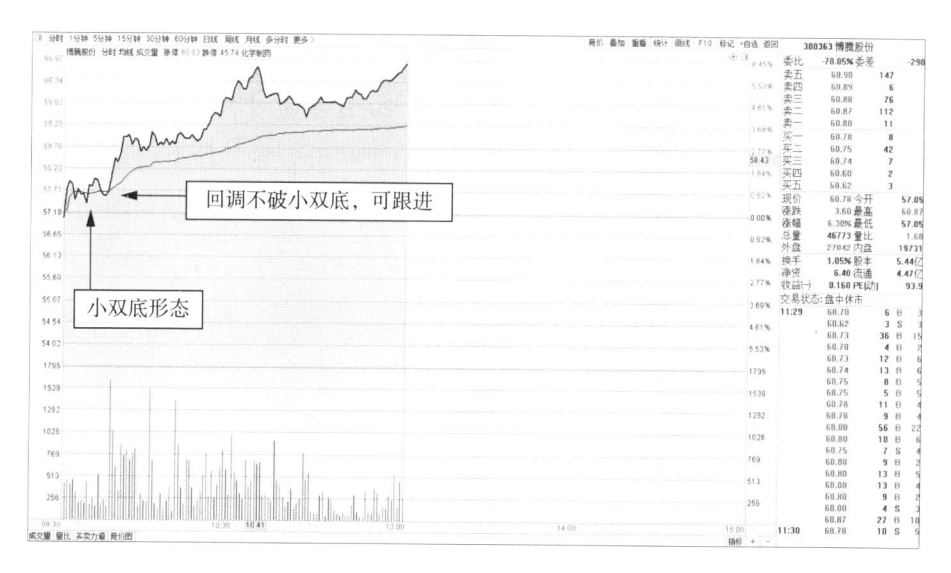

图5-19

图5-20是300363博腾股份2021年5月20日星期四下午收盘时的分时走势图。从分时走势看，该股当天低开上攻回落，分时价格线在盘口形成小双底形态后，在持续放大的成交量配合下，分时价格线依托分时均价线持续震

荡走高，临近收盘时股价略有回落，收盘涨幅7.71%，整个分时盘口强势特征比较明显，后市可看好。

图中标注：当天该股分时价格线在盘口形成小双底形态后，持续震荡走高，临近收盘略有回落，分时盘口强势特征比较明显

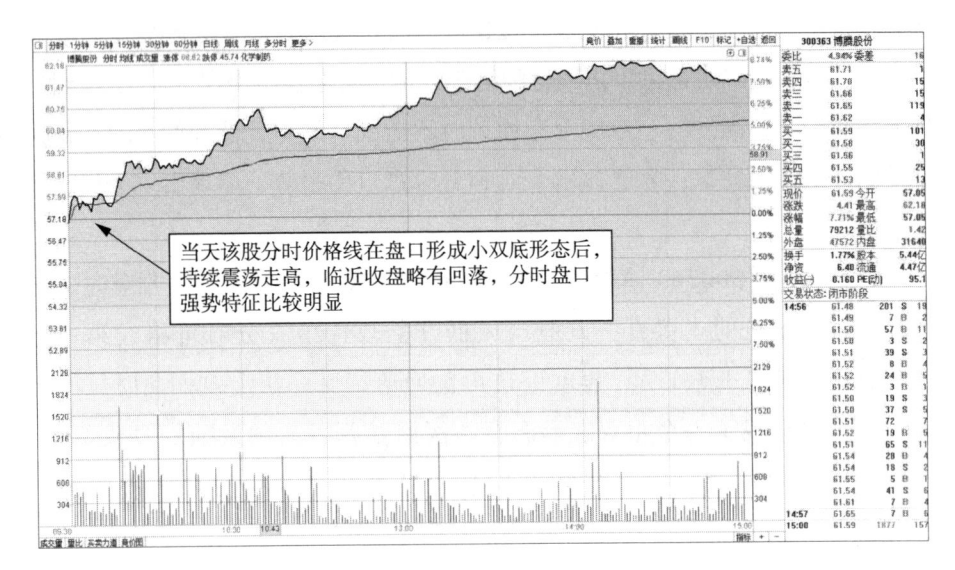

图 5-20

图5-21是300363博腾股份2021年5月20日星期四下午收盘时的K线走势图。该股是2019年8月上涨以来的一只大牛股。在软件上将该股整个K线走势缩小后可以看出，此时其走势处于上升趋势中。股价从前期相对高位，即2015年6月5日的最高价68.30元，一路震荡下跌，至2018年10月19日的最低价7.04元止跌企稳。下跌时间长，跌幅大；这期间有过多次反弹，且反弹幅度较大。下跌期间有过1次每10股送转5.000股的除权行为，3次分别为每10股派现金0.400元、0.600元和0.260元的除息行为。

2018年10月19日该股止跌企稳后，主力机构展开了大幅度震荡洗盘行情，高抛低吸，赚取差价，清洗获利盘，拉高普通投资者的进场成本，为后续拉升股价做准备。

2019年7月31日，该股跳空高开，收出一个大阳线涨停板，突破前高，留下向上跳空突破缺口，形成大阳线涨停K线形态，此时均线（除90日均线外）呈多头排列，MACD、KDJ等技术指标开始走强，震荡上涨行情正式启动。

2021年5月20日截图当日，经过两年多的震荡盘升，股价从2018年10月19日止跌企稳的最低价7.04元上涨到当日的最高价62.18元，涨幅巨大。当天该股低开，收出一根大阳线，突破前高，成交量较前一交易日明显放大。此时均线呈多头排列；整个K线走势处于上升趋势，强势特征十分明显，震荡盘升趋势短期内不会改变，后市将继续看好。像这种情况，普通投资者可以在当日或次日跟庄进场逢低加仓买进筹码，待股价出现明显见顶信号后再撤出。

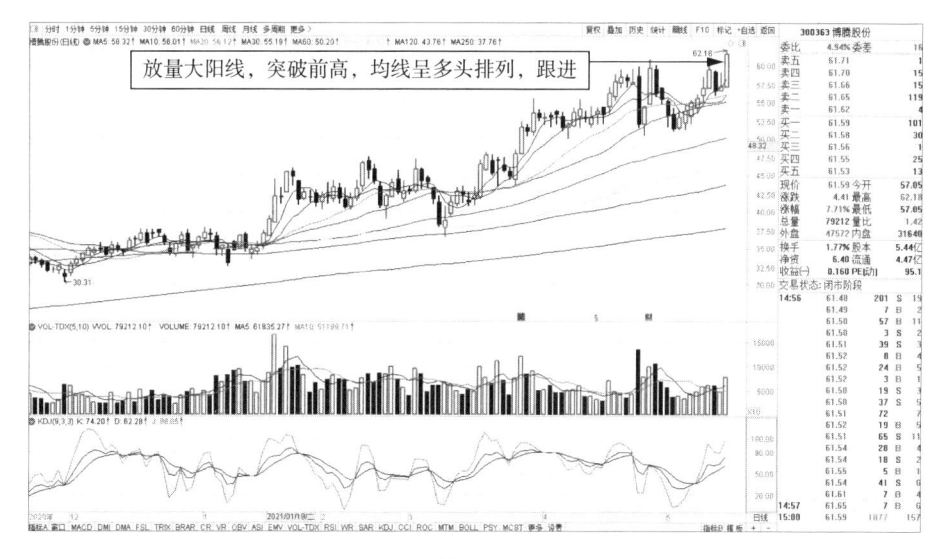

图 5-21

七、N 字形态跟进

N字形态跟进，是指个股开盘后股价上攻出现回落，然后再度上攻，此时分时价格线在盘口形成一个N字形态，在分时价格线突破N字形态最高价时跟进。

N字形态和W字形态一样，是主力机构的一种洗盘形态。每个交易日上午开盘后不久，普通投资者在操盘过程中经常能发现这种分时走势。如个股K线走势处于上升趋势且大盘尚可的话，出现这种形态，则预示着股价将出现一波上涨行情。和W字形态一样，高开的N字形态回调时不能回补缺口，低开的 N 字形态必须回补低开的缺口，才能显示个股和盘口的强势，体现出主力机构做多的决心。

图 5-22 是 002304 洋河股份 2021 年 5 月 24 日星期一 9:45 的分时截图。从分时走势看，该股当天略高开后直接上攻回落，然后再次上攻，此时分时价格线在盘口形成了一个 N 字形态，股价回落没有回补缺口也没有跌破前一日的收盘价。普通投资者可以在分时价格线突破 N 字形态最高价时跟进。

图 5-22

图 5-23 是 002304 洋河股份 2021 年 5 月 24 日星期一下午收盘时的分时走势图。从分时走势看，该股当天高开，分时价格线在盘口形成 N 字形态后，在成交量放大的配合下，快速冲高，最高上冲至 212.00 元左右（涨幅 7.53% 左右）拐头震荡下行；随后分时价格线与分时均价线缠绕（平行）展开小幅横盘震荡整理走势至收盘，当日涨幅为 4.71%。

从盘口看，该股全天分时走势均在前一交易日收盘价上方运行，尤其是横盘震荡整理走势比较平稳流畅，没有大起大落现象，说明主力机构筹码集中度仍然比较高、控盘比较到位，整个分时盘口强势特征比较明显。

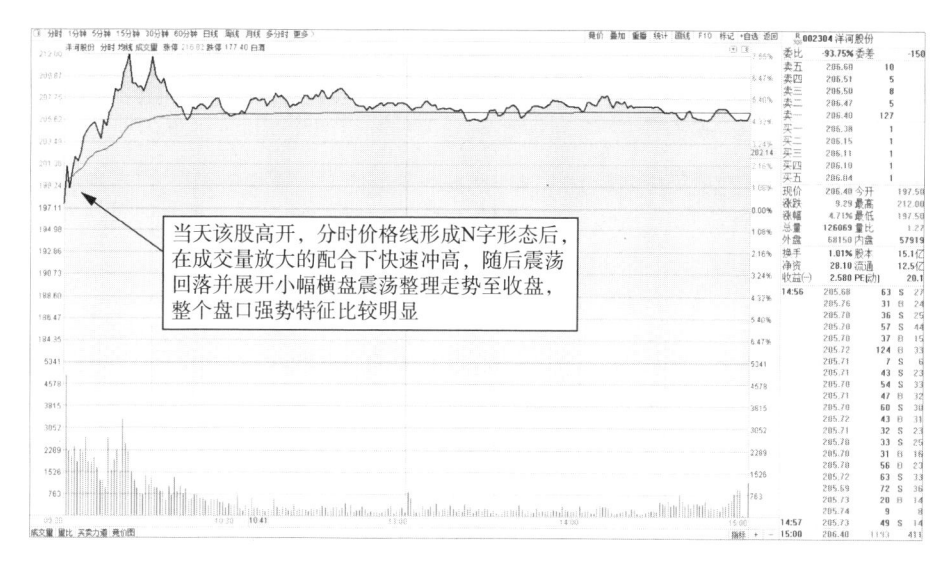

图 5-23

图 5-24 是 002304 洋河股份 2021 年 5 月 24 日星期一下午收盘时的 K 线走势图。在软件上将该股整个 K 线走势缩小后可以看出，该股 2009 年 11 月 6 日上市后，炒至 2010 年 11 月 23 日最高价 283.80 元，然后震荡下跌至 2013 年 12 月 31 日最低价 36.81 元止跌企稳。在下跌的后期，主力机构就开始提前谋划、通盘布局、收集筹码。

2013 年 12 月 31 日该股止跌企稳后，主力机构精心运作，步步推进，扎实展开大幅震荡盘升行情。

至 2021 年 5 月 24 日截图当日（此时股价处于 2021 年 1 月 6 日最高价 268.60 元下跌企稳之后的反弹中），历时 7 年多时间，该股从 2013 年 12 月 31 日止跌企稳时的最低价 36.81 元，至当日的收盘价 206.40 元，时间虽然相当漫长，但涨幅也十分惊人，这期间最高涨至 268.60 元。吃药喝酒板块是那几年主力机构来回炒作的龙头热门板块。

当天该股高开，收盘涨幅为 4.71%，收出一根略带上影线的阳 K 线。从 K 线走势看，该股仍处于上升（反弹）趋势中，均线呈多头排列，MACD、KDJ 等技术指标走强，强势特征明显，震荡盘升趋势短期内不会改变，短期可继续看好。但普通投资者要注意的是，如果该股在后期的上涨过程中不能突破前期高点（2021年2月18日最高价241.86元和2021年1月6日最高价268.60元），就要赶紧出局，落袋为安。

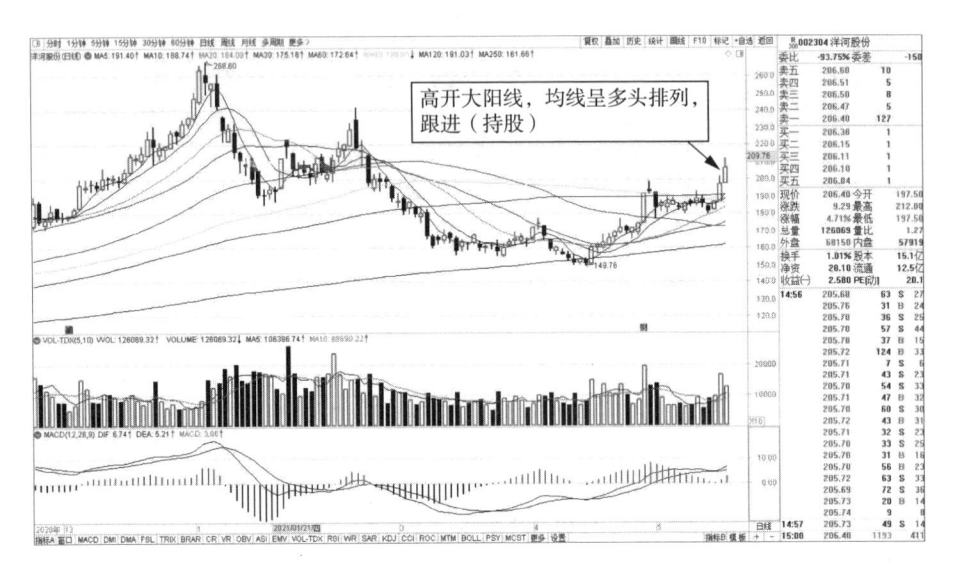

图 5-24

八、V字形态跟进

V字形态跟进，是指个股开盘后股价震荡回落（或向上冲高后回落），然后勾头急速上攻（或震荡向上），此时分时价格线在盘口形成一个V字形态，在分时价格线突破V字形态最高价时跟进。

分时价格线V字形态与W字形态相似，不同之处在于V字形态只有一个底部，跌幅可能比较大，会形成一个深V形谷底。有时V字形态会出现在股价上涨过程中的回调洗盘阶段，主力机构运作这种形态就是想清洗部分获利盘、吓跑部分胆小的普通投资者。每个交易日上午开盘后不久，V字形态这种分时走势在盘口出现的次数还是比较多的，如果个股K线走势处于上升趋势，大势向好的话，普通投资者在分时价格线勾头向上或回调洗盘结束时即可跟庄进场买入筹码。

图5-25是002667鞍重股份2021年5月20日星期四上午收盘时的分时走

势图。从分时走势看，该股当天高开后，分时价格线快速上攻，然后震荡回落穿破分时均价线和前一交易日收盘价。穿破前一交易日收盘价不久，分时价格线就急速勾头震荡上行，向上穿过前一日收盘价和分时均价线，此时分时价格线在盘口形成了一个 V 字形态，普通投资者可以在分时价格线突破 V 字形态最高价时跟进。

图 5-25

图 5-26 是 002667 鞍重股份 2021 年 5 月 20 日星期四下午收盘时的分时走势图。从分时走势看，该股当天高开，分时价格线在盘口形成 V 字形态后，股价一路震荡盘升，于 14:38 封上涨停板。14:52 涨停板被大卖单砸开后又被封回，尾盘集合竞价时再被打开，股价有所回落，当天涨幅为 8.27%。分时盘口强势特征比较明显。

图 5-27 是 002667 鞍重股份 2021 年 5 月 20 日星期四下午收盘时的 K 线走势图。在软件上将该股整个 K 线走势缩小后可以看出，该股在 2015 年 12 月中旬之前有过一波大涨，最高价达到 87.79 元，然后股价一路震荡下跌，至 2018 年 10 月 19 日最低价 5.34 元止跌企稳。

2018 年 10 月 19 日该股止跌企稳后，主力机构展开了长时间、大幅度震荡（挖坑）洗盘行情。震荡（挖坑）洗盘期间，主力机构主要采取高抛低吸

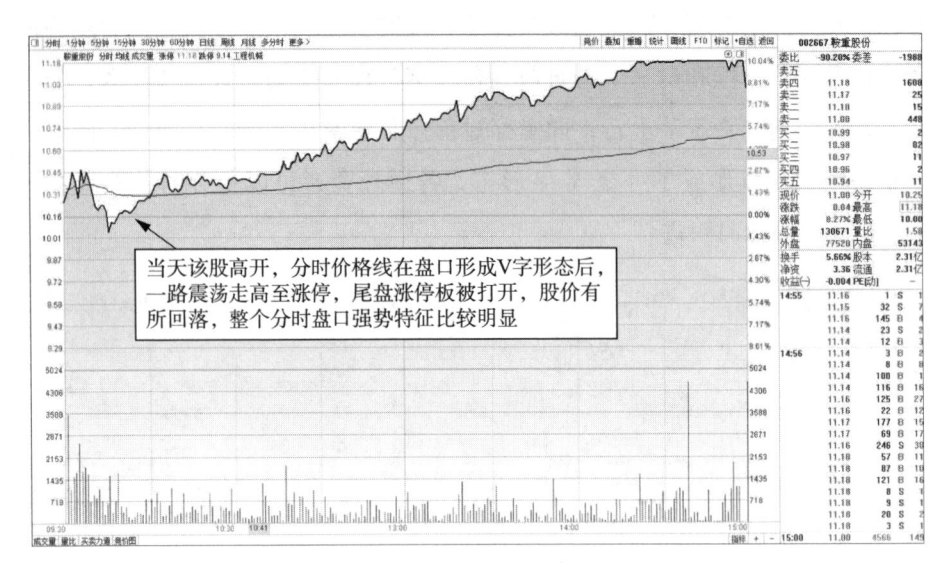

图 5-26

与洗盘吸筹并举的操盘手法，赚取差价，清洗获利盘，拉高新进场普通投资者的入场成本，为后续拉升股价做准备。

2021年5月6日，该股跳空高开收出一根大阳线，突破前高（2020年10月12日最高价9.60元），宣告长达2年7个月的大幅度震荡（挖坑）洗盘行情结束。当日成交量较前一交易日放大近2倍。此时，均线呈多头排列，MACD、KDJ等技术指标强势，该股强势特征十分明显，主力机构正式启动快速上涨行情。像这种情况，普通投资者可以在当日或次日跟庄进场逢低加仓买进筹码。

5月20日截图当日（此时该股正处于快速上涨行情中），当日该股跳空高开收出一根大阳线，突破前高，成交量较前一交易日明显放大，均线呈多头排列，MACD、KDJ等技术指标强势，股价的强势特征特别明显，后市持续快速上涨的概率非常大。像这种情况，普通投资者可以在当日或次日跟庄进场逢低加仓买进筹码，待股价出现明显见顶信号后再撤出。

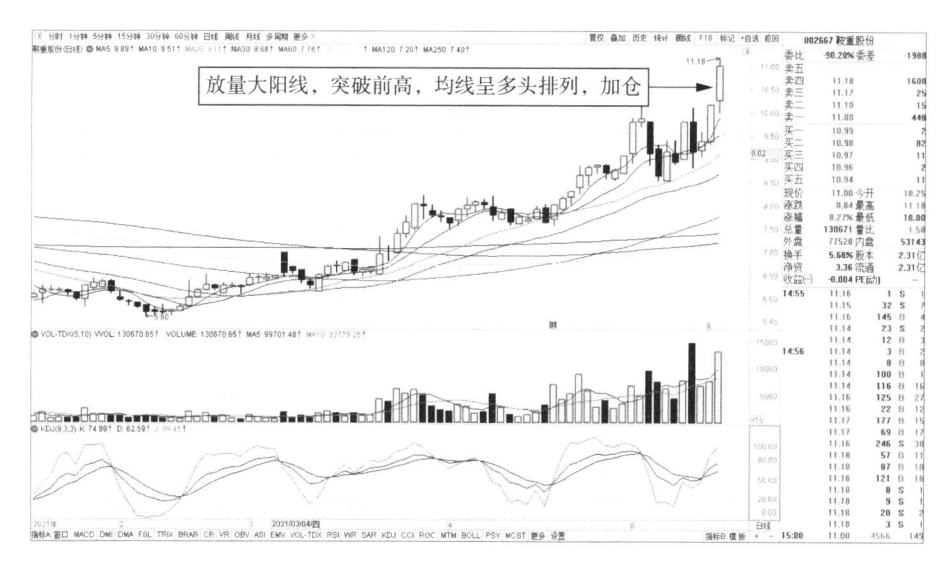

图 5-27

第二节 强势盘口个股的转势撤出

强势盘口个股的转势撤出，是以股价已处于上升趋势的相对高位（或突破前高后）即将迎来调整，或是股价已处于上升趋势的高位即将形成头部为前提，以个股K线形态、均线、成交量和其他技术指标已显现出转势的端倪为依据，以某一交易日分时价格线向下穿破前一交易日收盘价为区分原则，利用当天的分时走势来选择和确定逢高撤出的时机。

一般情况下，转势撤出的时机应选择在每个交易日上午开盘后 9:40~10:40 这个时间段。因为在这个时间段，可以通过前一交易日的个股表现，对本交易日该股的走势有个预判，再经过开盘后这一个小时的走势，个股能否按照预判设想走、能否达到预期目标，普通投资者心里基本上已经有数。

这里综合各方情况，与强势盘口个股跟进相对应，分析 8 种强势盘口个股的转势撤出时机和方式。股市变化莫测，普通投资者不能生搬硬套，要根据手中目标股票的具体情况通盘分析考虑后再作出决策。

一、下破线撤出

下破线撤出，是指个股开盘后分时价格线迅速上行，然后拐头快速向下穿破分时均价线，且下破幅度较大，或者回抽后再次向下穿破分时均价线，一顶比一顶低，成交量同步放大。普通投资者应该在分时价格线向上穿破分时均价线即将勾头向下时撤出。如果个股K线走势处于初期上涨阶段或处于上升趋势的中期，出现这种分时走势，也应该先撤出来，接着跟踪观察。此时可换其他强势个股进行操作，等该股调整洗盘到位后再接回。

图5-28是002756永兴材料2021年5月20日星期四10:30的分时截图。从开盘后的分时走势看，该股当天低开，股价快速上冲突破前一交易日收盘价，然后拐头回落，分时价格线向下穿破分时均价线。此时普通投资者要做好卖出准备，待分时价格线回抽时逢高撤出。之后分时价格线又一次向上突破前一交易日收盘价，然后再向下穿破分时均价线，一顶比一顶低，且成交量同步放大。

图 5-28

图5-29是002756永兴材料2021年5月20日星期四下午收盘时的分时走势图。从分时走势看，该股当日低开快速上冲，突破前一交易日收盘价后拐头回落，分时价格线向下穿破分时均价线，来回两波震荡之后，分时价格线在分时均价线

的压迫下,一路震荡走低,收盘涨幅为-5.78%,分时盘口弱势特征比较明显。

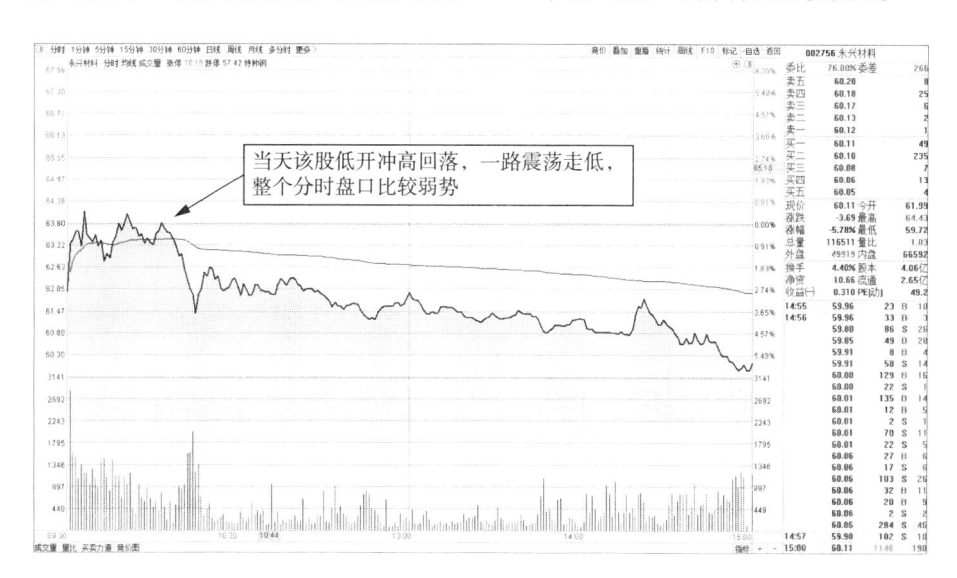

图5-29

图5-30是002756永兴材料2021年5月20日星期四下午收盘时的K线走势图。在软件上将该股整个K线走势缩小后可以看出,此时该股走势处于上升趋势,除10日均线外,其他短中长期均线呈多头排列。

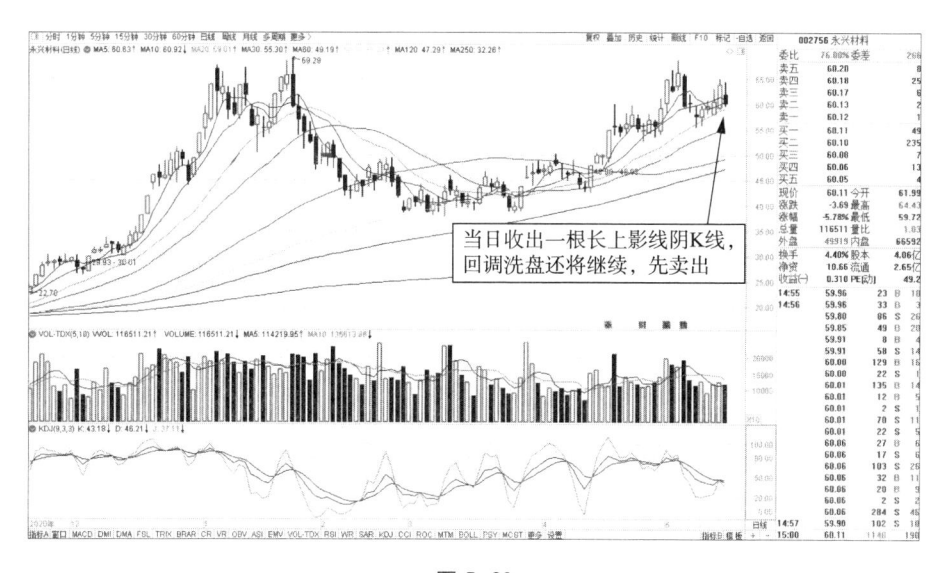

图5-30

当天该股低开，收出一根带长上影线的阴K线，成交量与前一交易日基本持平，收盘涨幅为-5.78%。虽然该股整体走势处于上升趋势中，但此时其走势正处于震荡回调洗盘行情之中，从当日低开收出的长上影线阴K线看，震荡回调洗盘行情还将持续。像这种情况，如果普通投资者手中有该股筹码，可以暂时先行卖出，换其他强势个股进行操作，待该股调整洗盘到位后再将筹码接回来。

二、压迫撤出

压迫撤出，是指个股开盘冲高后不久，股价调头震荡回落，分时价格线开始受到分时均价线的压制，普通投资者应在分时价格线勾头向下时撤出。此后分时价格线一直受到分时均价线的压制几乎没有抬头的机会。当然，个别点位允许分时价格线向上刺破或缠绕分时均价线，每次向上刺破或缠绕分时均价线时都是当天的撤出时机。

图5-31是601607上海医药2021年5月20日星期四上午开盘后至11:00的分时截图。从分时走势看，当天该股低开略上攻，就拐头震荡回落，分时价格线开始受到分时均价线的压制。普通投资者应结合该股K线走势，在股价勾头向下时撤出，毕竟当天跳空低开就不是一个好的开头，加之其上攻乏力，当日后面的走势应该也不会出现太大的反弹。

图 5-31

第五章　强势盘口的跟进与转势撤出

图 5-32 是 601607 上海医药 2021 年 5 月 20 日星期四下午收盘时的分时走势图。该股当天低开后，分时价格线一直受到分时均价线的压制，股价一路震荡走低，几乎没有反弹的机会，收盘涨幅为 -2.94%，成交量较前一日明显萎缩，分时盘口弱势特征比较明显。

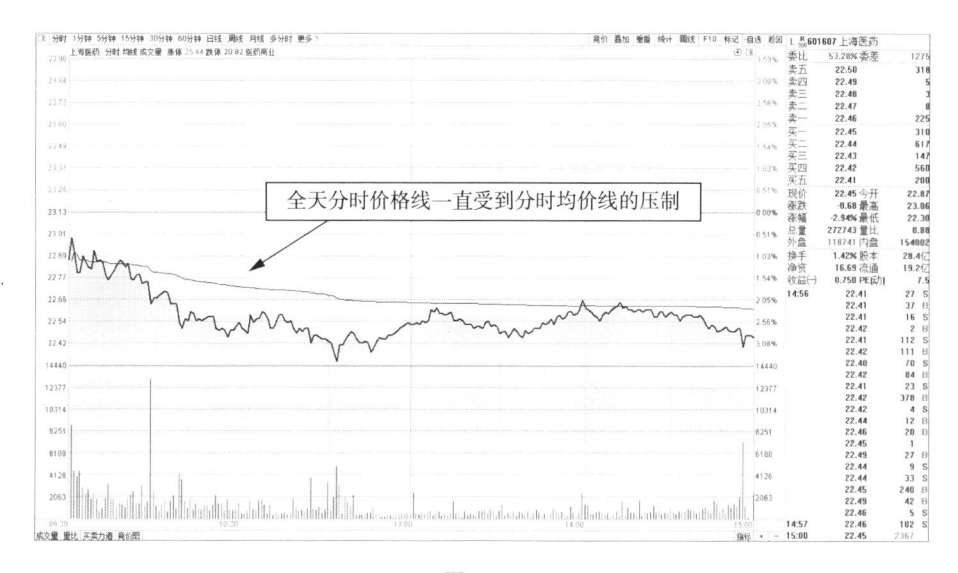

图 5-32

图 5-33 是 601607 上海医药 2021 年 5 月 20 日星期四下午收盘时的 K 线走势图。在软件上将该股整个 K 线走势缩小后可以看出，此时该股走势处于高位盘整状态。

当天该股低开，收出一根螺旋桨阴 K 线（高位螺旋桨 K 线又称为变盘线或转势线），成交量较前一交易日明显萎缩，收盘涨幅为 -2.94%，显示下跌调整行情已经展开。像这种情况，如果普通投资者手中还持有该股筹码，应该先行卖出，换其他强势个股进行操作，然后可继续跟踪观察。

三、急速向下勾头撤出

急速向下勾头撤出，是指个股开盘股价快速上行，然后拐头急速回落，成交量同步放大。分时价格线表现出急速勾头向下穿过分时均价线，普通投资者应该在分时价格线快速勾头向下时逢高卖出股票。如果此时普通投资者

247

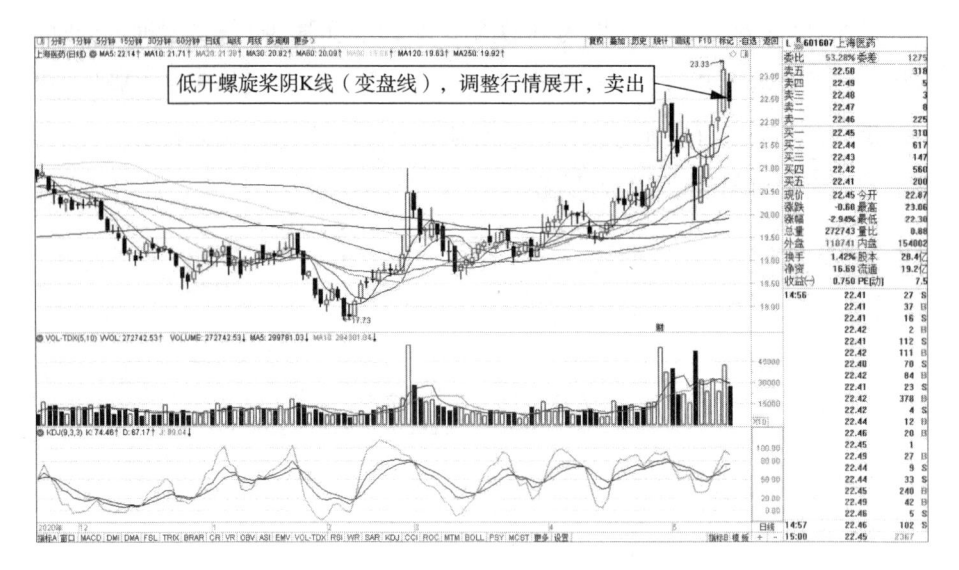

图 5-33

手中股票的股价在 K 线走势中已处于相对高位，原本就想在当天卖出，那么在开盘后看到股价上涨，就应该马上直接按现价挂单，估计能卖个稍好点的价钱。

图 5-34 是 002524 光正眼科 2021 年 5 月 20 日星期四上午收盘时的分时走势图。该股当天低开后，股价快速上攻，成交量同步放大，9:50 股价拐头急速回落，分时价格线急速勾头向下穿破分时均价线下行，同时分时均价线也缓慢转向下行，压迫着分时价格线。普通投资者应该在分时价格线快速勾头向下时逢高卖出股票。

图 5-35 是 002524 光正眼科 2021 年 5 月 20 日星期四下午收盘时的分时走势图。该股当天低开后股价快速上攻，然后拐头急速回落，分时价格线表现出快速勾头向下，依次跌破前一交易日收盘价和分时均价线，同时分时均价线也缓慢转向下行，并始终压迫着分时价格线，一路下行至收盘，收盘涨幅为-3.46%，整个盘口分时走势表现相当疲软。

图 5-34

图 5-35

图 5-36 是 002524 光正眼科 2021 年 5 月 20 日星期四下午收盘时的 K 线走势图。在软件上将该股整个 K 线走势缩小后可以看出，此时该股走势处于前期高位下跌企稳回升（反弹）之中，正展开高位（或相对高位）盘整行情，短中期均线呈多头排列。但如果股价不能突破前高（2020 年 12 月 16 日

249

最高价 16.50 元和 2020 年 11 月 6 日最高价 18.85 元），股价将展开下跌行情。

当天该股低开，收出一根带长上影线倒锤头阴 K 线（高位或相对高位出现的倒锤头 K 线称为射击之星或流星线，说明多方力量开始减弱，空方力量得到加强），成交量较前一交易日萎缩，收盘涨幅为 -3.46%，MACD、KDJ 等技术指标开始走弱，加上前一交易日收出的锤头阴 K 线（高位或相对高位出现锤头 K 线称为上吊线或吊颈线，是一种转势信号），股价下跌调整行情已经展开。像这种情况，如果普通投资者手中还持有该股筹码，当日或次日应该逢高卖出，换其他强势个股进行操作。

图 5-36

四、跌破前高撤出

跌破前高撤出，是指个股开盘后股价快速上涨，然后调头震荡下行，当股价向下跌破前期上升高点时卖出。分时价格线表现为向下穿破分时均价线、前一日收盘价、当日开盘价，然后震荡下行；也可能表现为一波比一波低，或一个台阶比一个台阶低的波段式下跌走势。

图 5-37 是 600420 国药现代 2021 年 5 月 20 日星期四上午开盘后至 11:05 的分时截图。该股当天低开后，股价两波急速冲高，9:43 快速拐头回落，跌

破前期高点（开盘后），成交量同步放大，此时分时价格线向下穿破分时均价线，之后股价跌破前一日收盘价和当日开盘价，呈现出一个台阶比一个台阶低的缓慢下跌走势。普通投资者应该在股价勾头向下回落时、跌破前期高点时或分时价格线回抽时逢高卖出筹码。

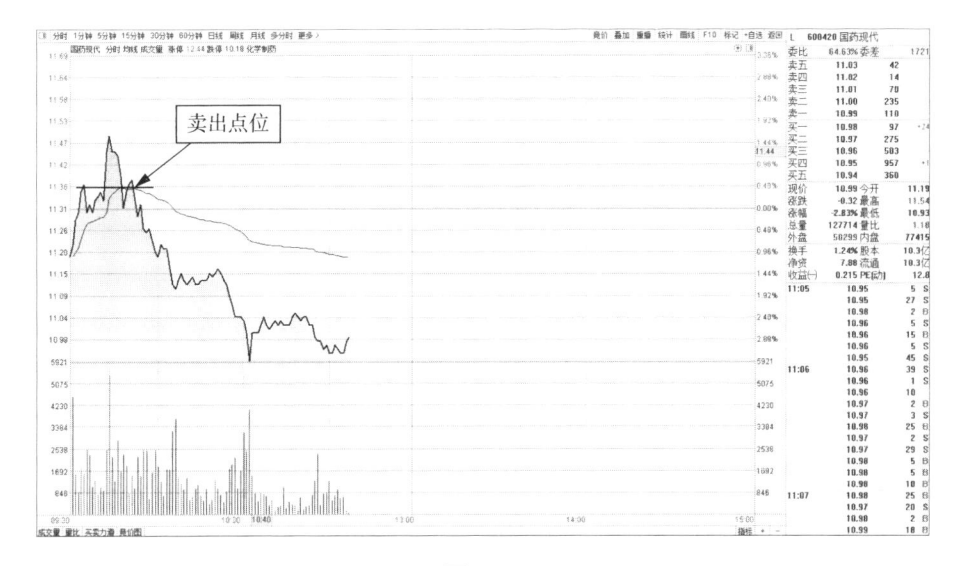

图 5-37

图 5-38 是 600420 国药现代 2021 年 5 月 20 日星期四下午收盘后的分时走势图。该股当天低开后，股价快速上行，然后拐头回落，跌破前期高点（开盘后第一波冲高的高点），成交量同步放大，接着分时价格线向下穿破分时均价线、前一日收盘价和当日开盘价。之后股价呈一个台阶比一个台阶低的缓慢下跌走势，这期间有所反弹，但分时均价线始终压迫分时价格线向下运行，直至收盘，收盘涨幅为-2.92%，分时盘口弱势特征比较明显。

图 5-39 是 600420 国药现代 2021 年 5 月 20 日星期四下午收盘后的 K 线走势图。在软件上将该股整个 K 线走势缩小后可以看出，此时该股走势处于高位大幅震荡盘整状态。当日该股低开，收盘涨幅为-2.92%，收出一根带长上影线的倒锤头阴 K 线（高位或相对高位出现的倒锤头 K 线称为射击之星或流星线，是一种转势信号），成交量较前一交易日萎缩，加上前一交易日收出的螺旋桨阳 K 线，明显是主力机构利用盘中拉高手法在震荡出货。此时，

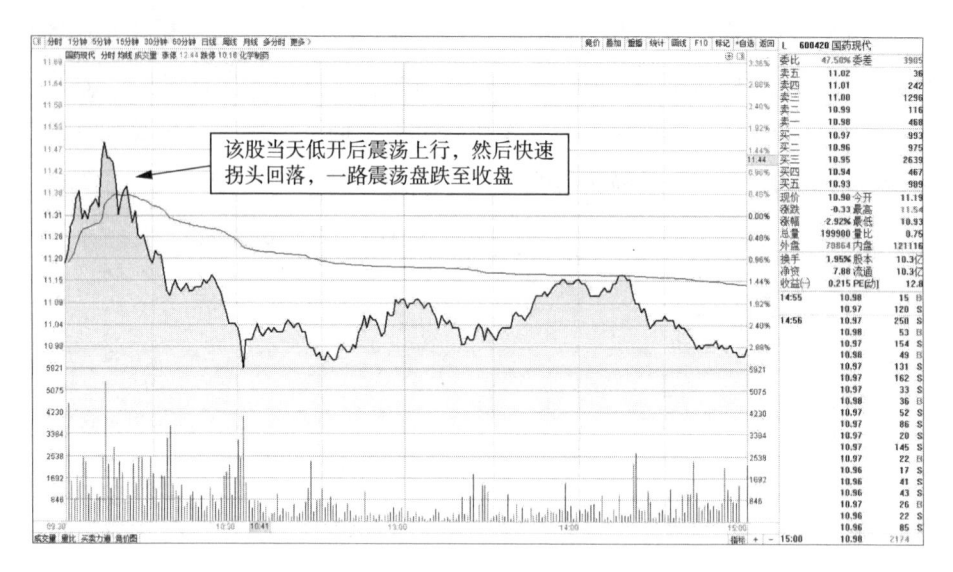

图 5-38

5日均线拐头向下，MACD、KDJ等技术指标开始走弱，显示股价下跌调整行情已经展开。像这种情况，如果普通投资者手中还有筹码当日没有出完的，次日最好逢高先撤出来，换其他强势个股进行操作。

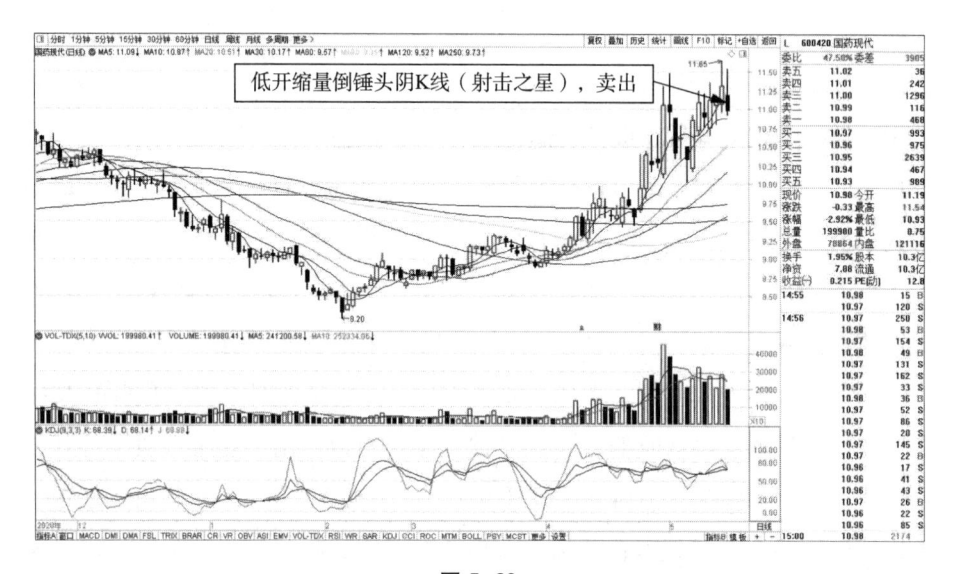

图 5-39

五、向下跌破平台撤出

向下跌破平台撤出，是指个股开盘后股价有所上涨，回落后分时价格线围绕分时均价线展开较长时间的平台整理（横盘整理），股价突然向下跌破分时整理平台，成交量同步放大，普通投资者应该在股价跌破分时整理平台时及时卖出，或在跌破分时整理平台后的第一次反弹出现时卖出股票。

其实在个股分时横盘整理时，手中有筹码的普通投资者就应该考虑到，个股低开、横盘整理时间比较长，如果股价在 K 线走势中的位置又相对较高的话，就不会是什么好事情，应在平台整理时逢高及时卖出手中筹码。

图 5-40 是 002969 嘉美包装 2021 年 5 月 21 日星期五上午开盘后至 14:19 的分时截图。该股当天低开后股价略上行，然后拐头向下展开横盘整理，分时价格线围绕分时均价线横盘震荡调整，调整幅度不大，14:05 股价突然下跌，跌破横盘整理平台，成交量同步放大。当天在横盘整理阶段没有卖出股票的普通投资者，应该在股价跌破分时整理平台时及时卖出，或在跌破分时整理平台后的第一次反弹出现时卖出手中筹码。

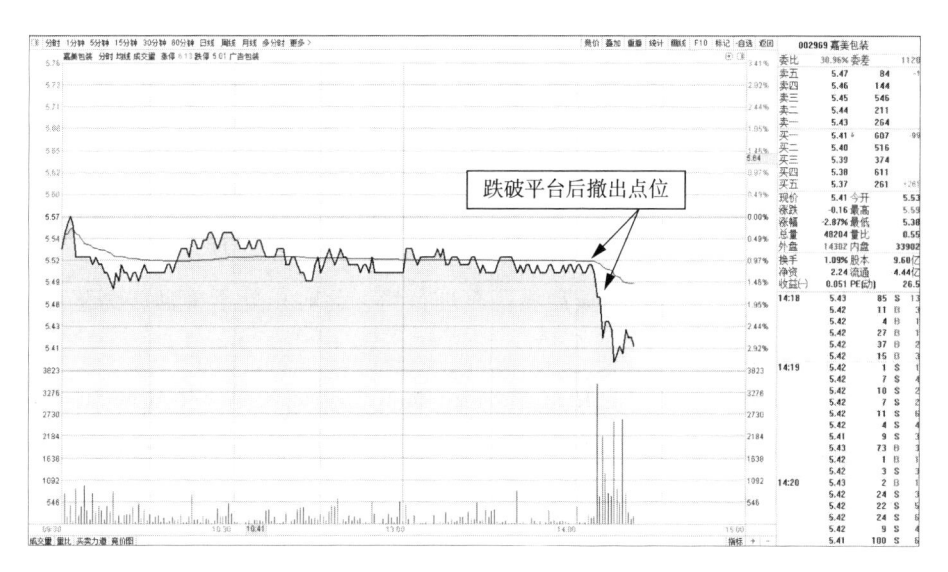

图 5-40

图5-41是002969嘉美包装2021年5月21日星期五下午收盘时的分时走势图。该股当天低开后有一小波上攻走势，然后拐头向下进行横盘震荡整理，分时价格线围绕分时均价线横盘调整，震荡幅度不大。14:05股价突然拐头向下跳水，跌破整理平台，成交量同步放大，至收盘涨幅为-3.05%，全天走势疲软，整个分时盘口弱势特征比较明显。

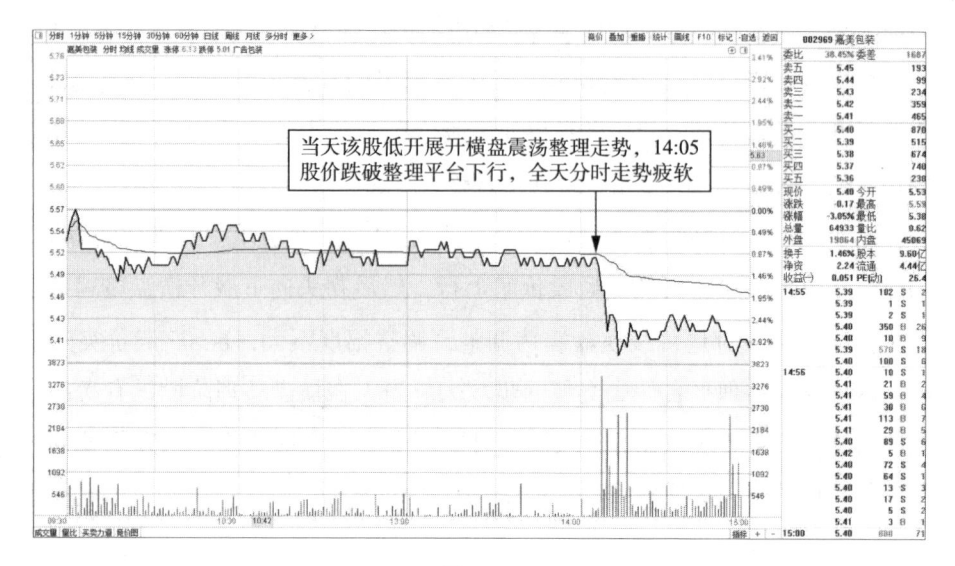

图5-41

图5-42是002969嘉美包装2021年5月21日星期五下午收盘时的K线走势图。在软件上将该股整个K线走势缩小后可以看出，该股2019年上市后有过一波爆炒，此后股价一路震荡下跌，至2021年2月5日止跌企稳。止跌企稳后股价展开幅度较大的横盘震荡整理行情，此时正处于横盘震荡整理行情的回调阶段。

5月21日截图当日，该股低开回落，收出一根略带上下影线的中阴线，收盘涨幅为-3.05%，成交量与前一日基本持平。此时，5日均线勾头向下，MACD、KDJ等技术指标开始走弱，股价的弱势特征比较明显，显示股价下跌调整行情已经展开，或震荡整理行情将持续。像这种情况，如果普通投资者手中还有筹码当日没有出完的，次日最好逢高先撤出来，换其他强势个股进行操作。像这种大涨之后调整时间不长、还没有调整到位的个股，普通投资

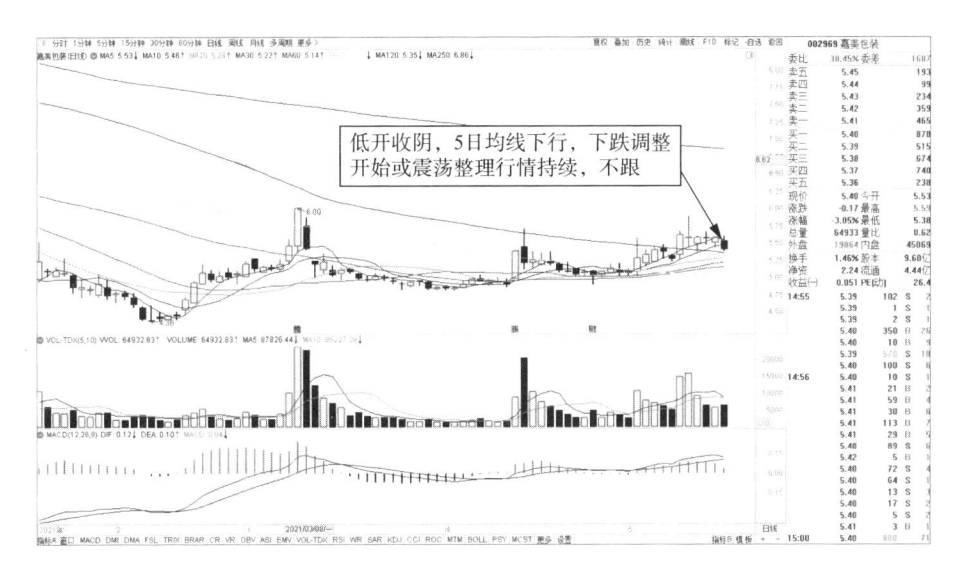

者尽量少去碰，实在耽误时间，要做就做处于上升趋势的强势个股。

图 5-42

六、小双顶形态撤出

小双顶形态撤出，是指个股开盘上攻后出现回落，然后再度上攻又出现回落，且第二次上攻的高点要低于第一次上攻的高点（两次高点也可以基本相同），此时分时价格线在盘口形成一个小双顶形态，成交量同步放大。普通投资者可以在分时价格线形成小双顶形态后卖出股票。

小双顶形态也称 M 字形态，是一种主力机构调整洗盘或出货形态。每个交易日上午开盘后不久，普通投资者在查看个股分时走势时，经常能发现这种分时走势的个股。如果股价在 K 线走势上的位置相对较高，或股价已处于上升趋势的高位时，开盘后分时走势出现小双顶形态，且分时价格线很快跌破分时均价线，则说明当日下跌趋势已经形成，预示股价将出现一波调整行情。

图 5-43 是 600423 柳化股份 2021 年 5 月 21 日星期五上午收盘后的分时走势图。该股当天低开后股价略上攻，就拐头向下回落，然后再度上攻，再一次回落，且第二次上攻的高点要低于第一次上攻的高点，此时分时价格线在盘口形成一个小双顶形态，成交量同步放大。普通投资者可在分时价格线形

成小双顶形态时撤出。一般情况下，当小双顶形态形成时，是当日的第一个卖点；当分时价格线跌破分时均价线并出现回抽时，是第二个卖点。

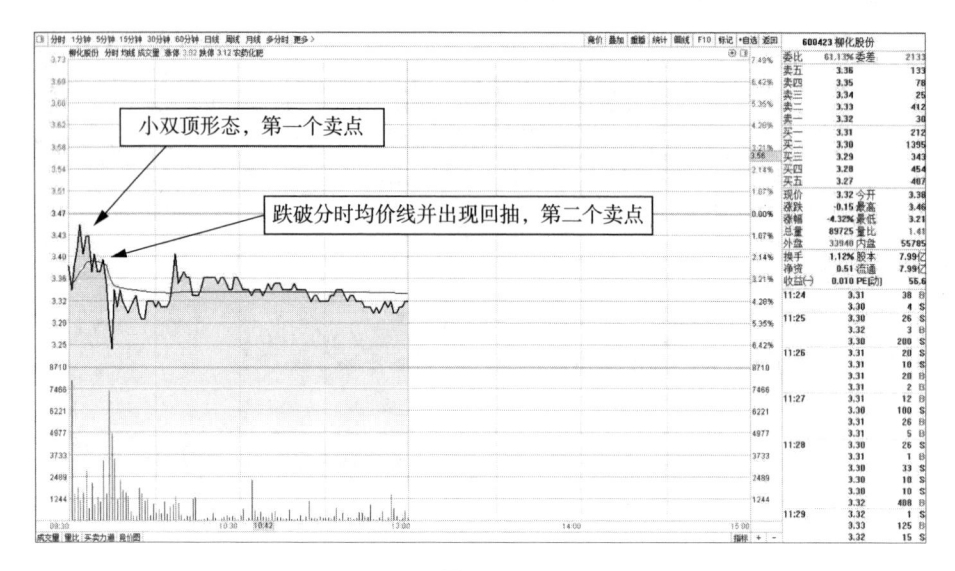

图 5-43

图 5-44 是 600423 柳化股份 2021 年 5 月 21 日星期五下午收盘时的分时走势图。该股当天低开后迅速上攻，分时价格线上攻时没有触及前一交易日收盘价就拐头震荡回落，在盘口形成一个小双顶形态。小双顶形态形成后，分时价格线快速跌破分时均价线，之后分时均价线压迫分时价格线一路下滑走低，直至收盘。当天收盘涨幅为-4.61%，分时盘口弱势特征比较明显。

图 5-45 是 600423 柳化股份 2021 年 5 月 21 日星期五下午收盘时的 K 线走势图。在软件上将该股整个 K 线走势缩小后可以看出，此时该股走势正处于前期高位下跌企稳回升（反弹）之中。股价从前期相对高位，即 2019 年 10 月 14 日最高价 3.75 元一路震荡下跌，至 2021 年 1 月 26 日最低价 1.99 元止跌企稳，下跌时间较长，跌幅较大。

2021 年 1 月 26 日该股止跌企稳后，主力机构展开震荡盘升行情。

5 月 21 日截图当日，该股低开冲高回落，收出一根螺旋桨阴 K 线（高位或相对高位的螺旋桨 K 线又称为变盘线或转势线），成交量较前一交易日大幅

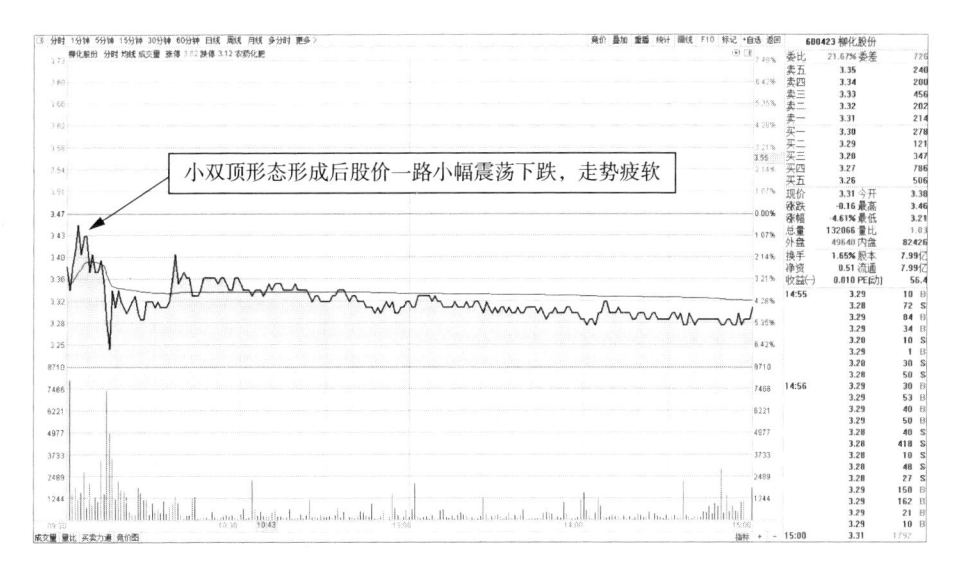

图 5-44

萎缩，收盘涨幅为-3.05%，加上前一交易日收出的螺旋桨阳K线，说明主力机构已经展开短期缩量调整行情。此时，5日均线走平，KDJ等部分技术指标已经走弱，股价的弱势特征比较明显，股价回调洗盘行情将持续。像这种情况，普通投资者可以先逢高卖出手中筹码，然后跟踪观察，待股价调整到位后再将筹码接回来。

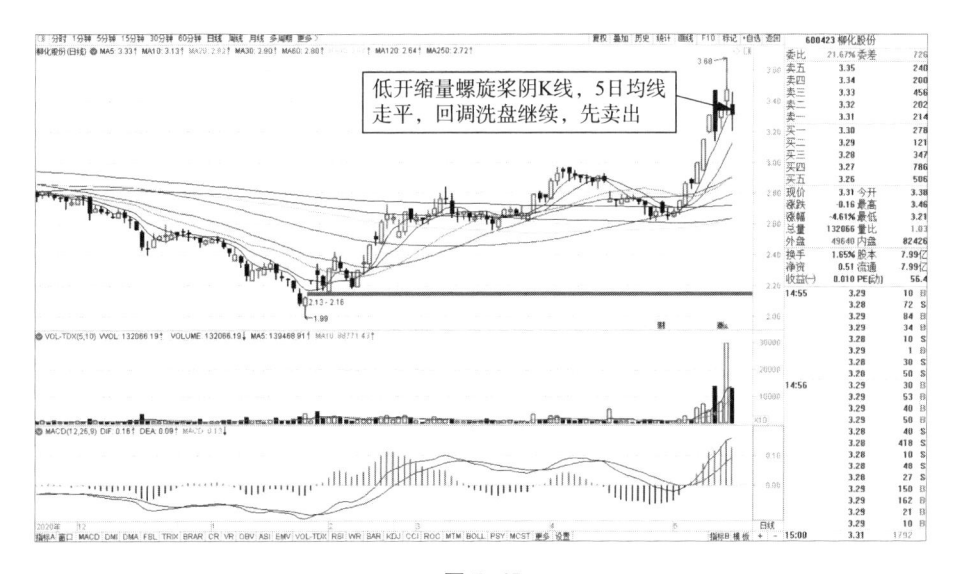

图 5-45

257

七、倒 N 字形态撤出

倒 N 字形态撤出，是指个股开盘后回落，在回落的过程中有一次回抽，回抽的高度一般不会超过回落幅度的 1/2，而后再次迅速回落，此时分时价格线在盘口形成倒 N 字形态，成交量同步放大。普通投资者可以在股价回抽时卖出股票。

倒 N 字形态的第二次高点要比第一次的高点低，是一种主力机构调整洗盘或出货形态。每个交易日上午开盘后不久，普通投资者在查看个股分时走势时，经常能发现这种走势的个股。若股价在 K 线走势上的位置相对较高或已处于上升趋势的高位时，分时盘口出现倒 N 字形态，普通投资者就要给予足够的重视，有可能是股价调整行情已经展开。

图 5-46 是 600771 广誉远 2021 年 7 月 5 日星期一上午开盘后的分时走势图。该股当天大幅低开直接回落，回落过程中有一次回抽，然后再度回落，此时分时价格线在盘口形成倒 N 字形态，且回抽的高点低于第一次回落时的高点，成交量同步放大。普通投资者应在股价下跌回抽时撤出。

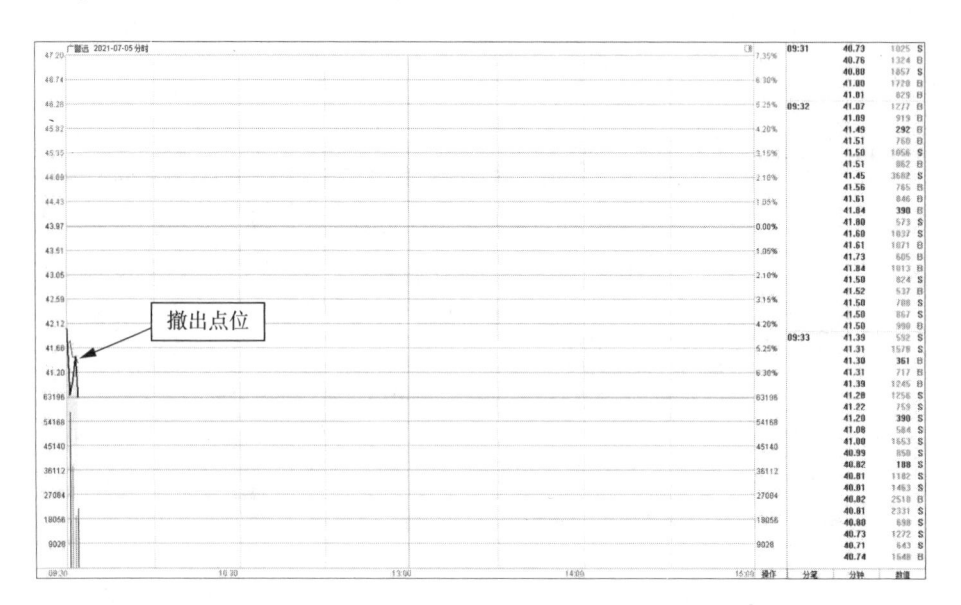

图 5-46

图 5-47 是 600771 广誉远 2021 年 7 月 5 日星期一下午收盘时的分时走势图。该股当天大幅低开直接回落，分时价格线在盘口形成倒 N 字形态后，股价快速下跌触底跌停，分时价格线几乎一直被分时均价线压着。此后股价多次触底反弹，但反弹高度有限，虽然主力机构尾盘有所拉高，但难改盘口弱势特征。

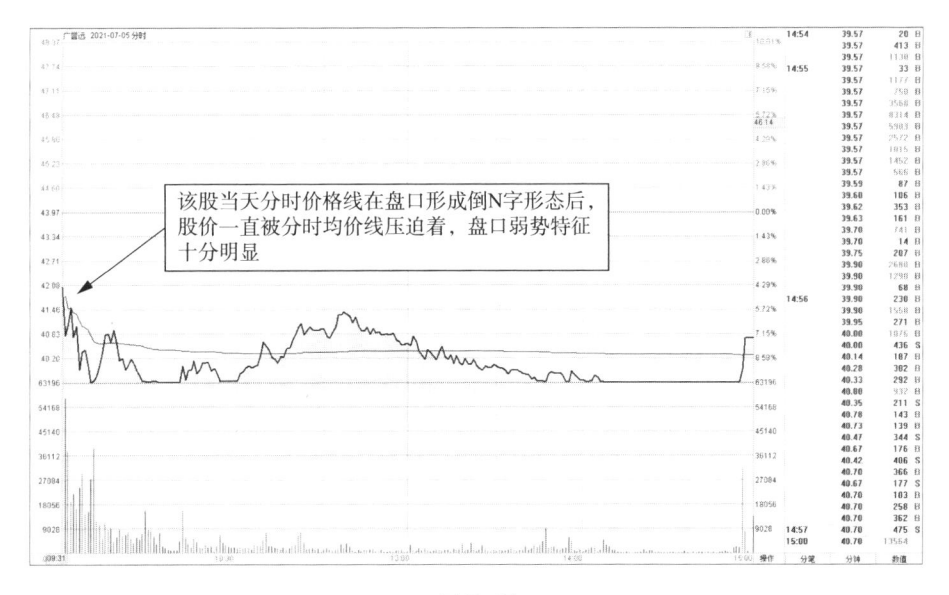

图 5-47

图 5-48 是 600771 广誉远 2021 年 7 月 5 日星期一下午收盘时的 K 线走势图。在软件上将该股整个 K 线走势缩小后可以看出，此时该股走势处于上升趋势中。股价从前期相对高位，即 2018 年 5 月 29 日最高价 63.45 元，一路震荡下跌，至 2020 年 4 月 28 日最低价 11.48 元止跌企稳，下跌时间长、跌幅大。这期间有过多次反弹，且反弹幅度较大。下跌期间有过 1 次每 10 股送转 4.000 股的除权行为。

2020 年 4 月 28 日止跌企稳后，主力机构开始推升股价，并展开了长时间、大幅度的震荡盘升（挖坑）洗盘行情。震荡盘升（挖坑）洗盘期间，主力机构主要采取高抛低吸与洗盘吸筹并举的操盘手法，赚取差价，清洗获利盘，拉高新进场普通投资者的入场成本，为后续拉升股价做准备。

2021 年 5 月 14 日，该股收出一根放量大阳线（涨幅 8.70%），突破前高，成交量较前一交易日放大 2 倍多。此时，均线呈多头排列，MACD、KDJ 等各项技术指标走强，股价的强势特征十分明显。像这种情况，普通投资者可以在当日或次日逢低跟庄进场加仓买进筹码。此后，主力机构正式启动快速上涨（大幅震荡盘升）行情。

7月5日截图当日，该股大幅低开，收出一根螺旋桨阴K线（高位螺旋桨K线又称为变盘线或转势线），成交量较前一日萎缩，收盘涨幅为-7.44%。此时，股价远离30日均线且涨幅较大，MACD、KDJ等技术指标开始走弱，加上前一交易日收出的假阴真阳十字星，股价的弱势特征已经显现，透露出主力机构回调洗盘行情已经展开。像这种情况，普通投资者可以考虑先逢高卖出手中筹码（或卖出部分筹码），然后继续跟踪观察，待调整到位后再将筹码接回来。

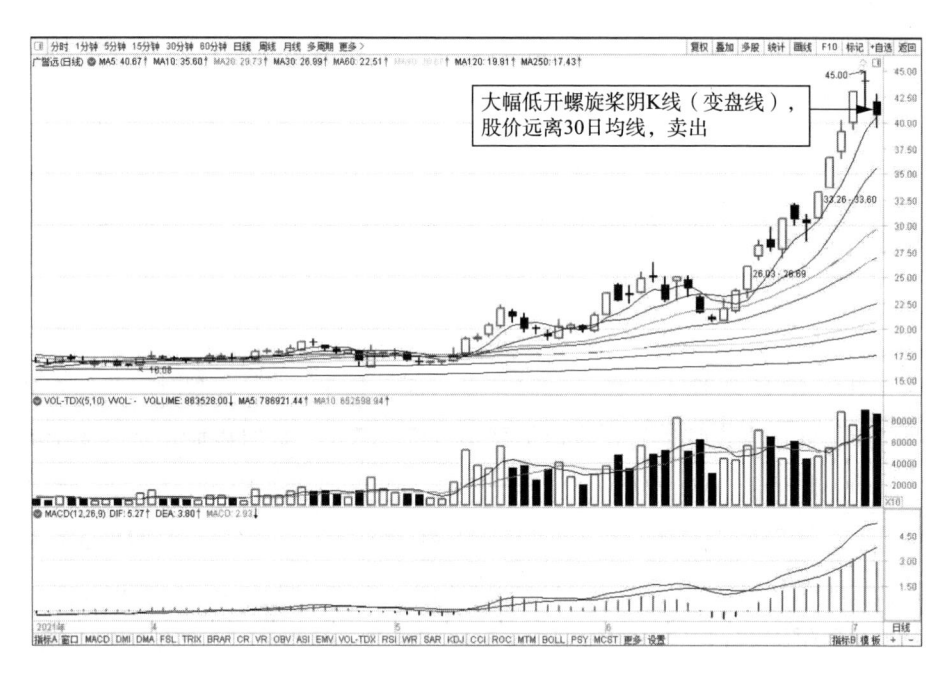

图 5-48

八、倒 V 字形态撤出

倒 V 字形态撤出，是指个股开盘后冲高回落，然后展开横盘震荡整理走势，横盘震荡整理过程中股价突然急速拉高，然后快速回落，此时分时价格线在盘中形成倒 V 字形态，成交量同步放大，倒 V 字形态头部为尖顶。普通投资者在分时价格线急速上冲时，或在分时价格线到达一定高度上冲乏力回落初期应卖出手中筹码。

倒 V 字形态也可能是个股开盘后直接冲高，然后突然拐头回落而形成，此后回抽再也没有突破之前倒 V 字形态的头部。这是主力机构的一种出货或调整形态的分时盘口。普通投资者应在倒 V 字形态形成后的股价回抽过程中卖出筹码。

倒 V 字形态可以在每个交易时间内任何时候出现，是操盘实践中比较常见的形态。若股价在 K 线走势上的位置相对较高或已处于上升趋势的高位时，出现这种盘口形态，普通投资者要引起足够重视，有可能是股价下跌调整行情已经展开。

图 5-49 是 300518 盛讯达 2021 年 6 月 8 日星期二上午开盘后至 10:30 的分时截图。该股当天低开快速冲高，然后展开横盘震荡整理。10:14 分时价格线结束横盘震荡整理迅速冲高，至 10:18 勾头向下一路回落，此时分时价格线在盘中形成倒 V 字形态，成交量同步放大。普通投资者在股价急速上冲时或到达高位即将勾头向下时应及时卖出手中筹码。

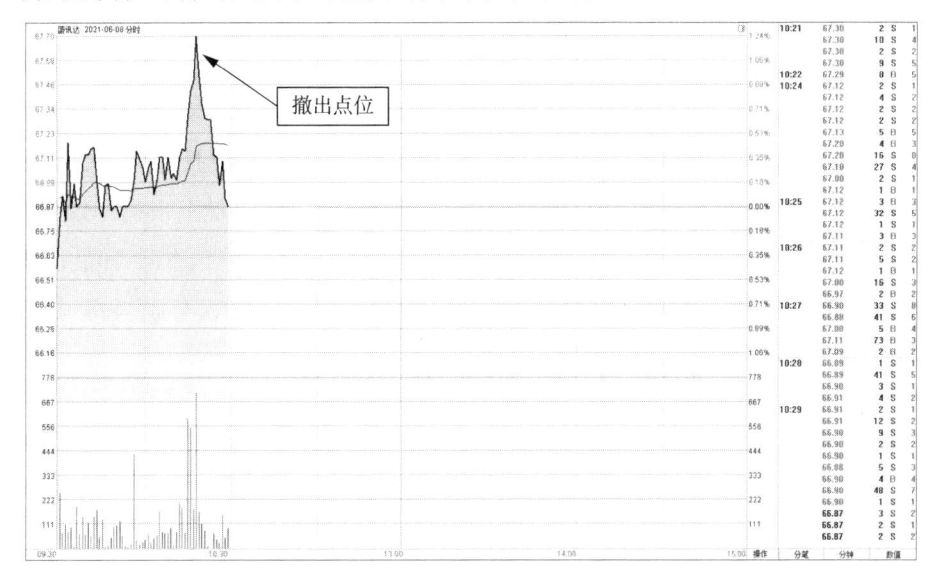

图 5-49

图 5-50 是 300518 盛讯达 2021 年 6 月 8 日星期二下午收盘时的分时走势图。该股当天低开后快速冲高，然后展开横盘震荡整理行情。10:14 分时价格线迅速冲高，然后勾头回落，形成倒 V 字形态，成交量同步放大。盘中形成倒 V 字形态后，分时均价线压迫着分时价格线一路走低至收盘，盘口弱势特征明显。

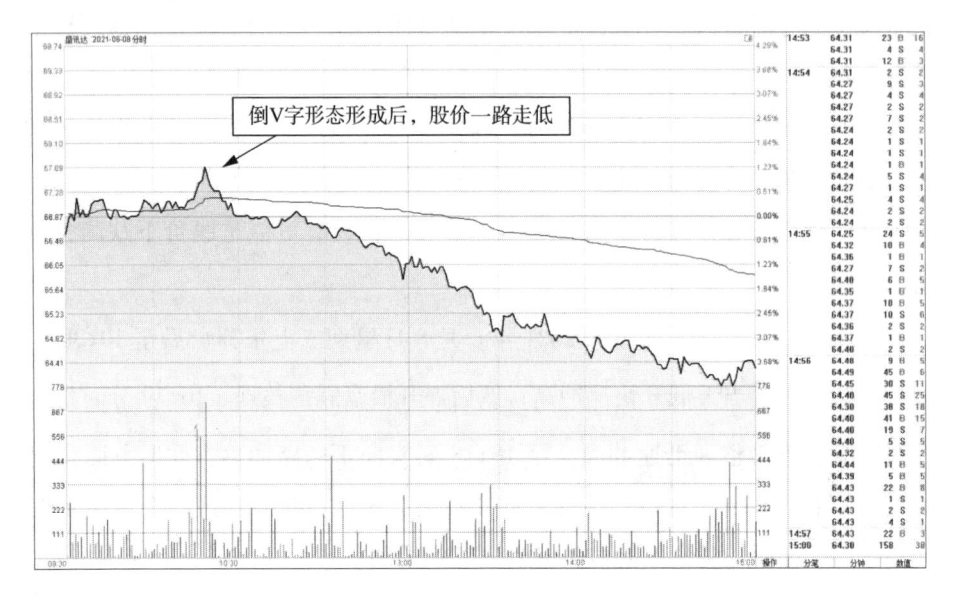

图 5-50

图 5-51 是 300518 盛讯达 2021 年 6 月 8 日星期二下午收盘时的 K 线走势图。在软件上将该股整个 K 线走势缩小后可以看出，此时该股走势正处于前期高位下跌企稳回升（反弹）中。股价自 2016 年 6 月 24 日上市后，炒至 7 月 21 日最高价 190.70 元，然后一路震荡下跌，至 2019 年 1 月 31 日最低价 18.22 元止跌企稳，下跌时间长、跌幅大。下跌期间有过 2 次分别为每 10 股派现金 1.650 元和 1.100 元的除息行为。

2019 年 1 月 31 日该股止跌企稳后，主力机构快速推升股价，收集筹码，然后展开大幅震荡盘升（挖坑）洗盘行情，高抛低吸，赚取差价，清洗获利盘，拉高新进场普通投资者的入场成本，为后续拉升股价做准备。

2020 年 6 月 11 日，该股低开收出一个大阳线涨停板，突破前高，形成大阳线涨停 K 线形态，成交量较前一交易日放大近 7 倍，股价向上突破 5 日、

10日、20日、120日和250日均线（一阳穿5线），30日、60日均线在股价下方上行，90日均线在股价下方即将走平，均线蛟龙出海形态形成。此时，均线（除90日均线外）呈多头排列，MACD、KDJ等技术指标走强，股价的强势特征已经非常明显，后市上涨概率大。像这种情况，普通投资者可以在当日或次日逢低跟庄进场加仓买进筹码。此后，主力机构正式启动向上拉升（大幅震荡盘升）行情。

2021年6月8日截图当日，该股低开，收出一根实体较大的螺旋桨阴K线（高位螺旋桨K线又称为变盘线或转势线），成交量较前一交易日明显放大，收盘涨幅为-3.84%。此时，5日均线勾头向下，MACD、KDJ等技术指标已经走弱，加上前3个交易日收出高位十字星，股价的弱势特征已经显现，透露出该股的调整行情已经展开。像这种情况，普通投资者如果当天手中还有筹码没有出完的，次日一定要逢高清仓。

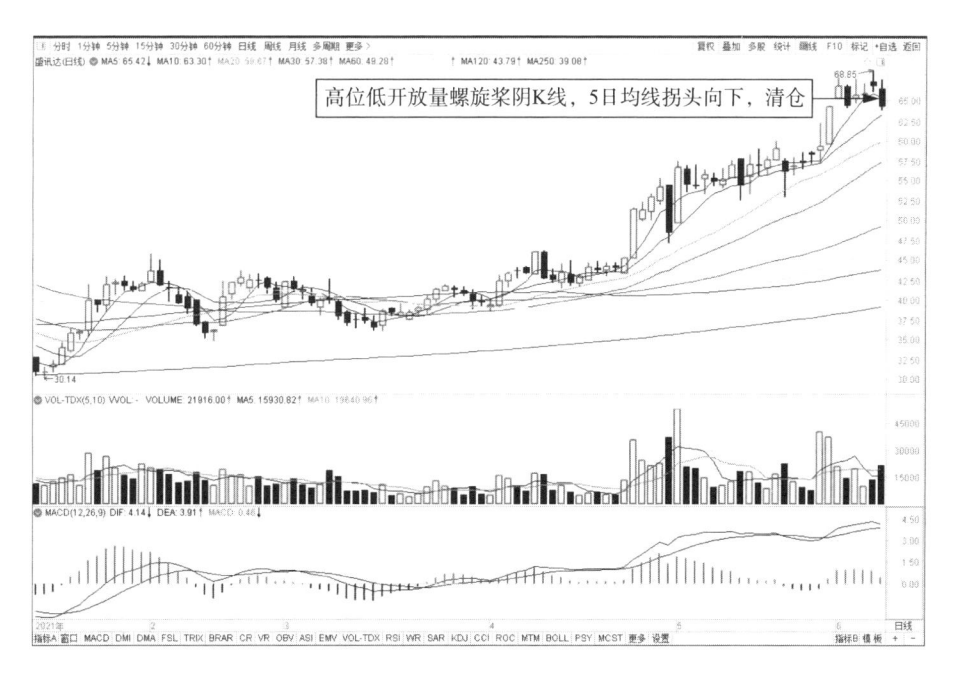

图 5-51

参 考 文 献

[1] 麻道明. 短线抓涨停 [M]. 北京：中国经济出版社，2020.

[2] 李星飞. 股市擒牛 15 式 [M]. 北京：中国宇航出版社，2020.

[3] 郭建勇. 分时图超短线实战：分时图捕捉买卖点技巧 [M]. 北京：中国宇航出版社，2020.

[4] 吴行达. 买入强势股 [M]. 北京：经济管理出版社，2019.

[5] 均线上的舞者. 涨停接力 [M]. 北京：清华大学出版社，2019.

[6] 张华. 狙击涨停板（修订本）[M]. 成都：四川人民出版社，2019.

[7] 麻道明. 庄家意图：股市技术图表背后的庄家操盘手法 [M]. 北京：中国经济出版社，2019.

[8] 毕全红. 新盘口语言解密与实战 [M]. 成都：四川人民出版社，2019.

[9] 股震子. 强势股操盘技术入门与精解 [M]. 北京：中国宇航出版社，2019.

[10] 麻道明. 游资操盘手法与实录 [M]. 北京：中国经济出版社，2018.

[11] 杨金. 参透 MACD 指标：短线操盘　盘口分析与 A 股买卖点实战 [M]. 北京：人民邮电出版社，2018.

[12] 杨金. 分时图实战：解读获利形态　准确定位买卖点　精通短线交易 [M]. 北京：人民邮电出版社，2018.

[13] 杨金. 极简投资法：用 11 个关键财务指标看透 A 股 [M]. 北京：人民邮电出版社，2018.

[14] 李洪宇. 从零开始学 KDJ 指标：短线操盘　盘口分析与 A 股买卖点

实战［M］．北京：人民邮电出版社，2018．

［15］李洪宇．从零开始学布林线指标：短线操盘 盘口分析与 A 股买卖点实战［M］．北京：人民邮电出版社，2018．

［16］杨金．从零开始学筹码分布：短线操盘 盘口分析与 A 股买卖点实战［M］．北京：人民邮电出版社，2017．

［17］杨金．从零开始学量价分析：短线操盘 盘口分析与 A 股买卖点实战［M］．北京：人民邮电出版社，2017．

［18］曹明成．一本书搞懂龙头股战法［M］．上海：立信会计出版社，2017．

［19］曹明成．龙头股必杀技［M］．北京：中国宇航出版社，2017．

［20］齐晓明．强势股交易从入门到精通［M］．北京：机械工业出版社，2017．

［21］孟庆宇．短线炒股实战：股票交易策略与操盘心经［M］．北京：人民邮电出版社，2016．

［22］王江华．短线：典型股票交易实战技法［M］．北京：清华大学出版社，2016．

［23］王江华．成交量：典型股票分析全程图解［M］．北京：清华大学出版社，2016．

［24］王江华．操盘：新股民炒股必知的 128 个细节［M］．北京：清华大学出版社，2016．

［25］安佳理财．股票涨停策略与实战［M］．北京：清华大学出版社，2016．

［26］无形．一天一个涨停板之寻找强势股［M］．北京：中国经济出版社，2016．

［27］高开．涨停揭秘：跟操盘高手学炒股［M］．北京：清华大学出版社，2016．

［28］邢岩．盘口三剑客：K 线、量价与分时图操作实战［M］．北京：清华大学出版社，2015．

［29］尼尉圻．实战掘金：跟操盘高手学炒股［M］．北京：清华大学出版

社，2015.

［30］杨明．均线：典型股票盘口分析［M］．北京：清华大学出版社，2015.

［31］笑看股市．跟庄：典型股票分析全程图解［M］．北京：清华大学出版社，2015.

［32］翁富．主力行为盘口解密（一）［M］．北京：地震出版社，2015.

［33］翁富．主力行为盘口解密（二）［M］．北京：地震出版社，2015.

［34］翁富．主力行为盘口解密（三）［M］．北京：地震出版社，2015.

［35］翁富．主力行为盘口解密（四）［M］．北京：地震出版社，2015.

［36］翁富．主力行为盘口解密（五）［M］．北京：地震出版社，2015.

［37］翁富．主力行为盘口解密（六）［M］．北京：地震出版社，2019.

［38］翁富．主力行为盘口解密（七）［M］．北京：地震出版社，2020.

［39］黑马王子．伏击涨停［M］．北京：清华大学出版社，2014.

［40］黑马王子．涨停密码［M］．北京：清华大学出版社，2014.

［41］黑马王子．股市天经（之一）：量柱擒涨停［M］．成都：四川人民出版社，2014.

［42］黑马王子．股市天经（之二）：量线捉涨停［M］．成都：四川人民出版社，2014.

［43］黑马王子．黑马王子操盘手记（一）［M］．北京：清华大学出版社，2016.

［44］黑马王子．黑马王子操盘手记（二）［M］．北京：清华大学出版社，2016.

［45］黑马王子．黑马王子操盘手记（三）［M］．北京：清华大学出版社，2016.

［46］黑马王子．黑马王子操盘手记（四）［M］．北京：清华大学出版社，2016.

［47］黑马王子．黑马王子操盘手记（五）［M］．北京：清华大学出版社，2016.

［48］黑马王子．黑马王子操盘手记（六）［M］．北京：清华大学出版

社，2017.

［49］黑马王子．黑马王子操盘手记（七）［M］．北京：清华大学出版社，2017.

［50］黑马王子．黑马王子操盘手记（八）［M］．北京：清华大学出版社，2017.

［51］黑马王子．黑马王子操盘手记（九）［M］．北京：清华大学出版社，2017.

［52］鲁斌．龙头股操作精要［M］．北京：中信出版社，2015.

［53］鲁斌．捕捉强势股分时启动点［M］．北京：中信出版社，2015.

［54］王坚宁．股市常用技术指标买卖形态图谱大全［M］．北京：清华大学出版社，2014.

［55］股震子．短线追涨一本就通［M］．北京：中国劳动社会保障出版社，2014.

［56］股震子．强势股精析：股票投资入门决胜 95 个技巧［M］．北京：中国劳动社会保障出版社，2013.

［57］孤帆远影．做强势股就这么简单［M］．北京：中国电力出版社，2014.

［58］蒋幸霖．主力操盘手法揭秘［M］．北京：清华大学出版社，2013.

［59］沈良．一个农民的亿万传奇［M］．北京：中国经济出版社，2013.

［60］启赋书坊．股市实战如何精准把握买卖点［M］．北京：电子工业出版社，2013.

［61］张文，赵振国．龙头股实战技巧［M］．北京：中国宇航出版社，2013.

［62］王恒．一眼看破涨停天机［M］．广州：广东经济出版社，2012.

［63］王恒．一眼看破 K 线天机［M］．广州：广东经济出版社，2012.

［64］王恒．一眼看破均线天机［M］．广州：广东经济出版社，2012.

［65］王恒．一眼看破盘口天机［M］．广州：广东经济出版社，2011.

［66］名道．如何在股市快速赚钱：点杀强势股（修订版）［M］．广州：广东经济出版社，2012.

[67] 钟海澜. 巴菲特说炒股 [M]. 北京：北京理工大学出版社，2012.

[68] 盘古开天. 如何在股市聪明卖出 [M]. 北京：机械工业出版社，2012.

[69] 操盘圣手. K线买卖点大全 [M]. 北京：中国经济出版社，2012.

[70] 蒋幸霖. 散户必知的200个买卖点 [M]. 北京：清华大学出版社，2012.

[71] 吴振锋. 量波抓涨停 [M]. 北京：清华大学出版社，2012.

[72] 股震子. 狙击涨停一本就通 [M]. 北京：中国劳动社会保障出版社，2012.

[73] 韦雨田. 炒股就是炒盘口：两星期炼成盘口实战高手 [M]. 广州：广东经济出版社，2011.

[74] 一舟. 强势股操作技术精要 [M]. 北京：地震出版社，2011.

[75] 股海淘金. 从三万到千万：短线盈利实战技法 [M]. 上海：上海财经大学出版社，2011.

[76] 潘平. 只做强势股 [M]. 武汉：华中科技大学出版社，2011.

[77] 菲利普斯. 未来十年的六大价值投资领域 [M]. 王佳艺，译. 北京：人民邮电出版社，2011.

[78] 上海操盘手. 五线开花（1）：稳操股市胜券的密码 [M]. 上海：上海财经大学出版社，2010.

[79] 上海操盘手. 五线开花（2）：股票最佳买卖点 [M]. 上海：上海财经大学出版社，2011.

[80] 上海操盘手. 五线开花（3）：倚天剑与屠龙刀 [M]. 上海：上海财经大学出版社，2012.

[81] 上海操盘手. 五线开花（4）：神奇的密码线 [M]. 上海：上海财经大学出版社，2012.

[82] 上海操盘手. 五线开花（5）：K线其实不简单 [M]. 上海：上海财经大学出版社，2012.

[83] 上海操盘手. 五线开花（6）：港股就这样操盘 [M]. 上海：上海财经大学出版社，2015.

[84] 上海操盘手. 五线开花（7）：散户决战涨停板 [M]. 上海：上海财经大学出版社，2015.

[85] 上海操盘手. 五线开花（8）：攻击个股临界点 [M]. 上海：上海财经大学出版社，2016.

[86] 上海操盘手. 五线开花（9）：期货揭秘与实战 [M]. 上海：上海财经大学出版社，2016.

[87] 上海操盘手. 五线开花（10）：股市操练大全 [M]. 上海：上海财经大学出版社，2017.

[88] 刘元吉. 跟庄就这几招 [M]. 北京：中国纺织出版社，2010.

[89] 高竹楼，高海宁. 炒股就是炒趋势 [M]. 深圳：海天出版社，2009.

[90] 善强. 看透股市：中国股市运行分析 [M]. 北京：中国财政经济出版社，2009.

[91] 张健. 炒股不败的49个细节 [M]. 北京：当代世界出版社，2008.

[92] 赵衍红，史潮. 手把手教你炒股 [M]. 兰州：甘肃文化出版社，2007.

[93] 魏丰杰. 操盘揭秘：股票分时战法 [M]. 北京：中国科学技术出版社，2007.

[94] 潘伟君. 看盘细节 [M]. 北京：地震出版社，2007.

[95] 吴献海. 股道真经：波浪理论实战技巧 [M]. 北京：地震出版社，2007.

[96] 善强. 中国股市机构主力操盘思维：市场分析篇 [M]. 北京：企业管理出版社，2004.

[97] 王都发. 庄家兵法 [M]. 北京：经济管理出版社，2004.

[98] 杨新宇. 股市博弈论 [M]. 西安：陕西师范大学出版社，2000.

[99] 钟麟. 智战者 [M]. 广州：广东经济出版社，2000.

[100] 钟麟. 胜战者 [M]. 广州：广东经济出版社，1999.

[101] 钟麟. 善战者 [M]. 广州：广东经济出版社，1999.

[102] 唐能通. 短线是银：短线高手的操盘技巧 [M]. 成都：四川人民

出版社,1999.

［103］童牧野．庄家克星：职业操盘手投资要诀［M］.成都：四川人民出版社,1999.

［104］徐敏毅．牛心熊胆：股市投资心理分析［M］.成都：四川人民出版社,1999.

［105］赵正达．投资与投机：拉近巴菲特与索罗斯［M］.成都：四川人民出版社,1999.

［106］李志林．走近赢家：股市中的悟性与天机［M］.成都：四川人民出版社,1999.

［107］喻树根．投资手册［M］.广州：广东经济出版社,1999.

［108］青木．炒股方略［M］.广州：岭南美术出版社,1999.

［109］李梦龙,李晓明．庄家操作定式解密［M］.广州：广东经济出版社,1999.

［110］李克．庄家内幕［M］.成都：四川人民出版社,1999.

［111］何安平．得意图形：经典技术理论在中国股市的实战应用［M］.北京：中国经济出版社,1999.

［112］李幛喆．炒股就这几招［M］.北京：改革出版社,1999.

［113］李铁鹰．四维K线图：股票买卖秘诀［M］.上海：上海交通大学出版社,1997.

后　记

20多年的股市投资经历，我积累了太多的经验和教训，特别是在操盘跟庄强势股之余，有针对性地陆续研读了100多本证券类图书之后，开阔了思维眼界，提升了操盘境界，有了许多感悟和启示，萌生了创作一套操盘跟庄强势股方面的丛书的想法。

从2020年初开始动手码字，至2023年初陆续付梓，3年时间，新冠病毒肆虐，股市平平淡淡，日子平平常常，写作紧紧张张，这期间也有过迷茫和彷徨，但更多的还是信心和坚持。有一句话说得好，一个使劲踮起脚尖靠近太阳的人，全世界都挡不住他的阳光。对普通投资者来说，也许，你的坚持，终将成就你的财富自由之梦。

本书得以顺利出版，非常感谢中国经济出版社的大力支持，特别感谢本书责任编辑叶亲忠先生的精心指导、无私帮助，其专业水准和敬业精神始终值得出书人和读书人的信赖和期待。感谢万利、郝建国、许存权、钱海宁、吴涛、杨军、刘建等老师和朋友的指导帮助。感谢谷芬女士的理解、支持、包容和奉献。

在本书创作过程中，笔者查阅、参考了大量相关作品和资料，从中得到了不少启发，也参考借鉴了其中一些非常有价值的观点。但由于阅读参考的文献资料来源广泛，部分资料可能没有注明来源或出处，在此表示感谢和歉意。

本书虽然几易其稿，也经过反复校对，但由于仓促成文，加之笔者水平有限，肯定有不少错误、残缺或不当之处，尚祈读者批评指正，不胜感激。

明　发

2023年1月　于北京